PAUL BOWLES

Gesammelte Erzählungen II

Buch

Seine Schauplätze sind ferne exotische Länder mit Namen, die nach Verheißung klingen: Marokko, Corazon, Paso Rojo oder Cold Point. Seine Helden sind rastlose Aussteiger, Vertreter der »lost generation«, die der Enge und Konvention des zivilisierten Alltagslebens entfliehen. Aber über den fremden Orten, von denen Bowles' Figuren magisch angezogen werden, liegt in Wahrheit eine Atmosphäre unfassbarer Bedrohung. Fernab der Schranken des zivilisierten Alltagslebens brechen lange verdeckte Abgründe der menschlichen Existenz auf, in denen Bowles' Gestalten mit der oft erschreckenden Wahrheit über sich selbst konfrontiert werden.

Autor

Paul Bowles wurde 1910 als Sohn eines Zahnarztes in New York geboren. Er studierte in Berlin und New York Musik und schrieb Bühnenmusiken für Orson Welles, William Saroyan und Tennessee Williams, bevor er in den vierziger Jahren als Autor und Übersetzer weltberühmt wurde. 1947 ließ sich Bowles, den zahlreiche Reisen immer wieder nach Lateinamerika, Asien und vor allem Nordafrika geführt hatten, mit seiner Frau Jane in Tanger nieder, wo er bis zu seinem Tod im November 1999 lebte. 1949 erschien »Himmel über der Wüste«, der Roman, der seinen Ruhm begründete und ihn neben Albert Camus und Jean-Paul Sartre zu dem wohl bedeutendsten Vertreter des Existentialismus machte. Seine vier Romane sowie seine zahlreichen Kurzgeschichten haben Bowles zu einem der großen Klassiker der Moderne gemacht.

Von Paul Bowles außerdem bei Goldmann lieferbar:

Das Haus der Spinne. Roman (46432)
So mag er fallen. Roman (46346)
Himmel über der Wüste. Roman (46246)
Gesang der Insekten. Roman (46563)
Gesammelte Erzählungen I (07759)

Paul Bowles

Gesammelte Erzählungen II

Deutsch von pociao
und Wolfgang Astelbauer

GOLDMANN

Quellenverweise auf Seite 446

FSC
Mix
Produktgruppe aus vorbildlich
bewirtschafteten Wäldern und
anderen kontrollierten Herkünften

Zert.-Nr. SGS-COC-1940
www.fsc.org

Verlagsgruppe Random House FSC-DEU-0100
Das FSC-zertifizierte Papier *München Super* für Taschenbücher
aus dem Goldmann Verlag liefert Mochenwangen Papier

1. Auflage
Taschenbuchausgabe Dezember 2008

Umschlaggestaltung: Design Team München
Umschlagillustration: Karin Martina Wloczyk
KA · Herstellung: Str.
Druck und Bindung: GGP Media GmbH, Pößneck
Printed in Germany
ISBN: 978-3-442-46846-1

www.goldmann-verlag.de

Inhalt

Mitternachtsmesse

Zeitstellen

New York – Tanger

Der ferne Kontinent

Mitternachtsmesse

Mitternachtsmesse

Er kam mittags in Tanger an und ging direkt zum Haus. Im Regen wirkte der Vorhof wenig einladend. Mehrere abgestorbene Bananenstauden waren umgefallen und faulten auf dem gekachelten Boden vor sich hin. Sogar als die alte Amina, die ihn von der Küchentür aus gesehen hatte, durch den Regen watschelte, um ihn zu begrüßen, war er sich des Stapels leerer Lattenkisten und des Rahmens einer verrosteten Gartenschaukel, der hinter ihr aufragte, bewußt.

Beim Mittagessen schmeckte er seine Kindheit in Aminas Suppe wieder. Das Rezept hatte sich nicht verändert; noch immer überwogen Kürbis und Kreuzkümmel. Plötzlich spürte er den kalten Windzug, der durch das Zimmer strich. Er rief nach Amina: Das große Fenster in der Küche war kaputt. Er erinnerte sie daran, daß man Geld geschickt hatte, um es zu reparieren. Aber der Wind sei gekommen und habe es wieder eingedrückt, sagte sie, und dabei hätten sie es dann bewenden lassen. Er wies sie an, die Tür zur Küche zu schließen. Als sie es getan hatte, bemerkte er keinen Unterschied.

Er ging durch die Räume. Es war nur die leere Hülse des Hauses, das er in Erinnerung hatte, die meisten Möbel waren verschwunden, es gab weder Teppiche noch Vorhänge. Als er entdeckte, daß keiner der sechs Kamine richtig zog, bekam er erste Zweifel, ob das Haus sich wirklich für die Weihnachtsferien eignete – zumindest in diesem Jahr. Es war das einzige, was seine Mutter ihm – wenn auch widerwillig – hinterlassen hatte. »Was willst du mit dem Haus in Tanger? Du wirst es doch nicht benutzen.«

»Aber ich hänge daran«, hatte er eingewandt, »schließlich bin ich darin aufgewachsen.« Sobald sie sich entschieden hatte, es ihm zu vermachen, fing sie an, alle Wertgegenstände zu entfernen. Ein Teppich ging an einen Freund, eine Kommode an einen zweiten, eine Truhe wiederum an jemand anderen, so daß das Haus mehr oder weniger in seinem gegenwärtigen Zustand gewesen sein mußte, als sie starb. In den acht Jahren seit ihrem Tod hatte seine Frau ihn mehrmals gedrängt, eine »Bestandsaufnahme« zu machen; da ihr Interesse jedoch nur einem möglichen Verkauf galt – den er niemals in Erwägung ziehen würde –, hatte er nichts unternommen.

Das Haus war in einem noch schlechteren Zustand, als er erwartet hatte. Er hatte sich der naiven Vorstellung hingegeben, daß die Dienstboten wenigstens versuchen würden, es instand zu halten, solange er pünktlich jeden Monat Geld schickte. Er hatte auf warmes Wasser gehofft, um sich den Kaminruß von den Händen zu waschen, doch Mohammed erklärte ihm, daß der Heizkessel schon seit einem Jahr vor Madames Tod nicht mehr funktionierte. Der Mann, den sie für die Reparatur bestellte, habe gesagt, der Kessel müsse durch ein neues System ersetzt werden, woraufhin sie sich mit kaltem Wasser begnügte. Während er sich mit einem zerschlissenen Gästetuch aus Leinen die Hände abtrocknete (sie hatte alle Badetücher weggegeben), dachte er grimmig: Sie konnte der alten Madame Schreiber einen Teppich im Wert von mehreren tausend Pfund schenken, aber sie konnte es sich nicht leisten, ein heißes Bad zu nehmen.

Er trat hinaus in den Garten. Der Regen hatte aufgehört, aber der Wind fuhr durch die Bäume, die sich unter seinem Ansturm bogen, so daß noch vereinzelt große Tropfen herabfielen. Er betrachtete die riesige weiße Fassade, verwundert, daß er sie je als majestätisch hatte empfinden können. Jetzt wirkte das Haus wie ein Pavillon, wie ein Überbleibsel einer längst vergessenen Ausstellung.

Gegen Ende des Nachmittags war er völlig durchgefroren. Das Haus lag zu nah am Meer. Der Wind kam über die Klippen, angefüllt mit dem Salzdunst der Wellen, und sprühte ihn gegen die Fenster. Wenn er hinaussah, erkannte er den Garten nur schemenhaft hinter jenem salzigen Vorhang, der die Scheiben verschleierte. Im Wandschrank der Bibliothek fand er einen elektrischen Heizofen. Er war alt, gab nur eine bescheidene Wärme ab. Bei verriegelten Fensterläden und geschlossener Tür zog er wahllos ein Buch aus dem Regal und warf sich in einen Sessel. Er las einen Augenblick, blätterte dann zum Ende des Buches und begann auf einem leeren Blatt ein Telegramm an seine Frau zu entwerfen. STORNIERE FLUG. HAUS IN SCHRECKLICHEM ZUSTAND. REPARATUREN ERFORDERLICH. ANKOMME ERSTE JANUARWOCHE. LEIDER KEIN GEMEINSAMES WEIHNACHTSFEST. OSTERN BESSERE JAHRESZEIT. ALLES LIEBE. Auch zu Frühlingsanfang konnte es sehr kalt sein, erinnerte er sich, doch zumindest würden die Kamine funktionieren.

Er hatte seine Bank in Tanger beauftragt, das Telefon anzuschließen; es war eine angenehme Überraschung, die Stimme der Telefonistin zu hören. Die Schwierigkeiten begannen, als er versuchte, ihr Name und Anschrift zu buchstabieren. *»M comme en Marseille? R comme en Robert?«* Dann folgte eine Unzahl von Knackgeräuschen, und die

Leitung war tot. Er legte auf und rief die Taxizentrale an. Das Taxi wartete vor dem Postamt auf ihn.

Die ersten Nächte schlief er schlecht. Die Laken waren feucht, und es gab nicht genügend Decken. Selbst bei geschlossenem Fenster blies der Seewind durch das große Schlafzimmer. Jeden Morgen, lange vor Sonnenaufgang, ließen sich zwei Eulen auf der Zypresse neben dem Haus nieder und riefen sich klagend zu. In seiner Kindheit hatte er das oft gehört, doch hatte es ihn nie vom Schlaf abgehalten.

Als der Wind sich drehte und die Tage sonnig wurden, konnten die Reparaturarbeiten an den Kaminen beginnen. Das Haus war voller Marokkaner in Overalls und Gummistiefeln. Es war Ramadan; sie arbeiteten ohne ein Wort, ertrugen schweigend Hunger und Durst.

Am Sonntag vor Weihnachten war der Himmel blau und wolkenlos. Der Nordwind hatte die spanischen Berge ungewöhnlich nahe herangerückt. Da die Arbeiter nicht kommen würden, beschloß er spazierenzugehen. Die Pfützen auf der Straße waren getrocknet. Pflanzengerüche und der Duft verbrannten Holzes tanzten im Wind. Besser gestimmt beschloß er, Heiligabend einige Bekannte auf einen Drink einzuladen; es wäre angenehmer, als ausgehen zu müssen – den Abend allein im Haus zu verbringen, konnte er sich nicht vorstellen.

Ein kleiner weißer Wagen erschien und blieb vor dem schmiedeeisernen Tor stehen, etwa dreißig Meter von ihm entfernt. Als er sich näherte, erkannte er Madame Dervaux. Kaum hatten sie sich begrüßt, kam er auf Heiligabend zu sprechen; er forderte sie auf, mitzubringen, wen immer sie wolle. Sie nahm die Einladung sofort an und sagte, sie würde versuchen, einige interessante Gäste aufzutreiben.

Er wollte eine scherzhafte Antwort geben, doch als er sah, daß sie es ernst meinte, hielt er sich zurück.

In den nächsten Tagen lud er weitere Leute ein. Obwohl es ihn kaum kümmerte, wer kam, denn er wollte nur an Heiligabend jemanden im Haus haben, dachte er voller Genugtuung, daß nicht einer der erwarteten Gäste von seiner Mutter eingeladen worden wäre.

Heiligabend war es klar und fast windstill. Der Mond, der genau über dem Haus stand, tauchte den Hof in hartes Licht. Amina hatte gerade das letzte Tablett mit Gläsern in den Salon getragen, als der Doktor eintraf. Er setzte sich mit einem Gin Tonic hin, sah sich im Raum um und runzelte die Stirn.

»Ihre Mutter hatte es nicht leicht in diesem Haus«, sagte er. »Es war viel zu feucht, um darin zu wohnen, und viel zu groß, um es in Ordnung zu halten.«

Er bemerkte die Schärfe in seiner Stimme, als er antwortete: »Es war ihre Entscheidung hierzubleiben. Sie liebte es. Sie hätte nirgendwo anders leben wollen.«

Der Pastor trat ein, außer Atem und lächelnd. Es war sein erster Winter in Marokko; der Doktor erklärte ihm das Klima.

Er überließ die beiden ihrem Gespräch, ging in die Bibliothek und zündete das Feuer an, das Mohammed im Kamin vorbereitet hatte. Dann wies er Amina an, mehr Kerzen zu bringen und im Raum zu verteilen, da er wußte, daß die Gäste sich schließlich in der Bibliothek versammeln würden. Die anderen Zimmer waren kaum möbliert.

Im Hof erklang Gelächter. Madame Dervaux trat ein, mit mehreren jungen Leuten im Schlepptau. Sie kam auf den Gastgeber zu und überreichte ihm einen riesigen Strauß Narzissen. »Riechen Sie«, forderte sie ihn auf, »ich habe sie heute nachmittag in Sidi Yamani gepflückt. Die Wiesen sind voll davon.«

Er eilte in die Küche, damit Amina die Blumen ins Wasser stellte. Madame Dervaux folgte ihm, unablässig auf ihn einredend. Sie sei mit einem Poeten, einem Maler und einem Philosophen gekommen, sagte sie, alles Marokkaner. Und setzte hinzu: »Und mit einem sehr charmanten indischen Mädchen aus Paris. Sie sehen –«

Da er dies als Anspielung auf ihr Versprechen verstand, »interessante« Leute mitzubringen, biß er sich auf die Zunge. Schließlich murmelte er: »Aha.«

Als sie in den Salon zurückkehrten, stand Vandeventer leicht schwankend in der Mitte des Raums; er war gerade von einer anderen Party gekommen. Der Pastor war mit den jungen Leuten in die Bibliothek gegangen. Als Madame Dervaux sie lachen hörte, eilte sie ihnen nach.

Er plazierte Vandeventer in der Nähe des Doktors, schenkte sich einen Scotch pur ein und schlenderte in Richtung Bibliothek. Auf der Türschwelle hörte er, wie der Pastor heiter zu einem der jungen Marokkaner sagte: »Sie sollten lieber vorsichtig sein. Eines Tages wachen Sie auf und finden sich in der Hölle wieder.«

»Nein, nein«, antwortete der junge Mann leichthin. »Die Hölle ist für diejenigen da, die hier nicht genug gelitten haben.« Der Pastor wirkte ein wenig befremdet.

Da er befürchtete, daß das Gespräch zu einer halbtheologischen Diskussion zwischen seinen Gästen entarten könnte, trat er hastig auf die Gruppe zu. »Und Sie«, sagte er, an den Marokkaner gewandt, »haben Sie genug gelitten?«

»Zuviel«, antwortete dieser schlicht.

Madame Dervaux erhob sich und bat darum, einen

Rundgang durch das Haus machen zu dürfen. Er wandte ein, es gebe nichts zu sehen als leere Räume.

»Aber die Zimmer können wir sehen! Und auf den Turm und das Dach gehen. Der Ausblick ist überwältigend.«

»Im Dunkeln?«

»Im Mondschein, im Mondschein«, sagte sie verzückt. Die Marokkaner murmelten zustimmend.

»Kommen Sie«, sagte er, und alle folgten ihm nach draußen. Ein junger Franzose und seine Frau, die beide am Lycée Regnault unterrichteten, waren eingetroffen und hatten ein weiteres Paar aus Casablanca mitgebracht. Er mußte die kleine Versammlung von Neugierigen am Fuß der Treppe zurücklassen, um zu veranlassen, daß die Neuankömmlinge mit Drinks versorgt wurden. Er selbst goß sich noch einen Whisky ein, den er mit auf den Rundgang nahm.

Einige der Glühbirnen funktionierten nicht, so daß es im Treppenhaus kaum Licht gab. Noch bevor sie zur Tür des Turms gelangten, hörten sie von unten das Donnern des Meeres.

Er ging vor und öffnete eines der Fenster, damit sie sich hinauslehnen und die schwarzen Klippen vor der Küste betrachten konnten. Die einzigen Lichter in der Landschaft waren ein paar flimmernde Punkte drüben in Spanien, auf der anderen Seite der Meerenge von Gibraltar. »Das Ende der Welt«, äußerte der Pastor, als er den Kopf wieder zurückzog.

Wenig später, im Flur, holte ihn der junge Marokkaner ein, mit dem er sich in der Bibliothek unterhalten hatte, und blieb an seiner Seite. »Mich durch all diese leeren Zimmer zu führen, ist sehr schlecht«, sagte er. »Es ist, als würde man einem Verhungernden Nahrung zeigen.«

»Wie das?« fragte er abwesend.

»Weil ich gezwungen bin, bei meiner Familie zu leben. Es gibt nirgends genug Platz, so daß ich mir nichts sehnlicher wünsche als ein eigenes Zimmer. Fast jede Nacht träume ich von einem Raum, in dem ich malen kann. Kein Wunder, daß mir das Wasser im Mund zusammenläuft, wenn ich so viele Zimmer sehe, in denen niemand wohnt. Es ist ganz natürlich.«

»Vermutlich.« Er empfand die Vertraulichkeit des jungen Mannes als peinlich; sie betonte die Unterschiede zwischen ihnen und gab ihm ein unbestimmtes Gefühl von Schuld.

Nun bestand Madame Dervaux darauf, das Dach zu besichtigen. Er lehnte ab. »Es gibt keine Balustrade.«

»Wir stellen uns einfach in den Mondschein«, beharrte sie. »Keiner wird in die Nähe des Randes geraten.«

Er blieb stehen und starrte sie an. »Genau, denn keiner wird das Dach betreten.«

Einen Augenblick lang verzog sie das Gesicht, dann nahm sie ihr Geplapper wieder auf.

Auf dem Weg hinunter wandte er sich dem Maler zu, der noch immer neben ihm herging. »Ich sollte wirklich mehr Zeit hier verbringen«, sagte er mit einem entschuldigenden Unterton in der Stimme, »aber um die Wahrheit zu sagen, das Haus ist nicht besonders wohnlich.«

»Wie können Sie so etwas sagen? Es ist ein wunderbares Haus.«

»Es zieht an allen Ecken und Enden«, fuhr er fort, als hätte der andere nichts gesagt, »es gibt Ratten in den Wänden und kein heißes Wasser. Die Hälfte der Zeit ist das Telefon außer Betrieb.«

»Aber alle Häuser hier sind so. Der Unterschied liegt darin, daß dieses zehnmal mehr Platz hat als andere.«

Bislang hatte er so getan, als bemerkte er nicht, wohin der Maler das Gespräch lenken wollte, doch jetzt sagte er: »Ich täte nichts lieber, als Ihnen ein Zimmer abzuschneiden und einzupacken, damit Sie es mit nach Hause nehmen können.«

Der Marokkaner lächelte. »Warum sollte ich es mit nach Hause nehmen? Ich könnte es mir ebensogut an Ort und Stelle einverleiben.«

Er lachte; daß der Marokkaner seine Metapher aufgriff, gefiel ihm. »Ja, richtig, das wäre auch eine Möglichkeit«, stimmte er zu. Sie waren vor der Tür zur Bibliothek angelangt. »Gehen Sie einfach zur Bar«, sagte er zu denjenigen hinter ihm. »Mohammed wird Ihnen geben, was Sie wünschen.«

Hinter der Bibliothek lag ein weiterer Raum, der einen separaten Flügel des Hauses bildete. In früheren Zeiten hatte man ihn den Wintergarten genannt. Jetzt befand sich nichts darin, und die Tür, die hineinführte, blieb verschlossen, weil die vielen Fenster den Wind vom Meer hereinließen. Als er kurze Zeit später von der Bar zurückkam, sah er, wie Madame Dervaux gerade mit einer theatralischen Geste die Tür aufriß.

»Mon dieu!« rief sie, »hier also sind die Leichen vergraben.«

Jetzt war die Bibliothek voller Menschen, so daß er die Tür erst erreichte, als sie den Maler und den Poeten in das dunkle Zimmer geführt hatte. Er streckte den Kopf hinein und rief: »Es gibt kein Licht hier drin, und wir können die Tür nicht offenstehen lassen. Bitte kommen Sie zurück.« Als sie keine Antwort gaben, schloß er die Tür.

Er hörte Madame Dervaux kreischen, wartete und öffnete dann die Tür einen Spaltbreit, damit sie zurückfanden.

Madame Dervaux kam lachend heraus, warf ihm jedoch einen vorwurfsvollen Blick zu. Der Poet fuhr ungerührt mit seiner Kritik an Baudelaire fort, der Maler aber hörte gar nicht hin. »Was für ein Studio!« murmelte er.

»Es war schrecklich; ein furchtbares Loch, und nicht ein Lichtstrahl!« vertraute Madame Dervaux dem indischen Mädchen an.

Sie war unerträglich. »Aber Madame«, sagte er, »Leichen gehören nun mal in die Finsternis!«

»Ein phantastisches Studio«, fuhr der Maler fort. »Nordlicht, nichts als Bäume und das Meer. Ein Paradies!«

Er wandte sich dem jungen Mann zu. »Die Decke fällt auseinander. Überall regnet es durch. Ich bezweifle, daß es zu irgend etwas zu gebrauchen ist!«

Der Doktor und der Pastor verabschiedeten sich, und die beiden französischen Paare beratschlagten über den kürzesten Weg zur nächsten Party. Vandeventer stützte sich an der Wand ab und palaverte mit dem indischen Mädchen. Jedermann schaute auf seine Uhr. »Wenn wir zur Mitternachtsmesse wollen, müssen wir jetzt aufbrechen«, erklärte Madame Dervaux.

Vandeventer war langsam auf die Gruppe zugegangen. »Haben Sie je solchen Unsinn gehört?« fragte er seinen Gastgeber und deutete mit seinem Glas auf die anderen. »Drei Moslems, eine Hindu und eine Atheistin, die zur Mitternachtsmesse rennen. Lächerlich, wie?«

Er zuckte die Achseln. »*De gustibus*, Sie wissen schon.« Bei sich dachte er: Gott sei Dank gibt es die Mitternachtsmesse. Sonst blieben sie noch ewig. Am nächsten Morgen würden die Arbeiter kommen wie an den anderen Tagen, denn für sie war es kein Feiertag.

Vandeventer nahm ihn beim Arm. »Ich muß Sie verlassen. Herrlicher Abend. Ich bin schon betrunken, aber ich muß meine Frau zum Weihnachtsessen ins Minzah fahren.«

Er begleitete ihn zum Tor, damit er im Hof nicht stolperte. Vandeventer hatte Mühe einzusteigen, aber keine Probleme, den Wagen zu steuern.

Jetzt kamen die restlichen Gäste, einer nach dem anderen, aus dem Haus. Die beiden französischen Paare wünschten gute Nacht, und Mohammed schloß das Tor hinter ihnen. Während sie ihre kleine Gruppe langsam über den offenen Hof führte, verkündete Madame Dervaux plötzlich, daß sie noch schnell einen Blick in die Küche werfen müßten, die sie als *superbe* bezeichnete. Die anderen folgten ihr, bis auf den Maler, der zurückblieb und zu seinem Gastgeber trat.

»Ich hoffe, die Messe gefällt Ihnen«, sagte dieser.

»Oh, ich gehe nicht mit. Ich wohne hier in der Nähe.«

Der Wind hatte ein wenig aufgefrischt. Er hörte Madame Dervaux' schrille Ausrufe und Aminas unbekümmertes Lachen. Er starrte den Maler an. »Gut. Bleiben Sie noch einen Moment, wenn die anderen gegangen sind. Ich würde gern mit Ihnen reden.« Er hatte sich entschieden. Was macht es schon aus? dachte er. Soll er das Zimmer benutzen. Es wird sowieso niemand darin wohnen.

Der junge Mann nickte, sein Gesicht nahm einen verschwörerischen Ausdruck an. Als die anderen durch das Tor gingen, sagte er nichts. Statt mit Madame Dervaux in den Wagen zu steigen, schlug er die Wagentür zu und winkte.

Augenblicklich steckte sie ihren Kopf durch das Fenster. *»Oh, le méchant«*, schimpfte sie, *»il va avoir une gueule de bois affreuse!«*

Der Maler lächelte und winkte erneut.

Er beobachtete die Szene vom offenen Tor aus. Als die Rücklichter am Ende der dunklen Straße verschwunden waren, wandte er sich zu dem jungen Mann und sagte: »Ich wollte Sie nur wissen lassen, daß ich keinen Grund sehe, warum Sie den Wintergarten nicht benutzen sollten.«

Die Augen des jungen Mannes strahlten; er äußerte seine Dankbarkeit ausgiebig. Nachdem sie sich die Hand geschüttelt hatten und er durch das Tor gegangen war, drehte er sich noch einmal um und rief: »Heute nacht werde ich nicht mehr von einem Zimmer träumen müssen.«

Sein Gastgeber lächelte flüchtig und verriegelte die Tür. Der Wind fegte um die Bananenstauden, schlug ihre Blätter aneinander. Er war mit seinem Entschluß zufrieden. Das Haus erschien realer, jetzt, da er wußte, daß jemand diesen kleinen Teil benutzen würde. Er ging von Zimmer zu Zimmer, löschte die Kerzen und knipste das Licht aus. Dann ging er hinauf, um zu schlafen. Amina hatte eine Vase mit Madame Dervaux' Narzissen auf den Nachttisch gestellt. Ihr Duft, von der Meeresluft getragen, erreichte ihn, als er einschlief.

Er fuhr Ostern nicht nach Tanger, und auch nicht im Sommer. Im September erfuhr er, daß die äußerst wohlhabende und einflußreiche Familie des Malers das ganze Haus mit Beschlag belegt hatte. Sein Anwalt war nicht imstande, sie auf die Straße zu setzen. Kurz vor Weihnachten erhielt er die Nachricht, daß das Grundstück, da es zu landwirtschaftlicher Nutzfläche erklärt worden war, nicht länger ihm gehörte. Er reagierte gelassen auf den Verlust, doch seine Ruhe wurde jäh erschüttert, als ihm wenige

Monate später zu Ohren kam, daß das obere Stockwerk und der Turm an Madame Dervaux vermietet worden waren.

Das kleine Haus

Das kleine Haus war vor sechzig oder siebzig Jahren gebaut worden. Damals lag es an der Hauptstraße eines Dorfes, mehrere Meilen außerhalb der Stadt; jetzt aber war die Stadt von allen Seiten herangekrochen. Ursprünglich hatte es nur das Erdgeschoß gegeben, doch irgendwann hatte man über der Küche einen Raum hinzugefügt. Bei klarem Wetter war es noch immer möglich, von einem der Fenster dort oben die Kette der fernen Berge im Südwesten zu sehen. Hier saß Lalla Aïcha am liebsten, ließ die Perlen ihrer Gebetskette durch die Finger gleiten und dachte darüber nach, wie sehr sich ihr Leben verändert hatte, seit ihr Sohn sie zu sich in die Stadt genommen hatte. Irgendwo hinter den Bergen lag das Tal, in dem sie ihr Leben verbracht hatte. Sie erwartete nicht, es wiederzusehen.

Zuerst hatte sie den Umzug in die Stadt für einen großen Triumph gehalten, aber jetzt war sie sich nicht mehr so sicher. Es stimmte, daß das Essen besser war und reichlich, doch das Haus war sehr klein, und sie fühlte sich darin eingesperrt. Insgeheim war sie enttäuscht, daß Sadek keine bessere Frau als Fatoma gefunden hatte, obgleich Fatomas Eltern ein großes Haus in der Nähe besaßen. Sie fand, daß sie Sadek als Gegenleistung dafür, daß er ihre unnütze Tochter geheiratet hatte, einen Teil ihres Hauses als Wohnung hätten anbieten müssen. Sie alle hätten problemlos Platz darin gefunden, ohne sich gegenseitig zu stören. Doch als sie dies vor Sadek erwähnte, lachte er nur.

Die jungen Leute waren schon über ein Jahr verheiratet, aber es gab kein Anzeichen für ein Kind – ein Umstand, für den Lalla Aïcha das Mädchen verantwortlich machte, ohne zu wissen, daß das Paar übereingekommen war, erst dann eine Familie zu gründen, wenn etwas Geld dafür beiseite gelegt war.

Fatoma war nervös und unglücklich seit dem Tag, an dem Lalla Aïcha bei ihnen eingezogen war. Die alte Frau war sehr eigen, was ihr Essen anging, und nörgelte ständig an Fatomas Haushaltsführung herum. Was immer das Mädchen gerade tat, Lalla Aïcha stand daneben und beobachtete alles, dann schüttelte sie den Kopf und sagte: »So haben wir das zu meiner Zeit, als Moulay Youssef noch lebte, nicht gemacht.« Sie fand, daß Fatoma nicht genug Sorgfalt auf Sadeks Essen verwandte, wenn er von der Arbeit nach Hause kam.

»Warum muß er eine halbe Stunde warten, bevor er essen kann?« fragte sie. »Warum hast du nicht alles fertig, so daß du den *taifor* aus der Küche hereintragen kannst, sobald er hereinkommt? Er ist zu gut zu dir, das ist es, und du nützt seine Gutmütigkeit aus.«

Dann nahm Lalla Aïcha Sadek beiseite und erzählte ihm, wie sehr Fatoma sie verabscheute und wie entwürdigend sie sie behandelte. »Sie geht nicht mit mir spazieren, und sie erlaubt nicht, daß ich sie zum Markt begleite. Ich will hin und wieder ausgehen, aber allein kann ich es nicht. Und neulich, als sie mich zum Arzt brachte, ist sie so schnell gegangen, daß ich kaum Luft bekam. Ich weiß, sie wünscht, daß ich tot wäre, das ist es.«

Sadek lachte und sagte: »Du bist verrückt.«

Seit die alte Frau zu ihnen gezogen war, hatte Fatoma sie zu überreden versucht, den *haïk* abzulegen und eine Dschellaba zu tragen wie die anderen Frauen in der Stadt, aber Lalla Aïcha mißbilligte Dschellabas bei Frauen und sagte, daß Moulay Youssef solch schamlose Sitten ganz sicher verboten hätte. Für Fatoma war der ein *haïk* Symbol für das Landleben, und auf gar keinen Fall wollte sie mit einem Bauernmädchen verwechselt werden. Es erfüllte sie mit Scham, neben einer torkelnden alten Frau im *haïk* durch die Straßen zu gehen.

Bei jeder Gelegenheit erinnerte Fatoma Lalla Aïcha daran, daß sie ihr das beste Zimmer im Haus überlassen hatten. Beide wußten, daß dies nicht der Fall war. Sicher, es hatte mehr Fenster und mehr Licht als der Raum, in dem das Ehepaar schlief. Aber es lag im oberen Stockwerk, und bei jedem starken Regen taten sich neue Risse in der Decke auf, während Sadek und Fatoma es in einem Zimmer neben der Küche gemütlich hatten.

Keine der beiden war sich ihrer Stellung im Haus sicher genug, um offene Feindschaft zu riskieren; jede befürchtete, daß Sadek aus unerklärlichen Gründen Partei für die andere ergreifen könnte. Daher hielten sie sich in seiner Gegenwart zurück, und das Leben im Haus verlief relativ ruhig.

Seit einiger Zeit merkte Lalla Aïcha, daß sich in der Mitte ihres Rückens eine fleischige Geschwulst bildete, erzählte jedoch niemandem etwas davon. Eines Tages, als er ihr half, vom Boden aufzustehen, wo sie gesessen hatte, spürte Sadek die knollenartige Verdickung unter ihrem Kleid und schrie überrascht auf. Es war nicht einfach, sie dazu zu bringen, einen Arzt aufzusuchen, doch Sadek war entschlossen, und schließlich setzte er sich durch. Der Arzt empfahl, den Tumor so schnell wie möglich zu entfernen, und setzte einen Termin für die Operation fest.

In den letzten Tagen vor der Aufnahme ins Krankenhaus war die alte Frau gereizt. Sie hatte gehört, daß man die Anästhesie fürchten mußte, sie hatte Angst zu verbluten, und sie ließ keinen Zweifel daran, daß sie der Medizin der Ungläubigen nicht traute.

»Keine Sorge«, sagte Sadek, »alles wird gutgehen.«

Am Abend bevor sie ins Krankenhaus ging, saßen Sadek und Fatoma in ihrem Zimmer und zankten sich über die voraussichtlichen Kosten der Operation. Lalla Aïcha war hinaufgegangen und suchte die Sachen zusammen, die eingepackt werden sollten.

»All das Geld, das ich gespart habe, weil ich billig einkaufte«, sagte Fatoma bitter.

»Wenn es deine eigene Mutter wäre, würdest du nicht so denken«, sagte er.

Sie antwortete nicht. Es klopfte an der Haustür. Lalla Halima, eine ältere Frau, die auf der anderen Straßenseite wohnte, war gekommen, um Lalla Aïcha zu besuchen und sich von ihr zu verabschieden.

»Sie ist oben«, sagte Fatoma gleichgültig. Ächzend und stöhnend stieg die Frau die Treppe hinauf, während Sadek und Fatoma ihren traurigen Streit fortsetzten.

Am Morgen, als Lalla Aïcha zum Krankenhaus gegangen war und Fatoma und Sadek beim Frühstück saßen, sah Sadek sich im Zimmer um. »Es scheint sich etwas verändert zu haben, seit sie weg ist, nicht wahr?«

»Es ist ruhig«, antwortete Fatoma.

Er drehte sich schnell zu ihr um. »Ich weiß, daß du sie nicht gern hier hast. Ich weiß, daß sie dich nervös macht. Aber sie ist meine Mutter.«

Fatoma gab sich gekränkt. »Ich habe nur gesagt, daß es ruhig ist, und das stimmt.«

Am Nachmittag, als Sadek von der Arbeit kam, stellte Fatoma ihm einen großen Korb hin. Er hob ihn auf und sagte: »Er ist schwer.«

»Bring ihn deiner Mutter ins Krankenhaus. Es ist ein Tajine mit Zitrone, noch heiß.«

Es war das Leibgericht seiner Mutter. »Bei Allah, da wird sie sich freuen!« sagte er und küßte Fatoma. Er war glücklich, weil sie sich so viel Mühe gemacht hatte.

Als er zum Hospital kam, war die Tür verschlossen. Er klopfte gegen die Scheiben. Ein Wärter erschien und erklärte, die Besuchszeit sei vorbei und ohnehin dürfe kein Essen von draußen mitgebracht werden. Sadek versuchte es mit Schmeichelei, mit Betteln und Drohungen, doch ohne Erfolg. Der Wärter schloß die Tür und ließ ihn mit seinem Korb auf der Treppe stehen.

Weder Fatoma noch er mochten Tajine mit Zitrone, so daß er nicht viel Sinn darin sah, es wieder mit nach Hause zu nehmen. Es wäre eine Sünde, das Essen wegzuwerfen; es mußte gegessen werden, solange es heiß war. Dann fielen ihm Fatomas Eltern ein, die ganz in der Nähe des Hospitals wohnten. Sie liebten die traditionellen Gerichte und würden sich sicher freuen, wenn er ihnen ein frisches Tajine brachte.

Er fand Fatomas Mutter in der Küche, begrüßte sie und holte den Topf aus dem Korb. »Hier ist ein Tajine, das Fatoma heute gekocht hat«, sagte er.

Sie strahlte über das ganze Gesicht. »Si Mohammed wird entzückt sein, wenn er sieht, was wir heute abend zu essen haben«, sagte sie.

Früh am nächsten Morgen, noch ehe Sadek gefrühstückt

hatte, klopfte es heftig an der Tür. Die beiden Polizisten, die draußen standen, packten ihn und warfen ihn in einen Jeep, ohne zu erlauben, daß er sich von Fatoma verabschiedete.

Seine Verwunderung hielt nicht lange an. Auf der *comisaría* zeigten sie ihm den Korb und den Topf, der noch einen Großteil des Tajine enthielt. Man erklärte ihm, das Essen sei vergiftet und seine Schwiegermutter tot. Si Mohammed, der im Krankenhaus lag, hatte ihn des Mordes bezichtigt.

In diesem Augenblick hatte Sadek nur einen Gedanken: Fatoma hatte versucht, seine Mutter zu töten. Durch das lange Verhör verwirrt, murmelte er einige seiner Sorgen laut vor sich hin; diese Wortfetzen erweckten die Aufmerksamkeit der Polizei.

»Allah hat sie bestraft! Sie wollte meine töten und tötete ihre eigene.«

Bald kamen sie dahinter, daß er von seiner Frau sprach, schenkten seinen Worten jedoch keinen Glauben, bis man den Wärter des Krankenhauses herbeigeholt und dieser sie bestätigt hatte. Der Mann sagte, er erinnere sich sehr gut an Sadek, weil er so unangenehm aufdringlich gewesen sei, um seiner Mutter das Essen bringen zu können.

Sie schickten nach Fatoma. Sie war erschüttert über den Tod ihrer Mutter und entsetzt über Sadeks plötzliche Verhaftung. Ihre Aussage war unverständlich bis auf das Eingeständnis, daß sie Sadek den Korb mit dem Tajine gegeben und ihm gesagt habe, er solle ihn ins Krankenhaus bringen. Man sperrte sie in eine Zelle.

Es vergingen mehrere Wochen, bis es zur Gerichtsverhandlung kam. Lalla Aïcha war aus dem Krankenhaus entlassen worden und nach Hause gegangen, wo sie niemanden antraf. Sie nahm die schlimmen Neuigkeiten über Sadek und Fatoma scheinbar völlig ungerührt auf, schüttelte den Kopf und sagte: »Es stand geschrieben.«

»Sie versteht nicht, was passiert ist«, tuschelte man hinter ihrem Rücken. »Es ist zuviel für sie, armes Ding.«

Man brachte ihr jeden Tag etwas zu essen, damit sie nicht zum Markt gehen mußte. Statt zu ihrem Zimmer hinaufzusteigen, richtete sich Lalla Aïcha im Zimmer des Ehepaares ein. Den Nachbarn erklärte sie, bis Sadek und Fatoma wieder nach Hause kämen, würde sie sich vollkommen von ihrer Operation erholt haben und die Treppe wieder leichter hinaufsteigen können.

»Sie begreift immer noch nichts«, flüsterten sie sich zu.

In der Verhandlung bestätigte Fatoma, daß sie Sadek den Korb gegeben hatte, wollte jedoch nichts von Gift im Essen wissen.

»Aber du gibst zu, daß das Tajine aus deiner Küche stammte.«

»Natürlich«, sagte Fatoma. »Ich war dabei, als die alte Frau es vorbereitete. An dem Nachmittag, ehe sie ins Krankenhaus ging, stellte sie alles so für ein Tajine zusammen, wie sie es am liebsten mag. Sie sagte, ich solle es am nächsten Tag kochen und Sadek beauftragen, es ihr ins Hospital zu bringen.«

Dies hielt das Gericht für eine unwahrscheinliche Geschichte. Es vertagte sich und beschloß, in seiner nächsten Sitzung Lalla Aïcha zu vernehmen.

Ganz von ihrem *haïk* verhüllt, betrat die alte Frau den Zeugenstand. Man forderte sie auf, ihn vom Kopf zu nehmen, damit man hören könne, was sie zu sagen habe. Jedermann war verblüfft, als sie mit stolzer Stimme verkündete, daß sie das Tajine tatsächlich mit eigenen Händen vorbereitet habe. »Ja, ja«, sagte sie, »ich mag es gern mit viel eingelegten Zitronen.«

»Und was hast du sonst noch hineingetan?« fragte der Kadi mit geheuchelter Freundlichkeit.

Lalla Aïcha fing an, eine Unzahl von Zutaten aufzureihen. Dann hielt sie inne und fragte: »Willst du das ganze Rezept?« Jedermann lachte. Der Kadi bat um Ruhe und sagte, sie düster anstarrend: »Ich verstehe. Wir haben es mit einer Spaßmacherin zu tun. Setz dich. Wir kommen später noch zu dir.«

Lalla Aïcha setzte sich hin und starrte in ihren Schoß, während sie, leise vor sich hin murmelnd, mit den Perlen ihrer Gebetskette spielte. Hin und wieder warf der Kadi ihr einen wütenden Blick zu, erzürnt ob ihrer Gleichgültigkeit. Er wartete auf die Nachricht eines Experten, der in Sadeks Haus zurückgeblieben war, als man Lalla Aïcha zur Verhandlung geholt hatte. Bald war es soweit. In einem Schrank im oberen Zimmer hatte man unter ihren Kleidern eine halbvolle Dose mit dem gleichen Rattengift gefunden, mit dem das Tajine vergiftet gewesen war.

Der Kadi strahlte triumphierend, als er nun Lalla Aïcha in den Zeugenstand rief. In der linken Hand hielt er die Blechdose, die er vor ihr schüttelte. »Kennst du diese Dose?« fragte er.

Lalla Aïcha zögerte keine Sekunde. »Natürlich kenne ich sie. Sie gehört mir. Ich habe sie für das Tajine gebraucht.«

Erstauntes Gemurmel erhob sich im Saal; die Zuschauer hatten sich darauf geeinigt, die alte Frau für geistesgestört zu halten. Einen Augenblick saß der Kadi mit offenem Mund und aufgerissenen Augen da. Dann runzelte er die Stirn.

»Du gibst also zu, daß du es warst, die das Gift in das Tajine gemischt hat?«

Lalla Aïcha seufzte. »Ich habe dich gefragt, ob du das ganze Rezept willst, aber du wolltest nicht. Ich habe ein halbes Kilo Zitronen hineingetan. Sie überdecken den Geschmack des Pulvers.«

»Fahr fort«, sagte der Kadi und sah sie böse an.

»Es war ein Essen speziell für mich«, sagte sie mit einem Unterton von Entrüstung in der Stimme. »Für niemanden sonst. Es war Medizin. Du glaubst doch nicht etwa, daß ich es hätte essen wollen? Das Gift im Tajine sollte das Gift aus meinem Körper ziehen.«

»Ich weiß nicht, wovon du sprichst«, sagte der Kadi.

»Man nimmt es in den Mund und spuckt es wieder aus. Dann nimmt man wieder etwas in den Mund und spuckt es aus und so fort. Dazwischen spült man den Mund mit Wasser aus. Das ist eine alte Medizin aus meinem *tchar*. Es befreit den Körper von allem Gift.«

»Ist dir klar, daß du dadurch eine Frau getötet hast?«

Lalla Aïcha schüttelte den Kopf. »Nein, nein. Es stand geschrieben, das ist alles.«

Vom anderen Ende des Saals erklang Fatomas schrille Stimme: »Lüge! Alles Lüge! Sie wußte, daß man das Essen nicht hereinlassen würde. Sie wußte es, bevor sie ins Krankenhaus ging!«

Man brachte Fatoma zum Schweigen. Der Kadi machte sich jedoch eine Notiz, und als sie am nächsten Tag in den Zeugenstand gerufen wurde, forderte er sie auf, ihre Anschuldigung zu begründen. Das Resultat ihrer Aussage war, daß man auch ihre Nachbarin Lalla Halima vernahm. Auch sie mußte aufgefordert werden, ihren *haïk* zu lösen, was sie mit sichtlichem Widerwillen tat.

»Zwei, vielleicht auch drei Tage vor ihrer Aufnahme ins Krankenhaus besuchte ich Lalla Aïcha. Ich wollte ihr etwas Gutes tun, deshalb sagte ich: ›Ich werde meine Tochter bitten, ein paar *cabrozels* und vielleicht etwas *mrozeya* zu machen und dir ins Krankenhaus zu bringen.‹ Sie antwortete ›Das ist nett von dir, aber es hat keinen Zweck. Sie haben eine neue Vorschrift, wie mir der Arzt erklärt hat, sie lassen nichts von draußen mehr herein.‹ Ich wies meine Tochter trotzdem an, einige *cabrozels* zu machen, und brachte sie ihr an dem Abend, ehe sie ins Krankenhaus ging. Ich dachte, sie könnte sie in ihre Kleider wickeln und in der Tasche verstecken, damit sie sie nicht bemerkten.«

»Das genügt«, sagte der Kadi und entließ sie mit einer Handbewegung. Seine Augen funkelten, als er zu Lalla Aïcha sagte: »Und was wirst du mir jetzt erzählen?«

»Ich habe dir alles erzählt«, entgegnete sie ruhig. »Ich war so sehr damit beschäftigt, meine Medizin zu machen, daß ich ihre Vorschrift vergaß. Ich bin eine alte Frau. Es war mir entfallen.«

In einer Ecke des Saals entstand ein Tumult, als Fatoma schrie: »Sie hatte es nicht vergessen! Sie wußte, daß Sadek es zu meiner Mutter bringen würde!«

Noch immer schreiend und gegen ihre Bewacher kämpfend, wurde Fatoma aus dem Saal entfernt. Lalla Aïcha stand ruhig da und wartete, daß man das Wort an sie richtete. Der Kadi sah sie nur an, mit einem zweifelnden Gesichtsausdruck. Schließlich sagte er gereizt: »Du bist eine dumme und ungebildete Frau. Wer hat je davon gehört, daß Gift im Mund Gift im Blut absorbiert? Meinst du wirklich, irgend jemand würde diesen Unsinn glauben?«

Lalla Aïcha blieb unbeeindruckt. »Ja«, sagte sie geduldig. »Jeder weiß, daß die Medizin der Ungläubigen besser funktioniert, wenn man gleichzeitig die Medizin der Moslems anwendet. Allahs Macht ist groß.«

In seiner Verzweiflung schloß der Kadi den Fall ab und schickte die drei Angeklagten nach Hause, nicht ohne Sadek zu warnen, daß er für allen weiteren Ärger, den seine Mutter verursachen könnte, verantwortlich gemacht würde, da sie offensichtlich unzurechnungsfähig sei.

In jener Nacht, während Lalla Aïcha im oberen Raum schlief, stellte Fatoma ihrem Mann ein Ultimatum. Entweder er schickte seine Mutter fort, oder sie würde ihn verlassen und zu ihrem Vater ziehen.

»Sie hat meine Mutter getötet. Ich werde nicht mit ihr unter einem Dach leben.«

Sadek war klug genug, dies zu akzeptieren; er widersprach ihr nicht. Angesichts dessen, was sie getan hatte, war auch er zu dem Entschluß gelangt, seine Mutter wieder aufs Land zurückzubringen, wo sie bei ihren Verwandten leben konnte.

Sie nahm die Nachricht gelassen auf, ja schien sie beinahe erwartet zu haben. In der Hoffnung, ihr zu beweisen, daß er nicht ungerecht war und sie nicht einfach nur abschieben wollte, setzte er hinzu: »Du siehst selbst, was du mit deinem Unsinn angerichtet hast.«

Sie drehte sich um und sah ihm in die Augen. »Du hast kein Recht, mich für irgend etwas verantwortlich zu machen«, sagte sie. »Es ist nicht meine Schuld, daß du noch immer in diesem kleinen Haus lebst.«

In diesem Augenblick bedeutete ihm die Äußerung nichts; es war nur die Bemerkung einer alten Frau, auf die es keine Antwort gab. Später, als er aus dem *tchar* im Tal zurückgekehrt war und in Frieden mit Fatoma lebte, fiel sie ihm wieder ein. Seitdem dachte er häufig daran.

Die Entlassung

Es sei nicht seine Schuld gewesen, daß er den Job verloren habe, erklärte Abdelkrim seinen Freunden. Mehr als anderthalb Jahre hatte er für Patricia gearbeitet, und sie waren gut miteinander ausgekommen. Das sollte nicht heißen, daß sie nichts an seiner Arbeit auszusetzen gehabt hätte, aber die Christen finden an dem, was Moslems für sie tun, immer etwas auszusetzen, und er war daran gewöhnt. Obwohl sie ihn bei solchen Gelegenheiten ansah, als sei er ein kleines Kind, äußerte sie ihre Kritik freundlicher als die meisten anderen. Seine Aufgaben waren einfach, erforderten jedoch seine ständige Anwesenheit auf dem Gelände. Wenn er nicht ausdrücklich die Erlaubnis erhielt, ins Kino zu gehen oder ein, zwei Stunden in einem Café zu sitzen, war er verpflichtet, jederzeit verfügbar zu sein. Patricia fuhr ausschließlich mit dem Taxi; sie besaß keinen Wagen, so daß Abdelkrim bequem in der Garage wohnen konnte, wo er seine eigenen Mahlzeiten kochte und Radio hörte.

Patricia war vor einigen Jahren aus Kalifornien gekommen und hatte das Haus gekauft. Genaugenommen war sie kein Mädchen, denn sie hatte ihm erzählt, daß sie mit drei verschiedenen Männern verheiratet gewesen sei, doch sie sah aus wie ein Mädchen und benahm sich, erzählte er, wie ein nervöses junges Ding, das Angst hat, keinen Mann abzukriegen. Ich schwöre euch, sagte er, man wäre nie auf die Idee gekommen, daß sie einen Mann gehabt hat.

Sie trug eigenartige Kleider und pfundweise klimpernden Schmuck (alles Silber und Kupfer, sagte er, kein Gold). Selbst ihre Ohrringe klirrten unablässig.

Abdelkrim hatte das Gefühl, daß sie ein nettes Mädchen war, aber verrückter als die meisten Ungläubigen. Selbst wenn es draußen nicht kalt war, verlangte sie ein prasselndes Feuer im Kamin. Es gab eine ganze Menge Lampen im Haus, doch sie zog Kerzen vor; sie war der Ansicht, Elektrizität erzeuge ein totes Licht. Das ganze Haus war voll von Zebrahäuten und Leopardenfellen und einer Sammlung abstoßender holzgeschnitzter Köpfe, von denen sie behauptete, es seien afrikanische Götter. Abdelkrim erkannte sofort, daß sie Teufel darstellten. Er vermied stets, sie direkt anzusehen.

Sechs Monate vor seiner Entlassung war Patricias Mutter zu Besuch gekommen. Sie war eine kleine, reizbare Frau mit hervortretenden schwarzen Augen. Bei ihren häufigen Streitereien mit Patricia schrie sie, und manchmal weinte sie auch; schließlich war er überzeugt, daß es die Mutter war, die Patricia so verrückt gemacht hatte.

Abdelkrims Job bestand aus drei verschiedenen Pflichten: Vormittags mußte er zwei Meilen zum Markt in die Stadt gehen, das Essen für den Tag kaufen und nach Hause bringen. Nachmittags arbeitete er im Garten, und nachts fungierte er als Wachmann. Patricia hatte ihm zu Anfang ihre Bedingungen genannt, und er hatte sie akzeptiert. Seitdem hatte er sich nie länger als eine Stunde ohne Erlaubnis entfernt.

An einem heißen Nachmittag war der Garten ein denkbar ungeeigneter Aufenthaltsort. Da das Haus neu war, gab es nicht einen Busch oder Baum, der groß genug war, um Schatten zu spenden. Abdelkrim machte es nichts aus, in der Sonne zu arbeiten, aber er legte gerne Pausen ein, um eine Kif-Pfeife zu rauchen, und dies am liebsten und mit dem größten Genuß, wenn er irgendwo tief im Schatten saß. Vor fünfzehn Jahren, als er noch ein kleiner Junge war, hatte er schattige Orte in der Nähe gekannt, wo er und seine Freunde spielten. Er besaß lebhafte Erinnerungen an die Pinienwälder bei Moujahedin, an den Hain hoher Eukalyptusbäume, der den Hang von Ain Chqaf bedeckte, und an die langen, schattigen Tunnel, die die Jungen durch den Dschungel aus verflochtenen Schlingpflanzen und Brombeerbüschen vor seinem Haus geschlagen hatten. All dies war jetzt vorbei; neue Villen hatten sich auf dem Gelände ausgebreitet.

Einen Ort jedoch gab es noch, der den Schatten bot, den er in seiner Jugend so geliebt hatte. Ein halbstündiger Fußmarsch von Patricias Haus um die lange Mauer des Friedhofes herum, über die Felder und ins Tal von Boubana hinunter brachte ihn zum Country Club, der mitten in einer Oase von Grün lag. Hinter dem Clubhaus zog sich ein Streifen des ursprünglichen Waldgebietes entlang; ein träge fließender Bach schlängelte sich lautlos hindurch. Der Golfplatz war die meiste Zeit leer; er konnte die Spielbahnen überqueren, ohne Angst, gesehen zu werden, und dann dem Bachlauf folgen, bis er zum Wald gelangte. Wo die hohen Bäume begannen, war es, als trete man in ein riesiges, schweigendes Gebäude. Das Schreien der Zikaden blieb mit der Sonne ausgesperrt.

Wenn er erst einmal dort war, hörte er nichts als das Rascheln der Blätter in den hohen Wipfeln, ein fernes, rauschendes Säuseln, das ihm als vollkommene Musik für einen heißen Sommernachmittag erschien.

Eines Freitags fragte Abdelkrim, ob er am Nachmittag des folgenden Tages freihaben könnte, denn es war ein staatlicher Feiertag. Ohne zu antworten, ging Patricia in ein anderes Zimmer und beratschlagte mit ihrer Mutter. Als sie wiederkam, erklärte sie, daß sie vorgehabt hätten, mit ein paar Freunden aus Amerika ein Picknick zu veranstalten, es aber ebensogut auf Sonntag verschieben könnten.

Der Samstag kam, es war heiß und still. Da eine Parade stattfinden sollte, waren seine Freunde in die Stadt gegangen, um zuzuschauen. Als Abdelkrim die Lebensmittel vom Markt nach Hause gebracht und in die Küche gestellt hatte, ging er leise in seinen Garagenraum. Dort packte er Brot, Thunfisch und Oliven in einen kleinen Beutel zu den anderen Sachen, die einen schönen Nachmittag versprachen, trat durch das Tor und machte sich auf den Weg nach Boubana. Wahrscheinlich hätte er den langen Weg in der Mittagsglut (denn es war außergewöhnlich heiß) nicht angetreten, wenn es irgendeinen schattigen Winkel im Garten gegeben hätte, wo er hätte sitzen, rauchen und in kühler Abgeschiedenheit seinen Tee trinken können. Diese Sonne ist Gift, sagte er sich unterwegs.

Als er den Wald erreichte, war er bereits hungrig. Nicht weit von einem der Pfade entfernt, die sich durch das Unterholz schlängelten, fand er einen großen, flachen Felsen, auf dem er seine Sachen ausbreitete und behaglich sein Mahl verzehrte. Hier läßt sich's wohl sein, dachte er, nicht in der Sonne auf dem Boulevard zwischen fünfzigtausend anderen, die darauf warten, ein paar Festwagen vorbeiziehen zu sehen. Er rauchte mehrere Kif-Pfeifen, legte die Sebsi neben sich auf den Felsen, gähnte und streckte sich. Im selben Augenblick nahm er im Unterholz auf der anderen Seite des Baches eine Bewegung wahr. Er hörte ein

Ächzen und Keuchen und dann ein dumpfes Geräusch, als etwas zu Boden fiel. Einen Moment war er wie erstarrt, dann warf er sich mit dem Gesicht nach unten flach auf den Boden.

Die Geräusche kamen näher. Er hob vorsichtig den Kopf und sah nicht weit entfernt fünf Männer, die einen großen schwarzen Kasten trugen und stolpernd den Pfad zwischen den Bäumen entlangkamen. Dann erkannte er, daß der Gegenstand, der beinahe zu schwer für sie zu sein schien, ein Safe war. Zweige brachen unter dem Gewicht, als sie ihn auf ein dichtes Gebüsch fallen ließen. Hastig rissen sie Pflanzen aus und sammelten Arme voll Blätter, die sie darüberhäuften, um alle Spuren des Gegenstandes zu verdecken.

Abdelkrim kroch, noch immer auf dem Bauch, mit größter Behutsamkeit in die entgegengesetzte Richtung. Ein trockener Zweig knackte, als er darüberglitt. Die Geräusche hinter ihm erstarben. Eine Stimme sagte: »Da ist jemand.«

Mit einem Satz war er auf den Beinen und rannte los. Doch dann machte er den Fehler, sich umzuschauen. Die fünf Männer standen da und starrten ihm nach. Einen von ihnen hatte er erkannt und war seinerseits von ihm erkannt worden.

Keuchend lief er aus dem Wald hinaus, quer über ein Feld und bog in einen von Dornbüschen gesäumten Weg ein. Drei Bauern, die unter einem Baum ausgestreckt lagen, beobachteten ihn erstaunt. Er lief etwas langsamer. Als er außerhalb ihrer Sichtweite war, zog er das schweißdurchtränkte Hemd aus. Die Polizei könnte auf die Idee kommen, die Bauern zu befragen.

Er war jetzt sicher, daß niemand ihm folgte. Er erreichte die asphaltierte Straße, auf der hin und wieder ein Auto verkehrte, und atmete leichter.

Was er in jenem kurzen Augenblick gesehen hatte, war das brutale Gesicht von Aziz, dem Barmann im Country Club, gewesen. Jedermann fürchtete ihn und fand ihn widerwärtig, aber der Direktor behielt ihn, weil ein Hieb seiner mächtigen Faust auf den Kopf eines streitlustigen Gastes diesen unweigerlich zu Boden streckte. Von Aziz hieß es, und das nicht nur im Scherz, daß er nur dann betete, wenn er gerade jemanden getötet hatte.

Sollten die Bauern aussagen, daß sie einen jungen Mann gesehen hatten, der den Weg entlangrannte, könnte die Polizei ihn finden und ihm Fragen stellen, und egal, was er dann sagte – Aziz würde, wenn man ihn überführte, nie glauben, daß es nicht Abdelkrim war, der ihn verraten hatte.

Es war noch heißer als zuvor, als er die Brücke überquerte und den Hang hinaufzusteigen begann. Er hatte genug über Aziz gehört, um zu wissen, daß es in seiner Lage das klügste wäre, augenblicklich aus Tanger zu verschwinden. Sein Bruder Mustafa würde sich freuen, ihn wiederzusehen. Agadir war zwar weit, doch einmal dort angekommen, entstünden ihm keine Kosten mehr.

Er ging zum Haus, die Nachmittagssonne brannte ihm auf den Rücken. In der Garage warf er sich auf die Matratze und verwünschte sein Pech. Sein Kif, seine Pfeife, alles, was er mit in den Wald genommen hatte, war auf dem Stein zurückgeblieben.

Er würde den Nachtbus nach Casablanca nehmen, der um halb zwölf Uhr vom Strand abfuhr. Patricia und ihre Mutter durften keinen Verdacht schöpfen; tatsächlich war es seine größte Sorge, wie er aus der Garage und durch das große Tor kommen sollte, ohne daß sie ihn hörten, denn außer dem Zirpen der Grillen gab es in der Nähe des Hauses nachts keine Geräusche. Wenn eine der beiden das Klicken des Tores hinter ihm hörte, würden sie in Morgenmänteln auf die Straße gelaufen kommen und hinter ihm herschreien, das wußte er.

Kurz darauf klopfte Patricia an die Tür und riß ihn aus seinen Gedanken. »Ich meinte, ich hätte dich kommen hören«, sagte sie zufrieden. Aus lauter Angst, daß sich die Verwirrung in seinem Gesicht spiegeln könnte, rang er sich ein Lächeln ab, doch sie bemerkte es nicht, denn sie wollte ihm noch etwas sagen. Sie waren um halb acht Uhr von Madame und Monsieur Lemoine zu einer Jilala-Party eingeladen worden, und er konnte eine halbe Stunde mitkommen, wenn er wollte. Die Party sollte in Hadj Larbis Haus stattfinden, nicht weit entfernt, so daß er mühelos vor Einbruch der Dunkelheit wieder zurück sein könnte.

Abdelkrim nickte heftig, mit einem Ausdruck echter Freude. Er merkte, daß sich sein Problem von selbst löste.

Jetzt, da er keine Angst mehr vor der Nacht hatte, konnte er sie kaum erwarten. Der Koffer, den er mitnehmen wollte, stand bereit; er versteckte ihn in einer dunklen Ecke der Garage. Um Punkt halb acht Uhr stand Monsieur Lemoine draußen auf der Straße und hupte; Madame Lemoine saß steif neben ihm. Patricia, behängt mit Ketten und Medaillons, lief zum Wagen und beugte sich hinein, um mit Madame Lemoine zu schwatzen. Ab und zu hob sie den Kopf und rief *Mutter!* in Richtung des Hauses.

Abdelkrim konnte hören, wie die ältere Frau vor sich hin schimpfte, während sie im Zimmer umherging und ihre Sachen zusammensuchte. Schließlich kam sie aus dem

Haus, noch reizbarer als sonst. Er saß zwischen ihnen auf dem Rücksitz.

Hadj Larbis Garten wurde an einem Ende von einer Reihe hoher Zypressen begrenzt, die sich schwarz vor dem dämmrigen Himmel abhoben. Als sie eintraten, kam einer von Hadj Larbis Söhnen, den Abdelkrim kannte, auf ihn zu und führte ihn zu dem Ende des Hofes, wo die Musiker saßen. »Jedes Jahr während des *smayyim* laden wir die Jilala ein, für meinen Onkel«, sagte er.

Abdelkrim setzte sich auf eine Matte neben den *moqqadem*. Ein alter Mann in einer weißen Dschellaba trat aus dem Haus und blieb vor den Musikern stehen. Die Trommeln begannen einen langsamen Rhythmus, der Alte beugte sich vor und bewegte sich schleppend über die Steinplatten.

Als die Trommler schneller wurden, brach das Schlurfen ab; jetzt schienen die Beine des Mannes wie von selbst in die Höhe zu schnellen. Er zerrte am Ende der Schärpe, die um seine Taille gebunden war und von einem Mann hinter ihm festgehalten wurde. Seine Augen waren auf das Feuer gerichtet, als wollte er sich hineinstürzen. Die Musik schwoll an, die Trommler schlugen mit den Kanten ihrer *benadir* auf den Boden, und die Raserei des alten Mannes verstärkte sich. Sein Gesichtsausdruck wechselte unablässig, verzerrte sich, als spülten Wellen von Wasser darüber hinweg. Er näherte sich der Gegenwart des Geistes, der ihn über die sichtbare Welt hinaus an einen Ort führen sollte, an dem seine Seele geläutert würde.

Als er schließlich zu Boden stürzte, sprangen mehrere Männer auf und zogen ihn vom Feuer weg. Sie drängten sich um ihn, berührten seinen Kopf, hüllten ihn in eine Decke, hoben ihn vorsichtig auf und trugen ihn davon.

Über den Mauern des *riads* sah Abdelkrim die dunklen Obelisken der Zypressen. Wenn er Sidi Maimoun oder Sidi Rahal anriefe, würden sie ihn nicht beachten, dessen war er sicher; es war zu spät für die Hoffnung, daß junge Leute wie er mit den Heiligen in Verbindung treten könnten. Er schlich sich hinaus in den Garten, sagte dem Diener, der am Eingang stand, gute Nacht und machte sich auf den Weg.

Er holte seinen Koffer aus der Garage, schloß das Tor hinter sich ab, ging zur Bushaltestelle am Strand und versuchte, nicht an die Szene am nächsten Morgen zu denken, wenn sie feststellten, daß er verschwunden war. Er wartete fast drei Stunden, bis der Bus die Türen öffnete und die Passagiere einsteigen ließ.

Zwei Monate später erfuhr er aus zuverlässiger Quelle, daß Aziz und seine Komplizen nur einen Tag nach der Tat gefaßt worden waren, an der gleichen Stelle im Wald. Sie hatten auf den Safe eingehämmert und versucht, ihn aufzubrechen. Er kehrte nach Tanger zurück und ging sofort zu Patricias Haus. Doch ein Dienstmädchen, das er nicht kannte, überbrachte ihm die Nachricht, daß sie ihn nicht empfangen wollte.

Der Ausdruck des Mädchens war bedauernd; aus Freundlichkeit setzte sie hinzu: »Die Alte und die Junge, beide sagen, sie würden dir nie verzeihen.«

Diese Vorstellung erschien ihr äußerst komisch, und sie lachte.

Abdelkrim wandte sich um und betrachtete wütend den Garten. Mehr zu sich als zu ihr sagte er: »Ein richtiger Baum, und alles wäre anders gekommen.«

Aber sie hatte ihn ohnehin nicht gehört oder nicht verstanden, denn sie lächelte weiter. »Nein, sie wollen dich nicht empfangen«, sagte sie.

Malika

1

Malika brauchte niemanden, der ihr bestätigte, wie hübsch sie war. Soweit sie zurückdenken konnte, hatten die Leute über ihre Schönheit getuschelt, denn schon als sie noch ein kleines Mädchen war, galt das Ebenmaß ihres Hauptes, des Nackens und der Schultern als bemerkenswert. Noch ehe sie alt genug war, um am Brunnen Wasser zu holen, wußte sie, daß sie Augen wie eine Gazelle besaß und ihr Hals dem Stiel einer Lilie glich. Wenigstens sagten die älteren Leute solche Dinge.

Auf einem Hügel über der Stadt lag ein großes Gebäude, zu dem palmenüberschattete Wege hinaufführten. Es gehörte den Hermanas Adoratrices. Nachdem sie Malika gesehen hatten, waren einige dieser Nonnen zu ihrem Vater gegangen und hatten ihm angeboten, sie bei sich aufzunehmen und ihr Spanisch und die Kunst des Stickens beizubringen. Er hatte erfreut sein Einverständnis gegeben. »Allah hat uns hergesandt, um zu lernen«, sagte er. Malikas Mutter, der es nicht gefiel, daß ihre Tochter bei Ungläubigen aufwuchs, versuchte alles, um ihn umzustimmen; trotzdem verbrachte Malika fünf Jahre bei den Schwestern, bis ihr Vater starb.

Malikas Großmutter pflegte zu sagen, daß sie genauso ausgesehen habe wie Malika, als sie jung war. Wenn sie wieder ein kleines Mädchen werden und sich neben Malika stellen könnte, wären sie kaum auseinanderzuhalten, behauptete sie. Zuerst hielt Malika dies für ausgeschlossen; sie betrachtete aufmerksam das zerfurchte Gesicht der alten Frau und verwarf, ohne zu zögern, diese Vorstellung. Nachdem ihre Großmutter gestorben war, begann sie zu begreifen, was die alte Frau gemeint hatte, als sie sagte: »Nur Allah bleibt derselbe.« Eines Tages würde sie nicht mehr schön sein, jetzt aber war sie es. Als sie alt genug war, um allein zum Brunnen zu gehen und zwei Eimer Wasser nach Hause zu tragen, bedeutete es ihr daher nichts, wenn die älteren Jungen und die halberwachsenen Männer ihr nachriefen und mit ihr zu sprechen versuchten. Sie täten besser daran, ihre Schmeicheleien für die Mädchen aufzuheben, die solche Bestätigung brauchen, dachte sie.

Nahe bei der Stadt gab es eine Kaserne voller Soldaten. Die Männer waren rauh und brutal. Wenn sie einen von ihnen auch nur von ferne erblickte, versteckte Malika sich, bis er verschwunden war. Glücklicherweise verirrten sich die Soldaten nur selten in das ausgetrocknete Flußbett, das zwischen ihrem Haus und dem Brunnen lag; sie schlenderten lieber in Grüppchen über die Hauptstraße, die durch die Stadt führte.

Es kam der Tag, da ihre Mutter von ihr verlangte, auf dem Markt an der Hauptstraße eine Henne zu verkaufen. Sonst hatte dies ihre ältere Schwester getan, aber sie war im Haus eines Nachbarn und half bei Hochzeitsvorbereitungen. Malika bat ihre Mutter, ihr einen *haïk* zu leihen, damit sie das Gesicht bedecken konnte.

»Deine Schwester ist tausendmal auf dem Markt gewesen. Sie trägt nie einen *haïk*.«

Malika wußte, daß ihre Schwester keinen *haïk* trug, weil niemand ihr Aufmerksamkeit schenkte, doch das konnte sie der Mutter nicht sagen. »Ich habe Angst«, sagte sie und brach in Tränen aus. Ihre Mutter hatte wenig übrig für das alberne Getue junger Mädchen und verweigerte ihr den *haïk*. Als Malika aus dem Haus lief, die Henne an den Beinen haltend, griff sie nach einem schmutzigen Handtuch. Sobald sie außer Sichtweite war, wand sie es lose um den Kopf, damit sie es herunterziehen und wenigstens einen Teil ihres Gesichtes bedecken konnte, wenn sie auf die Straße kam.

Mehrere Dutzend Frauen säumten den einen Straßenrand; sie saßen auf dem Boden und hatten ihre Waren vor sich ausgebreitet. Malika ging zum Ende der Reihe, gegenüber einem kleinen Park, wo die Soldaten auf Bänken saßen. Die Leute gingen vorbei und nahmen die Henne in die Hand, um sie zu drücken und zu schütteln, so daß sie ständig gackerte und mit den Flügeln schlug. Malika hatte das Handtuch so weit über die Augen gezogen, daß sie nur noch den Erdboden zu ihren Füßen sehen konnte.

Als ungefähr eine Stunde vergangen war, kam eine Frau vorbei und begann über den Preis der Henne zu verhandeln. Schließlich kaufte sie das Tier; Malika verknotete die Münzen in einem Stoffetzen und sprang auf. Das Handtuch rutschte ihr über das Gesicht und fiel zu Boden. Sie griff danach und eilte die Straße entlang.

2

Die Stadt war heruntergekommen; sie roch nach der Armut, in der die Menschen zu leben gewohnt waren. Es gab auch keinerlei Hinweis darauf, daß es in einer vergangenen Zeit anders hätte gewesen sein können. Der Wind vom Meer trieb den Staub aus den Straßen hoch in die Luft und verstreute ihn zornig über dem Land. Selbst die Blätter der Feigenbäume waren weiß überzogen. Der aufgewirbelte heiße Staub brannte auf ihren Waden, als sie um die Ecke der Nebenstraße bog, die in die Schlucht hinunterführte. Sie wickelte das Handtuch um den Kopf und hielt es mit einer Hand fest. Es war ihr nie in den Sinn gekommen, die Stadt zu hassen, denn sie glaubte, daß es überall mehr oder weniger ähnlich aussah.

Die Straße war kaum mehr als eine Gasse, mit Mauern zu beiden Seiten. Plötzlich hörte sie hinter sich den Tritt schwerer Stiefel. Sie drehte sich nicht um. Dann griff eine harte Hand nach ihrem Arm und preßte sie rauh gegen die Mauer. Es war ein Soldat, und er lächelte. Er stemmte seine Arme rechts und links von ihr gegen die Mauer, so daß sie nicht fliehen konnte.

Malika sagte nichts. Der Mann stand da und starrte sie an. Er atmete schwer, als sei er gelaufen. Schließlich fragte er: »Wie alt bist du?«

Sie blickte ihm fest in die Augen. »Fünfzehn.«

Er roch nach Wein, Tabak und Schweiß.

»Laß mich gehen«, sagte sie und versuchte verzweifelt zu entschlüpfen. Als er ihr den Arm verdrehte, weiteten sich ihre Augen vor Schmerz, aber sie schrie nicht. Zwei Männer in Dschellabas näherten sich von der Schlucht her;

sie starrte in ihre Richtung. Der Soldat drehte sich um, bemerkte sie und ging hastig zurück zur Hauptstraße.

Als sie nach Hause kam, warf sie den Fetzen Tuch mit dem Geld darin auf den *taifor* und zeigte ihrer Mutter angewidert die Male auf ihrem Arm.

»Was ist das?«

»Ein Soldat hat mich festgehalten.«

Die Mutter versetzte ihr eine schallende Ohrfeige. So aufgebracht hatte Malika sie noch nie gesehen.

»Du Miststück!« schrie sie. »Das ist alles, wozu du gut bist!«

Malika rannte aus dem Haus und hinunter zur Schlucht, wo sie sich auf einen Stein in den Schatten setzte und darüber nachdachte, ob ihre Mutter vielleicht verrückt geworden war. Die Überraschung und Ungerechtigkeit der unerwarteten Ohrfeige hatten jeden Gedanken an den Soldaten verdrängt. Sie spürte, daß sie eine Erklärung für das Verhalten ihrer Mutter finden mußte, sonst würde sie sie hassen.

Doch beim Abendessen war es nicht viel besser; ihre Mutter würdigte sie keines Blickes und wandte sich nur an die andere Tochter. Genauso verliefen auch die folgenden Tage. Es war, als hätte sie entschieden, daß Malika nicht mehr da war.

Gut, dachte Malika. Wenn ich nicht da bin, ist sie auch nicht da. Sie ist nicht meine Mutter, und ich hasse sie.

Der wortlose Krieg zwischen ihnen bedeutete nicht, daß Malika nun davon befreit gewesen wäre, zum Markt zu gehen. Fast jede Woche wurde sie geschickt, um ein Huhn oder einen Korb mit Gemüse und Eiern zu verkaufen. Sie hatte keine Probleme mit den Soldaten mehr, vielleicht weil sie jetzt immer an der Schlucht haltmachte und sich ein wenig Schlamm ins Gesicht schmierte. Bis sie zur Hauptstraße kam, war er getrocknet, und die Männer beachteten sie nicht, obwohl die Frauen sie manchmal erstaunt anstarrten. Auf dem Heimweg ging sie wieder zur Schlucht und wusch sich das Gesicht.

Nun sah ihre Mutter sie jedesmal mißtrauisch an, wenn sie nach Hause zurückkehrte. »Ich schwöre dir«, sagte sie, »ich bringe dich mit meinen eigenen Händen um, wenn du mir Ärger machst.« Malika schluchzte und verließ das Zimmer. Sie wußte, was ihre Mutter meinte, aber sie war doch verblüfft zu sehen, wie wenig diese ihre eigene Tochter kannte.

3

Eines Tages, als Malika in der vordersten Reihe von Frauen und Mädchen auf dem Markt saß, fuhr ein großes gelbes Auto ohne Verdeck fast geräuschlos heran und hielt vor ihnen an. Es saß nur ein Mann darin, ein Ungläubiger. Die Frauen tuschelten und schrien dann auf, denn der Mann hielt eine Kamera in der Hand, die er auf sie richtete. Ein Mädchen, das neben Malika saß, wandte sich zu ihr und sagte: »Du sprichst Spanisch. Sag ihm, er soll gehen.«

Malika lief zum Wagen. Der Mann senkte die Kamera und starrte sie an.

»Sie dürfen hier nicht fotografieren, Señor«, sagte sie und sah ihn ernst an. Sie zeigte hinter sich auf die Reihe von aufgebrachten Frauen.

Der Ungläubige war hochgewachsen und hatte hellblondes Haar. Er verstand und lächelte ihr zu. *»Muy bien, muy bien«*, sagte er gutmütig, während er sie noch immer musterte. Plötzlich fiel ihr der Schmutz auf ihrem Gesicht ein. Ohne nachzudenken, rieb sie sich mit der Rückseite der Hand über die Wange. Das Lächeln des Mannes verstärkte sich.

»Darf ich dich fotografieren?«

Malika spürte, wie ihr Herz schmerzhaft zu pochen begann. »Nein! Nein!« rief sie entsetzt. Dann fügte sie wie als Erklärung hinzu: »Ich muß zurück und meine Eier verkaufen.«

Das schien dem Ungläubigen zu gefallen. »Du verkaufst Eier? Bring sie her.«

Malika ging und holte die Eier, die in ein Tuch gebunden waren. Eine Gruppe von Jungen hatte das auffallende gelbe Auto entdeckt; sie umkreisten es, forderten Geld. Der Ungläubige, der versuchte, sie zu vertreiben, öffnete den Schlag für Malika und wies auf den leeren Beifahrersitz. Sie legte ihr Bündel auf das lederne Polster und beugte sich vor, um den Knoten zu lösen, doch die Jungen fuchtelten weiter vor ihr herum und drängten sie weg. Der Mann schrie die Bengel in einer fremden Sprache ärgerlich an, doch hielt er sie damit nur für einen Moment in Schach. Schließlich befahl er Malika wütend: »Steig ein!« Sie gehorchte und setzte sich mit den Eiern auf dem Schoß neben ihn. Der Mann beugte sich vor und zog die Tür zu. Dann kurbelte er die Scheibe hoch. Mittlerweile hatten sich jedoch zwei Bettler unter die Jungen gemischt, die von oben in den Wagen hineinlangen konnten.

Ohne Vorwarnung startete der Ungläubige den Motor und ließ ihn laut aufheulen. Der Wagen machte einen Satz nach vorn. Malika drehte sich erschrocken um und sah, daß einige der Jungen auf der Straße lagen. Als sie wieder hinsah, hatten sie die Stadt schon fast verlassen. Der Ungläubige schien immer noch böse zu sein. Sie beschloß, ihn nicht zu fragen, wie weit er fahren wollte, bis er anhielte und die Eier kaufte. Ihre Gefühle schwankten zwischen Entzücken, in einem so feinen Wagen zu sitzen, und Angst, zu Fuß in die Stadt zurückgehen zu müssen.

Die Bäume flogen sehr schnell vorbei. Es schien, als hätte sie immer gewußt, daß ihr eines Tages so etwas Merkwürdiges passieren würde. Es war ein tröstlicher Gedanke, der sie davor bewahrte, wirklich Angst zu haben.

4

Bald bogen sie in einen Feldweg ein, der tief in einen Eukalyptushain führte. Hier, im unbestimmten Schatten der Bäume, stellte der Ungläubige den Motor ab und wandte sich lächelnd Malika zu. Er nahm ihr das Bündel mit den Eiern vom Schoß und legte es auf den Rücksitz. Aus einem Korb hinter ihrem Sitz zog er eine Flasche Mineralwasser und eine Serviette. Er goß etwas Wasser auf die Serviette und machte sich, eine Hand auf ihre Schulter gestützt, daran, ihre Wangen von den Schmutzschlieren zu säubern. Sie ließ ihn gewähren und auch das Handtuch wegnehmen, das sie um den Kopf gewunden hatte, so daß ihr das Haar auf die Schultern fiel. Warum soll er mich nicht sehen? dachte sie. Er ist ein guter Mann. Sie hatte bereits gemerkt, daß er kein bißchen stank, und seine Freundlichkeit tat ihr gut.

»Soll ich dich jetzt fotografieren?«

Sie nickte. Es war niemand da, der die schändliche Tat mit ansehen könnte. Er wies sie an, ein wenig auf dem

Sitz herunterzurutschen, und hielt die Kamera über sie. Es klickte so oft, und er wirkte so komisch mit dem großen schwarzen Apparat vor dem Gesicht, daß sie anfing zu lachen. Sie dachte, daß er jetzt aufhören würde, aber es schien ihm noch mehr zu gefallen, und er drückte so lange auf den Auslöser, bis es nicht mehr klickte. Dann breitete er eine Decke auf dem Boden aus und stellte einen Korb mit Essen in die Mitte. Sie saßen mit dem Korb zwischen sich da und aßen Hühnchen, Käse und Oliven. Malika hatte Hunger, und es machte ihr großen Spaß.

Als sie fertig waren, fragte er, ob er sie jetzt wieder zum Marktplatz bringen solle. Es war, als sei eine plötzliche Finsternis über die Welt hereingebrochen. Sie dachte an die Frauen dort und was sie sagen würden, wenn sie zurückkehrte. Sie schüttelte heftig den Kopf. Der gegenwärtige Augenblick war Wirklichkeit; sie würde nicht dazu beitragen, ihn zu beenden. »Nein, noch nicht«, sagte sie obenhin.

Er sah auf seine Armbanduhr. »Sollen wir nach Tetuan fahren?«

Ihre Augen hellten sich auf. Es war weniger als eine Stunde Fahrt von ihrem Dorf entfernt, aber sie kannte es nur vom Hörensagen. Wieder flogen die Bäume vorbei. Hier blies ein kühler Wind vom Mittelmeer, und Malika fröstelte. Der Mann nahm ein weiches Cape aus Kamelhaar und legte es um ihre Schultern.

Tetuan mit dem vielen Verkehr war sehr aufregend. Soldaten in Purpur und Weiß hielten Wache vor dem Khalifa-Palast. Doch sie weigerte sich, auszusteigen und mit ihm durch die Straßen zu gehen. Sie hatten auf dem Feddane geparkt, wo die heiße Nachmittagssonne auf sie herunterbrannte. Schließlich zuckte der Mann die Achseln und sagte: »Nun, wenn ich heute abend noch in Tanger sein will, sollte ich dich jetzt lieber nach Hause bringen.«

Malika stieß einen seltsamen Laut aus. Sie wirkte plötzlich sehr klein in ihrem Cape.

»Was ist denn?«

»Ich kann nicht!«

Der Mann starrte sie an. »Aber du mußt doch nach Hause zurück.«

Da fing Malika an zu weinen. »Nein, nein!« schluchzte sie. Der Mann sah nervös auf die Spaziergänger und versuchte, sie mit Worten zu beschwichtigen. Doch hatte sich ihr gerade eine Möglichkeit eröffnet, und in diesem Augenblick war die Vorstellung so mächtig, daß sie ganz und gar Besitz von ihr ergriff. Als er merkte, daß ihre innere Erregung zu groß war, um auf ihn zu hören, startete er den Wagen und bahnte sich langsam einen Weg durch die Menschenmenge auf die andere Seite der Plaza. Dann fuhr er die Hauptstraße entlang bis zu den Außenbezirken der Stadt, hielt am Straßenrand und zündete sich eine Zigarette an.

Er drehte sich zu ihr. Man hätte meinen können, daß der Sitz neben ihm leer war bis auf das Cape. Er zupfte daran und hörte ein Schluchzen. Vorsichtig fuhr er mit der Hand darunter und streichelte einen Augenblick über ihr Haar. Schließlich richtete sie sich langsam wieder auf, und ihr Kopf kam zum Vorschein.

»Ich nehme dich mit nach Tanger«, sagte er. Sie gab weder eine Antwort, noch sah sie ihn an.

Sie rasten nach Westen, die untergehende Sonne vor sich. Malika war klar, daß sie eine unwiderrufliche Entscheidung getroffen hatte. Die Folgen, schon jetzt vom

Schicksal vorherbestimmt, würden im Verlauf der Ereignisse nacheinander zutage treten. Nur langsam wurde sie sich der Landschaft bewußt und der warmen Luft, die über sie hinstrich.

Sie gelangten zu einem kleinen Café, das verlassen auf einem Bergrücken lag, und hielten an. »Komm, wir trinken einen Tee«, sagte er. Malika schüttelte den Kopf und zog das Cape enger um sich.

Der Mann ging hinein und bestellte zwei Gläser Tee. Eine Viertelstunde später brachte ein Junge sie auf einem Tablett zum Wagen. Der Tee war sehr heiß; es dauerte eine Weile, bis sie ihn trinken konnten. Als der Junge wiedergekommen war und das Tablett geholt hatte, blieben sie noch eine Zeitlang so sitzen. Dann schaltete der Mann die Scheinwerfer ein, und sie glitten den Abhang hinab.

5

Malika hatte Angst vor dem Aufzug, wurde jedoch ruhiger, als der Mann sie in die Wohnung geführt und die Tür hinter ihnen geschlossen hatte. Es gab dicke Teppiche, weiche, von Kissen bedeckte Sofas und Lichter, die man an- und ausknipsen konnte. Das wichtigste aber war, daß der Ungläubige allein hier wohnte.

In dieser Nacht zeigte er ihr ein Zimmer und erklärte, es würde jetzt ihr gehören. Bevor er gute Nacht sagte, umfaßte er mit beiden Händen ihren Kopf und küßte sie auf die Stirn. Als er gegangen war, trat sie ins Badezimmer und vergnügte sich ausgiebig damit, das warme und kalte Wasser auf- und zuzudrehen, um herauszufinden, ob einer der Wasserhähne früher oder später einen Fehler machte. Schließlich zog sie sich aus, streifte die moslemische Gandoura über, die der Mann ihr hingelegt hatte, und ging zu Bett.

Ein Stapel Illustrierte lag auf dem Tisch neben ihr, und sie fing an, sich die Bilder anzusehen. Es gab eine Fotografie, die sofort ihre Aufmerksamkeit erregte und sie nicht wieder losließ. Das Bild zeigte ein luxuriös eingerichtetes Zimmer mit einer schönen Frau, die auf einem Diwan lag. Eine prächtige Halskette aus Diamanten funkelte an ihrem Hals, und in der Hand hielt sie ein Buch. Das Buch war offen, doch sie blickte nicht hinein. Sie hatte den Kopf gehoben, als sei gerade jemand ins Zimmer getreten und habe sie beim Lesen überrascht. Malika betrachtete das Foto lange, warf einen Blick auf die anderen und blätterte wieder zurück. Für sie zeigte es die vollendete Pose für den Empfang von Gästen, und sie beschloß, sie heimlich einzuüben, damit sie sie beherrschte, wenn die Zeit gekommen war. Außerdem wäre es nicht schlecht, lesen zu können, dachte sie. Eines Tages würde sie den Mann bitten, es ihr beizubringen.

Sie frühstückten auf der Terrasse im Licht der Morgensonne. Das Gebäude lag gegenüber einem ausgedehnten moslemischen Friedhof. Dahinter war das Wasser. Malika sagte ihm, es sei nicht gut, so nahe an einem Friedhof zu wohnen. Später schaute sie über die Balustrade, sah die große Kuppel des Mausoleums von Sidi Bou Araqia und nickte beifällig. Dann, während sie noch Kaffee tranken, beantwortete er weitere Fragen. Er hieß Tim, war achtundzwanzig Jahre alt, hatte aber weder Frau noch Kinder. Er lebte nicht ständig in Tanger. Manchmal war er in Kairo und manchmal in London. In jeder dieser Städte besaß er eine kleine Wohnung, doch seinen Wagen ließ er in Tanger, denn hierher kam er, wenn er nicht arbeitete.

Während sie noch dasaßen, hörte Malika Geräusche in der Wohnung. Kurz darauf kam eine schwarze Frau in einem gelben *zigdoun* auf die Terrasse. *»Bonjour«*, sagte sie und begann das Geschirr abzuräumen. Jedesmal, wenn sie erschien, saß Malika kerzengerade und sah starr über das Wasser auf die Berge in Spanien.

Gleich würde jemand kommen, sagte Tim, eine italienische Frau, die ihre Maße nehmen und ihr ein paar Kleider schneidern sollte.

Malika runzelte die Stirn: »Was für Kleider?«

Als er sagte, das könne sie sich aussuchen, sprang sie auf, lief in ihr Zimmer und kehrte mit einem Exemplar des *New Yorker* zurück. Sie blätterte darin und zeigte ihm ein Mädchen in einem sportlichen Strickkostüm neben einem Set zueinander passender Gepäckstücke. »Solche«, sagte sie. Etwa eine Stunde später kam die Italienerin, sehr geschäftsmäßig, kitzelte Malika eine Weile mit ihrem Zentimetermaß und verschwand, den Notizblock in der Hand.

6

Am späten Nachmittag, nachdem die schwarze Frau gegangen war, führte Tim Malika in ihr Zimmer, zog die Vorhänge zu und gab ihr sanft ihre erste Lektion in Liebe. Malika wollte es eigentlich nicht, doch sie hatte von Anfang an gewußt, daß es früher oder später geschehen würde. Der leichte Schmerz war unbedeutend, aber die Schande, sich vor einem Mann nackt zu zeigen, beinahe unerträglich. Es war ihr nie in den Sinn gekommen, daß man einen

Körper schön finden konnte; sie glaubte ihm nicht, als er sagte, sie sei in jeder Hinsicht vollkommen. Sie wußte nur, daß Männer Frauen benutzten, um Kinder zu machen, und das beunruhigte sie, denn sie wünschte sich kein Kind. Der Mann versicherte, daß auch er keine Kinder wolle und sie, wenn sie seinen Anweisungen folgte, auch keine bekommen würde. Sie akzeptierte dies, wie alles, was er sagte. Sie war hier, um zu lernen, und sie wollte soviel lernen wie nur irgend möglich.

Als sie nach einigen Wochen endlich zustimmte, ihn in die Häuser seiner Freunde zu begleiten, ahnte er nicht, daß sie nur deshalb bereit war, sich in der Öffentlichkeit zu zeigen, weil sie sich in den neuen Kleidern betrachtet hatte und der Ansicht war, ausreichend maskiert zu sein. Die europäischen Kleider gestatteten ihr, mit einem Ungläubigen auf die Straße zu gehen, ohne von anderen Marokkanern erkannt zu werden.

Nachdem er mit Malika bei einem Fotografen gewesen war und mehrere längere Besuche bei den Behörden gemacht hatte, kehrte Tim eines Tages triumphierend zurück und winkte mit einem Paß. »Das ist deiner«, sagte er, »verlier ihn nicht.«

Fast jeden Tag fanden Parties auf dem Berg oder Picknicks am Strand statt. Malika mochte vor allem die nächtlichen Picknicks mit einem Feuer und dem Rauschen der Brandung. Manchmal waren Musiker dabei, und alle tanzten barfuß. Eines Nachts sprangen acht oder zehn Gäste auf und stürzten sich unter lautem Geschrei nackt in die Wellen. Da der Mond sehr hell schien und Männer und Frauen zusammen badeten, erschauerte Malika und verbarg ihr Gesicht. Tim lachte darüber, sie aber wußte nach diesem Zwischenfall nicht mehr so recht, ob die Leute von

Tanger wirklich Vorbild sein konnten für jene Eleganz, die sie anstrebte.

Eines Morgens begrüßte Tim sie mit einem traurigen Gesicht. In ein paar Tagen, sagte er, müsse er nach London. Als er ihr verzweifeltes Gesicht sah, setzte er schnell hinzu, daß er in zwei Wochen zurück sei und daß sie in der Wohnung bleiben solle, als hätte sich nichts geändert.

»Aber wie soll ich das machen?« rief sie. »Du bist nicht da! Ich werde ganz allein sein!«

»Nein, nein. Du wirst Gesellschaft haben. Du wirst sie mögen.«

Am selben Abend lud er zwei junge Männer in die Wohnung ein. Sie sahen blendend aus, waren gut gekleidet und sehr gesprächig. Als Malika hörte, wie Tim einen von ihnen mit Bobby ansprach, brach sie in Gelächter aus.

»Nur Hunde heißen Bobby«, erklärte sie. »Es ist kein Name für einen Mann!«

»Sie ist unbezahlbar«, sagte Bobby. »Eine junge Nofretete!«

»Einfach himmlisch«, pflichtete sein Freund Peter bei.

Nachdem sie gegangen waren, erklärte Tim, daß sie ihr Gesellschaft leisten würden, während er in England war. Sie würden so lange zu ihr ziehen. Als sie das hörte, schwieg sie einen Augenblick.

»Ich will mit dir kommen«, sagte sie, als wäre alles andere undenkbar.

Er schüttelte den Kopf. *»Ni hablar.«*

»Aber ich will nicht mit ihnen ins Bett gehen.«

Er küßte sie. »Sie gehen nicht mit Mädchen ins Bett. Deshalb habe ich sie gefragt. Sie werden auf dich aufpassen.«

»Ah«, sagte sie halbwegs besänftigt und dachte zugleich,

wie klug Tim war, daß er ohne große Mühe zwei so ansehnliche Eunuchen gefunden hatte.

Wie Tim versprochen hatte, sorgten Bobby und Peter dafür, daß sie sich amüsierte. Statt sie zu Parties auszuführen, luden sie ihre Freunde nach Hause ein, um sie mit ihr bekannt zu machen. Bald kam sie dahinter, daß es weit mehr Eunuchen in Tanger gab, als sie gedacht hatte. Da die Tee- und Cocktailparties ausdrücklich ihr zu Ehren stattfanden, wie Bobby und Peter versicherten, bestand sie darauf, genau zu wissen, wann die Gäste eintreffen sollten, um sie in der richtigen Haltung empfangen zu können: in die Polster des Diwans versunken und mit einem Buch in der Hand. Wenn die Neuankömmlinge hereingeführt wurden, hob sie langsam den Kopf, bis ihr klassisches Profil voll zur Geltung kam, starrte auf einen Punkt, der weit jenseits des Zimmers lag, und ließ sekundenlang den Anflug eines Lächelns über ihre Lippen huschen.

Es war nicht zu übersehen, daß sie beeindruckt waren. Sie sagten, daß sie sie liebten. Sie brachten Spiele mit, tanzten miteinander und mit ihr. Sie kitzelten sie, liebkosten sie, nahmen sie auf den Schoß und spielten mit ihrem Haar. Sie hatte mehr Spaß mit ihnen als mit Tims Freunden, obwohl sie sich darüber klar war, daß die Dinge, die sie sagten, keinerlei Bedeutung hatten. Für sie war alles ein Spiel; es gab nichts, was sie von ihnen hätte lernen können.

7

Tim war mehr als eine Woche weg, als sie zum ersten Mal Tony mitbrachten. Er war ein großer, lauter Ire, dem die anderen aus der Gruppe einen gewissen Respekt zu zollen schienen. Zuerst dachte Malika, es läge daran, daß er kein Eunuch war wie sie, doch bald entdeckte sie den wahren Grund: Er hatte weit mehr Geld als die anderen. Tonys Kleider verströmten einen wunderbaren Duft, und sein Wagen, ein grüner Maserati, zog noch mehr Blicke auf sich als der von Tim. Eines Tages kam er um die Mittagszeit, als Peter und Bobby noch auf dem Markt waren. Die schwarze Frau hatte von Bobby den Befehl erhalten, unter keinen Umständen irgend jemanden hereinzulassen, aber Tony war ein Meister im Umgehen solcher Verbote. Malika hatte eine Platte von Abdelwahab aufgelegt; jetzt drehte sie schnell die Lautstärke herunter und wandte ihre gesamte Aufmerksamkeit Tony zu. Im Verlauf des Gesprächs äußerte er nebenbei, daß ihre Kleider hübsch seien. Malika strich über ihren Rock.

»Aber ich würde dich gern in anderen Kleidern sehen«, fuhr er fort.

»Wo sind sie?«

»In Madrid.«

Sie hörten die Tür ins Schloß fallen und wußten, daß Bobby und Peter zurückgekehrt waren. Die beiden hatten sich gestritten und tauschten nur einsilbige Gehässigkeiten aus. Malika begriff, daß die Partie Domino, die sie ihr versprochen hatten, ausfallen würde. Sie saß eine Weile schmollend da und blätterte in einer von Tims Finanzzeitschriften. Eunuchen waren extrem kindisch, fand sie.

Bobby kam ins Zimmer, blieb am anderen Ende stehen und rückte schweigend einige Bücher im Regal zurecht. Kurz darauf erschien die schwarze Frau und berichtete ihm in Französisch, daß Monsieur Tim aus London angerufen habe und daß er nicht vor dem achtzehnten nach Tanger zurückkehren würde.

Als Tony ihr die Nachricht ins Spanische übersetzte, saß Malika nur da und starrte ihn mit einem verzweifelten Gesichtsausdruck an.

Bobby eilte aus dem Zimmer. Zögernd stand Tony auf und folgte ihm. Einen Moment später rief Bobby mit scharfer Stimme: »Nein, sie kann nicht mit dir essen gehen. Sie kann überhaupt nicht ausgehen, nirgendwohin, es sei denn, wir kommen mit. Aber wenn du hier essen willst – bitte.«

Während des Essens fiel kaum ein Wort. Mittendrin warf Peter seine Serviette hin und ging aus dem Zimmer. Anschließend servierte die schwarze Frau auf der Terrasse Kaffee. Bobby und Peter stritten im hinteren Teil der Wohnung weiter, doch ihre schrillen Stimmen waren merkwürdig gut zu verstehen.

Eine Weile schlürfte Malika ihren Kaffee und sagte nichts. Als sie dann sprach, schien es, als wäre ihre Unterhaltung von vorher nie unterbrochen gewesen. »Können wir nach Madrid fahren?« fragte sie.

»Würde dir das gefallen?« Er grinste. »Aber du siehst doch, wie sie sind.« Und er deutete hinter sich.

»*A mí me da igual cómo son.* Ich habe nur versprochen, zwei Wochen bei ihnen zu bleiben.«

Am nächsten Morgen, als Bobby und Peter zum Einkaufen auf dem Markt waren, packten Tony und Malika einige Koffer in den Maserati und fuhren zum Hafen, um die Fähre nach Spanien zu nehmen. Tony hatte Bobby eine kurze Nachricht hinterlassen, in der er ihm mitteilte, daß er Malika für ein paar Tage ausgeliehen habe und dafür sorgen werde, daß sie ihn anrief.

8

Am ersten Abend übernachteten sie in Córdoba. Ehe sie am nächsten Morgen nach Madrid aufbrachen, hielt Tony vor der Kathedrale an, um sie ihr zu zeigen. Vor dem Portal zögerte Malika. Sie warf einen Blick in das Innere und erblickte einen endlosen, aus Bögen gebildeten Gang, der sich in der Düsternis verlor.

»Geh hinein«, drängte Tony.

Sie schüttelte den Kopf. »Geh du. Ich warte hier.«

Als sie aus der Stadt hinausfuhren, schimpfte er ein wenig mit ihr. »Du solltest dir die Dinge ansehen, wenn du die Gelegenheit hast«, sagte er. »Das war eine berühmte Moschee.«

»Ich habe sie gesehen«, sagte sie störrisch.

Den ersten Tag in Madrid verbrachten sie von morgens bis abends bei Balenciaga. »Du hattest recht«, sagte Malika zu Tony, als sie wieder im Hotel waren, »die Kleider hier sind viel besser.«

Sie mußten mehrere Tage bleiben, bis die ersten Modelle fertig waren. Der Prado lag fast neben dem Hotel, doch Tony versuchte nicht, sie dorthin zu locken. Er schlug einen Stierkampf vor.

»Nur Moslems wissen, wie man Tiere tötet«, erklärte sie.

Sie befanden sich schon mehr als eine Woche in Madrid. Eines Tages, als sie unten an der Bar des Ritz saßen, fragte Tony: »Hast du in Tanger angerufen? Nein, hast du nicht. Komm mit.«

Malika wollte nicht an Tanger denken. Seufzend erhob sie sich und ging mit Tony hinauf in sein Zimmer, wo er das Gespräch anmeldete.

Als er schließlich Bobby am anderen Ende der Leitung hatte, winkte er Malika und reichte ihr den Hörer.

Beim Klang ihrer Stimme fing Bobby augenblicklich an, sie mit Vorwürfen zu überschütten. Sie unterbrach ihn, um nach Tim zu fragen.

»Tim kann noch nicht nach Tanger zurückkommen«, sagte er, und seine Stimme wurde schrill, als er hinzusetzte: »Aber er will, daß *du* sofort zurückkommst!«

Malika schwieg.

»Hast du verstanden, was ich gesagt habe?« schrie Bobby. *»Oíste?«*

»Ja, ich habe verstanden. Ich melde mich wieder.« Sie hängte schnell ein, um den wütenden Protest am anderen Ende nicht anhören zu müssen.

Sie gingen noch etliche Male zu Balenciaga zur Anprobe. Malika war von Madrid beeindruckt, doch sie vermißte die tröstliche Gegenwart Tims, vor allem bei Nacht, wenn sie allein in ihrem Bett lag. Auch wenn es angenehm war, in Tonys Gesellschaft zu sein, weil er ihr so viel Aufmerksamkeit widmete und ständig Geschenke für sie kaufte, war ihr klar, daß er dies nur tat, weil es ihm Vergnügen bereitete, sie so zu kleiden, wie sie seiner Meinung nach aussehen sollte, wenn sie miteinander ausgingen – und nicht, weil sie ihm etwas bedeutete.

Obwohl die Lieferungen kein Ende nahmen und die Kleider und Ensembles herrlich waren, wurde Malikas Freude von der Entdeckung getrübt, daß die einzigen Orte, an denen die Menschen wirklich darauf achteten, was sie trug, zwei Restaurants und die Bar im Erdgeschoß waren. Als sie dies Tony gegenüber erwähnte, lachte er.

»Ah! Was du willst, ist Paris, das ist klar.«

Malikas Gesicht hellte sich auf. »Können wir dorthin fahren?«

Als alle Kleidungsstücke fertig waren, gingen Malika und Tony ein letztes Mal zum Diner zu Horcher und brachen am nächsten Morgen in aller Frühe nach Paris auf. Die Nacht verbrachten sie in Biarritz, wo die regennassen Straßen wie ausgestorben waren.

9

Paris war viel zu groß. Sie hatte schon Angst, ehe sie zum Hotel gelangten, und beschloß, Tony keine Sekunde aus den Augen zu lassen, es sei denn, sie war in ihrem sicheren Hotelzimmer. Im Hôtel de la Trémoaille sah sie zu, wie er sich auf sein Bett fallen ließ und ein Telefongespräch nach dem anderen führte; er erzählte Witze, strampelte mit den Beinen und schrie vor Lachen. Als er mit dem Telefonieren fertig war, wandte er sich zu ihr.

»Morgen abend werde ich dich auf eine Party führen«, sagte er. »Und ich weiß auch schon, was du tragen wirst: das Austernfarbene aus Satin.«

Malika war von dem prächtigen Haus und den Gästen in Abendgarderobe fasziniert. Hier endlich, davon war sie überzeugt, befand sie sich an einem Ort, wo die Menschen vollendete Eleganz besaßen. Als sie merkte, daß man sie anerkennend musterte, erfüllte sie ein Gefühl des Triumphes.

Tony führte sie zu einem hochgewachsenen, hübschen Mädchen mit blitzenden schwarzen Augen. »Das ist meine Schwester Dinah«, erklärte er. »Sie spricht besser Spanisch als ich.«

Dann deutete er auf Malika und setzte hinzu: »Und das ist die neue Antinca.« Damit ließ er die beiden allein und verschwand in einem anderen Zimmer.

Dinahs Verhalten vermittelte ihr das Gefühl, daß sie seit langem Freunde waren. Nachdem sie ein paar Minuten geplaudert hatten, führte Dinah sie zu einer Gruppe von Südamerikanern. Die Frauen waren mit Juwelen geschmückt, und einige trugen Pelze von Tieren um die Schultern. Selbst die Männer hatten große Diamanten an den Fingern. Malika vermutete, daß Tim nicht viel von diesen Leuten halten würde, doch dann fiel ihr ein, daß man sich in einer Stadt wie dieser vielleicht nicht unbedingt auf seinen Geschmack verlassen konnte.

»París es muy grande«, sagte sie zu einem Mann, der sie einladend anlächelte. »Bis gestern kannte ich es nicht. Ich habe Angst, auf die Straße zu gehen. Warum hat man es so groß gebaut?«

Der Mann vertiefte sein Lächeln und sagte, er stehe jederzeit zu ihrer Verfügung. Er wäre entzückt, sie auszuführen, wann und wohin es ihr gefiele.

»Oh«, antwortete sie ein wenig nachdenklich. »Das wäre wunderbar.«

»Mañana?«

Irgendwie hatte Dinah das Ende des Dialogs aufgeschnappt. »Morgen nicht, fürchte ich«, sagte sie schnell und nahm Malika am Arm. Sie zog sie beiseite und flüsterte wütend: »Seine Frau stand daneben und hat euch beobachtet.«

Malika schaute verstohlen über die Schulter. Der Mann lächelte ihr noch immer nach.

In den nächsten paar Tagen kam Dinah, die in der Nähe, Avenue Montaigne, wohnte, regelmäßig im Hotel vorbei. Tony und sie führten endlose Diskussionen, während Malika Radio Kairo hörte. Eines Nachmittags, als Tony ausgegangen war und Malika sich langweilte, bat sie Dinah, ein Gespräch nach Tanger anzumelden. Eine halbe Stunde später klingelte das Telefon, und sie hörte Bobbys Stimme.

»*Hola*, Bobby!«

»Malika!« Schon klang seine Stimme schrill. »Das kannst du mir nicht antun! Was machst du in Paris? Du mußt nach Tanger zurückkommen!«

Malika sagte nichts.

»Wir warten auf dich. Was wird Tim sagen, wenn du nicht da bist?«

»Tim«, sagte sie verächtlich. »Wo ist Tim?«

»Er kommt nächste Woche zurück. Ich will mit Tony sprechen.«

»Tony ist nicht da.«

»Hör zu!« schrie Bobby. »In welchem Hotel bist du?«

»Ich weiß nicht, wie es heißt«, antwortete sie. »Es ist in Paris. Es ist ein schönes Hotel. *Adiós!*«

Eines Morgens, nicht lange danach, verkündete Tony aus heiterem Himmel, daß er in einer Stunde nach London reisen würde. Kurz vor seinem Aufbruch kam Dinah. Anscheinend hatten sie einen heftigen Disput, der erst endete, als er beide zum Abschied küßte. Nachdem er gegangen war, nickte Malika weise mit dem Kopf. London, dachte sie, er kommt nicht wieder.

10

Einen Tag nach Malikas Umzug in Dinahs Wohnung wurde es regnerisch und kalt. Dinah ging häufig aus und ließ sie mit dem Hausmädchen und der Köchin allein.

Malika war froh, zu Hause bleiben zu können, wo es warm war. Ihre Garderobe war zwar beeindruckend, bot jedoch keinen Schutz gegen die Kälte. Dinah hatte gesagt, dies sei nur der Anfang der Kälte und nun würde es viele Monate nicht mehr warm. Malika glaubte, irgendwo in Paris müsse es eine *joteya* geben, wo sie zwei oder drei Abendkleider gegen einen Mantel eintauschen könnte, aber als sie Dinah danach fragte, schüttelte diese nur den Kopf.

Die Wohnung war geräumig, und es gab viele Illustrierte. Malika lag die meiste Zeit auf den Diwan gekuschelt und studierte die Details der Modeaufnahmen.

Tony rief aus London an und verschob seine Rückkehr um einige Tage. Als Dinah ihr die Nachricht überbrachte, lächelte Malika und sagte: *»Claro.«*

»Ich werde heute mit einer Freundin zu Mittag essen. Sie hat Unmengen von Kleidern«, sagte Dinah. »Ich werde sehen, ob ich einen Mantel für dich bekommen kann.«

Was sie am Nachmittag mitbrachte, war ein Nerzmantel, der dringend einer Ausbesserung bedurfte. Malika betrachtete die Risse mit unverhohlenem Widerwillen.

»Du hast keine Ahnung, wieviel Glück du hast«, sagte Dinah. Malika zuckte die Achseln.

Nachdem der Kürschner Maß genommen und die Nähte erneuert hatte, wirkte der Mantel wie neu, als sei er Malika auf den Leib geschneidert. Sie fuhr mit den Fingern über die schimmernde Oberfläche, betrachtete sich im Spiegel und war schnell überzeugt, daß es trotz allem ein sehr feiner Mantel war.

Dinahs Freundin kam zum Lunch. Sie hieß Daphne. Sie war nicht besonders hübsch und versuchte mit Malika Italienisch zu sprechen. Während des Essens lud sie die beiden zu einem Aufenthalt in ihrem Landhaus in Cortina d'Ampezzo ein.

Dinah war begeistert. Als Daphne gegangen war, holte sie ein Fotoalbum und legte es aufgeschlagen auf Malikas Schoß. Malika sah, daß die Erde weiß war und daß die Leute, deren Kleidung alles andere als elegant wirkte, lange Bretter an den Füßen trugen. Sie war skeptisch, doch die seltsame weiße Landschaft und die Gruppen lustiger Menschen erweckten ihre Neugier. Es konnte interessanter sein als Paris, das sich letztendlich als ziemlich fade erwiesen hatte.

Sie gingen in ein Reisebüro, um den Flug zu buchen. »Hast du überhaupt Geld?« fragte Dinah, während sie warteten.

Plötzlich war Malika sehr beschämt. »Tony hat mir nie welches gegeben.«

»Ist schon gut«, sagte Dinah.

Bevor sie aufbrachen, gab es noch eine lebhafte Diskussion darüber, ob Malika wirklich alle ihre Koffer auf die Reise nach Mailand mitnehmen sollte.

»Aber du wirst die Kleider dort nicht brauchen«, protestierte Dinah. »Und außerdem ist es ziemlich teuer.«

»Ich muß alles mitnehmen«, sagte Malika.

Ihr ganzes Hab und Gut kam mit ihnen ins Flugzeug. Sie hatten schlechtes Wetter auf dem Flug nach Mailand, wo Daphnes Wagen sie erwartete. Daphne selbst war bereits in Cortina.

Malika hatte der Flug nicht gefallen. Sie konnte nicht verstehen, warum Menschen, die einen Wagen besaßen, mit dem Flugzeug reisten. Es gab nichts zu sehen außer Wolken, und das Schaukeln des Flugzeugs bewirkte, daß manchen Passagieren schlecht wurde. Am Ende wirkte jeder nervös und unglücklich. Als sie über die Autostrada brausten, glaubte Malika eine Zeitlang, wieder in Spanien zu sein.

Dem Chauffeur zufolge logierten bereits so viele Freunde in Daphnes Haus, daß es keinen Platz mehr für sie gab. Daphne hatte sie in einem Hotel untergebracht. Dinah nahm die Neuigkeit schweigend auf; wahrscheinlich war sie wütend. Als Malika die Lage begriff, frohlockte sie innerlich. Im Hotel würden viel mehr Menschen sein als im Haus.

11

Es war kalt in Cortina. Anfangs weigerte sich Malika, das Hotel zu verlassen. »Die Luft ist Gift«, jammerte sie. Dann ließ sie es auf einen Versuch ankommen, und schließlich entdeckte sie, daß es eine angenehme Kälte war.

Sie saß, in ihren warmen Mantel gehüllt, in der strahlenden Sonne auf der Hotelterrasse und schlürfte heiße Schokolade, während die anderen Cocktails vor sich stehen hatten. Die rotwangige Fröhlichkeit der Leute um sie herum war eine neue Erfahrung, und der Schnee hörte nicht auf, sie zu faszinieren. Jeden Morgen, wenn Daphne und ihre Gäste kamen, um Dinah abzuholen, sah Malika der lärmenden Gruppe nach, die zu den Skipisten eilte. Dann schlenderte sie durch die Hotelhallen. Die Angestellten waren höflich und lächelten ihr häufig zu. Im Hotel gab es ein Geschäft, das Skier und die dazugehörige Kleidung verkaufte. Die Schaufensterdekoration wurde täglich gewechselt, so daß man Malika immer wieder draußen vor der Tür sehen konnte, wo sie die Ware im Fenster betrachtete.

Zweimal war ein hochgewachsener junger Mann vor den Schaufenstern erschienen und es hatte so ausgesehen, als wollte er sie ansprechen. Beide Male hatte sie sich abgewandt und ihren ziellosen Spaziergang wiederaufgenommen. Tony und Dinah hatten sie wiederholt davor gewarnt, sich auf ein Gespräch mit Fremden einzulassen, und sie hielt es für besser, die Etikette zu wahren, die ihnen so wichtig war. Sie hatte entdeckt, daß Otto, der Barkeeper, Spanisch sprach, und manchmal ging sie morgens, wenn die Bar leer war, hinein und unterhielt sich mit ihm. Eines Tages fragte er, warum sie nicht mit ihren Freunden Ski laufe.

»Ich kann es nicht«, sagte sie mit gedämpfter Stimme.

Im selben Augenblick sah sie in einem Spiegel hinter der Bar den hochgewachsenen jungen Mann in den Raum treten und an der Tür stehenbleiben, als lausche er ihrer Konversation. Sie hoffte, Otto würde nicht weitersprechen, doch er tat es.

»Das ist kein Grund«, sagte er. »Nehmen Sie Unterricht. Es gibt viele gute Skilehrer in Cortina.«

Malika schüttelte mehrere Male langsam den Kopf.

Der junge Mann trat an die Bar und sagte in spanisch: »Er hat recht, unser Freund Otto. Dazu ist Cortina da. Hier fährt jeder Ski.«

Jetzt stützte er sich auf die Theke und blickte Malika an. »Ich verbringe selbst eine Menge Zeit südlich der Grenze«, sagte er wie im Vertrauen. »Ich habe eine kleine Hacienda unten in Durango.«

Malika starrte ihn an. Er sprach Spanisch, doch sie hatte keine Ahnung, worum es ging. Er mißdeutete ihren Gesichtsausdruck und runzelte die Stirn. »Was ist los? Mögen Sie Durango nicht?«

Sie sah erst Otto an und dann wieder den jungen Mann. Schließlich brach sie in ein Gelächter aus, das angenehm den Raum erfüllte. Das Gesicht des hochgewachsenen jungen Mannes schien dahinzuschmelzen.

Sie glitt vom Barhocker, lächelte ihm zu und sagte: »Ich verstehe nicht. *Hasta luego,* Otto.« Während der junge Mann noch sichtlich bemüht war, seine Gedanken zu sammeln, drehte sie sich um und verließ die Bar.

Dies war der Beginn einer neuen Freundschaft, die noch am selben Tag beträchtliche Ausmaße annahm. Gegen Abend machten Malika und der junge Mann, der sagte, sein Name sei Tex, einen Spaziergang auf der Straße vor dem Hotel, wo der Schnee beiseite geräumt worden war. Die Gipfel der Berge färbten sich rosa. Sie sog begeistert die Luft ein.

»Es gefällt mir hier«, sagte sie, als hätten sie sich darüber unterhalten.

»Es würde Ihnen noch mehr gefallen, wenn Sie skifahren könnten«, erwiderte er.

»Nein, nein!«

Sie zögerte und fügte dann schnell hinzu: »Ich kann mir keinen Unterricht leisten. Ich habe kein Geld. Sie geben mir keins.«

»Wer sind sie?«

Sie ging neben ihm weiter, ohne zu antworten, und er nahm ihren Arm. Als sie ins Hotel zurückkamen, hatte sie sich einverstanden erklärt, Tex für den Unterricht, die Skiausrüstung und die Kleidung bezahlen zu lassen, unter der Bedingung, daß sie alles in einem Geschäft in der Stadt, nicht im Hotel kauften.

Sobald sie ausgestattet war, begann der Unterricht; Tex war immer dabei. Dinah hielt überhaupt nichts von dieser

Idee. Sie sagte, es sei unerhört, und forderte Malika auf, ihr Tex zu zeigen.

Malika, die nichts dabei gefunden hatte, daß sie jeden Tag sich selbst überlassen worden war, konnte Dinahs Einwände nicht verstehen. Sie war über ihren neuen Freund entzückt und arrangierte ein Treffen der beiden in der Bar, wo sie eine halbe Stunde neben ihnen saß und zuhörte, wie sie sich auf englisch unterhielten. Später am Abend sagte Dinah, Tex sei unkultiviert. Malika verstand sie nicht.

»Er ist ein Idiot!« rief Dinah.

Malika lachte, denn sie hielt dies für ein Zeichen dafür, daß Dinah ihn ebenfalls mochte. »Er hat ein gutes Herz«, antwortete sie ruhig.

»Ja, ja, dieses gute Herz wirst du schon bald kennenlernen«, sagte Dinah mit schiefem Lächeln.

Da ihr nicht entgangen war, daß Tex' Interesse an ihr teilweise mit dem Geheimnis zu tun hatte, das sie zu umgeben schien, gab Malika so wenig wie möglich über ihre Person preis. Er glaubte noch immer, daß sie Mexikanerin sei und zu Dinahs Familie gehöre – daß Dinah aus irgendeinem Grund für sie verantwortlich sei. Sein Irrtum belustigte Malika, daher unternahm sie nichts, um ihn zu korrigieren. Sie wußte, Dinah und Daphne waren überzeugt, daß sie eine Affäre mit ihm hatte, und auch das amüsierte sie, weil es nicht wahr war.

Manchmal trank Tex zuviel Whisky, trotz Malikas Bemühungen, ihn davon abzuhalten. Das passierte normalerweise nach dem Abendessen an der Bar. In solchen Augenblicken erinnerte sein Gesichtsausdruck an einen aufs Trockene gezogenen Fisch. Die Augen waren geschwollen, sein Kinn hing schlaff herunter, er hielt ihre Hand und stöhnte: »O Liebling!« Für Malika war das alles ein Ausdruck momentaner Verzweiflung. Sie seufzte, schüttelte den Kopf und versuchte ihn zu trösten, indem sie sagte, daß er sich bald besser fühlen würde.

Der Unterricht machte gute Fortschritte; Malika verbrachte den größten Teil des Tages mit Tex auf der Piste. Sie hätte auch an seinem Tisch gegessen, wenn Dinah nicht entrüstet dazwischengefahren wäre.

Eines Tages zündete Dinah nach dem Lunch eine Zigarette an und sagte: »Morgen wirst du das letzte Mal zum Skiunterricht gehen. Am Donnerstag fliegen wir nach Paris zurück.«

Malika merkte, daß Dinah sie aufmerksam beobachtete, um herauszufinden, welche Wirkung ihre Ankündigung hatte. Sie beschloß, sich ein wenig niedergeschlagen zu geben, doch nicht genug, um Dinah Befriedigung zu verschaffen.

»Es waren schöne Ferien«, fuhr Dinah fort, »und wir haben alle unseren Spaß gehabt, aber jetzt ist es vorbei.«

»Así es la vida«, murmelte Malika mit gesenktem Kopf.

12

Am Nachmittag, als der Unterricht beendet war, setzten sich Malika und Tex nebeneinander in den Schnee und sahen über das Tal im verblassenden Licht hinweg. Plötzlich merkte sie, daß sie schluchzte. Tex starrte sie verwirrt an, zog sie an sich und versuchte sie zu trösten. Unter Tränen wiederholte sie, was Dinah gesagt hatte.

Als sie in seinen Armen lag, merkte sie, daß der einzige Grund für ihre Traurigkeit darin bestand, daß sie ihn nicht verlassen wollte. Sie legte den Kopf an seine Brust und schluchzte: »*Me quiero quedar contigo, Tex, contigo.*«

Bei diesen Worten verwandelte er sich. Er begann zu strahlen. Er streichelte sie beruhigend und sagte, er würde alles für sie tun. Wenn sie wollte, brächte er sie noch in dieser Nacht von hier weg. Sie weinte nicht mehr und hörte zu.

Bevor sie aufstanden, kamen sie überein, am kommenden Morgen, wenn Dinah auf der Skipiste war, abzureisen. Tex war entschlossen, sich nicht noch einmal mit Dinah zu treffen, doch Malika bestand darauf, ihr eine Nachricht zu hinterlassen, die sie ihm diktierte.

Dinah, ich möchte im Augenblick nicht nach Paris zurück. Ich danke Dir und danke auch Daphne. Cortina hat mir großen Spaß gemacht. Nun lerne ich skifahren. Ich werde eine Weile in der Schweiz leben. Viel Glück, Malika.

Tex hatte dafür gesorgt, daß ein Wagen, der groß genug war, um Malikas unzählige Koffer unterzubringen, sie um halb zehn Uhr morgens im Hotel abholte. Alles paßte bequem hinein. Malika übergab dem Mann an der Rezeption die Nachricht für Dinah. Er erwähnte nicht, wie sie insgeheim befürchtet hatte, ihre Rechnung, sondern nickte nur feierlich mit dem Kopf.

Als sie Cortina hinter sich ließen, sagte Malika: »Dinah wird sehr böse sein.«

»Daran dachte ich auch gerade«, sagte Tex. »Wird sie Schwierigkeiten machen?«

»Sie kann nichts tun. Sie hat meinen Paß nie gesehen. Sie weiß nicht einmal, wie ich heiße.«

Tex schien von dieser Information überrascht und stellte ihr eine ganze Reihe Fragen, sie aber, begeistert von der weißen Pracht draußen, antwortete ausweichend, nahm ab und zu seine Hand, um ihn auf ein Detail in der Landschaft aufmerksam zu machen, und es gelang ihr, indem sie sacht das Kommando übernahm, ihn abzulenken, ohne daß er es merkte.

In einem kleinen Restaurant bei Mezzolombardo aßen sie zu Mittag. Der Kellner brachte eine Flasche Wein und schenkte zwei Gläser ein. »Nein«, sagte Malika und schob ihres zur Seite.

»Deine Freundin Dinah ist nicht da«, erinnerte sie Tex. »Du kannst tun, was du willst.«

»Dinah!« höhnte sie. »Wer ist schon Dinah im Vergleich zu Gottes Wort?«

Er starrte sie verdutzt an, ohne der Sache auf den Grund zu gehen, und trank die Flasche allein aus. Als sie zum Wagen zurückkehrten, war er in heiterer und entspannter Stimmung. Während sie auf der Autostrada nach Süden fuhren, drückte er ihre Hand, liebkoste ihren Nacken mit den Lippen und küßte sie schließlich leidenschaftlich auf den Mund. Mehr hätte sich Malika nicht wünschen können.

13

In Mailand sah sie zu, wie er zum Abendessen zwei Flaschen Wein trank. Anschließend genehmigte er sich in der Bar noch mehrere Whiskys. In Cortina hätte sie ihn gebeten aufzuhören; in dieser Nacht aber tat sie, als merke sie nicht, daß er sich langsam, aber sicher betrank. Statt dessen fing sie an, ihm eine komplizierte Geschichte zu erzählen, die sie seit ihrer Kindheit kannte. Sie handelte von einem weiblichen Dämon, der in einer Höhle hauste und frische Leichen ausgrub, um ihnen die Leber herauszureißen. Als sie sein entsetztes Gesicht sah, hielt sie mittendrin inne.

Er schüttelte den Kopf. »Was für eine Phantasie!« sagte er.

»Ich will Englisch lernen«, fuhr Malika fort und ließ den Dämon auf sich beruhen. »Das werde ich in der Schweiz tun.«

Als sie hinaufgingen, war Tex betrunken. Sie bedauerte das, denn sie fand ihn viel netter, wenn er nüchtern war. Aber sie ahnte, daß er mit ihr schlafen wollte, und hielt es beim ersten Mal für klüger, wenn er einen Rausch hatte. Es war wichtig, daß er glaubte, er wäre der erste, der sie besessen hatte.

Am Morgen, als er aufwachte, sich umsah und versuchte, sich zu erinnern, gestand sie ihm, daß es nicht so schmerzhaft gewesen sei, wie sie es sich vorgestellt hatte. Tex war zerknirscht; mit Tränen in den Augen bat er sie um Vergebung. Sie lächelte und überhäufte ihn mit Küssen.

Nachdem sie diesen Punkt gewonnen hatte, wollte sie noch mehr erreichen, nicht mit einem bestimmten Ziel vor Augen, sondern nur, um ihre Position zu verbessern: Während er noch im Sumpf morgendlicher Gewissensbisse versank, zwang sie ihm das Versprechen ab, den Whisky aufzugeben.

Als die Polizei ihnen am Großen Sankt Bernhard die Pässe zurückgab, sah Malika, wie Tex einen überraschten Blick darauf warf. Kaum saßen sie wieder im Wagen, verlangte er den Paß noch einmal zu sehen. Die arabischen

Buchstaben schienen ihn in große Aufregung zu versetzen. Er fing an, ihr Fragen über Marokko zu stellen, die sie nicht hätte beantworten können, selbst wenn sie in der Stimmung für eine derartige Konversation gewesen wäre. Sie versicherte ihm, es sei ein Land wie jedes andere. »Jetzt sehe ich die Schweiz vor mir«, sagte sie.

Bei Sonnenuntergang erreichten sie Lausanne und quartierten sich in Ouchy in einem großen Hotel am See ein. Es war bedeutend größer als das in Cortina, und die Leute, die hier wohnten, erschienen Malika, da sie keine Skikleidung trugen, viel eleganter.

»Mir gefällt es hier«, sagte sie Tex beim Abendessen. »Wie lange können wir bleiben?«

Am nächsten Morgen bestand Malika darauf, daß sie zusammen zur Berlitz-Schule gingen, um sich jeder für einen Intensivkurs einzuschreiben: sie in Englisch, er in Französisch. Ihr war klar, daß Tex glaubte, sie würde den strengen Stundenplan bald satt haben, doch sie war entschlossen, Lausanne erst dann zu verlassen, wenn sie sich auf englisch unterhalten konnte. Die Vormittage verbrachten sie in ihrer jeweiligen Klasse, dann aßen sie zusammen zu Mittag und kehrten um drei Uhr in die Schule zurück, um den Unterricht fortzusetzen.

Jeden Freitag mietete Tex einen Wagen, und sie fuhren am Nachmittag nach Gstaad; unterwegs hielten sie irgendwo an, um zu Abend zu essen. Wenn es nicht schneite, verbrachten sie die Samstage und Sonntage mit Skilaufen am Wasserngrat oder Eggli. Manchmal bestand er darauf, bis Montag zu bleiben, obwohl das bedeutete, daß sie den Vormittagsunterricht verpaßten. Malika wußte, daß, wenn sie ihn gelassen hätte, er dies zur Regel gemacht und die Wochenenden wahrscheinlich immer mehr ausgedehnt hätte.

Er fand es gut, daß Malika Englisch lernen wollte, hielt jedoch nichts von ihrer Besessenheit dabei – und Malika hätte sie ihm nicht begreiflich machen können, wenn er sie gefragt hätte. Sie wußte nur, daß sie verloren war, wenn sie nicht unablässig lernte.

14

Während des ganzen Winters dort in Lausanne machten sie keine Bekanntschaften, da jedem die Gesellschaft des anderen völlig genügte. Eines Tages, als sie aus der Schweizerischen Kreditanstalt kamen, wo Tex ein Konto für Malika eingerichtet hatte, fragte er sie plötzlich, ob sie je daran gedacht hätte zu heiraten.

Sie sah ihn verwundert an. »Ich denke die ganze Zeit daran«, sagte sie. »Du weißt doch, wie glücklich es mich macht, mit dir verheiratet zu sein.«

Er starrte sie an, als hätte er kein Wort von dem verstanden, was sie gerade gesagt hatte. Im nächsten Moment nahm er ihren Arm und zog sie an sich. »Auch ich bin glücklich«, sagte er. Doch sie merkte, daß ihn etwas beschäftigte. Später, als sie allein waren, sagte er, natürlich seien sie verheiratet, was er jedoch gemeint habe, als er davon sprach, sei eine Heirat mit Papieren gewesen.

»Mit Papieren oder ohne Papiere, das ist doch dasselbe, oder? Wenn sich zwei Menschen lieben, was haben Papiere damit zu tun?«

»Es liegt an den Regierungen«, erklärte er. »Sie wollen, daß verheiratete Leute Papiere haben.«

»Natürlich«, sagte sie zustimmend. »In Marokko auch. Viele Menschen besorgen sich Papiere, wenn sie heiraten.«

Sie wollte noch hinzufügen, daß Papiere wichtig seien, wenn man Kinder haben wollte, aber sie hielt sich zurück, weil sie spürte, daß sie mit dieser Bemerkung gefährliches Terrain beträte. Aufgrund bestimmter Fragen, die er ihr gestellt hatte, vermutete sie, daß er darüber nachgrübelte, ob sie vielleicht schwanger war. Die Fragen belustigten sie, denn sie basierten auf der Annahme, daß es keinen Tim vor Tex gegeben hatte, der ihr zeigte, wie man immer sicher sein konnte.

Eines Morgens zu Beginn des Frühlings, als sie über Müdigkeit klagte, fragte er sie geradeheraus.

»Glaubet du, marokkanische Frauen wüßten nichts?« rief sie. »Wenn sie Kinder haben wollen, machen sie welche. Wenn sie keine wollen, machen sie auch keine.«

Er nickte zweifelnd. »Diese Hausrezepte funktionieren nicht immer.«

Sie merkte, daß sie auf sicherem Boden war. Er wußte nichts über Marokko. »Meine schon«, antwortete sie.

Wenn sie in seiner Gegenwart niemals Amerika erwähnte oder nach seiner Familie fragte, so deshalb, weil sie sich sein Leben dort nicht deutlich genug vorstellen konnte, um neugierig zu sein. Er dagegen sprach immer häufiger von Amerika. Nie zuvor sei er so lange fortgeblieben, sagte er. Malika interpretierte diese Äußerungen als Warnungen, daß er genug von seinem gegenwärtigen Leben hatte und an eine Veränderung dachte.

Dieser Gedanke erfüllte sie mit Schrecken, doch sie ließ sich nichts anmerken.

Zuweilen ertappte sie ihn, wie er sie mit einem Ausdruck völliger Verständnislosigkeit anstarrte. Mittlerweile, weil Malika darauf beharrte, sprachen sie miteinander oft Englisch. Sie fand, daß es viel besser als Spanisch zu ihm paßte; er schien dann eine völlig andere Stimme zu haben.

»Würdest du gern heiraten? Mit Papieren, meine ich.«

»Ja, wenn du es willst.«

»Und du?« bohrte er.

»Natürlich will ich, wenn du es willst.«

Sie wurden im Amtszimmer eines protestantischen Pfarrers getraut, der Tex beiseite nahm und ihm eröffnete, er persönlich halte nichts von Ehen, bei denen die Braut so jung sei wie Malika. »Nach meiner Erfahrung«, schloß er, »sind solche Verbindungen nur selten von Dauer.«

Für Malika war die ganze Episode nur ein weiteres Beispiel für die Art von Unsinn, an der die Ungläubigen offenbar Gefallen fanden. Trotzdem war es nicht zu übersehen, daß die Sache von größter Bedeutung für Tex war. Tatsächlich schien sein Charakter nach der Zeremonie eine gewisse Veränderung erfahren zu haben; er wirkte selbstsicherer. Er gefiel ihr so viel besser, und sie kam zu dem Schluß, daß er im Grunde seines Herzens ein sehr gottesfürchtiger Mann war. Offensichtlich waren die Papiere ein Erfordernis der christlichen Religion; nun, da er sie hatte, fühlte er sich wohler.

Kaum zwei Wochen später verkündete Tex, nachdem er etwas mehr getrunken hatte als sonst, daß sie nach Hause zurückkehren würden. Malika nahm die Nachricht mit Beklommenheit auf. Sie sah, daß er glücklich war, die Welt der Hotels und Restaurants zu verlassen, und sie hatte den Verdacht, daß das Leben in einem Haus ganz anders verlaufen und nicht halb soviel Spaß machen würde.

Wieder konnte sie vom Flugzeug aus nichts erkennen, doch dieses Mal dauerte die Reise so lange, daß sie anfing, sich Sorgen zu machen. Tex war müde, trotzdem weckte sie ihn mehrmals auf, um ihn zu fragen: »Wo sind wir?«

Zweimal antwortete er vergnügt: »In der Luft!« Beim nächsten Mal sagte er: »Irgendwo über dem Ozean, nehme ich an.« Und er warf ihr einen verstohlenen Blick zu.

»Wir bewegen uns nicht«, sagte sie. »Wir stehen still. Das Flugzeug hängt fest.«

Er lachte nur, aber so, daß sie merkte, einen Fehler gemacht zu haben. »Ich mag dieses Flugzeug nicht«, sagte sie.

»Schlaf ein wenig«, riet ihr Tex.

Sie schloß die Augen und saß still da. Sie spürte, daß sie zu weit gegangen war – so weit, daß sie jetzt nirgendwo war. »Jenseits der Welt«, flüsterte sie auf arabisch, und sie zitterte.

15

In Los Angeles zu sein überzeugte Malika, daß sie recht hatte. Alles, was verständlich war, hatte sie hinter sich gelassen, und sie befand sich nun an einem vollkommen fremden Ort, dessen Regeln sie nicht kannte. Vom Flughafen aus fuhren sie auf den Gipfel des Berges, wo im Wald versteckt ein Haus lag. Tex hatte ihr davon erzählt, doch sie hatte sich etwas ganz anderes vorgestellt, etwas wie den Berg in Tanger, wo die Villen von großen Gärten umgeben waren. Dieses Haus war unter Bäumen begraben; sogar als sie an der Haustür standen, konnte sie den Rest des Gebäudes nicht sehen.

»Mitten im Wald«, murmelte sie verwundert.

Ein häßlicher kleiner Filipino mit weißem Jackett öffnete ihnen die Tür. Er verbeugte sich leicht und hielt eine kurze, formelle Willkommensansprache für Malika. Sie wußte, daß er Englisch sprach, aber es war nicht das Englisch, das man ihr in Lausanne beigebracht hatte. Am Ende dankte sie ihm würdevoll.

Später fragte sie Tex, was der kleine Mann gesagt habe.

»Er hofft, daß du in deinem neuen Haus glücklich wirst, das war alles.«

»Mein Haus? Aber es ist dein Haus, nicht meins!«

»Natürlich ist es dein Haus! Du bist meine Frau, oder nicht?«

Malika nickte. Sie wußte, daß Männer, ungeachtet dessen, was sie behaupteten, ihre Frauen davonjagten, wenn sie ihrer überdrüssig waren, und sich neue nahmen. Sie liebte Tex und vertraute ihm, doch sie erwartete nicht, daß er anders war als andere Männer. Sie wußte, wenn die Zeit gekommen war, würde er einen Vorwand finden, um sie loszuwerden. Es kam darauf an, zu wissen, wie man diesen schrecklichen Augenblick abwenden, ihn so weit wie möglich hinauszögern konnte. Sie nickte wieder und sagte lächelnd: »Ich mag dieses Haus, Tex.«

Die Zimmer waren sehr ungewöhnlich geschnitten; überall taten sich unerwartete Alkoven und Nischen mit weichen Sofas und Unmengen von Kissen auf. Als sie das Haus inspizierte, stellte sie mit Befriedigung fest, daß die Fenster von eisernen Gittern geschützt waren. Das massive Eingangstor mit seinen schweren Schlössern hatte sie bereits gesehen.

Als sie an diesem Abend vor dem Kamin saßen, hörten sie draußen Kojoten heulen.

»Schakale«, murmelte Malika und wandte den Kopf, um zu lauschen. »Sehr schlecht.«

Sie konnte nicht verstehen, daß jemand sein Geld zum

Fenster hinauswarf, um ein so schönes Haus so weit entfernt von allen anderen zu bauen. Vor allem fand sie es unbegreiflich, daß man die Bäume so nah am Haus hatte wachsen lassen. Schweigend beschloß sie, keinen Fuß nach draußen zu setzen, solange Tex nicht bei ihr war, und unter keinen Umständen ohne ihn im Haus zu bleiben.

Am nächsten Morgen, als Tex in die Stadt hinunterfahren wollte, lief Malika von Zimmer zu Zimmer und rief: »Warte! Ich komme mit!«

»Du würdest dich langweilen«, sagte er. »Ich muß zu einem Anwalt. Bleib du hier bei Salvador.«

Sie konnte Tex nicht zeigen, dort sie Angst hatte, im Haus zu bleiben, das wäre ein unverzeihlicher Affront gewesen. »Nein, nein, nein. Ich will die Stadt sehen«, sagte sie.

Er küßte sie, und sie fuhren in die Stadt. Es war ein größeres Auto als das, was er tags zuvor am Flughafen gemietet hatte.

»Ich will immer bei dir sein, egal, wohin du gehst«, eröffnete sie ihm in der Hoffnung, daß diese Erklärung dazu beitragen würde, die Sache ein für allemal zu regeln.

Wenn sie in diesen ersten Wochen das Leben in den Straßen beobachtete, konnte sie keinerlei Sinn darin entdekken. Die Menschen waren immer auf dem Weg irgendwohin, und sie hatten es stets eilig. Sie wußte sehr wohl, daß sie nicht alle gleich waren, trotzdem hatte sie keine Ahnung, wie sie sie auseinanderhalten sollte. In Marokko, in Europa hatte es Menschen gegeben, die bestimmte Dinge taten, und andere, die ihnen dabei zuschauten. Egal, wo man war oder was man tat, es gab immer Zuschauer. Sie hatte den Eindruck, daß in Amerika jeder unterwegs war und niemand einfach dasaß und zuschaute. Das verstörte sie. Sie fühlte sich weit, weit entfernt von allem, was sie je gekannt hatte. Die Highways flößten ihr Angst ein, denn sie war besessen von der Vorstellung, daß sich eine unaussprechliche Katastrophe ereignet habe und alle Autos voller Flüchtlinge seien, die dem Unglücksort zu entkommen suchten. Sie hatte ausgiebig Gelegenheit, die kleinen Häuser zu betrachten, die sich über Meilen hinweg in einer Reihe die Straßen entlangzogen, und diese einfachen Behausungen mit dem Haus auf dem Berg zu vergleichen. Als Ergebnis kam sie zu dem Schluß, daß es wahrscheinlich ein Glück war, dort zu leben, wo sie jetzt lebte. Eines Tages, als sie in die Stadt fuhren, fragte sie Tex: »Hast du mehr Geld als diese Leute?«

»Welche Leute?«

Sie machte eine Handbewegung. »Diejenigen, die in diesen Häusern leben.«

»Ich weiß nichts vom Geld anderer Leute«, sagte er. »Ich weiß nur, daß ich selber nie genug habe.«

Sie sah hinaus auf die Reihen windschiefer Holzhäuser und das staubige Gestrüpp und konnte ihm nicht glauben. »Natürlich hast du mehr Geld«, sagte sie. »Warum willst du es nicht zugeben?«

Da mußte er lachen. »Was immer ich besitze, ich habe es mir selbst erarbeitet. An dem Tag, an dem ich einundzwanzig wurde, überreichte mein Vater mir einen Scheck und sagte: ›Hier. Wollen mal sehen, was du daraus machst.‹ In drei Jahren hatte ich viereinhalbmal soviel. ›Hast du das gemeint, Dad?‹ fragte ich ihn. ›Genau das, mein Junge‹, sagte er.«

Malika dachte einen Augenblick nach und sagte schließlich: »Und wenn er jetzt Geld braucht, gibst du es ihm.«

Tex warf ihr von der Seite einen Blick zu und sagte: »Natürlich.«

Sie wollte ihn fragen, ob er keine Freunde in Los Angeles hätte. Seit ihrer Ankunft hatten sie niemanden getroffen, und das kam ihr merkwürdig vor. Vielleicht war es hier Brauch, daß jungverheiratete Paare für eine gewisse Zeit allein waren. Oder vielleicht waren Tex' Freunde allesamt Mädchen, was automatisch verhindern würde, daß sie sie kennenlernte. Als sie ihn dann fragte, sagte er, er komme nur selten nach Los Angeles. »Ich bin die meiste Zeit bei meiner Familie in Texas«, sagte er, »oder unten auf der Hacienda.«

Im oberen Stockwerk gab es einen hellen Raum mit einer großen Sonnenterrasse, die tagsüber nicht im Schatten der Bäume lag. Malika fühlte sich nie ganz wohl, wenn sie hier oben saß, wo nichts zwischen ihr und dem dunklen Wald war. Sie fürchtete, daß die Bäume gefährliche Vögel beherbergten. Manchmal zogen sie und Tex sich zwischen kurzen Bädern im Pool, der innerhalb des geschlossenen Patios lag und ihr daher sicherer erschien, dorthin zurück. Tex beobachtete sie, wenn sie sich auf einer Matratze ausstreckte, und versicherte ihr, sie sei schöner als je zuvor. Auch sie hatte dies bemerkt, doch es gefiel ihr, daß es ihm nicht entgangen war.

16

Eines Tages sagte Tex, daß er einen Mann namens F. T. zum Dinner erwarte. F. T. war ein alter Freund seines Vaters, der sich um seine finanziellen Angelegenheiten kümmerte. Malika war neugierig zu hören, worum es bei solch einer Arbeit ging, daher versuchte Tex ihr zu erklären, was Kapitalanlagen waren. Sie schwieg eine Zeitlang. »Dann kommt man also nicht zu Geld, wenn man nicht vorher welches hatte«, sagte sie.

»So ungefähr«, stimmte Tex zu.

F. T. war mittleren Alters, gut gekleidet und trug einen kleinen grauen Schnurrbart. Er war von Malika entzückt und nannte sie Little Lady. Sie hatte das unbestimmte Gefühl, beleidigt sein zu müssen, da sie jedoch sah, daß er ansonsten ein angenehmer und höflicher Mann war, protestierte sie nicht. Außerdem hatte Tex gesagt: »Eins darfst du nicht vergessen: Wenn du je etwas brauchst, irgend etwas, dann wende dich einfach an F. T. Er ist wie ein Vater für mich.«

Während des Dinners entschied sie sich, daß sie F. T. wirklich mochte, auch wenn er sie nicht sehr ernst zu nehmen schien. Ansonsten unterhielten Tex und er sich eine lange Zeit. Das Gespräch nahm kein Ende, so daß Malika schließlich auf einem Diwan einschlief und erst wieder aufwachte, als F. T. gegangen war. Sie entschuldigte sich für ihre Unhöflichkeit, aber sie machte Tex dafür verantwortlich, daß es so weit hatte kommen können.

Er ließ sich neben sie fallen. »F. T. fand dich großartig. Er sagt, du bist zweifellos das schönste Mädchen, das er je gesehen hat.«

»Er ist ein netter Mann«, murmelte sie.

Seit ihrer Ankunft in Kalifornien schien ihr Leben zu stagnieren. Als sie darüber nachdachte, kam sie zu dem Schluß, daß es mit dem Verlassen der Berlitz-Schule aufgehört hatte, sich zu verändern. Unschuldig fragte sie Tex, ob sie den Unterricht hier fortsetzen könne. Zu ihrem Erstaunen lachte er über diesen Vorschlag und behauptete, alles, was sie brauche, sei mehr Übung in Konversation. Da es nicht seine Gewohnheit war, ihr irgend etwas abzuschlagen, nahm sie ihn nicht ernst und beharrte auf ihrem Wunsch nach Unterricht. Dann merkte sie, daß er nicht nachgeben würde; er schien ihre Unzufriedenheit als Kritik an seiner Person aufzufassen. Schließlich begriff sie, daß er verärgert war.

»Du verstehst nicht«, rief sie. »Ich muß besser Englisch lernen, ehe ich überhaupt etwas studieren kann.«

»Studieren?«

»Natürlich«, sagte sie ruhig. »Ich werde immer weiterlernen. Meinst du, ich will so bleiben, wie ich bin?«

»Das hoffe ich, Liebling, um meinetwillen. Du bist vollkommen.«

Er nahm sie in die Arme, aber sie wand sich heraus.

Am selben Abend sagte Tex: »Ich glaube, ich werde eine Frau für die Küche einstellen und Salvador beauftragen, dir beizubringen, wie man kocht. Das wäre doch etwas, das du lernen könntest, meinst du nicht?«

Malika schwieg. »Willst du, daß ich es lerne? Du weißt, daß ich dich glücklich machen will.«

So fing sie an, jeden Tag mehrere Stunden mit Salvador und Concha, einem mexikanischen Mädchen, deren Arbeit der kleine Filipino geringschätzte, in der Küche zu verbringen. Es war ein recht angenehmer Raum, doch die enorme Anzahl der seltsamen Maschinen und kleinen Glocken, die unablässig läuteten, während Salvador kreuz und quer durch den Raum hastete, verschüchterte und irritierte sie. Sie hatte sogar ein wenig Angst vor Salvador, weil sich sein starrer Gesichtsausdruck, ein nichtssagendes Grinsen, niemals veränderte. Sie hatte den Eindruck, daß das Grinsen noch breiter wurde, wenn er sich ärgerte.

Sie gab sich Mühe, auf alles zu achten, was er sagte. Bald bereitete sie nach seinen Anweisungen einfache Gerichte, die sie zum Lunch aßen. Wenn das Gericht eine Sauce Béchamel oder Béarnaise erforderte, machte er sie selbst, da Malika von der dabei notwendigen präzisen Zeiteinteilung überfordert war. Es freute sie, daß Tex ihr Essen für gut genug befand, um bei Tisch serviert zu werden. Sie verbrachte weiterhin morgens zwei Stunden und abends vor dem Dinner noch etwa eine Stunde in der Küche. Manchmal half sie Salvador und Concha einen Picknickkorb zusammenzustellen, und sie fuhren zum Strand. Sie hätte Tex gern von den Picknicks am Strand von Tanger erzählt, aber das ging nicht.

17

Gelegentlich und trotz Malikas inständiger Bitten nutzte Tex ihre morgendliche Beschäftigung in der Küche, um mit dem kleinen Auto Besorgungen in der Stadt zu erledigen. Sie war unruhig, bis er zurückkehrte, aber er war stets rechtzeitig zum Lunch wieder da. Eines Morgens erschien er nicht zur gewohnten Zeit. Das Telefon klingelte. Salvador wischte sich die Hände ab und ging in den Nebenraum, um das Gespräch anzunehmen, während Malika und Concha sich weiter auf spanisch unterhielten. Kurz darauf stand Salvador in der Tür und erzählte Malika mit strahlendem Lächeln, die Polizei habe angerufen, um ihr mitzuteilen, daß Mr. Tex einen Unfall gehabt habe und in Westwood in einem Krankenhaus liege.

Malika rannte auf den kleinen Mann zu und packte ihn bei den Schultern. »Ruf Mr. F. T. an!«

Sie trat von einem Bein aufs andere, während er die Nummer suchte und wählte. Sobald sie sah, daß er mit F. T. sprach, riß sie ihm den Hörer aus der Hand.

»F. T.! Holen Sie mich sofort ab! Ich muß zu Tex.«

Sie hörte F. T.s Stimme, sie war sanft und beruhigend. »Ja. Bleiben Sie ganz ruhig und warten Sie auf mich. Ich komme, sobald ich kann. Machen Sie sich keine Sorgen. Geben Sie mir noch einmal Salvador.«

Sie ließ Salvador am Telefon zurück und eilte die Treppe nach oben in das große Zimmer, wo sie unruhig auf und ab ging. Wenn Tex im Krankenhaus war, würde er wahrscheinlich nicht zu Hause schlafen, und sie würde ohne ihn nicht im Haus bleiben. Sie trat auf die Terrasse und starrte auf die Bäume. Tex ist tot, dachte sie.

Erst am späten Nachmittag fuhr F. T.s Wagen vor. Er fand sie in dem hellen Raum mit dem Gesicht in den Kissen auf einem Sofa liegend. Als sie seine Stimme erkannte, fuhr sie mit weit aufgerissenen Augen hoch und lief auf ihn zu.

In dieser Nacht schlief Malika bei F. T. Er hatte darauf bestanden, sie mit sich nach Hause zu nehmen und sie der Obhut seiner Frau anzuvertrauen. Denn es stimmte, daß Tex tot war; er war kurz nach seiner Einlieferung ins Krankenhaus gestorben.

F. T. und seine Frau zeigten Malika ihr Mitgefühl nicht. Mrs. F. T. sagte, Mitleid könne einen hysterischen Anfall provozieren. Malika redete und redete, zwischendurch weinte sie. Manchmal vergaß sie, daß ihre Zuhörer weder Arabisch noch Spanisch verstanden, bis diese sie drängten, ins Englische zurückzuwechseln. Sie hatte geschworen, Tex zu begleiten, wann immer er ausging, aber sie hatte es nicht getan, und deshalb war er jetzt tot. Er war das einzige Wesen auf der ganzen Welt, das sie liebte, und sie war weit weg von zu Hause, was sollte jetzt aus ihr werden?

Als sie in dieser Nacht im Dunkeln lag und dem gelegentlich vorbeischwirrenden Heulen einer Polizeisirene lauschte, packte sie von neuem jenes Gefühl, das sie im Flugzeug gehabt hatte: das Gefühl, zu weit gegangen zu sein, um zurückzukehren. Solange sie mit Tex zusammengewesen war, hatte sie die Fremdartigkeit dieses Ortes akzeptieren können; nun sah sie sich als Schiffbrüchige an einer unbekannten Küste, bewohnt von Wesen, deren Absichten unergründlich waren. Und niemand konnte ihr zu Hilfe kommen, denn niemand wußte, daß sie hier war.

Sie schlief mehrere Nächte in F. T.s Haus. Tagsüber besuchte sie mit Mrs. F. T. Supermärkte und andere Sehenswürdigkeiten. »Sie müssen sich ablenken«, sagte ihre Gastgeberin. »Wir wollen nicht, daß Sie so viel grübeln.«

Doch es gab keine Möglichkeit, Malika davon abzuhalten, sich um ihre Zukunft zu sorgen: gestrandet in diesem unglaublichen Land, ohne eine Pesete, um sich Brot zu kaufen, mit nichts als der Laune von F. T. und seiner Frau zwischen sich und dem Verhungern.

18

Eines Tages fuhr F. T. Malika persönlich zu seinem Büro. Aus Respekt vor ihm hatte sie sich große Mühe bei der Wahl ihrer Garderobe gegeben und trug ein graues Seidenkostüm von Balenciaga. Ihre Ankunft mit F. T. im Büro sorgte für leichte Aufregung. Als sie ihm gegenüber am Schreibtisch eines kleinen, ruhigen Büros Platz genommen hatte, zog er einen Stapel Papiere aus einer Schublade. Er blätterte darin und begann zu sprechen.

»Betty sagt, Sie machten sich Sorgen wegen des Geldes?«

Als er Malika nicken sah, fuhr er fort: »Ich gehe davon aus, daß Sie überhaupt keines haben. Ist das richtig?«

Sie griff in ihre Handtasche und zog einen zerknitterten Zwanzigdollarschein heraus, den Tex ihr einmal gegeben hatte, als sie gemeinsam einkaufen waren.

»Nur das«, sagte sie und zeigte ihm den Schein.

F. T. räusperte sich.

»Nun, ich möchte, daß Sie sich keine Sorgen machen. Sobald wir alles geklärt haben, werden Sie ein regelmäßiges Einkommen haben. Bis dahin habe ich unten in der Bank, hier in diesem Gebäude, ein Konto für Sie eröffnet.«

Er sah, wie Angst über ihr Gesicht huschte, und setzte schnell hinzu: »Es ist Ihr Geld. Sie sind seine alleinige Erbin. Nach Abzug der Steuern und allem anderen werden Sie noch immer ein beträchtliches Vermögen haben. Und wenn Sie klug sind, lassen Sie es da, wo es ist, in Pfandbriefen und Schatzanweisungen. Machen Sie sich also keine Sorgen.«

»Ja«, sagte sie, ohne etwas zu verstehen.

»Ich habe niemals zugelassen, daß Tex mit Aktien herumspielte«, fuhr F. T. fort. »Er hatte keinen Sinn fürs Geschäft.«

Sie war schockiert zu hören, wie F. T. den armen Tex schlechtmachte, doch sie sagte: »Ich verstehe.«

»Wenn wir es richtig machen und alles gut läuft, müßten Sie etwa fünfzigtausend Dollar im Monat haben. Wahrscheinlich noch etwas mehr.«

Malika starrte F. T. an. »Ist das genug?« fragte sie vorsichtig.

Er warf ihr über den Rand seiner Brille einen überraschten Blick zu. »Ich denke, daß Sie damit leben können.«

»Ich hoffe es«, sagte sie leidenschaftlich. »Ich verstehe nichts von Geld, wissen Sie. Ich habe mir noch nie selbst etwas gekauft. Wieviel kostet dies oder das? Ich weiß es nicht. Nur in meinem eigenen Land.«

»Natürlich.« F. T. schob ihr ein Scheckbuch über den Tisch. »Das ist ein vorläufiges Konto, verstehen Sie, damit Sie Geld abheben können, bis alle gesetzlichen Anforderungen erfüllt sind. Ich hoffe, Sie werden es nicht überziehen. Aber ich glaube es eigentlich nicht.«

Er lächelte ihr aufmunternd zu. »Vergessen Sie nicht«, fuhr er fort, »es sind nur fünfundzwanzigtausend Dollar darauf. Also seien Sie artig, und passen Sie gut auf Ihre Schecks auf.«

»Aber ich kann das nicht, was Sie von mir verlangen!« rief sie. »Bitte tun Sie es für mich.«

F. T. seufzte. »Können Sie Ihren Namen schreiben?« fragte er behutsam.

»Tex hat es mir in Lausanne gezeigt, aber ich habe es vergessen.«

Ohne es eigentlich zu wollen, hob F. T. die Arme. »Aber liebes Kind, wie wollen Sie leben? So geht es nicht weiter.«

»Nein«, sagte sie kläglich.

F. T. schob seinen Stuhl zurück und stand auf. »Tja«, sagte er munter, »was man nicht weiß, kann man lernen. Warum kommen Sie nicht jeden Vormittag her und nehmen Unterricht bei Miss Galper? Sie weiß einfach alles. Sie wird Ihnen beibringen, was Sie wissen müssen. Das wäre ein Vorschlag.«

Er war nicht auf ihre überschwengliche Reaktion gefaßt. Sie sprang auf und fiel ihm um den Hals. »Oh, F. T., das will ich! Genau das will ich!«

19

Am nächsten Tag brachte Malika ihr Gepäck in ein Hotel in Beverly Hills. Sie befolgte F. T.'s Rat und ließ Salvador weiter im Haus wohnen, nun jedoch ausschließlich als Chauffeur. Jeden Morgen holte er sie im Hotel ab und fuhr sie zu F. T.'s Büro. Dieses tägliche Ritual fand sie anregend. Miss Galper, eine freundliche junge Frau mit Brille, verbrachte den Vormittag damit, sie zu unterrichten; anschließend gingen sie gewöhnlich zusammen zum Lunch. In Miss Galpers Leben hatte es nicht viel Glanz gegeben, und sie war fasziniert von Malikas Erzählungen über Marokko und Europa. Trotzdem blieb immer ein Rest von Geheimnis in Malikas Geschichte, denn sie erklärte nie, wie sie in Tims Wohnung gelangt war. Nach ihrer Version hätte sie ebensogut bei einem Picknick am Strand von Sidi Qacem das Licht der Welt erblickt haben können.

Als F. T. nach zwei Monaten einsah, daß Malika eher noch ernsthafter entschlossen schien, ihre Ausbildung fortzusetzen, schlug er vor, den Unterricht ins Hotel zu verlegen. Jetzt war es Miss Galper, die von Salvador nach Beverly Hills und zurück gebracht wurde. Gelegentlich fuhren sie einkaufen – kleine Expeditionen nach Westwood, die Malika entzückten, denn zum ersten Mal wurde sie sich der Preise bewußt und konnte die Kaufkraft ihres Geldes einschätzen. F. T. hatte gesagt, daß sie mit dem, was Tex ihr hinterlassen hatte, besser würde leben können als die meisten anderen Leute. Damals hatte sie es für einen Versuch gehalten, sie zu trösten, jetzt aber, da sie die Preise einordnen konnte, erkannte sie, daß er recht gehabt hatte. Sie erzählte Miss Galper nichts von ihrer Überraschung, daß die Preise der Waren so niedrig lagen. Statt dessen überschüttete sie sie mit einer Flut kleiner Geschenke.

»Sie müssen damit aufhören, Malika«, sagte Miss Galper.

Im ersten Monat hatten sie sich nur mit Rechnen beschäftigt. Dann kamen die Uhrzeiten dran, die Namen der Tage und Monate. Mit einiger Mühe brachte Miss Galper ihr bei, die beiden Formen ihres Namens zu schreiben: *Malika Hapgood* und *Mrs. Charles G. Hapgood.* Als der Unterricht ins Hotel verlegt wurde, hatte Malika angefangen, komplizierte Summen, die ihr in Ziffern genannt wurden, in Worten zu schreiben. Sie kehrten noch einmal zu den Ziffern zurück, und Malika lernte, auch diese richtig zu schreiben.

»Alles andere können Sie einer Sekretärin überlassen«, erklärte Miss Galper. »Aber auf Ihr Geld müssen Sie selbst aufpassen.«

Aus diesem Grund erteilte sie Malika eine Lektion darin, wie man Geschäftsberichte der Bank liest und Anleihen so kauft, daß sie einen regelmäßigen Gewinn garantieren.

Während die Monate vergingen und Malikas Einblick in die Arbeitsweise der Welt um sie herum wuchs, begann ihr das wahre Ausmaß ihrer Unwissenheit klarzuwerden, und sie entwickelte ein leidenschaftliches Verlangen, Zeitungen und Illustrierte lesen zu können.

»Ich bin keine Englischlehrerin«, sagte Miss Galper. »Dafür bezahlt F. T. mich nicht. Wir können Ihnen einen guten Lehrer besorgen, wann immer Sie wollen.«

Da Malika überzeugt war, nur von Miss Galper lernen zu können, fragte sie F. T. um Rat. Nach reiflicher Überlegung schlug er ihnen einen Plan vor, der Malika begeisterte und auch bei Miss Galper Anklang fand. Er würde Miss Galper ein Jahr bezahlten Urlaub geben, wenn Malika sie für diese Zeit als Gesellschafterin anstellte.

Auf diese Weise würde sie den Unterricht erhalten, den sie sich wünschte, erklärte er Malika. Er setzte hinzu, daß seiner Meinung nach Miss Galper nicht die geeignete Person dafür sei, da Malika jedoch ihr Herz daran gehängt habe, von ihr unterrichtet zu werden, erscheine ihm dies als eine akzeptable Lösung.

Es war Miss Galpers Idee, eine Reise nach Europa zu machen. F. T. empfahl ihnen, ein Auto zu kaufen, es auf einen Frachter zu verladen und Salvador mitzunehmen, um es drüben abzuholen und zu fahren. Als Malika das hörte, fragte sie, ob sie sich nicht alle zusammen mit dem Wagen einschiffen könnten. Das wäre vielleicht möglich, sagte F. T.

Schließlich hatte F. T. Malika einen neuen Paß besorgt, hatte sogar Miss Galper und Salvador geholfen, die ihren zu verlängern, und sich dann in Begleitung von Mrs. F. T. am Dock von San Pedro ausgiebig von ihnen verabschiedet. Es war ein komfortabler norwegischer Frachter, der nach Panama und dann weiter nach Europa fuhr.

Das Schiff befand sich bereits in tropischen Gewässern. Malika sagte, sie habe gedacht, nur in der Sahara könne es so heiß sein und mit Sicherheit nicht auf See. Sie hatte den ganzen Tag nichts zu tun. Salvador verbrachte die meiste Zeit mit Schlafen. Miss Galper saß an Deck und las. Sie hatte sich geweigert, Malika zu unterrichten, solange sie auf dem Schiff waren. »Ich würde davon seekrank werden«, versicherte sie. Doch entging ihr Malikas Langeweile nicht, und sie führte lange Gespräche mit ihr.

20

Malika konnte nicht wie Miss Galper dasitzen und auf das Meer schauen. Der schnurgerade Horizont auf allen Seiten flößte ihr dasselbe Gefühl von Unwirklichkeit ein wie jenes, das sie auf dem Flug mit Tex empfunden hatte.

Panama war eine Erleichterung und der Beweis, daß das Schiff in all diesen Tagen nicht stehengeblieben war. Sie hatten einen vollkommen anderen Teil der Welt erreicht.

Sie brauchten den ganzen Tag, um den Kanal zu passieren. Malika stand auf Deck in der Sonne und winkte den Männern zu, die in den Schleusen arbeiteten. Doch ab Panama wuchs ihre Unruhe mit jedem Tag. Sie konnte nichts anderes tun, als jeden Nachmittag im engen Gesellschaftsraum endlose Schachpartien mit dem gähnenden Salvador zu spielen. Während der Partien fiel kein Wort. Seit Beginn der Reise drängte der Kapitän Malika, die Brücke zu besichtigen. Irgendwann hatte Miss Galper erwähnt, daß er die Macht besaß, jedermann an Bord festzunehmen und in eine dunkle Zelle irgendwo im Bauch des Schiffes sperren zu lassen. Als Malika schließlich seiner Einladung folgte, nahm sie Miss Galper mit.

Malika stand am Bug und starrte auf die weißen Gebäude von Cádiz. Während das Schiff in den Hafen einlief, sagte ihr das Zusammenspiel des Lichts mit der Farbe der Mauern und den Gerüchen im Wind, daß sie wieder in ihrem Teil der Welt war und nicht weit weg von zu Hause. Lange Zeit hatte sie den Gedanken an das kleine Haus über der Schlucht unterdrückt. Jetzt, da es sie nicht mehr ängstigte, war sie imstande, fast liebevoll daran zu denken.

Sie hatte die Pflicht, ihre Mutter zu besuchen, wie feindselig der Empfang auch ausfallen mochte. Sie mußte versuchen, ihr Geld zu geben, obwohl sie sicher war, daß sie es nicht annehmen würde. Doch Malika hatte sich etwas einfallen lassen. Sollte ihre Mutter sich weigern, das Geld zu nehmen, würde sie ihr sagen, daß sie es im Nachbarhaus bei Mina Glagga hinterlegte. Ihre Mutter würde keine Zeit verlieren und es abholen, sobald Malika verschwunden wäre.

Miss Galper hatte gehofft, die Nacht in Cádiz zu verbringen, Malika jedoch bestand darauf, sofort nach Algeciras weiterzufahren. Jetzt, da sie so nahe an zu Hause war, wollte sie so schnell wie möglich dorthin. »Ich muß meine Mutter sehen«, sagte sie. »Ich muß sie sofort sehen.«

»Natürlich«, antwortete Miss Galper. »Aber Sie haben sie seit zwei Jahren nicht gesehen, und sie erwartet Sie nicht. Was macht ein Tag früher oder später schon aus?«

»Wir können hierher zurückkommen. Jetzt muß ich meine Mutter besuchen.«

An diesem Abend sahen sie Salvador am anderen Ende des langen Speisesaales im Hotel von Algeciras beim Essen sitzen. Er hatte seine Uniform gegen einen grauen Flanellanzug eingetauscht. Malika beobachtete ihn genau und sagte: »Er trinkt Wein.«

»Morgen früh wird er wieder in Ordnung sein«, sagte Miss Galper. »Sie trinken immer, die Filipinos.«

Er stand an der Tür und grinste, als sie am Morgen aus dem Hotel kamen, um sich ans Dock fahren zu lassen. Die meisten Passagiere, die nach Tanger fuhren, waren Marokkaner. Malika hatte die schamlose Aufdringlichkeit vergessen, mit der ihre Landsleute Frauen anstarrten. Sie war wieder unter ihresgleichen. Diese Einsicht verunsicherte sie; sie spürte Erregung und Angst zugleich.

21

Nachdem sie ihre Zimmer im Hotel bezogen hatten, ging Malika hinunter zum Empfang. Sie wollte ihre Mutter gegen Abend besuchen; dann konnte sie sicher sein, sie zu Hause anzutreffen, und hätte gleichzeitig einen Vorwand, nicht allzu lange zu bleiben. Sie hatte vor, in Tetuan zwei Hotelzimmer zu reservieren, eins für Salvador und eins für sich, und am nächsten Morgen nach Tanger zurückzukehren. Am Empfang erzählte man ihr von einem neuen Hotel am Strand, nur etwa eine Meile von ihrer Heimatstadt entfernt. Sie ließ telefonisch Reservierungen vornehmen.

Miss Galpers Zimmer lag am Ende des Flures. Malika klopfte an ihre Tür und sagte, sie würde gegen fünf Uhr aufbrechen, so daß sie vor Einbruch der Dunkelheit im Hotel wäre.

Miss Galper musterte sie forschend. »Ich bin froh, daß Sie es gleich hinter sich bringen«, sagte sie.

»Machen Sie sich einen schönen Tag«, antwortete Malika. »Es gibt Bars, die Sie besuchen können.«

»Nein danke! Die Männer hier versetzen mich in Panik. Sie versuchen ständig, mit einem zu reden.«

Malika zuckte die Achseln. »Was macht das schon? Sie verstehen ja doch nicht, was sie sagen.«

Zum Glück, dachte sie bei sich. Die brutalen und obszönen Bemerkungen, mit denen die Männer auf der Straße vorbeikommende Frauen bedachten, ekelten sie an und machten sie wütend. Miss Galper konnte froh sein, kein Arabisch zu verstehen.

Sie verabschiedete sich kurz und eilte in ihr Zimmer zurück. Die Aussicht, ihre Mutter zu sehen, hatte sie verunsichert. Mechanisch packte sie ein paar Kleidungsstücke in eine kleine Tasche. Vor dem Verlassen des Hotels löste sie im Büro mehrere Reiseschecks ein, und kurze Zeit später war sie mit Salvador auf dem Weg nach Tetuan.

Die Berge trugen Schals aus weißen Wolkenfetzen, die von den Gipfeln wegtrieben. Salvador kritisierte die enge Straße. Malika achtete kaum auf ihn. Ihr Herz schlug ungewöhnlich schnell. Es war also wahr: sie kam zurück, um ihrer Mutter zu helfen; sie tat dies, weil es dem Plan entsprach. Seit dem Tag, an dem sie weggelaufen war, hatte die Vision einer triumphalen Rückkehr sie nie verlassen: Sie würde der lebende Beweis sein, daß ihre Mutter unrecht hatte, daß sie nicht war wie die anderen Mädchen der Stadt. Jetzt, da der Augenblick immer näher rückte, hatte sie das Gefühl, als sei ihr Besuch zum Scheitern verurteilt. Ihre Mutter würde keine Freude empfinden, sie zu sehen – nur Groll und Erbitterung bei dem Gedanken, daß sie mit Ungläubigen zusammengewesen war.

Salvador sagte: »In Philipinas haben wir bessere Straßen als hier.«

»Fahr langsam«, antwortete sie.

Sie umfuhren Tetuan und bogen links ab in die Straße, die zu ihrer Stadt führte. Der Wind vom Meer blies in den Wagen. *»Bismil'lah«*, murmelte sie leise, denn jetzt begann der entscheidende Teil ihrer Reise.

Sie merkte nicht einmal, daß sie die Stadt erreicht hatten, bis sie auf der Hauptstraße waren. Sie wirkte vollkommen verändert. Es gab neue, große Gebäude und helle Lichter. Der Gedanke, daß sich während ihrer Abwesenheit die Stadt verändert haben könnte, war ihr nie in den Sinn gekommen; sie selbst konnte sich ändern, die Stadt aber blieb ein unbewegter Hintergrund, vor dem sie ihre eigene Wandlung erkennen und messen könnte.

Kurz darauf erreichten sie das neue Hotel, das im blendenden Schein grünen Flutlichts am Strand lag.

22

Es dauerte nicht lange, bis Malika entdeckte, daß es kein richtiges Hotel war. Es gab keinen Zimmerservice, und im Speisesaal wurden nur Snacks angeboten. Vor dem Essen zog sie Bluejeans an, die sie in Los Angeles auf Anraten Miss Galpers gekauft hatte. Sie trug einen Pullover und band sich ein seidenes Tuch fest um den Kopf. In diesem Aufzug fühlte sie sich vollkommen anonym.

Salvador saß bereits an der Theke im *comedor* und aß. Sie setzte sich neben ihn auf einen Hocker und bestellte *pinchitos*. Ihr Magen rebellierte bei dem Gedanken an Essen, doch sie kaute und schluckte das Fleisch hinunter, weil sie gelernt hatte, daß man sich nur dann wohl fühlte, wenn man regelmäßig etwas zu sich nahm. Über das heisere Krächzen des Transistorradios am Ende der Theke hinweg hörte sie das dumpfe, immer gleiche Geräusch der Wellen, die sich unten am Strand brachen. Wenn ihre Mutter einen Wutanfall bekäme und anfinge, sie zu schlagen, würde sie direkt zu Mina Glagga gehen, um ihr das Geld zu geben; damit wäre dann die Sache beendet. Sie unterschrieb die Rechnung und trat hinaus in den Wind zum Wagen.

Der ungewohnte Anblick der Stadt verwirrte sie. Sie hatten den Markt verlegt; sie konnte ihn nirgends entdekken, und sie spürte, wie ob dieses Verrats eine Woge der Entrüstung in ihr aufstieg. Salvador parkte den Wagen an der Tankstelle, und sie gingen zu Fuß die schmale Straße entlang, die zum Haus führte. Straßenlaternen gab es nur auf einem Teil des Weges; dahinter wäre es ohne das Mondlicht völlig finster gewesen. Salvador warf einen Blick in das Dunkel vor sich und sagte, es wäre besser, kehrtzumachen und morgen früh wiederzukommen.

»Du wartest hier«, sagte sie entschlossen. »Ich komme zurück, sobald ich kann. Ich kenne den Weg.« Und eilig ging sie weiter, ehe er irgend etwas einwenden konnte.

Sie stieg die menschenleere, mondüberflutete Straße hinauf, bis sie an einen rechteckigen kleinen Platz kam, von dem aus man, wenigstens bei Tage, das Haus ihrer Mutter am Rande des Abhangs sehen konnte. Sie schaute hin, doch der Mond schien es nicht zu beleuchten; sie konnte ihr Haus nicht entdecken. Sie lief weiter, von einer alptraumhaften Vorahnung erfüllt, und dann blieb sie stehen, den Mund in ungläubigem Staunen geöffnet. Das Haus war nicht mehr da. Selbst das Grundstück, auf dem es gestanden hatte, war verschwunden. Mina Glaggas Haus und all die anderen an der Schlucht gelegenen Häuser waren weg. Bulldozer hatten eine andere, leere Landschaft geschaffen, einen riesigen Damm aus Erde, Asche und Müll, der einen ganz neuen Abhang bildete. Das kleine Haus mit seinem Garten war genau an der Stelle gewesen, wo sie jetzt stand. Sie merkte, wie sich vor Schmerz ihre Kehle zuschnürte, als sie sich sagte, daß es nicht mehr existierte.

Schließlich wandte sie den Blick von dem nichtssagenden Gelände ab, machte kehrt und ging auf den Platz zurück, wo sie an die Tür eines der Häuser klopfte. Die Frau, die ihr öffnete, war eine Freundin ihrer Mutter, deren Namen sie vergessen hatte. Sie musterte mißbilligend Malikas Jeans und bat sie nicht herein. Sie unterhielten sich in der Tür. Mit ausdrucksloser Stimme erzählte die Frau, daß ihre Mutter vor über einem Jahr, während des Ramadan, gestorben sei. Gott sei Dank, setzte sie hinzu, habe sie nicht mehr mit ansehen müssen, wie man ihr Haus zerstörte, um Platz für die neue Straße zu machen. Malikas Schwester sei nach Casablanca gezogen, glaubte sie, aber sicher war sie nicht.

Mittlerweile hatte die Frau die Tür so weit zugedrückt, daß sie beinahe geschlossen war. Malika dankte ihr und wünschte gute Nacht.

Sie ging zu der Aufschüttung, stand am Rand und starrte hinunter auf die plane Oberfläche des Abhangs, unwirklich selbst im spärlichen Licht, das der Mond darauf warf. Sie mußte die Augen zukneifen, um die Tränen zurückzuhalten, die in ihr aufstiegen, und das kam ihr seltsam vor, denn sie hatte nie Zärtlichkeit für ihre Mutter empfunden. Dann sah sie etwas klarer. Sie weinte nicht um ihre Mutter, sie weinte um sich selbst. Es gab keinen Grund mehr, irgend etwas zu tun.

Sie ließ den Blick über die dunkle Weite zu den Bergen auf der anderen Seite schweifen. Es wäre gut, hier an dem Ort, an dem sie gelebt hatte, zu sterben, zusammen mit dem Haus unter der verhaßten Masse begraben zu werden. Als sie am Rand des Abhangs stehend mit der Ferse aufstampfte, verlor sie das Gleichgewicht und rutschte über Berge von Asche und verfaulten Essensabfällen hinunter. In diesem Augenblick war sie überzeugt, daß dies die Strafe dafür war, daß sie gerade noch hatte sterben wollen; ihr Gewicht hatte einen Erdrutsch in Gang gesetzt, der sie bis zum Grund mit sich schleifen und unter Tonnen von Schutt und Abfall begraben würde. Entsetzt lag sie still und lauschte. Eine Zeitlang hörte sie noch ein Rascheln um sich herum und spürte, wie Sand und kleine Steinchen nachrieselten, doch diese Geräusche wurden bald von der Stille verschluckt. Sie kletterte wieder zur Straße hinauf.

Eine Wolke zog langsam vor dem Mond vorbei. Sie lief den Berg hinunter zu der Straßenlaterne, wo Salvador wartete.

Madame und Ahmed

Außer wenn es sehr stark regnete, verbrachte Mrs. Pritchard ungefähr die Hälfte des Tages damit, draußen im Garten zu arbeiten. Es war ein bewundernswerter Garten, aber kein Ort der Muße. Ihr Haus lag auf einer Klippe über dem Meer; der Wind, der durch die Meerenge von Gibraltar fegte, traf diesen Punkt zuerst und blies hier heftiger. Wenn Ahmed an Madame im Garten dachte, sah er sie mit im Wind flatterndem Rock, die eine Hand über dem Haar, in dem vergeblichen Versuch, ihre Frisur zu retten.

Das Gelände fiel hier bis zum beinahe senkrechten Abgrund etwa hundert Meter weit mäßig ab, und der terrassierte Garten nahm die ganze Länge dieses Abhangs ein. Auf einigen Terrassen gab es lange gekachelte Becken mit Goldfischen; andere waren mit Bäumen bepflanzt, zum Schutz für kleine Springbrunnen mit marmornen Fischen, aus deren Mäulern Wasser in Bassins sprudelte.

Sie hatte den Garten so angelegt, daß er das ganze Jahr über herrliche Blüten hervorbrachte und den öden, unwirtlichen Landstreifen gänzlich verwandelte, und auf dieses Ergebnis war sie stolz. In letzter Zeit jedoch schienen einige große Büsche, die sie aus England hatte kommen lassen, nicht recht zu gedeihen, und da sie in Sichtweite des Hauses standen, war sie über ihr kränkliches Aussehen betrübt. Wenn Gäste aus dem Fenster schauten, bat sie sie, nicht hinzusehen, und sagte traurig: »Dieses Jahr schäme ich mich meines Gartens.«

Ihre Freunde fühlten mit ihr; die meisten gaben ihr den Rat, einen neuen Gärtner zu suchen. Das beunruhigte sie, denn sie schreckte vor dem Gedanken zurück, Ahmed zu entlassen. Seit elf Jahren hielt er ihren Garten in Ordnung. In diesen vielen Jahren hatten sie wer weiß wie viele Stunden nebeneinandergekniet und mit Blumenkelle und Gartenschere zusammen gearbeitet. Und immerzu hatten sie dabei über das Wesen der Pflanzen gesprochen. Sie hatte das Gefühl, daß sie sich kannten und einander auf elementare und bewegende Art verstanden, wenn auch Ahmed nie gelernt hatte, ihren Namen auszusprechen. Für ihn war sie Madame. Eines Tages kam sie aufgeregt zu ihm und erzählte, daß sie eine große Zahl herrlicher Pflanzen von einem Mann in der Stadt gekauft habe, der sie morgen mit einem Lastwagen anliefern und, wie sie hinzusetzte, ihr beim Einpflanzen zur Hand gehen würde. Als sie Ahmeds verletzten und erstaunten Gesichtsausdruck sah, erklärte sie, daß dieser Service im Preis der Pflanzen enthalten gewesen sei. Der Preis, gestand sie, sei extrem hoch gewesen, sie sehe daher keinen Grund, das Angebot des Mannes auszuschlagen. Ahmed war nicht imstande, ihrer Logik zu folgen; er begriff nur, daß sie einem Fremden gestattete, den Garten zu betreten und darin zu arbeiten. »Ja, Madame«, sagte er, sonst nichts.

Am folgenden Morgen erschien ein korpulenter Mann in grauem Anzug mit Madame im oberen Teil des Gartens. Sie unterhielten sich und zeigten gelegentlich auf eine der Pflanzen. Ahmed, der auf einer der unteren Terrassen hockte, starrte zu dem Mann hinauf und erkannte in ihm den Obergärtner der städtischen Verwaltung. Als er wenig später vom Geräteschuppen zurückkam, konnte er nah genug an den neuen Pflanzen vorbeigehen, um festzustellen, daß sie aus den städtischen Anlagen stammten. Einen Augenblick war er versucht, zu Madame zu gehen und ihr zu sagen, daß sie gestohlene Ware gekauft habe, doch dann besann er sich eines Besseren. In den Jahren, die er für sie arbeitete, hatte er beobachtet, daß sie, wenn ein Marokkaner schlecht über einen anderen sprach, automatisch Partei für den Beschuldigten und nicht für den Ankläger ergriff. Er mußte auf einen geeigneten Augenblick warten, um dann vielleicht von seinem Wissen über die Herkunft der Pflanzen Gebrauch zu machen.

Ein zweiter Mann trug weitere Töpfe aus dem Lastwagen in den Garten und stellte sie in Reihen auf die oberste Terrasse. Madame sagte zu dem korpulenten Mann: »Diese kommen hier neben die Mauer und die anderen in das runde Beet dort, und die Tuberosen sollten ganz unten am Ende des Pfades für sich stehen, denke ich.«

»Ich kenne den besten Platz für jede Pflanze, Madame«, antwortete der dicke Mann. »Sie werden sehen.«

»Warten Sie«, rief sie nervös und sah sich wie hilfesuchend um. »Ich schicke Ihnen meinen Gärtner.«

Der Mann winkte ab. »Nein, nein! Mein Gehilfe und ich werden das schon machen. Jede Pflanze wird an der richtigen Stelle stehen. Überlassen Sie das nur mir.«

Mrs. Pritchard schien in sich zusammenzusinken. Sie drehte sich um und ging ins Haus.

Der Dieb hatte das Kommando im Garten übernommen und ließ nicht einmal zu, daß Madame ihre Pflanzen dahin bekam, wo sie sie haben wollte. Von der tiefer gelegenen Terrasse aus beobachtete Ahmed die beiden Männer. Sie steckten die Pflanzen hastig in den Boden und achteten kaum darauf, was sie taten. Als sie fertig waren, gingen sie auf den beiden obersten Terrassen hin und her und begutachteten die Blumen. Er versuchte zu verstehen, was sie sagten, aber sie sprachen zu leise. Als er sah, daß sie lange vor dem großen Hibiskus stehenblieben, den Madame aus Hawaii mitgebracht hatte, ahnte er, daß der dicke Mann einen Vorwand suchen würde, um Madame erneut aufzusuchen.

Kaum war der Lastwagen weggefahren, als Madame aus dem Haus kam und Ahmed zu sich rief. Gemeinsam inspizierten sie die hastige Arbeit. Madame lachte. »Macht nichts. Wir können sie später umpflanzen.«

Er warf einen gleichgültigen Blick auf die Reihe der Schmucklilien. Als sie den Preis erwähnte, den sie dafür bezahlt hatte, war er empört. »Sie hätten Zwiebeln kaufen können«, sagte er vorwurfsvoll.

»Aber dann hätten sie erst nächstes Jahr geblüht.«

Er nickte finster.

Als er am Abend an der Küchentür vorbeikam, hielt ihn der schwarze Koch Johara auf. »Weißt du, was dieser Mann Madame gesagt hat? Er hat gesagt, du wärst kein richtiger Gärtner, sie sollte dich entlassen und ihn hier arbeiten lassen.«

»Er ist ein Verbrecher!« rief Ahmed.

In der Hütte hinter dem Gewächshaus, wo er lebte, setzte Ahmed sich hin und grübelte. Er mußte seine Stellung verteidigen, und er mußte den Garten retten. Er erinnerte sich wieder der Aufmerksamkeit, die die Besucher dem Hibiskus geschenkt hatten. Wenn sie zum Arbeiten herkämen, würden sie den Garten methodisch seiner wertvollsten Pflanzen berauben.

Als er sich überzeugt hatte, daß er teilweise auch in Madames Interesse handelte, fühlte er sich weniger schuldig bei dem, was er vorhatte. Es war einfach genug. Nachdem alle Lichter im großen Haus erloschen waren, wartete er noch einige Stunden. Dann griff er nach einem Sack, warf ein scharfes Messer hinein und stahl sich in den Garten, zum Ende der höchstgelegenen Terrasse, wo er vor den frisch eingesetzten Pflanzen niederkniete. Eine nach der anderen riß er heraus, trennte mit einem kurzen Hieb ihre Wurzel oder Knolle ab und pflanzte sie vorsichtig wieder dort ein, wo sie gestanden hatte. Als er in seine Hütte zurückkam, war der Sack voller Zwiebeln und Wurzeln. Er entfachte ein Feuer in seinem *mijmah* und ließ sie bis zur Unkenntlichkeit verkohlen, ehe er sie hinaustrug und über den Komposthaufen streute. Dann legte er sich schlafen.

Am Morgen war Madame draußen und schaute sich die neuen Pflanzen an. »Sie sind sehr schön«, sagte sie zu Ahmed. »Jede muß mit einer Gießkanne gewässert werden, ehe die Sonne sie erreicht. Gieße etwas Wasser um jeden Stengel, damit es einsickern kann.«

Sie sah eine Weile zu, wie Ahmed mißmutig schweigend ihre Anweisungen ausführte. Dann ging sie, offensichtlich befriedigt, hinein. Seit vielen Jahren stand sie schon so über ihm und wachte darüber, ob er das, was sie ihm auftrug, auch richtig machte, und er begriff, daß das Gift des dikken Mannes seine Wirkung tat, daß sie trotz dessen offener Gleichgültigkeit ihren Wünschen gegenüber die Idee, ihn für die Pflege des Gartens einzustellen, noch nicht verworfen hatte.

Um die Mittagszeit wirkten einige der Pflanzen nicht mehr so frisch wie am Morgen. Ahmed bemerkte es, als er vorbeikam, und beschloß, es erst gegen Abend zu melden, wenn die Sonne ihre zerstörerische Arbeit weiter vorangetrieben hatte.

Es war Madame selbst, die als erste etwas über die jämmerliche Verfassung der Pflanzen sagte. Sie rief Ahmed, der aus dem unteren Teil des Gartens heraufkam.

»Ich weiß nicht«, sagte sie und schüttelte den Kopf. Als sie an einer der Pflanzen zupfte, fiel diese um, ein trockener Stengel, der sein wurzelloses Ende offenbarte. Sie griff nach der nächsten Pflanze und zog sie heraus.

»Ahmed!« rief sie. »Es sind nur Stengel, die in den Boden gesteckt sind! Es sind überhaupt keine richtigen Pflanzen!«

Er begutachtete die beiden Pflanzen und starrte Madame an. Sie tat ihm leid. Der Wind blies ihr das Haar ins Gesicht, und sie schien jeden Augenblick in Tränen ausbrechen zu wollen.

»Sie sahen so gesund aus«, sagte sie.

Gemeinsam gingen sie weiter, um die Schmucklilien, die Tuberosen zu inspizieren. »Das dreckige Schwein!« rief Madame. »Kein Wunder, daß er mich nicht dabeihaben wollte, als er sie einpflanzte.«

Plötzlich starrte sie Ahmed an. »Er wird zurückkommen. Er hat gesagt, daß er mir noch einige Rosensträucher bringt.«

»Er wird nicht wagen wiederzukommen, nach dem, was er getan hat«, erklärte Ahmed.

Madame wirkte noch unruhiger. »Und zu denken«, begann sie, hielt dann jedoch inne, als ihr klar wurde, daß sie noch vor wenigen Minuten in Erwägung gezogen hatte, Ahmed zu entlassen und den Mann einzustellen. Eine solche Treulosigkeit konnte sie nicht eingestehen. Ahmed wußte, was sie hatte sagen wollen, und lächelte finster.

»Wenn er zurückkommt, lassen Sie ihn nicht herein. Sprechen Sie nicht einmal mit ihm. Rufen Sie mich; ich werde mich um ihn kümmern.«

»Das ist mir auch viel lieber«, sagte sie. »Ich will dieses abscheuliche Gesicht nicht mehr sehen.«

Der Wind wehte, die toten Pflanzen landeten auf dem Komposthaufen, und der kurze Skandal wurde nicht mehr erwähnt. Ahmed war jedoch sicher, daß der Mann wiederkommen würde.

Eines Tages war er da. Johara kam zum Geräteschuppen, um ihm zu sagen, daß der böse Mann vor der Tür warte und Madame sehr nervös sei.

Ahmed zog seine Dschellaba an und ging zum Tor. Er öffnete, sah den dicken Mann streng an und sagte, als würde er einen Befehl wiederholen, den er auswendig gelernt hatte: »Madame läßt dir ausrichten, daß sie weiß, wo die Pflanzen herstammen, und daß du dich hier nicht wieder blicken lassen sollst, es sei denn, du willst es der Polizei erklären.«

Dann schloß er die Tür und horchte, wie der Lastwagen davonfuhr. Madame wartete am Eingang der Halle.

»Er ist weg«, sagte er.

»Ahmed, was würde ich ohne dich anfangen?« Sie starrte ihn einen Augenblick kopfschüttelnd an. »Was hast du ihm gesagt?«

»Daß kein gläubiger Moslem eine alleinstehende Frau hereinlegen würde.«

Mrs. Pritchard überlegte. »Ich bin sicher, daß das genau das Richtige war. Ich fürchte, ich hätte ihn beleidigt und dann die ganze Nacht kein Auge zutun können. Ich bin dir sehr dankbar.«

Da er sich noch immer nicht wohl fühlte wegen der Enttäuschung, die er Madame bereitet hatte, und ziemliche Gewissensbisse wegen der von ihm vernichteten gesunden und kostbaren Pflanzen hatte, antwortete er mit Erleichterung: »Jeder arbeitet heutzutage mit Tricks, Madame, jeder.«

Für ihn war das ein bequemes Eingeständnis seiner Schandtat, sie jedoch faßte es als eine Anspielung auf. »Oh, ich werde es nicht wieder tun«, sagte sie, »ich gebe dir mein Wort.« Er warf ihr einen anerkennenden Blick zu und wandte sich zum Gehen.

»Sie haben recht, Madame«, sagte er. »Glauben Sie niemandem.«

Kitty

Kitty lebte in einem mittelgroßen Haus, das von einem ausgedehnten Garten umgeben war. Einige Dinge, wie Picknicks und Zirkusbesuche, mochte sie; andere, wie Schule und Zahnarztbesuche, konnte sie nicht ausstehen.

Eines Tages fragte sie ihre Mutter: »Warum heiße ich Kitty?«

»In Wirklichkeit heißt du Catherine«, antwortete ihre Mutter, »wir nennen dich nur Kitty.«

Diese Antwort stellte Kitty nicht zufrieden; sie kam zu dem Schluß, daß ihre Mutter ihr nicht die Wahrheit sagen wollte. Daraufhin dachte sie noch mehr über ihren Namen nach. Schließlich glaubte sie, die Antwort gefunden zu haben. Sie hieß Kitty, weil sie eines Tages zu einer Katze heranwachsen würde. Sie war stolz, das herausgefunden zu haben, und fing an, sich im Spiegel zu beobachten, um zu sehen, ob sie vielleicht schon wie eine Katze oder zumindest wie ein Kätzchen aussah.

Lange Zeit erblickte sie nur ihr eigenes rosiges Gesicht. Doch eines Tages, als sie zu dem Spiegel hinaufkletterte, konnte sie kaum fassen, was sie sah, denn um ihren Mund sprossen die ersten feinen grauen Schnurrhaare. Sie hüpfte vor Freude von einem Bein aufs andere und wartete, daß ihre Mutter etwas dazu sagte. Ihre Mutter jedoch hatte für derlei Dinge keine Zeit und bemerkte nichts.

Jeden Tag, wenn Kitty ihr Spiegelbild betrachtete, fielen

ihr weitere wunderbare Veränderungen auf. Allmählich wurden die Schnurrhaare länger und standen weiter von ihrem Gesicht ab, und ihre Haut verschwand unter einem weichen grauen Fell. Die Ohren wurden spitzer, und an Handflächen und Fußsohlen bildeten sich weiche Ballen. All dies schien zu schön, um wahr zu sein, und Kitty war traurig, daß niemand ein Wort über ihre unglaubliche Veränderung verlor. Eines Tages beim Spielen drehte sie sich zu ihrer Mutter um und sagte: »Miau. Ich bin Kitty. Gefällt dir die Farbe meines Fells?«

»Ich weiß nicht«, sagte ihre Mutter. »Welche Farbe hat es denn?«

»Es ist grau!«

»Oh, grau, wie hübsch«, sagte ihre Mutter, und Kitty erkannte enttäuscht, daß es ihr gleichgültig war, welche Farbe ihr Fell hatte.

Anschließend versuchte sie mehreren Nachbarn eine Bemerkung über ihre feinen Schnurrhaare, die samtigen Ohren und den kurzen buschigen Schwanz zu entlokken; sie stimmten zu, daß all dies wirklich hübsch war, und schenkten ihm dann keine weitere Beachtung. Kitty machte sich nicht viel daraus. Wenn *sie* auch nicht merkten, wie stark sie sich verändert hatte – ihr entging es nicht.

Eines Sommermorgens, als Kitty erwachte, entdeckte sie, daß ihre Finger- und Zehennägel von herrlichen, schimmernden grauen Krallen ersetzt worden waren, die sie nach Belieben ausfahren und wieder einziehen konnte. Sie sprang aus dem Bett und lief in den Garten. Es war noch sehr früh. Ihre Mutter und ihr Vater schliefen noch, aber auf dem Rasen liefen ein paar Vögel herum.

Sie versteckte sich hinter einigen Büschen und beobachtete sie. Nach einer langen Zeit begann sie sich anzuschleichen. Ihr Nachthemd verfing sich in den Zweigen; sie streifte es ab. Als einer der Vögel ihr zu nahe kam, machte sie einen Satz und fing ihn. Und im selben Augenblick war ihr klar, daß sie kein Mädchen mehr war – und daß sie nie wieder ein Mädchen würde sein müssen.

Der Vogel schmeckte gut, aber sie beschloß, ihn nicht zu fressen. Statt dessen rollte sie sich in der Sonne auf den Rücken und leckte ihre Pfoten. Dann setzte sie sich auf und wusch ihr Gesicht. Nach einer Weile entschied sie sich, Mrs. Tinsley einen Besuch abzustatten und zu sehen, ob sie dort ein Frühstück bekäme. Sie kletterte auf die Gartenmauer und rannte schnell darüber bis aufs Dach der Garage. Von dort kletterte sie vorsichtig das Spalier hinunter in Mrs. Tinsleys Garten. Sie hörte Geräusche in der Küche, ging zur Tür mit dem Fliegengitter und sah hinein. Dann sagte sie: »Miau.« Sie mußte es eine ganze Weile sagen, ehe Mrs. Tinsley kam und sie bemerkte.

»Nein, was für ein süßes Kätzchen!« sagte Mrs. Tinsley und rief nach ihrem Mann und ihrer Schwester. Als sie kamen, sahen sie das kleine graue Kätzchen mit einer Pfote am Fliegengitter kratzen. Natürlich ließen sie es herein, und kurz darauf schlabberte Kitty Milch aus einer Untertasse. Dann schlief sie den ganzen Tag, auf einem Kissen zusammengerollt. Am Abend bekam sie ein Schälchen mit köstlicher roher Leber.

Nach dem Dinner wollte sie nach Hause zurückkehren. Mr. Tinsley sah sie vor der Küchentür, doch statt die Tür aufzumachen, hob er sie hoch und sperrte sie in den Keller. Das war ganz und gar nicht nach Kittys Geschmack, und sie maunzte die ganze Nacht.

Am Morgen durfte sie wieder nach oben und bekam eine große Schale Milch vorgesetzt. Als sie getrunken hatte, wartete sie in der Küche, bis Mrs. Tinsley die Tür öffnete, um in den Garten zu gehen. Dann rannte sie, so schnell sie konnte, zwischen Mrs. Tinsleys Beinen hindurch und kletterte auf das Dach der Garage. Sie sah auf Mrs. Tinsley hinunter, die »Kitty, Kitty, Kitty« rief. Schließlich wandte sie sich ab und lief in die andere Richtung. Bald war sie in ihrem eigenen Garten. Sie ging zu allen Türen und blickte hinein. Im ganzen Haus waren Polizisten, die mit ihrer Mutter und ihrem Vater sprachen. Sie hielten Kittys zerfetztes Nachthemd in der Hand; ihre Mutter schluchzte. Keiner schenkte Kitty die geringste Aufmerksamkeit.

Traurig lief sie zu Mrs. Tinsley, und dort blieb sie viele Wochen lang. Manchmal kehrte sie zu ihrem Haus zurück und spähte durch die Türen, und oft sah sie ihre Mutter oder ihren Vater. Doch sie wirkten anders als früher, und selbst wenn sie sie bemerkten, kamen sie nie zur Tür, um sie hereinzulassen.

Es war fein, nicht in die Schule gehen zu müssen, und Mr. und Mrs. Tinsley waren wirklich gut zu ihr, doch Kitty liebte ihre Mutter und ihren Vater über alles und wollte bei ihnen sein.

Mr. und Mrs. Tinsley ließen sie jetzt hinaus, wann immer sie wollte, da sie stets zurückkam. Nachts lief sie zu ihrem Haus, schaute durch das Fenster und sah, wie ihr Vater allein dasaß und die Zeitung las. Daher wußte sie, daß ihre Mutter fort war. Aber selbst wenn sie schrie und ihre Pfoten gegen die Scheibe preßte, achtete ihr Vater nicht auf sie, und sie sah ein, daß er sie niemals hereinlassen würde. Das würde nur ihre Mutter tun. Sie würde kommen, die

Tür öffnen, sie aufheben, ihr das Fell auf der Stirn streicheln und sie küssen.

Mehrere Monate später, als Kitty über die Mauer in ihren eigenen Garten kletterte, sah sie ihre Mutter in einem Stuhl auf der Terrasse sitzen. Sie sah viel besser aus, fast wie früher. Langsam, mit hochgerecktem Schwanz, ging Kitty über den Rasen auf sie zu. Ihre Mutter richtete sich auf, als sie näher kam. Dann streckte sie die Hand aus und schnippte mit den Fingern: »Was für ein hübsches kleines Kätzchen«, sagte sie. »Wo kommst du denn her?«

Kitty ging nah genug heran, um sich von ihrer Mutter den Kopf streicheln und die Wangen kraulen zu lassen. Sie schlug mit dem Schwanz und schnurrte vor Wohlbehagen, als sie ihre Finger auf dem Fell spürte. Schließlich sprang sie auf den Schoß ihrer Mutter und rollte sich zusammen, während sie zufrieden die Krallen einzog und wieder spreizte. Nach einer Weile hob ihre Mutter sie hoch, drückte sie gegen ihr Gesicht und trug sie ins Haus.

An diesem Abend lag Kitty glücklich auf dem Schoß ihrer Mutter. Auf den ihres Vaters wollte sie lieber nicht; sie hatte Angst, daß er sie wegstoßen würde. Außerdem sah sie, daß es dort nicht so bequem war.

Kitty wußte, daß ihre Mutter sie bereits ins Herz geschlossen hatte und ihr Vater mit der Zeit lernen würde, sie zu mögen. Endlich hatte sie genau das Leben, das sie sich immer gewünscht hatte. Manchmal dachte sie, es wäre schön, wenn sie ihnen verständlich machen könnte, daß sie in Wirklichkeit Kitty war, doch sie wußte, daß das nicht ging. Nie wieder hörte sie ihre Eltern Kitty sagen. Statt dessen tauften sie sie *Feather*, weil ihr Fell so lang und fein war, daß sie zu schweben schien, wenn sie sich bewegte. Sie brauchte sich nicht mehr um die Schule zu sorgen, mußte nie zum Zahnarzt und fragte sich nicht länger, ob ihre Mutter ihr die Wahrheit sagte oder nicht, denn sie kannte die Wahrheit. Sie war Kitty, und sie war glücklich.

Der Ehemann

Abdallah bewohnte mit seiner Frau ein Zweizimmerhaus an einem Berghang, mehrere Meilen von der Stadtmitte entfernt. Sie hatten zwei Kinder. Das Mädchen ging zur Schule, und der Junge wohnte im Haus eines Engländers, dessen Garten er pflegte.

Vor langer Zeit schon hatte die Frau den äußeren Rahmen ihrer Existenz abgesteckt, indem sie sich als Dienstmädchen in den Häusern der Ungläubigen verdingte. Sie war stark und fröhlich, und die Ungläubigen mochten sie. Sie empfahlen sie an ihre Freunde weiter, so daß sie nie ohne Arbeit war und jeden Tag in mehreren Häusern Dienst tat. Da sie ihren gesamten Verdienst Abdallah aushändigte, gab es für ihn keinen Grund zu arbeiten. Manchmal vermutete er, daß die Ungläubigen ihr mehr bezahlten, als sie behauptete, aber er sagte nichts.

Die Frau war überaus geschickt, wenn es darum ging, Dinge aus den Häusern der Ungläubigen zu entwenden, ohne daß diese es merkten. Früher hatte sie ihrem Mann diese Beutestücke zusammen mit dem Geld ausgehändigt; was sie in der *joteya* einbrachten, war ein willkommener Zusatzverdienst. Da sie aber schon so lange bei den Ungläubigen arbeitete, hatte sie Gefallen an deren Lebensstil gefunden. Sie fing an zu protestieren, wenn Abdallah versuchte, ein Badetuch, ein Bettlaken oder eine ausgefallene Schüssel wegzubringen, denn sie wollte diese Dinge in ihrem Haus behalten. Als er ihr einen kleinen Reisewecker wegnahm, den sie besonders liebte, redete sie nicht mehr mit ihm und ging ihm aus dem Weg. Er war wütend und gekränkt und begann, in dem anderen Zimmer zu schlafen, nachdem er die Tochter ins Bett ihrer Mutter geschickt hatte.

Der stille Krieg zwischen ihnen dauerte noch nicht lange, als Abdallah großes Interesse für Zohra entwickelte, eine junge Frau, die weiter oben in ihrer Straße wohnte und erst kürzlich von ihrem Ehemann verlassen worden war. Da sie Geld brauchte, war sie überaus empfänglich für Abdallahs Annäherungsversuche, und bald aß und schlief er in ihrem Haus, ohne sich darum zu kümmern, welch gemeinen Klatsch sein Verhalten in der Nachbarschaft provozierte.

Zohra brauchte nicht lange, bis sie dahinterkam, daß Abdallah nichts bezahlen konnte. Da er sein Haus verlassen hatte, konnte er kaum am Ende des Monats zu seiner Frau gehen und sie um Geld bitten. Als sie sah, wie die Dinge standen, dachte Zohra nur noch daran, ihn loszuwerden, und sie tat alles, um ihm das Leben unerträglich zu machen.

Eines frühen Nachmittags stattete er seinem Haus einen Besuch ab, denn er wußte, daß seine Frau zur Arbeit war. Es war ein Freitag; seine Tochter ging an diesem Tag nicht zur Schule. Sie stand im Patio und wusch die Wäsche. Er grüßte sie, doch sie sah kaum zu ihm hin. Ihre Mutter hat ihr Lügen über mich in den Kopf gesetzt, dachte er. Schließlich ging er ins Haus und rief den Namen seiner Frau. Im selben Augenblick fiel sein Blick auf eine durchsichtige Plastiktüte, die in einer Nische in der Wand steckte. Er trat näher und bemerkte etwas Glänzendes in der Tüte. Ohne weiter hinzusehen, ließ er sie unter seiner Dschellaba verschwinden, rief noch einmal den Namen seiner Frau und kehrte in den Patio zurück.

»Sag deiner Mutter, daß ich hier war«, befahl er dem Mädchen. Sie antwortete nicht, und er setzte hinzu: »Hör nicht auf die Nachbarn.«

Sie starrte ihn einen Augenblick vorwurfsvoll an und beugte sich dann wieder über ihre Wäsche.

Er kletterte den Abhang hinauf und setzte sich in den Wald, um in Ruhe den Inhalt der Tüte zu untersuchen. Es waren zwölf Löffel, einer genau wie der andere. Nachdem er sie eine Weile bewundert hatte, packte er sie ein und machte sich auf den Weg in die Stadt, um sie einem Freund zu zeigen, der sich mit solchen Dingen auskannte.

Der Mann versicherte, daß die Suppenlöffel aus reinem Silber seien, und bot ihm siebzigtausend Francs dafür. Abdallah erbat sich Bedenkzeit und sagte, er würde wiederkommen. Von Emsallah begab er sich auf direktem Weg zur *joteya* und übergab das Silber einem *dillal*, der damit einen Rundgang über den Markt machte. Schließlich erreichten die Angebote einhunderttausend Francs, und die Löffel wurden verkauft.

In der Nacht lag er wach und voll angekleidet bei Zohra und umklammerte seine Banknoten. Am frühen Morgen kaufte er zehn Ziegen, allesamt schwarz. Dann mietete er eine Hütte mit einem Schuppen daneben, wo er sie nachts einsperren konnte. Er achtete darauf, ein Stadtviertel zu wählen, das weit entfernt von seinem eigenen lag und das man über eine andere Straße erreichte, denn er glaubte, dadurch die Gefahr einer unerwarteten Begegnung mit Zohra oder seiner Frau zu mindern.

Er fand sein neues Leben angenehm ruhig. Jeden Morgen bei Tagesanbruch ging er mit den Ziegen hinaus, trieb sie über einen Feldweg nach Boubana und dann durch das Tal in Richtung Rehreh. Hier setzte er sich in den Schatten eines zerfallenen Bauernhauses und paßte auf seine Ziegen auf, die auf dem Hügel umherspazierten.

Manchmal nickte er ein und wachte erst nach einer Weile wieder auf. Das war gefährlich: Wenn die Ziegen auf ein Stück Ackerfläche vordrangen, konnte er Ärger mit dem Bauern bekommen. Noch entscheidender aber war ein vor kurzem erlassenes Gesetz. Es bestimmte, daß man in Zukunft nicht mehr die Autofahrer verantwortlich machen würde, wenn sie ein Stück Vieh überfuhren, das auf der Straße herumlief. Schlimmer noch: Der Besitzer der Herde mußte nun eine empfindliche Strafe für jedes überfahrene Tier bezahlen. Die Menschen auf dem Land waren nicht in der Lage, die Gründe für ein scheinbar so perverses Gesetz zu begreifen, aber sie verstanden, daß es klüger war, ihre Tiere von den Straßen fernzuhalten.

Wenn es sehr heiß war, machte sich Abdallah oft nicht die Mühe, seine Ziegen ins Tal zu treiben, sondern setzte sich auf einem Feld unweit der Straße nach Rmilat unter eine Pinie. Hier war er gezwungen, wach zu bleiben und ein Auge auf die Tiere zu haben, denn es passierte leicht, daß sich das eine oder andere auf die Straße verirrte. Eines schwülen Nachmittags jedoch übermannte ihn ein starkes Bedürfnis, die Augen zu schließen, und obgleich er dagegen ankämpfte, fiel er in tiefen Schlaf.

Er wachte auf, als Bremsen quietschten, schaute hinunter auf die Straße und sah, was geschehen war. Zwei seiner Ziegen waren vor einen Lastwagen gelaufen und lagen tot auf dem Asphalt.

Er sprang auf, trieb die Herde von der Straße weg und

eilte zurück, um die toten Tiere in den Graben zu schleifen. Wenn jetzt ein Polizist vorbeikäme, sähe er sofort, daß sie zu seiner Herde gehört hatten, und würde ihn verhaften.

Ein Junge, in dem er den Sohn des Mannes wiedererkannte, der die Hütte neben ihm bewohnte, kam die Straße entlang und schob eine leere Schubkarre vor sich her. Er rief ihn an und zeigte auf die toten Ziegen im Straßengraben.

»Schaff sie für mich weg, hörst du? Mir ist es egal, wo du sie hinbringst, aber meide die Straße. Wenn du mit der leeren Schubkarre wieder hier bist, bekommst du dein Geld.«

Er erklärte dem Jungen nicht, warum er so viel Interesse daran hatte, die Kadaver zu beseitigen, statt sie einfach im Graben liegenzulassen für die Hunde. Wenn der Junge um die Bedeutung seiner Aufgabe wüßte, wäre er mit dem geringen Betrag, den Abdallah ihm zu geben beabsichtigte, nicht zufrieden.

Der Junge zerrte die beiden Ziegen auf seine Schubkarre und bog in einen Pfad ein, der durch das Gestrüpp zum Fluß führte. Es war Sonntag; viele Frauen wuschen an den Ufern des Flusses ihre Wäsche. Die Büsche waren Zelte aus zum Trocknen aufgehängten Laken. Er schob den Karren weiter, bis er auf der Brücke über der Schleuse angelangt war. Auf der einen Seite war das Wasser tief und dunkel; auf der anderen rieselte nur ein kleines Bächlein über den Grund eines vielfach gewundenen Grabens. Er beschloß, die Ziegen in das tiefe Wasser zu werfen, und krempelte die Ärmel auf.

Im selben Augenblick schrie eine Frau, die am Ufer neben dem Brückenpfeiler stand, zu ihm hinauf. Es sei ihr Land, auf dem er stehe, rief sie, und er solle seine Kadaver woanders hinbringen. Er ließ sie schreien und sah eine Zeitlang zu, wie sie mit den Armen ruderte. Er sagte nichts. Als er bemerkte, daß sich eine Menschenmenge versammelte, spuckte er verächtlich aus, kippte die Schubkarre nach vorn und ließ die Tiere ins Wasser platschen. Die Stimme der Frau erhob sich zu einem Geschrei, als sie ankündigte, sie würde zur Polizei gehen.

»Ich kenne dich!« kreischte sie. »Ich weiß, wo dein Vater wohnt. Du wirst im Gefängnis landen!«

Der Junge würdigte sie keines Blickes, als er die Schubkarre vor sich herschob. Um dorthin zu gelangen, wo Abdallah auf ihn wartete, benutzte er die Straße.

Abdallah sah ihn kommen, ging ihm entgegen, warf einen Blick in die leere Schubkarre und bezahlte ihn in der Annahme, die Ziegen seien irgendwo im Unterholz und Gestrüpp der Flußbiegung versteckt.

Kaum eine Stunde später war die Frau auf der *comisaría*, gestikulierte wild und zeigte den Jungen an. Die Polizeibeamten hörten aufmerksam zu, in der sicheren Gewißheit, Strafgelder kassieren zu können.

Nachdem sie die Ziegen aus dem Wasser gefischt und ins Hinterzimmer der Polizeistation gebracht hatten, führte die Frau sie zum Vater des Jungen.

Der Junge war entrüstet. »Ein tiefes Gewässer ist der beste Platz, sie loszuwerden«, protestierte er. »Der Mann hat mich dafür bezahlt, daß ich sie wegschaffe. Fragt ihn.«

Auf dem angrenzenden Stück Land fanden sie Abdallah niedergeschlagen vor seinen acht übriggebliebenen Ziegen sitzen. »Komm mit«, sagten die Polizisten. »Wir müssen dir etwas zeigen.« Und sie brachten ihn zur *comisaría*, wo sie ihm die beiden nassen Kadaver vorführten und eine sofortige Zahlung von vierzigtausend Francs forderten.

Abdallah war entsetzt. »Ich habe nicht mal zehntausend«, sagte er.

»Das macht nichts«, antworteten sie. »Dann nehmen wir dir vier Ziegen weg.«

Abdallah stieß einen Schrei aus. »Wie können zwei Ziegen den Wert von vier haben?« rief er immer wieder. Sie lachten und setzten ihn vor die Tür, doch die Szene hatte solchen Aufruhr verursacht, daß sich vor dem Eingang eine Menschenmenge versammelte, die versuchte, durch die Eingangstür zu spähen. Zohra, die auf der gegenüberliegenden Straßenseite auf einen Bus wartete, erfuhr die Geschichte von anderen, die in der Nähe standen.

Aha, er hat also Ziegen, dachte sie, und als sie mit dem Bus den Hügel hinauffuhr, kam ihr ganzer Groll gegen Abdallah wieder hoch. Er konnte nicht einmal ein Brot bezahlen, aber Ziegen hatte er.

Sie fing an, in der Nachbarschaft zu verbreiten, daß Abdallah Tanger nicht verlassen habe, wie jedermann glaubte, sondern mit einer Herde Ziegen unterhalb von Vasco da Gama lebe. Sie war sicher, daß es Abdallahs Frau zu Ohren kommen würde, und so geschah es auch.

Abdallahs Frau hatte sich nicht die Mühe gemacht, Anzeige gegen ihn zu erstatten, nachdem er sie und die Kinder verlassen hatte, denn sie wußte, daß es nichts zu holen gab. Jetzt aber beschloß sie, Unterhalt zu beantragen. Wenn Abdallah Ziegen besaß, dann nur wegen ihrer Löffel, davon war sie überzeugt. Man durfte nicht zulassen, daß er sie behielt.

Am folgenden Tag ging sie nicht zur Arbeit bei den Ungläubigen, sondern zur Polizei und erklärte, daß ihr Ehemann sie verlassen habe. Nach langem Warten ließ man sie in ein Büro vor. Während er ein Formular ausfüllte, fragte der Beamte, wo Abdallah arbeite.

»Er arbeitet nicht. Er hat kein Geld.«

Der Mann hob die Arme. »Was sollen wir also deiner Meinung nach tun? Wenn er kein Geld hat, warum bist du dann hergekommen?«

»Er hat Ziegen«, sagte sie.

Einige Wochen später erhielt sie ein Schreiben von den Behörden, in dem sie aufgefordert wurde, sich bei der *comisaría* ihres Bezirks zu melden. Dort wurde ihr ein Polizist zugewiesen, und gemeinsam machten sie sich auf den Weg zu der Hütte, wo Abdallah wohnte.

Seit die Polizei ihm die Hälfte seiner Herde weggenommen hatte, machte Abdallah sich nicht mehr die Mühe, die vier restlichen Ziegen auf die Weide zu treiben, wo sie grasen konnten. Er saß nur noch auf der Schwelle seiner Hütte und sah zu, wie die halbverhungerten Tiere in dem kleinen eingezäunten Hof umherwanderten. Hin und wieder brachte er ihnen einen Arm voll Unkraut.

Der Polizist wies die Frau an, auf der Straße zu warten, während er hineinging und die Ziegen holte. Sie spähte durch die Tür und sah die vier knochigen und ausgemergelten Tiere. Der Polizist sprach eine Zeitlang und kam dann durch das Tor. Die Ziegen trieb er vor sich her.

Als er das Tor schloß, warf sie noch einen Blick hinein und sah Abdallah auf der Schwelle seiner Hütte sitzen, das Gesicht in den Händen vergraben. Wenn er nur in diesem Augenblick aufgesehen hätte, dann hätte sie ihm etwas zugerufen, ihm gesagt, daß alles in Ordnung sei und er zu ihr zurückkommen könne. Aber er regte sich nicht. Das Tor schloß sich, versperrte ihr die Sicht, und sie war auf der Straße und ging neben dem Polizisten und den Ziegen her.

Einen Moment bedauerte sie, nicht mit ihm gesprochen zu haben; er hatte so einsam und hoffnungslos ausgesehen. Dann fiel ihr der Schal ein: Drei Tage zuvor war es ihr nach monatelanger Vorbereitung gelungen, sich einen großen, weichen Kaschmirschal zu verschaffen, und sie hatte vor, ihn zu behalten. Sie dachte, daß es doch besser gewesen sei, nichts zu sagen.

In dieser Welt kann man nun mal nicht alles haben, sagte sie sich.

Krungthep Plaza

Es war der Tag, an dem der Präsident der Vereinigten Staaten mit seiner Frau zu einem Besuch des Königs und der Königin erwartet wurde. Während des ganzen vorangegangenen Nachmittags waren Trupps von Männern den Boulevard auf und ab gerannt und hatten schwere Eisengestelle mitgeschleift, die als Barrikaden entlang der Gehwege aufgestellt werden sollten. Mang Huat setzte sich verschwitzt und nervös im Bett auf; er hatte in dieser Nacht kaum geschlafen. Seit man ihn davon unterrichtet hatte, daß der Konvoi vor dem Hotel vorbeikommen würde, hatte er diesem Tag mit wachsendem Schrecken entgegengesehen. Der kleinste Zwischenfall konnte seine Karriere gefährden. Es bedurfte nur eines Verrückten mit einer Handgranate.

Widerwillig zog er die Vorhänge neben seinem Bett beiseite und spähte hinaus in das Licht des unheilverkündenden Tages. Später, nachdem er geduscht hatte, kehrte er ans Fenster zurück und blieb dort lange Zeit stehen. Am Himmel über der Stadt kreisten ununterbrochen Hubschrauber; noch hatte keiner die Türme der höchsten *chedis* gestreift, die sich über den Tempeln erhoben, doch die Menschen in den Straßen sahen jedesmal neugierig auf, wenn ein Helikopter sich laut brummend den Turmspitzen näherte. Zuweilen, wenn ein Streifenwagen durch das Viertel kam, wurde der gesamte Verkehr angehalten, und es breitete sich eine ungewöhnliche, beunruhigende Stille aus, in der er nur das Summen der Insekten in den Bäumen vernahm. Dann folgten andere Lebenszeichen von weiter weg: das Schreien von Kindern und das Bellen von Hunden, doch auch sie beunruhigten ihn, diese nackten Geräusche anstelle des unablässigen Dröhnens der Motoren.

Niemand schien zu wissen, wann die königliche Eskorte vorbeikommen würde. Das Radio hatte sie für zehn Uhr angekündigt, Gerüchte unten in der Lobby jedoch, die angeblich direkt aus dem Hauptquartier der Polizei stammten, setzten den Starttermin auf die Mittagszeit an. Mang Huat beschloß, auf sein Frühstück zu verzichten und überhaupt so lange nichts zu sich zu nehmen, bis die Gefahr vorüber und er von der Spannung befreit war.

Er saß hinter seinem Schreibtisch, tippte mit dem Fingernagel gegen die Spitze eines Eckzahns und betrachtete nachdenklich Miss Pakun an ihrer Schreibmaschine. Die magentafarbenen Seidenvorhänge vor den Fenstern des Büros bauschten sich sacht im Windzug eines kreisenden Ventilators. Sie erzeugten in dem Raum das Halbdunkel eines Boudoirs, in dem Bewegungen oder Haltungen eine eigenartige, ambivalente Bedeutung annehmen konnten. Heute steigerte diese Erscheinung, statt ihn zu stimulieren, nur das Mißtrauen, das er seiner Sekretärin gegenüber verspürte. Sie war außergewöhnlich attraktiv und tüchtig, doch er mußte sich sagen, daß es darum nicht ging. Er hatte sie, wie er meinte, in gutem Glauben eingestellt, war davon ausgegangen, daß die Auskünfte, die sie ihrer Bewerbung beigefügt hatte, der Wahrheit entsprachen. Er hatte sie unter mehreren anderen, ebenso qualifizierten Kandidatinnen ausgewählt, weil sie den Stempel einer gutbürgerlichen Erziehung trug.

Seine zwiespältigen Gefühle Miss Pakun gegenüber datierten aus der vergangenen Woche, als sein Kassierer, Udom mit Namen, ihm erzählte, daß er sie auf einer Straße des unhygienischen und verrufenen Thonburi-Viertels auf der anderen Seite des Flusses gesehen hatte. Udom kannte die Gegend gut: nichts als Elendshütten, Haufen von Abfall, Opiumhäuser und Bordelle. Wenn sie dort drüben lebte, warum hatte sie dann die Adresse in Sukhumvit angegeben? Und wenn nicht, welchen legitimen Grund konnte sie haben, diesen üblen Teil der Stadt aufzusuchen? Er hatte sich sogar gefragt, ob sie wirklich Pakun hieß.

Mang Huat war stolz auf seine Dreizimmersuite im Krungthep Plaza. Mit zweiunddreißig war er Manager des Hotels, und das erfüllte ihn mit Genugtuung. Durch ein kleines Fenster in der Wand seines Salons konnte er, wenn er wollte, in die Lobby hinunterschauen und fast jeden Winkel überblicken. Er gebrauchte es nie. Es genügte, daß die Angestellten von dieser Möglichkeit wußten.

Von seinem Platz aus hörte er das Plätschern des Springbrunnens im Nebenzimmer. Es war das Geschenk eines Freundes, der vor kurzem nach Hongkong übersiedelt war, und Mang Huat hatte eine beträchtliche Summe Geldes aufgebracht, um ihn installieren zu lassen. Miss Pakun hustete, wahrscheinlich wollte sie ihn daran erinnern, daß er rauchte. Sie hustete immer, wenn er rauchte. In der ersten Zeit, als sie bei ihm arbeitete, hatte er die Zigarette gelegentlich ausgedrückt. Heute kümmerte ihn der Zustand ihres Halses wenig. Und es war ihm auch egal, dachte er, ob sie im eleganten Sukhumvit oder in den Slums von Thonburi wohnte. Er hatte nicht mehr die Absicht, ein Verhältnis mit ihr anzufangen.

Am späten Vormittag klopfte Udom an seine Tür. Er

war ein Freund aus der Studentenzeit, der Pech gehabt und im Hotel um Arbeit nachgesucht hatte. Mang Huat, überzeugt, daß es unrealistisch sei, bei einem Menschen mehr als eine einzige herausragende Fähigkeit zu erwarten, hatte ihm den Posten des Kassierers übertragen, denn Udom war zwar unzuverlässig, aber ehrlich.

Seit der Partner seines Onkels ihm diese hohe Stellung verschafft hatte, empfand es Mang Huat als Glück, vor der Außenwelt geschützt zu sein. Heute wurde dieser köstliche Seelenfriede zum ersten Mal bedroht. Es war absurd, das wußte er; die Wahrscheinlichkeit eines Zwischenfalls war gering, doch jede Situation, die außerhalb seiner Machtsphäre lag, flößte ihm eine merkwürdige Angst ein.

Udom kam zum Schreibtisch und murmelte düster, daß unten amerikanische Sicherheitsbeamte seien und den Hauptschlüssel für die Zimmer verlangten. »Ich habe ihnen gesagt, daß ich mit dir sprechen müßte«, fuhr er fort. »Es besteht keinerlei Verpflichtung, verstehst du. Nur die Schlüssel zu bestimmten Räumen, falls sie danach fragen.«

»Das weiß ich«, antwortete Mang Huat. »Gib ihnen den Hauptschlüssel.«

»Die Gäste werden sich beschweren.«

Mang Huat warf ärgerlich den Kopf zurück. »Was macht das schon? Gib ihnen die Schlüssel, die sie haben wollen. Aber paß auf, daß sie dir alle wiedergeben.«

Es empörte ihn, daß jemand zögern konnte, diesen zusätzlichen Schutz anzunehmen, aber Udom schaffte es immer, die Dinge zu komplizieren oder absurde Gegenpositionen einzunehmen. Mang Huat hatte den Verdacht, daß er nicht ganz aus der marxistischen Phase seiner Jugend herausgewachsen war, und manchmal fragte er sich, ob es klug gewesen war, ihn einzustellen.

Der nagende Hunger verstärkte seine Nervosität. Es war fünf vor halb zwei. Miss Pakun war noch nicht vom Lunch zurück. Plötzlich fiel ihm auf, daß ein neues Geräusch die Atmosphäre draußen erfüllte und schon seit einiger Zeit zu hören war. Er trat ans Fenster. Die großen Staatslimousinen glitten vorbei, mit erstaunlicher Geschwindigkeit. Sein Blick erhaschte die beiden weißen Bentleys des Palastes, umringt von ihrer Motorradeskorte. Er hielt den Atem an, bis sie vorüber waren. Und selbst dann lauschte er noch eine Minute, bevor er zum Telefon griff und seinen Lunch bestellte.

Am späten Nachmittag rief der Empfangschef in seinem Büro an, um ihm mitzuteilen, daß ein Gast ihn sprechen wolle. Mit einem Mal war die Bedrohung wieder da. »Ich kann niemanden empfangen«, sagte er und legte auf.

Fünf Minuten später war Udom am Telefon. »Ich hatte so etwas befürchtet«, sagte er. »Ein Engländer beschwert sich, weil die Polizei sein Zimmer durchsucht hat.«

»Sag ihm, ich sei nicht in meinem Büro«, sagte Mang Huat. Und zu Miss Pakun: »Stellen Sie keine Gespräche durch. Haben Sie verstanden?«

Urplötzlich war die Dämmerung hereingebrochen, verursacht durch eine große schwarze Wolke, die den Himmel verdunkelte. Er dachte kurz daran, daß er Miss Pakun schon jetzt nach Hause schicken könnte, ehe es anfing zu regnen. Er stand am Fenster und starrte hinaus. Die Stadt funkelte im Schein von Millionen zusätzlichen Lichtern; sie hingen in den Zweigen der Bäume am anderen Ufer des Kanals und bildeten phantastische Muster. Über der Brückenauffahrt hatte man einen Triumphbogen errichtet, der ein zehn Meter hohes Porträt des amerikanischen Präsidenten trug, mit einem passenden Willkommensgruß in

Englisch und Thai darunter. Dieser Bogen schwamm nun im roten und blauen Licht zahlloser Scheinwerfer.

Im Vorzimmer läutete es. Miss Pakun öffnete, und ein Page in violetter Uniform trat mit einer Nachricht auf einem Tablett ins Büro. Er hat Pocken gehabt, dachte Mang Huat. Wer kann ihn eingestellt haben? Er kritzelte eine Notiz auf den Schreibblock, den Jungen am nächsten Morgen zu entlassen, und nahm die Nachricht entgegen. Udom hatte geschrieben: *Der Mann ist in der Bar und fordert die Gäste auf, eine Petition zu unterzeichnen. Ich glaube, Du solltest ihn empfangen.*

Mang Huat überflog den Zettel ungläubig ein zweites Mal. Dann schlug er kräftig mit der Faust auf den Tisch, und Miss Pakun sah auf. Da er verärgert war, ermahnte er sich, vor allem Haltung zu bewahren. Bei solchen Querulanten war es entscheidend, Härte zu zeigen und sich nicht in eine Diskussion, geschweige denn einen Streit hineinziehen zu lassen.

Es läutete. »Sagen Sie ihm, daß ich in fünf Minuten Zeit für ihn habe«, sagte er Miss Pakun.

Es kam nicht mehr in Frage, sie nach Hause zu schikken, ehe der Sturm losbrach. Sie würde ganz einfach ihre Schuhe ausziehen, wie alle anderen in dem verwahrlosten Viertel, in dem sie zweifellos lebte, und barfuß durch Pfützen und Rinnsale zum Ende der Gasse waten müssen, wo das Taxi nicht hinkam. Kurz darauf trat sie herein, setzte sich, fuhr sich übers Haar und strich den Rock glatt. In diesem Augenblick mußte unten ein Streifenwagen vorbeigekommen sein, denn es war plötzlich verdächtig still draußen. Während Miss Pakun sorgfältig ihr Make-up erneuerte, saß er in der Stille und hörte einen Gecko unter der Klimaanlage rufen; die zaghaften Laute durchdrangen das leise Surren des Motors. Und die Insekten in den Bäumen summten noch immer. Es tat ihm leid, eine Zeit festgesetzt zu haben. Die fünf Minuten Stille kamen ihm vor wie zwanzig. Als die Zeit um war, erhob sich Miss Pakun, strahlend, und wandte sich zum Gehen. Mang Huat hielt sie auf.

»Nicht tippen, bitte, solange der Mann hier ist«, sagte er scharf. »Nur Steno. Sie machen das schon.« (Ihr Gesichtsausdruck hatte sich verändert.) »Das ist ein Agitator«, betonte er. »Wir müssen ein Protokoll haben von allem, was er sagt.«

Miss Pakun wurde immer ängstlich und verwies auf ihre mangelhaften Englischkenntnisse, wenn er sie bat, eine Unterhaltung in dieser Sprache mitzuschreiben. Das Resultat konnte sich im allgemeinen jedoch sehen lassen. Mang Huats Gesicht verdüsterte sich. »Schreiben Sie jedes Wort mit. Vielleicht bedroht er mich.«

Ein Besucher trat ein, gefolgt von Miss Pakun. Er war jung und sah aus wie ein Student. Mit knappem Lächeln nahm er in einem Sessel gegenüber von Mang Huat Platz und sagte: »Vielen Dank, daß Sie mich empfangen.«

Mang Huat interpretierte die Bemerkung als Sarkasmus. »Sie wollen sich beschweren?«

»Sehen Sie«, begann der junge Mann, »ich versuche gerade, mein Touristenvisum verlängert zu bekommen, ohne das Land verlassen zu müssen.«

Mang Huat schlug heftig mit der flachen Hand auf den Tisch. »Irgend jemand hat einen Fehler gemacht. Sie wollen zur Einwanderungsbehörde. Meine Sekretärin wird Ihnen die Adresse geben.«

Der junge Mann erhob die Stimme. »Ich wollte Ihnen den Grund meiner Beschwerde erklären. Aber ich werde mich kurz fassen. Es ist ein Affront Ihren Gästen gegenüber, den Amerikanern Zutritt zu den Zimmern zu gestatten.«

»Ah! Da sollten Sie sich besser bei der thailändischen Polizei beschweren«, schlug Mang Huat vor, während er aufstand, um anzudeuten, daß das Gespräch beendet war. »Meine Sekretärin kann Ihnen auch diese Adresse geben.«

Einen Augenblick starrte ihn der junge Engländer voller Abscheu an. »Sie sind der perfekte Manager für diesen elenden Laden«, murmelte er. Als er bemerkte, daß Miss Pakun aufgestanden war und ihm die Tür aufhielt, erhob er sich, schritt hinaus und tat sein Bestes, um die Tür des Vorzimmers heftig zuzuschlagen. Diese aber, gewappnet gegen solch rauhe Behandlung, gab nur ihr übliches gedämpftes Zischen von sich. In diesem Augenblick entlockte das Geräusch, das für ihn den Inbegriff des Luxus darstellte, Mang Huat einen Seufzer reinen, sinnlichen Wohlgefühls.

»Das wäre alles«, sagte er, an Miss Pakun gewandt. Sie griff nach ihrer Handtasche, schenkte ihm für den Bruchteil einer Sekunde ihr verführerischstes Lächeln und zog die Tür hinter sich zu.

Jetzt war es Nacht, und der Regen fiel in Strömen. Miss Pakun wird ziemlich naß werden, dachte er, wobei ein Hauch von Mitleid seine tiefe Befriedigung würzte. Er ging ins Nebenzimmer und legte sich ein paar Minuten auf den Diwan, um fernzusehen. Dann stand er auf. Es war Zeit für seinen allabendlichen Ausflug in die Küche, wo er nach Inspektion der Speisen sein Dinner bestellen würde. Er zündete eine Zigarette an und fuhr mit dem Aufzug in die Halle.

Vor der Rezeption runzelte er mißbilligend die Stirn beim Anblick einiger Flecken auf dem Teppich, die von nassen Gepäckstücken stammten. Im gleichen Augenblick warf er einen Blick auf die überfüllte Lobby und sah zufällig Miss Pakun in Begleitung des jungen Engländers aus der Bar kommen. Die beiden gingen geradewegs auf die Straße hinaus. Als Mang Huat, der seinen Schritt nicht beschleunigte, endlich die Tür erreicht hatte, stiegen sie gerade in ein Taxi. Er trat hinaus, blieb unter der Markise stehen und sah zu, wie das Taxi im Regen verschwand.

Auf dem Weg zur Küche blieb er am Pult des Kassierers stehen und erzählte Udom, was er soeben gesehen hatte. Außerdem wies er ihn an, Miss Pakun am nächsten Morgen auszuzahlen und ihr keinesfalls den Zutritt zu seinem Büro zu gestatten.

»Eine Prostituierte«, sagte er verbittert und entrüstet. »Eine gewöhnliche Prostituierte, getarnt als intelligentes, wohlerzogenes Mädchen.«

Das leere Amulett

Habibas Vater, der Portier im größten Hotel der Stadt war, ermöglichte seiner Familie ein angenehmes Leben, doch er war außergewöhnlich streng. Einige von Habibas gleichaltrigen Freundinnen hatten die Schule besucht und sogar ihre Prüfungen bestanden, so daß sie Sekretärinnen, Buchhalterinnen und Zahnarzthelferinnen werden konnten. Ihr Vater jedoch fand all das höchst unmoralisch und wollte nicht, daß Habiba die Schule besuchte. Statt dessen lernte sie an modernen deutschen Maschinen, die ihr Vater ihr gekauft hatte, sticken und stricken.

Als Moumen, ein junger Mann aus der Nachbarschaft, zu ihm kam und um Habibas Hand anhielt, willigte der Vater ein, denn er wußte, daß der junge Mann Assistenzarzt am nahe gelegenen Hospital war und also eine sichere Stellung hatte. Habiba wurde nicht gefragt. Sie war froh, dem elterlichen Haus und dem ewigen Sticken zu entkommen.

Da Moumen ein junger Mann mit modernen Ansichten war, sperrte er seine Frau nicht im Haus ein, wenn er zur Arbeit ging. Im Gegenteil: Er drängte sie, die jungen verheirateten Frauen der Nachbarschaft kennenzulernen. Bald gehörte sie einer Gruppe an, deren Mitglieder sich jeden Tag trafen, reihum bei jeder der Frauen.

Habiba brauchte nicht lange, um herauszufinden, daß sich die Gespräche dieser Frauen hauptsächlich um ihren

Gesundheitszustand drehten. Jede von ihnen behauptete, sie leide unter irgendwelchen Krankheiten oder Beschwerden. Dies beschämte Habiba; da sie sich stets einer vortrefflichen Gesundheit erfreut hatte, konnte sie nur dasitzen und zuhören, wenn das Thema zur Sprache kam.

Eine Tages wachte sie mit Kopfschmerzen auf. Als an diesem Vormittag ihre Freundinnen erschienen, um sie zu besuchen, klagte sie über die Schmerzen. Mit einem Schlag rückte sie in den Mittelpunkt der Aufmerksamkeit. Am nächsten Tag, als sie sich nach ihrem Befinden erkundigten, erzählte sie ihnen, daß sie noch immer Schmerzen habe. Und in der Tat, wenn sie darüber nachdachte, kam es ihr vor, als spürte sie ein gelegentliches Pochen im Kopf. Jede Frau hatte ein anderes Heilmittel parat, doch alle stimmten darin überein, daß ein Besuch am Grabmal von Sidi Larbi am sichersten Linderung verspräche.

Es gab noch drei weitere Frauen in der Gruppe, die begierig waren, die Pilgerfahrt zu unternehmen. Folglich brachen Habiba und sie einige Tage später in einem großen Taxi zum Grab von Sidi Larbi auf. Sie hatten ein Picknick eingepackt. Habiba spülte es, auf den Rat der Frauen hin, mit einem Glas Wasser hinunter, das einen großen Klumpen schwarzer Erde aus der unmittelbaren Nähe des Mausoleums enthielt. Jede von ihnen packte einen Haufen dieses Drecks ein, um ihn zum weiteren Gebrauch mit nach Hause zu nehmen. Am Ende dieses Tages an der frischen Luft verspürte Habiba nicht den geringsten Anflug von Kopfschmerzen. »Trink die Erde fünf Abende hintereinander«, sagten sie.

Als sie nach Hause kam, versteckte sie das Päckchen mit der Erde, denn sie wußte, daß Moumen die marokkanische Medizin mißbilligte. Seine Einwände dagegen waren so heftig, daß sie vermutete, er habe Angst davor – so, wie sie Angst hatte, das Krankenhaus zu betreten, in dem er arbeitete. Die betäubenden Gerüche der Arzneien, die Behälter mit blutigen Bandagen, die schimmernden Injektionsnadeln, all das erfüllte sie mit Schrecken.

Selten verging eine Woche, ohne daß eine der jungen Frauen unter ihren Freundinnen eine Pilgerfahrt zum Grabmal von Sidi Hussein oder Sidi Larbi oder zu einer anderen nicht allzu weit entfernten heiligen Stätte unternahm. Moumen kam es vor, als sei Habiba ständig zu dem einen oder anderen Heiligen unterwegs; entweder hatte sie Rückenschmerzen oder Krämpfe oder einen steifen Nacken. Welches Leiden sie auch nannte, es gab immer einen Heiligen, der es kurieren konnte.

Eines Abends kam Moumen unerwartet in die Küche, als Habiba gerade etwas Erde in einem Glas Wasser verrührte.

»Habiba, das kannst du doch nicht machen!« rief er. »So etwas taten die Leute vor hundert Jahren!«

»Und vor zweihundert und vor fünfhundert«, gab sie zurück, den Blick auf das Glas geheftet.

»Du bist eine Barbarin! Mir wird übel bei deinem Anblick!«

Habiba ließ sich nicht beirren. Sie wußte, daß er die Pillen und Spritzen der Ungläubigen der *baraka* der Heiligen vorzog. Das hatte nichts mit ihr zu tun, sagte sie sich; sie würde sich nicht von ihm beeinflussen lassen.

»Ich habe Schmerzen in der Seite«, sagte sie. »Rahma hatte das gleiche, und die Erde von Sidi Yamani hat sie binnen vierundzwanzig Stunden geheilt.«

»Wenn du morgen früh ins Krankenhaus kommst, gebe

ich dir ein paar Pillen«, sagte er, in der Absicht, ihr dort gezuckerte Pastillen zu geben, die keinerlei Wirkstoff enthielten, da er wußte, daß sie vollkommen gesund war.

»Das ist meine Medizin«, sagte sie und schwenkte das Glas, um die Erde aufzulösen.

Es kostete ihn große Anstrengung, es ihr nicht aus der Hand zu schlagen. Er schüttelte den Kopf. »Ein hübsches Mädchen wie du, und schluckt einen solchen Dreck!«

Habiba lehnte sich an die Spüle und leerte in aller Ruhe das Glas.

An dem Tag, als Moumen erfuhr, daß Habiba ein Kind erwartete, saß er lange in einem Café und versuchte eine Möglichkeit zu finden, sie von weiteren Pilgerfahrten abzuhalten. Irgendwann sah er auf und bemerkte auf dem Nebentisch ein Päckchen Zigarettenpapier, das jemand vergessen hatte. Er griff danach. Gedankenverloren zog er zwei Blättchen Reispapier heraus und zerknüllte sie zwischen den Fingern. Als er die winzigen Papierkugeln sah, kam ihm eine Idee.

Er bezahlte den *qahouaji*, steckte das Päckchen mit dem Zigarettenpapier ein und machte sich auf den Weg in die Medina, um einen Freund aufzusuchen, der als Goldschmied arbeitete. Er beauftragte ihn, eine kleine goldene Brosche anzufertigen, gerade groß genug, um einer *baraka* Platz zu bieten. Während sie noch über Größe und Preis des Schmuckstücks verhandelten, griff Moumen verstohlen in die Tasche und zog zwei Zigarettenpapierkügelchen heraus, die er zu einer kleinen Kugel zusammenrollte. Als sie sich einig waren, bat er den Goldschmied um etwas Seidenfaden und wickelte ein Stück davon um das Papierkügelchen.

»Hier ist die *baraka*«, sagte er zu dem Mann, der es in

einen Umschlag steckte, auf den Moumen seinen Namen schrieb. Er versprach, Halskette und Amulett am nächsten Nachmittag fertig zu haben.

Die kleine goldene Brosche an der schmalen Kette war ein hübscher Halsschmuck. Als er sie nach Hause brachte und Habiba um den Hals legte, sagte er: »Diese *baraka* stammt von einem *fqih*. Sie soll das Baby beschützen.«

Er war ein wenig beschämt, aber sehr erleichtert, als er sah, wieviel ihr das Geschenk bedeutete. In den folgenden Monaten, als man eigentlich erwarten mußte, daß sie sich nicht besonders wohl fühlte, war sie ausgeglichen und glücklich. Den Freundinnen sagte sie, ihr Mann wolle nicht, daß sie im Taxi über Feldwege holpere, denn es könnte dem Kind schaden, und sie nickten verständnisvoll mit dem Kopf. »Und außerdem«, sagte Habiba, »brauche ich es nicht mehr.«

»Hamdoul'lah«, sagten sie.

Das Kind wurde geboren: ein kräftiges kleines Geschöpf, das eine von Krankheiten freie Kindheit verlebte. Habiba selbst strotzte vor Gesundheit. Seit dem Tag, an dem sie angefangen hatte, die Brosche über dem Herzen zu tragen, hatte sie nie wieder über irgendwelche Symptome geklagt. Es war ein Besitz, den sie höher schätzte als alles andere. Die Zeit der Pilgerfahrten und des Erdetrinkens war längst vorbei; Moumen war sehr zufrieden mit sich, weil er eine so einfache Lösung für ein schwieriges Problem gefunden hatte.

Eines Nachmittags im Sommer, als Habiba von ihrer Siesta aufstand, nahm sie die Kette vom Tisch, um sie umzulegen, denn sie wollte nicht ohne sie sein. Aus irgendeinem Grund riß sie jedoch, und der Anhänger fiel zu Boden und rollte aus ihrem Blickfeld. Als Habiba im ganzen

Zimmer danach suchte, spürte sie plötzlich ein leichtes Knirschen unter dem Fuß und erkannte, daß sie auf das Amulett getreten war. Der Deckel war aufgesprungen und das Papierkügelchen herausgefallen. Sie sammelte die Teile des zerbrochenen Anhängers ein und auch die *baraka*, die sie enthalten hatte. Der Seidenfaden ging auf, und die Zigarettenpapierchen entfalteten sich.

Habiba strich beide glatt. Auf keinem der beiden Blättchen stand etwas geschrieben. Sie hielt sie gegen das Licht und erkannte die Wasserzeichen; nun begriff sie, worum es sich handelte. Lange saß sie reglos da, während das Gefühl von Verletztheit langsam in Wut auf Moumen umschlug, denn er hatte sie betrogen – und so lange Zeit. Als Moumen an diesem Abend nach Hause kam und ihr Gesicht sah, wußte er, daß die Stunde der Abrechnung gekommen war. Habiba schrie, weinte, war beleidigt und sagte, sie würde ihm nie wieder glauben, solange sie lebe.

Mehrere Tage lang sprach sie nicht mit Moumen; als sie es dann eines Morgens wieder tat, so nur, um ihm mitzuteilen, daß ihr schwindelig sei und sie Bauchschmerzen habe. Zu seinem Kummer sah er, daß sie zum ersten Mal wirklich krank war.

»Dank deiner Lügen war ich die ganze Zeit ohne *baraka*«, sagte sie bitter.

»Ja, aber du warst auch die ganze Zeit gesund«, erinnerte er sie.

»Und deshalb bin ich jetzt krank«, schrie sie. »Es ist deine Schuld!«

Moumen machte nicht den Versuch zu antworten; er hatte erkannt, wie nutzlos es war, zu erwarten, daß sie einem logischen Gedankengang folgte.

Noch vor Ablauf der Woche war Habiba mit zwei ihrer

Freundinnen auf dem Weg zu Sidi Larbi. Von da an hörte Moumen nur noch einen unaufhörlichen Strom von Klagen, der erst an dem Tag verebbte, an dem sie sich scheiden ließen.

Bouayad und das Geld

In etwa einem Monat sollte der Aid el Kebir stattfinden.

»Jedes Jahr kosten die Schafe mehr«, sagte Bouayad zu seinem Freund Chaouni. »Dieses Jahr werden sie teurer sein als je zuvor. Warum kaufen wir nicht zwanzig und teilen die Kosten? Wenn der Feiertag kommt, teilen wir den Gewinn.«

Chaouni hatte immer etwas auf der hohen Kante. Er willigte ein. Sie fuhren hinaus nach Sidi Yamani und kauften die Tiere zu einem guten Preis von einem Freund von Bouayad. Dann mieteten sie einen Lastwagen, um sie nach Tanger zu transportieren. Sie sperrten die Tiere in einen Stall neben Bouayads Haus und trieben sie jeden Tag gemeinsam auf die Weide. Die Schafe mußten vor dem Aid schön dick werden.

Eines Tages kamen einige Soldaten an der Wiese vorbei, wo Bouayad und Chaouni saßen und ihre Schafe hüteten. Der Colonel blieb stehen und sah die Tiere an. Dann kam er zu Bouayad und fragte, ob er sie verkaufen wolle.

»Vielleicht«, sagte Bouayad.

Der Preis, den der Colonel nannte, war genauso hoch wie der, den sie auf dem Markt hatten fordern wollen. Beide hielten es für eine gute Idee, sie alle auf einmal zu verkaufen und sich die Mühe zu sparen, sie jeden Tag auf die Weide zu treiben. Der Colonel sagte, sie sollten am nächsten Morgen zu seinem Büro in der *qachla* kommen, wo er ihnen das Geld geben würde. Da er überall bekannt war, zweifelten sie nicht an seinem Wort. Die Soldaten trieben die Schafe vor sich her, und Bouayad und Chaouni blieben allein auf der Wiese zurück.

Am nächsten Tag, als Bouayad zur *qachla* kam, erfuhr er, daß der Colonel nach Rabat gerufen worden war. Aufgrund dieser Nachricht beschloß Chaouni, am folgenden Tag selbst hinzugehen. Der Colonel war noch immer in Rabat. Sie wechselten sich ab mit ihren Gängen zur *qachla*.

So ging es mehrere Wochen. Schließlich hörten sie, daß der Colonel wieder in Tanger war. Als sie jetzt hingingen, war er nicht im Büro. Sie waren überzeugt, daß der Colonel nicht daran dachte, sie zu bezahlen.

Bouayad gehörte zu der Art von Männern, die sich nicht damit abfinden können, verloren zu haben. Er ging zu Chaouni und sagte: »Stehst du zu mir? Was auch passiert? Entweder wir bekommen das Geld, oder wir machen ihn fertig. Was meinst du?«

»Nein«, sagte Chaouni. »Ich habe Frau und Kinder, an die ich denken muß.«

»Dann verzichtest du auf all das Geld?«

»Es ist verloren. Es tut mir leid, daß ich je auf dich gehört habe.«

»Das heißt also, was immer ich bekomme, gehört mir«, sagte Bouayad.

»Ja, aber der Ärger gehört auch dir. Du kannst von Glück reden, wenn du am Leben bleibst.«

»Das liegt in Allahs Hand. Entweder ich bekomme das Geld, oder du siehst mich nie wieder.«

Er ging zum Amalat und versuchte den Sekretär des Gouverneurs zu sprechen. Die Wachen verwehrten ihm den Zutritt. Doch in diesem Augenblick lächelte Bouayad zum ersten Mal das Glück. Während er mit den Wachen vor der Tür des Büros stritt, kam ein Mann vorbei und blieb stehen, um zuzuhören. Dann sprach er Bouayad an. Sie gingen hinaus, und Bouayad erzählte ihm seine Geschichte. Der Mann sagte: »Ich kann dir helfen. Geh morgen früh zum Palast des Königs in Sidi Amar.«

Bouayad sah nicht, welche Beziehung der Mann zum Palast haben könnte, doch er traute ihm, denn er hatte ein ehrliches Gesicht. Am nächsten Morgen ging er hinauf nach Sidi Amar und trat durch das offene Tor. Im gleichen Augenblick wurde er von Soldaten umringt. Sie fragten ihn immer wieder, wie er dazu komme, den Palast zu betreten. Er versuchte ihnen von den Schafen zu erzählen und von der Verabredung, die er tags zuvor beim Amalat gemacht hatte, aber sie hörten nicht auf, ihn hin und her zu schubsen.

Zu diesem Zeitpunkt wuchs Bouayads Glück ins Unermeßliche. Der König verbringt kaum einen Tag im Jahr in Tanger, doch am Vortag war er aus Rabat gekommen. Er befand sich nicht in der Residenz, sondern sogar im Garten unweit des Tores und bemerkte den Tumult. Er befahl den Soldaten, Bouayad loszulassen, damit er näher treten und seinen Fall vorbringen könne.

Der König hörte zu, bis er mit seiner Geschichte zu Ende war. Dann befahl er Bouayad zu warten und ging in den Palast. Während Bouayad im Garten stand, kam ein Mann in der Uniform der königlichen Garde vorbei und lächelte. Er erkannte in ihm denjenigen, der ihm gesagt hatte, er solle sich zum Palast begeben. Später brachte ein Diener einen vom König unterschriebenen Brief und erklärte, er solle nach Tetuan fahren und ihn dort dem Beamten übergeben, dessen Name auf dem Umschlag stand.

Bouayad machte nicht einmal zu Hause halt, um etwas zu essen. Er eilte geradewegs zur Avenida de España, teilte sich mit drei anderen ein Taxi und fuhr nach Tetuan.

Wieder wollte man ihn nicht vorlassen. Und er vertraute niemandem genug, um seinen Brief zu zeigen. Er wartete mehrere Stunden und bestand hartnäckig darauf, daß er eine streng geheime Nachricht habe, die er nur dem Beamten persönlich übergeben könne. Schließlich ließen sie ihn hinein.

Der Beamte nahm den Brief und las ihn. Dann trat er einen Moment ins Nebenzimmer und kehrte mit der gesamten Summe in bar zurück. Bouayad bedankte sich.

In Hochstimmung fuhr er nach Tanger zurück. Nach seiner Familie erzählte er es als erstes Chaouni.

»Ich bin wieder da«, sagte er, »das heißt, daß ich das Geld bekommen habe.«

»Das ganze Geld?« Chaouni konnte es kaum glauben.

»Genau.«

Chaouni sagte nichts. Am nächsten Tag suchte er Bouayad auf. »Ich habe nachgedacht. Es ist auch mein Geld.«

»Dein Geld? Du hast darauf verzichtet. Oder hast du das vergessen?«

Chaouni ging nach Hause. Wenig später strengte er ein Gerichtsverfahren gegen Bouayad an und forderte nicht nur seinen Anteil, sondern auch den von Bouayad. Nach der Verhandlung durfte Bouayad seinen Anteil behalten. Chaouni wurde auferlegt, von der anderen Hälfte die hohen Anwaltskosten und Bouayads Fahrtkosten nach Tetuan und zurück zu übernehmen.

Gerüchte und eine Leiter

Monsieur Ducros saß allein in seinem geräumigen Hotelzimmer in Paris und traf Anstalten, einen Brief an seine Tochter in Kuala Lumpur zu schreiben. Beim Anblick des hoteleigenen Briefpapiers, das lediglich bedruckt statt wie früher geprägt war, runzelte er die Stirn. Ein Symbol unserer Zeit, dachte er automatisch. Das allmähliche Vordringen der Armut auf allen Seiten. Dann warf er einen Blick auf den Gipsverband, der sein Bein umschloß, lächelte flüchtig und begann zu schreiben.

Liebe Clothilde,
ich hoffe, mein ungewohntes Schweigen hat Dich nicht beunruhigt. Normalerweise bin ich ein regelmäßiger Briefschreiber, das mußt Du zugeben. Ich kann mir nicht vorstellen, daß sich Kuala Lumpur seit 1965 sehr verändert hat. Wie Du weißt, war es mein letzter Posten. Es freut mich sehr zu hören, daß Abd er Rahman und seine Frau noch da sind – man kann nie wissen. Ich habe meinen fünfundachtzigsten Geburtstag ruhig in Tanger verbracht. Was ich mit »ruhig« meine, sollst Du gleich erfahren.

Es liegt eine unglaubliche Ironie in bestimmten Situationen, mit der das Leben uns immer wieder konfrontiert. Was hatte er an einem Sonntagmorgen ganz oben auf einer Trittleiter in der Bibliothek zu tun, wirst Du Dich fragen. Dieselbe Frage habe ich mir auch gestellt, allerdings zu spät.

Als ich spürte, wie die Leiter ins Wanken geriet (denn so fing alles an), und merkte, daß ich fallen würde, schossen mir mehrere Dinge gleichzeitig durch den Kopf; daß noch nichts beendet war; daß ich ein Idiot gewesen war, auf diese Leiter zu klettern; daß die Leute glauben würden, ich hätte getrunken oder sei Opfer eines Überfalls geworden (zwei für den postumen Ruf eines Bürgers dieser schändlichen Stadt, in der, wie Du weißt, jeder schlecht über den anderen denkt, gleichermaßen niederschmetternde Urteile); vor allem aber die Überzeugung, daß alles schiefgehen würde, so daß Ihr, Du und Pierrot, aus irgendeinem Grund außerstande wäret, El Hafa zu erben. Denn, mein Liebes, ich war überzeugt, daß dies das Ende sei. Während des Sturzes verfing sich mein Bein in der Leiter, dann krachte es, und da lag ich, mit schmerzendem Schädel und der sicheren Gewißheit, daß ich mir oberhalb des Knies eine Fraktur zugezogen hatte. Glücklicherweise war der große Chichachoua-Teppich da, sonst wäre ich auf dem Marmor gelandet. Ich rief immer wieder nach Annamaria. Als sie schließlich auftauchte, behauptete sie, der Wind habe so stark an den Fensterläden gerüttelt, daß sie mich nicht gleich hörte. Es stimmt, daß ihr Fenster nach Nordosten geht und draußen ein heftiger Wind wehte. Trotzdem...

Ich befahl ihr, Abdeslam zu Fuß in Dr. Rinaldis Klinik zu schicken. (Das Telefon war schon seit mehr als drei Wochen außer Betrieb.) Rinaldi kam. Der Oberschenkelknochen war gebrochen. Rinaldi sah die Trittleiter neben dem Bücherregal und warf mir einen vorwurfsvollen Blick zu. Ab ging's in die Klinik; ich verbrachte eine Ewigkeit, wie es mir schien, im Streckverband. In Wirklichkeit waren es weniger als anderthalb Monate...

2

»Es ist unumgänglich, daß ich nach Paris fahre«, sagte Monsieur Ducros und betrachtete sein Bein, das noch immer im Gipsverband steckte. »Mit dem Stock komme ich jetzt ganz gut zurecht, wie Sie sehen.«

Dr. Rinaldi zuckte die Achseln. »Bislang haben Sie ziemliches Glück gehabt«, sagte er. »Warum sollte sich daran etwas ändern?«

Sie saßen in der Bibliothek, in der der Unfall sich ereignet hatte, und tranken Whisky. Nach einigem Zögern fragte Dr. Rinaldi seinen Gastgeber, ob an dem Gerücht, daß er vorhabe, El Hafa zu verkaufen, etwas dran sei.

Monsieur Ducros fuhr auf. »Was für ein Unsinn! Gewiß nicht! Ich denke nicht im geringsten daran zu verkaufen. Ich weiß, dieser Saudi ist interessiert und sein Angebot wahrscheinlich überaus großzügig. Doch ich möchte, daß meine Tochter und ihr Mann nach meinem Tod das Haus übernehmen. Ich habe, seit ich in den Ruhestand getreten bin, immer in diesem Haus gelebt; alles, was ich auf dieser Welt besitze, befindet sich hier.«

Dr. Rinaldi sah sich anerkennend im Zimmer um. »Es steckt voller Schätze, in der Tat. Erstaunlich, welche Harmonie Japan, Tibet, Khmer und Persien in einem Raum miteinander bilden können.«

»Eigentlich nicht, wenn Sie es recht bedenken«, antwortete Monsieur Ducros, ohne näher darauf einzugehen. »Die Sache ist, ich will mich von nichts trennen. Sie verstehen. Mit all diesen Dingen um mich herum habe ich das Gefühl, ich sei noch immer im Fernen Osten. Ich genieße mein einfaches Leben und kann Ihnen versichern, daß ich nicht daran denke, es zu zerstören, indem ich El Hafa verkaufe.«

»Da ist noch etwas, was ich gerne wissen würde«, sagte Dr. Rinaldi nach einem Augenblick. »Diese Gemälde am Ende der Halle. Ich habe sie natürlich bemerkt.«

Monsieur Ducros lachte in sich hinein. »Ja, es ist ein Mißton, ich weiß. Aber sie fallen kaum auf. Ich halte den hinteren Teil ziemlich dunkel, mit Absicht. Madame Ducros kaufte diese Sachen kurz nach dem Ersten Weltkrieg. Mir sagen sie nicht viel, um ehrlich zu sein. Man hat mir berichtet, sie hätten einen gewissen Wert, aber das nehme ich nicht besonders ernst. Ich habe sie behalten, weil meine Frau sich so viel aus ihnen machte.«

Ein Marokkaner mit weißem Jackett verkündete, es sei angerichtet. Dr. Rinaldi reichte Monsieur Ducros seinen Stock, und beide erhoben sich aus ihren Sesseln.

Monsieur Ducros deutete auf die Karaffen, die auf dem Tisch standen, und sagte: »Der Weiße ist ein einfacher Valpierre. Der Rote ein recht guter Bordeaux. Hast du Mademoiselle Herzler ihr Tablett gebracht, Abdeslam?«

Als sie bei Tisch saßen, sagte er vertraulich: »Meine Sekretärin besteht darauf, allein in ihrem Zimmer zu essen. Ich glaube, sie ist nicht allzu glücklich hier. Sie beklagt sich oft über den Wind. Schweizerin!« fügte er hinzu wie eine Erklärung.

Dr. Rinaldi, der mit seiner *sole meunière* beschäftigt war, antwortete nicht. Wenig später sah er auf und sagte mit großer Ernsthaftigkeit: »Ich habe den Verdacht, daß Sie den Wert dieser Bilder weit unterschätzen. Darf ich Ihnen eine Frage stellen? Wieviel, glauben Sie, würden sie heute auf dem Kunstmarkt bringen?«

Monsieur Ducros hielt im Essen inne und überlegte einen Augenblick. »Ich habe keine Ahnung«, sagte er.

»Allein für die fünf Soutines könnte ich Ihnen morgen zwei Millionen Francs besorgen.« Bei diesen Worten musterte Rinaldi seinen Gastgeber genau, um zu sehen, wie dessen Reaktion ausfiel. Er bemerkte einen Anflug von Interesse, der augenblicklich von Ungläubigkeit verdrängt wurde.

»Lächerlich. Es sind schließlich keine Tizians.«

»Ich meine es vollkommen ernst.«

Monsieur Ducros schwieg. Dann seufzte er. »Selbst wenn Ihre Schätzung nicht maßlos übertrieben sein sollte und ich mich von ihnen trennen wollte – wozu könnte es gut sein? Hier wäre das Geld nutzlos, und es aus Marokko hinauszubringen ist verboten.«

»Ach hören Sie auf«, sagte Dr. Rinaldi. »Da gibt es Mittel und Wege.«

»Nein, vielen Dank«, entgegnete Monsieur Ducros fest. »Das Gesetz ist im allgemeinen unlogisch und oft auch ungerecht, aber ich gehöre nicht zu denen, die sich darüber lustig machen.«

»Mein Freund, Sie handeln nach dem Ethos einer vergangenen Epoche. Aber Sie haben recht, haben ganz recht.«

»Nach meiner Erfahrung ist gerade der vernünftige Mensch derjenige, der die Gesetze befolgt.«

»Aber wie menschlich ist es, unvernünftig zu sein«, seufzte Dr. Rinaldi.

Monsieur Ducros warf seinem Gast einen verstohlenen Blick zu: Er hatte den Verdacht, daß diese letzten Worte eine versteckte Anspielung auf seinen Unfall sein sollten. Der Doktor hatte ihn bereits heftig getadelt, daß ihm etwas derart Absurdes hatte passieren können. Wozu waren Diener da, wenn nicht, um auf Leitern zu klettern? Er hatte nicht Monsieur Ducros' Alter erwähnt, doch galt dieses Zeichen von Diskretion wenig im Angesicht der Strenge, mit der er seine Meinung geäußert hatte. Monsieur Ducros erkannte den drohenden Unterton wieder; seit seinem achtzigsten Geburtstag hatten alle Ärzte so mit ihm gesprochen.

Sie wandten sich anderen Themen zu. Später jedoch, bei Kaffee und Armagnac im Salon, fing Monsieur Ducros mit nachdenklichem Gesichtsausdruck wieder davon an.

»Um noch einmal auf die Gemälde zurückzukommen – wie hätte Ihr Käufer sie außer Landes schaffen wollen? Ich bin nur neugierig.«

»Die Frage hätte sich gar nicht gestellt«, antwortete der Arzt. »Ein amerikanischer Sammler baut sich gerade ein Haus in Marrakesch. Warum fragen Sie? Habe ich Sie in Versuchung geführt?«

Monsieur Ducros schüttelte den Kopf. »Nein, nein, ganz und gar nicht.«

3

Ihr nächstes Zusammentreffen, weniger als eine Woche später, war unerwartet und stürmisch. Am späten Nachmittag eines gewöhnlichen Arbeitstags wurde Monsieur Ducros von einem Taxifahrer in Dr. Rinaldis Klinik gebracht. Er befand sich in einem Zustand, der Ähnlichkeit mit einem Schlaganfall hatte. Der Gips war aufgebrochen, und Fetzen von Gaze flatterten hinter ihm her.

Da er sah, daß Monsieur Ducros keinen zusammenhängenden Satz herausbringen würde, wandte sich Dr. Rinaldi an den Taxifahrer. »Ist er angefahren worden?«

Der Fahrer wußte es nicht. Er war von einem Beamten am Flughafen angesprochen worden, der ihm befahl, den Passagier nach Hause zu fahren; unterwegs habe der Mann dann gefordert, ins Krankenhaus gebracht zu werden.

Man steckte Monsieur Ducros ins Bett und gab ihm eine Spritze. Nach einer künstlich herbeigeführten Schlafpause von mehreren Stunden war er gegen Abend so weit wiederhergestellt, daß er Dr. Rinaldi seine Geschichte erzählen konnte.

Abdeslam hatte ihn zum Flughafen gebracht, sein Gepäck einem Träger übergeben und war dann nach Hause zurückgekehrt. Das Flugzeug nach Paris traf ein. Noch während sein Paß kontrolliert wurde, war plötzlich ein Mann aus dem Nichts aufgetaucht und hatte ihn gebeten, ihm in ein kleines Büro zu folgen, wo er und zwei andere ihn gezwungen hatten, sich auszuziehen. Damit nicht zufrieden, hatten sie sich geweigert zu glauben, daß sein Bein tatsächlich gebrochen war, hatten ihn festgehalten, den Gips geöffnet und auf der Suche nach dem Geld das Innere stückweise herausgerissen.

»Es ist dieses Gerücht! Sie waren so unverschämt, mir zu erklären, sie handelten aufgrund von geheimen Informationen, daß ich El Hafa verkauft hätte.«

Dr. Rinaldi war schockiert. »Unerhört! Wir müssen sofort Herbier im Konsulat verständigen.«

»Ich werde Schadenersatz fordern«, rief Monsieur Ducros schwach.

»Mein armer Freund, das würde zu nichts führen! Sie leben doch lange genug hier, um das selbst zu wissen. Sie können nur das Geschehene akzeptieren, sich vergewissern, daß das Bein in Ordnung ist, einen neuen Gips anlegen lassen und es noch einmal versuchen.«

Monsieur Ducros schloß kurz die Augen, dann öffnete er sie wieder. »Sie können mir helfen«, sagte er.

»Natürlich. Als Ihr Arzt kann ich die Echtheit des Bruchs bestätigen. Vielleicht wollen sie noch die Röntgenaufnahmen sehen«, setzte er sarkastisch hinzu.

Monsieur Ducros schien nicht zuzuhören. Er starrte an die Decke. »Ja, Sie können mir helfen«, wiederholte er.

Dr. Rinaldi fand, daß es Zeit für seinen Patienten war, sich auszuruhen. »Sie können mit mir rechnen«, sagte er.

Am nächsten Tag kam er ins Krankenzimmer und erklärte, er sei bereit, den neuen Gips anzulegen. Monsieur Ducros winkte ab. »Nein, nein, ich will ihn nicht.«

»Aber Sie brauchen den Gips. Sie können nicht ohne gehen.«

»Ich werde nicht gehen. Ich werde mich zu Hause ins Bett legen, bis Sie kommen und sich darum kümmern.«

»Wie Sie wünschen«, sagte Dr. Rinaldi knapp; er hatte das Gefühl, es sei albern, der Laune eines unvernünftigen alten Mannes nachzugeben.

»Abdeslam kann mich heute nachmittag nach Hause bringen. Könnten Sie gegen fünf Uhr vorbeikommen?«

Flüchtig schoß dem Arzt der Gedanke durch den Kopf, daß der Zwischenfall am Flughafen das Gehirn geschädigt haben könnte. In irgendeiner Art schien Monsieur Ducros' Persönlichkeit leicht verändert.

»Sie dürfen keinesfalls mit dem Bein auftreten«, sagte er und runzelte die Stirn. »Nicht einmal, um ein paar Schritte in Ihrem Zimmer zu gehen. Sind wir uns einig?«

4

Dr. Rinaldi fand seinen Patienten auf Kissen gestützt in einem riesigen uralten Bett von El Hafa; die Damastvorhänge, die vom Baldachin herunterhingen, verbargen ihn fast vollständig.

»Ich habe Ihre Anweisungen strikt befolgt«, rief er, noch ehe der Arzt und sein Assistent das Zimmer betreten hatten.

Dr. Rinaldi lachte. »Wann planen Sie Ihren nächsten Ausbruchsversuch?«

»Darüber habe ich noch nicht nachgedacht«, sagte Monsieur Ducros. »Kann ich Sie ein paar Minuten unter vier Augen sprechen?«

Dr. Rinaldi richtete einige Worte an den Marokkaner, und dieser verließ den Raum. Als sie allein waren, beugte Monsieur Ducros sich vor und bedeutete dem Arzt, näher zu treten.

»Ich werde es Ihnen erklären«, flüsterte er. »Ich will nicht, daß Sie mir heute den Gips anlegen, verstehen Sie? Ich wollte nur, daß Sie vorbeikommen. Und ich habe beschlossen, die Bilder zu verkaufen, wenn Sie Verbindung zu dem Amerikaner aufnehmen können.«

Diese unlogische Gedankenverbindung bestätigte Rinaldi in seinem Verdacht; er sah darin ein deutliches Beispiel für eine geistige Fehlfunktion. »Moment mal«, sagte er und setzte sich auf den Rand des Bettes. »Eins nach dem anderen. Darf ich fragen, warum Sie es vorziehen, heute keinen Gips zu bekommen?«

»Weil ich wissen muß, ob die Bilder verkauft werden können oder nicht. Das sollte doch wohl einsichtig sein.«

»Ich hatte die beiden Angelegenheiten nicht miteinander in Verbindung gebracht«, sagte der Arzt trocken. »Doch da der Verkauf der Bilder Sie offenbar hauptsächlich interessiert, kann ich nur sagen: Ja, Sie können sie mit Sicherheit verkaufen, auch sofort, wenn Sie es wünschen. Ich selbst werde sie kaufen und weiterverkaufen.«

»Mit einem angemessenen Gewinn, hoffe ich«, setzte Monsieur Ducros lächelnd hinzu.

»Das ist wahrscheinlich.«

»Sie sprachen von zwei Millionen, wenn ich mich richtig entsinne.«

Dr. Rinaldi lachte. »Wenn Sie den Vlaminck, den Rouault und den Kokoschka noch drauflegen, auch zweieinviertel Millionen.«

Monsieur Ducros schlug die Hände über dem Kopf zusammen. »Kokoschka, also wirklich! Ich kann nicht einen vom anderen unterscheiden. Sie sind alle gleich unbegabt. Das wären also alle acht, nicht wahr? Ich habe einige alte Thai-Stücke, die ich am Ende der Halle aufhängen kann. Sie zu behalten lohnt sich weit mehr.«

Dr. Rinaldi musterte seinen Patienten forschend. »Meinen Sie es ernst? Wollen Sie wirklich einen Scheck?«

»Durchaus nicht. Bargeld. Französische Francs.«

Dr. Rinaldi war sprachlos. »Aber...«, sagte er.

»Sie sind nicht einverstanden?«

»Das braucht Zeit. Möglicherweise bis morgen abend.«

Monsieur Ducros winkte ungeduldig ab. »Bringen Sie das Geld einfach her.«

Dr. Rinaldi schüttelte mißbilligend den Kopf und sagte: »Es ist viel zuviel Geld, um es zu Hause aufzubewahren.«

Das schien Monsieur Ducros zu verwundern. »Aber

mittlerweile haben Sie doch sicherlich begriffen, was Sie mit den Banknoten anstellen sollen, oder nicht? Sie müssen in den Verband eingearbeitet werden. Das, was sie beim ersten Mal vermuteten, wird beim zweiten Mal zutreffen.«

Nach langem Schweigen sagte Dr. Rinaldi langsam: »Sie können wohl kaum erwarten, daß ich meinen guten Ruf als Arzt aufs Spiel setze, nur um Ihnen bei einem Verbrechen behilflich zu sein.«

Monsieur Ducros rief erregt: »Betrug! Ich bin bereits bestraft worden! Jetzt will ich die Strafe *verdienen*!«

Der Arzt erhob sich. »Ich muß gestehen, ich finde diesen Wechsel Ihrer moralischen Ansichten erstaunlich.«

»Nichts hat sich verändert. Was eine Frage der Ethik war, ist nun eine Frage der Ehre geworden.«

Dr. Rinaldi ging, dem Muster des Teppichs folgend, im Zimmer auf und ab und fragte: »Können Sie sich vorstellen, wieviel mehr Arbeit es für mich bedeutet, wenn ich es ohne Assistenten machen muß?«

Monsieur Ducros wußte, daß er gewonnen hatte, und ließ nicht locker. »Herbier hat sich mit Rabat in Verbindung gesetzt, nicht wahr? Er hat eine formelle Entschuldigung für den Zwischenfall erhalten. Eine Wiederholung ist so gut wie ausgeschlossen, das Risiko aus dem Weg geräumt.«

Der Arzt ging zum Fußende und legte seine Hände um die Bettpfosten. »Ich nehme zurück, was ich neulich beim Abendessen über Sie sagte. Sie sind in der Tat ein Produkt unserer Zeit.«

»Ich sehe es ganz und gar nicht so«, antwortete Monsieur Ducros schnell. »Diese kleine Rache ändert nichts an meinen sonstigen Ansichten. Wir spielen nur eine kleine Partie ›Auge um Auge‹, wenn Sie so wollen.«

»Schon gut«, sagte Dr. Rinaldi. »Sie brauchen kein ärztliches Attest, wenn Herbier Sie persönlich zum Flughafen begleitet.«

...Und so etwa kam es zum ersten Schritt Deines Vaters auf dem Pfad des Verbrechens. Doch zuweilen liegen Verbrechern ihre Familien mehr am Herzen, als man glaubt. Begib Dich also zur Hongkong und Shanghai Bank *in Kuala und frage nach einem gewissen Mister Nigel Dawson. Er wird Dir erklären, daß Du Besitzerin eines Bankkontos bist, dessen Guthaben im Augenblick etwa fünfundsiebzigtausend Pfund Sterling beträgt. Ich bin überzeugt, daß es vieles gibt, für das es sich als nützlich erweisen könnte, einschließlich, so hoffe ich, eines baldigen Besuchs von Dir und Pierrot in Tanger.*

Ich besaß die Bilder dank Deiner Mutter. Und ich glaube, sie wüßte den absurden Verlauf der Dinge zu schätzen, der es mir ermöglichte, sie gegen ein kleines Vermögen einzutauschen. Aber das Glück ist wohl immer absurd.

Ich stelle mir vor, wie Du in der dubiosen Kühle Deines klimatisierten Apartments sitzt und auf die feuchten Bäume und den Verkehr von »Kuala l'impur«, wie Cocteau es zu nennen pflegte, hinunterschaust. Dabei gibt es Orte, die weit unreiner sind.

Vergiß nicht, daß ich an Dich denke, und bitte laß mir bald eine Nachricht zukommen,

ton père qui t'aime

Der Blick

Vor zehn oder zwölf Jahren kam ein Mann nach Tanger, der besser daran getan hätte, der Stadt fernzubleiben. Was ihm zustieß, war keineswegs seine Schuld, ungeachtet der boshaften Unterstellungen der englischsprachigen Einwohner der Stadt. Diese Leute zeigten oft ähnliche Reaktionen wie bestimmte primitive Gruppen: Wenn das Unglück einen aus ihrer Mitte ereilt, sehen die anderen in gegenseitigem Einverständnis davon ab, ihm Hilfe anzubieten; sie lehnen sich zurück und schauen zu, überzeugt, daß er sein Leiden selbst verschuldet hat. Er ist zu einem Tabu geworden, außerstande, Hilfe zu empfangen. Im Falle dieses bestimmten Mannes hätte ihm niemand Trost spenden können, denke ich; trotzdem muß die stillschweigende Mißbilligung, die sein Unglück hervorgerufen hatte, ihm die letzten Monate seines Lebens noch schwerer gemacht haben.

Sein Name war Duncan Marsh, und man sagt, er stammte aus Vancouver. Ich selbst habe ihn nie gesehen und weiß von niemandem, der behauptet, ihn gekannt zu haben. Als seine Geschichte auf den Cocktailparties die Runde machte, war er tot, und die verantwortungsloseren unter den Bürgern der Stadt ließen ihrem Hang zu Mythenbildung freien Lauf.

Er kam allein nach Tanger, mietete ein möbliertes Haus am Berghang von Djamaa el Mokra – in jenen Tagen war ein solches Haus leicht zu finden und entsprechend preiswert – und stellte kurz darauf einen marokkanischen Jugendlichen als Nachtwächter ein. In der Miete war der Lohn für eine Köchin und einen Gärtner enthalten, die im Haus wohnten, doch beide wurden von ihren Pflichten entbunden und die Köchin durch eine Frau ersetzt, die auf Vorschlag des Nachtwächters ins Haus kam. Wenig später klagte Marsh über die ersten Symptome eines Verdauungsleidens, das sich im Verlauf der Monate zunehmend verschlimmerte. Die Ärzte von Tanger rieten ihm, sich nach London zu begeben. Nach zwei Monaten in einem dortigen Krankenhaus hatte sich sein Zustand leicht gebessert. Doch wurde keine eindeutige Diagnose gestellt, und nach seiner Rückkehr wurde er schon bald bettlägerig. Schließlich transportierte man ihn, auf einer Bahre liegend, nach Kanada, wo er kurz darauf starb.

An alledem war nichts Außergewöhnliches; es wurde vermutet, daß Marsh ein weiteres Opfer langsamer Vergiftung durch einheimische Diener geworden war. Während der fünf Jahrzehnte, die ich in Tanger verbrachte, hat es mehrere solcher Fälle gegeben. Jedesmal hieß es, das europäische Opfer sei selbst schuld gewesen, weil er (oder sie) zuviel Vertraulichkeit im Umgang mit einem Diener angestrebt habe. Was dem Außenstehenden seltsam erscheint, ist, daß niemand die Sache in die Hand genommen und eine Suche nach dem Schuldigen eingeleitet hat; solange es aber an Beweisen mangelt, wird jeder Versuch einer Aufklärung sinnlos sein.

Zwei Details runden die Geschichte ab. Im Verlauf seiner Krankheit erzählte Marsh einem Bekannten irgendwann von einem Arrangement, das er getroffen hatte, um seinen Nachtwächter finanziell zu unterstützen, falls er selbst gezwungen wäre, Marokko zu verlassen. Zu diesem Zweck übergab er dem Jungen ein notariell beglaubigtes Schreiben; dieser hatte jedoch augenscheinlich nie versucht, seinen Anspruch geltend zu machen. Der andere Bericht stammte von Dr. Halsey, dem Arzt, der Marshs Transport vom Haus zum Flughafen organisiert hatte. Es war diese kleine Information, die, zumindest für mich, die Geschichte mit Leben erfüllte. Laut Aussage des Arztes waren Marshs Fußsohlen von tiefen Schnitten in Form primitiver Muster gezeichnet; die Wunden waren frisch, aber teilweise entzündet. Dr. Halsey zog die Köchin und den Nachtwächter hinzu: Sie zeigten Entsetzen und Abscheu beim Anblick der Füße ihres Arbeitgebers, waren jedoch nicht imstande, eine Erklärung für die Verstümmelungen zu geben. Wenige Tage nach Marshs Abreise kamen die ursprüngliche Köchin und der Gärtner zurück, um ihr altes Leben wiederaufzunehmen; die beiden anderen hatten das Haus bereits verlassen.

Die langsame Vergiftung war ein klassisches Beispiel für derartige Fälle, besonders in Anbetracht von Marshs Bemerkung über seine Vorkehrungen für das Wohlergehen des Jungen; die von einem Messer stammenden Muster an den Füßen jedoch widersprachen sämtlichen wie auch immer gearteten Kombinationen von Motiven. Ich dachte darüber nach. Es konnte kaum ein Zweifel daran bestehen, daß der Junge schuldig war. Er hatte Marsh überredet, die Köchin des Hauses loszuwerden, obgleich ihr der Lohn weiterbezahlt werden mußte, und eine andere Frau (wahrscheinlich aus seiner eigenen Familie) für die Küche einzustellen. Eine Vergiftung nimmt viele Monate in Anspruch, wenn sie unerkannt bleiben soll, und niemand ist dazu besser imstande als die Köchin. Sicher wußte sie von dem finanziellen Arrangement, das für den Jungen getroffen worden war, und hoffte, daran beteiligt zu werden. Dies bot jedoch keine Erklärung für die Kreuze und Kreise, die in die Füße geschnitten worden waren. Wer jemanden langsam vergiften will, geht geduldig und methodisch vor; sein Hauptanliegen besteht darin, das Gift wirksam zu dosieren und keine sichtbaren Spuren zu hinterlassen. Waghalsigkeit ist ihm fremd.

Es kam die Zeit, da niemand mehr Duncan Marshs Geschichte erzählte. Ich selbst dachte auch seltener daran, weil mir keine bedenkenswerten Hypothesen mehr einfielen. Eines Abends, es ist vielleicht fünf Jahre her, suchte mich ein hier ansässiger Amerikaner auf und erzählte, er habe einen Marokkaner entdeckt, der behaupte, Marshs Nachtwächter gewesen zu sein. Der Mann heiße Larbi; er sei Kellner im Le Fin Bec, einem kleinen Straßenrestaurant. Offenbar spreche er nur wenig Englisch, verstehe es jedoch ohne Schwierigkeiten. Diese Information erhielte ich ohne Garantie, erklärte mir der Amerikaner, falls ich geneigt sei, Gebrauch davon zu machen.

Ich ließ mir die Sache durch den Kopf gehen, und eines Abends, ein paar Wochen später, suchte ich das Restaurant auf, um mir Larbi selbst anzusehen. Das Lokal war trübe erleuchtet und voller Europäer. Ich beobachtete die drei Kellner. Sie sahen alle gleich aus, mit breiten schwarzen Schnurrbärten, Jeans und Sporthemden. Man reichte mir eine Speisekarte; ich konnte sie kaum lesen, nicht einmal im Schein der kleinen Tischlampe. Als der Mann, der sie mir gegeben hatte, wiederkam, fragte ich nach Larbi.

Er nahm mir die Karte aus der Hand und verließ den Tisch. Einen Moment später erschien ein anderer aus dem

Triumvirat und reichte mir die Speisekarte, die er unter dem Arm hielt. Ich bestellte auf spanisch. Als er die Suppe brachte, sagte ich leise, daß ich überrascht sei, ihn hier arbeiten zu sehen. Das verwirrte ihn; ich konnte erkennen, daß er versuchte, sich an mich zu erinnern.

»Warum sollte ich nicht hier arbeiten?« Seine Stimme war ruhig, ohne besondere Betonung.

»Natürlich – warum nicht? Ich dachte nur, du hättest mittlerweile einen Basar oder einen anderen Laden.«

Sein Lachen war eher ein Schnauben. »Basar!«

Als er den nächsten Gang servierte, bat ich ihn um Verzeihung, daß ich mich in seine Angelegenheiten eingemischt hätte. Doch interessiere mich die Sache, weil ich mehrere Jahre den Eindruck gehabt hätte, er habe von einem englischen Herrn eine Erbschaft erhalten.

»Sie meinen Señor Marsh?« Seine Augen hatten sich geweitet.

»Ja, so hieß er. Hat er dir nicht einen Brief gegeben? Er hat seinen Freunden davon erzählt.«

Er sah über meinen Kopf hinweg und sagte: »Er hat mir einen Brief gegeben.«

»Hast du ihn je irgend jemandem gezeigt?« Dies war taktlos, aber manchmal ist es besser, geradewegs auf ein Ziel zuzusteuern.

»Warum? Wozu sollte es gut sein? Señor Marsh ist tot.« Er schüttelte entschieden den Kopf und trat an einen anderen Tisch. Als ich meine *crème caramel* verspeist hatte, waren die meisten Gäste schon gegangen, und der Raum wirkte noch dunkler. Er kam an meinen Tisch, um zu fragen, ob ich Kaffee wolle. Ich bat um die Rechnung. Als er sie brachte, sagte ich, daß ich das Schreiben sehr gern sehen würde, falls er es noch hätte.

»Sie können morgen abend kommen oder an irgendeinem anderen Abend, und ich zeige es Ihnen. Ich habe es zu Hause.«

Ich dankte ihm und versprach, in zwei oder drei Tagen wiederzukommen. Als ich das Restaurant verließ, war ich verwirrt. Es schien eindeutig, daß der Kellner glaubte, nichts mit Duncan Marshs Unglück zu tun zu haben. Als ich einige Abende später das Dokument sah, verstand ich gar nichts mehr.

Es war kein Brief; es war ein *papier timbré* von der Art, wie Tabakhändler sie verkaufen. Darauf stand nur: *Bestätigung: Ich, Duncan Whitelow Marsh, verpflichte mich hiermit, monatlich – jeweils am ersten – die Summe von hundert Pfund auf das Konto von Larbi Lairini zu überweisen, und zwar, solange ich lebe.* Es war im Beisein zweier marokkanischer Zeugen unterschrieben und notariell beglaubigt worden und trug das Datum des 11. Juni 1966. Als ich es ihm zurückgab, sagte ich: »Und es hat dir nie etwas genützt.«

Er zuckte die Achseln und steckte das Papier in seine Brieftasche. »Wie sollte es? Der Mann ist gestorben.«

»Schade.«

»Suerte.« Im marokkanischen Gebrauch des Wortes bedeutet es eher Verhängnis als einfach Schicksal.

In diesem Augenblick hätte ich weiterbohren und ihn fragen können, ob er irgendeine Erklärung für die Ursache von Marshs Krankheit habe, doch ich wollte Zeit gewinnen, um über das, was ich erfahren hatte, nachzudenken. Als ich aufstand, sagte ich: »Tut mir leid, daß es so enden mußte. In ein paar Tagen komme ich wieder.« Er reichte mir die Hand und schüttelte sie. Ich hatte keinerlei Pläne. Entweder würde ich bald wiederkommen oder gar nicht.

Solange ich lebe. Mehrere Wochen hallte dieser Satz in meinem Kopf nach. Möglicherweise hatte Marsh es so formuliert, damit die *adoul* von Tanger, die ihre verschnörkelten Unterschriften auf das Blatt gesetzt hatten, es leichter verstünden; trotzdem konnte ich nicht umhin, die Worte in einem dramatischeren Sinn zu interpretieren. Für mich bedeutete das Dokument, daß eine Übereinkunft zwischen Herrn und Diener beglaubigt worden war, die bereits bestand: Marsh brauchte die Hilfe des Nachtwächters, und der Nachtwächter hatte sich bereit erklärt, ihm zu helfen. Es gab keinerlei Anhaltspunkt für eine derartige Vermutung, trotzdem glaubte ich, auf der richtigen Fährte zu sein. Allmählich gelangte ich zu der Überzeugung, daß ich vielleicht in der Lage wäre, die Dinge klarer zu sehen, wenn ich auf arabisch und in dem bewußten Haus mit dem Nachtwächter sprechen könnte.

Eines Abends ging ich zum Le Fin Bec und machte, ohne Platz zu nehmen, Larbi ein Zeichen, für einen Augenblick nach draußen zu kommen. Dort bat ich ihn herauszufinden, ob das Haus, in dem Mr. Marsh gelebt hatte, momentan bewohnt sei oder nicht.

»Niemand wohnt dort.« Er hielt inne und setzte dann hinzu: »Es steht leer. Ich kenne den Wachmann.«

Ich hatte, ungeachtet meiner mangelhaften Arabischkenntnisse, beschlossen, mich in seiner Sprache mit ihm zu unterhalten, also sagte ich: »Paß auf. Ich würde gern mit dir zu diesem Haus gehen und mir ansehen, wo das alles passiert ist. Ich gebe dir fünfzehntausend Francs für deine Mühe.«

Er war überrascht, mein Arabisch zu hören; dann nahm sein Gesicht einen zufriedenen Ausdruck an. »Er darf niemanden hereinlassen«, sagte er.

Ich gab ihm dreitausend Francs. »Du regelst das mit ihm. Und fünfzehntausend für dich, wenn wir das Haus verlassen haben. Wäre dir Donnerstag recht?«

Das Haus stammte aus den fünfziger Jahren, würde ich annehmen, einer Zeit, in der solides Bauen noch möglich war. Es war vollkommen in den Berghang hineingebaut; dahinter erstreckte sich der Wald. Wir mußten drei Treppen durch den Garten nach oben steigen, ehe wir zum Eingang gelangten. Der Wachmann, ein schielender Djibli in brauner Dschellaba, folgte uns auf den Fersen und beäugte mich mißtrauisch.

Oben gab es eine geräumige Terrasse mit Blick nach Südosten, über die Stadt und die Berge. Hinter der Terrasse endete eine schattige Rasenfläche, die an den Wald grenzte. Das Wohnzimmer war hell und groß; eine Pendeltür führte auf den Rasen. Der Geruch nach feuchten Wänden und Schimmel hing in der Luft. Eine absurde Überzeugung, bald alles zu verstehen, hatte sich meiner bemächtigt; mir fiel auf, daß ich schneller atmete. Wir betraten das Eßzimmer. Dahinter waren ein Flur und das Zimmer, in dem Marsh geschlafen hatte, dunkel, die Läden geschlossen. Eine breite Wendeltreppe führte ein Stockwerk tiefer, wo sich noch zwei Zimmer befanden, und weiter zur Küche und zu den Dienstbotenzimmern ganz unten. Die Küchentür ging auf einen kleinen gekachelten Patio hinaus, wo hoher Philodendron die Wände bedeckte.

Larbi sah hinaus und schüttelte den Kopf. »Hier fing der ganze Ärger an«, sagte er finster.

Ich trat durch die Tür und setzte mich auf eine schmiedeeiserne Bank in der Sonne. »Drinnen ist es feucht. Warum bleiben wir nicht hier draußen?«

Der Wachmann verschwand und schloß das Haus ab.

Larbi hockte sich unweit der Bank bequem auf die Fersen.

Es hätte überhaupt keinen Ärger gegeben, sagte er, wenn Marsh nur mit Yasmina zufrieden gewesen wäre, der Köchin, deren Dienste in der Miete enthalten gewesen waren. Aber sie war schlampig bei der Arbeit, und das Essen war schlecht. Er forderte Larbi auf, ihm eine neue Köchin zu suchen.

»Ich sagte ihm im voraus, daß diese Frau, Meriam, eine kleine Tochter hatte, die sie an manchen Tagen bei Freunden unterbringen könnte, an anderen Tagen aber mit zur Arbeit bringen müßte. Er sagte, es mache ihm nichts aus, er wollte nur, daß sie leise sei.«

Die Frau wurde eingestellt. Zwei oder drei Tage in der Woche kam sie mit dem Kind; es spielte im Patio, wo sie es im Auge hatte. Von Anfang an beschwerte Marsh sich darüber, daß es zuviel Lärm mache. Wiederholt ließ er Meriam ausrichten, sie solle dafür sorgen, daß die Kleine leise sei. Und eines Tages schlich er um das Haus herum und hinunter in den Patio. Auf allen vieren kroch er näher, bis sein Gesicht direkt vor dem Mädchen war, und dann zog er eine so schreckliche Grimasse, daß das Kind anfing zu schreien. Als Meriam aus der Küche gelaufen kam, stand er lächelnd auf und entfernte sich. Das kleine Mädchen drückte sich in eine Ecke der Küche und wollte nicht mehr aufhören zu weinen und zu schreien, bis Meriam es nach Hause brachte. In dieser Nacht wurde es, noch immer schluchzend, von hohem Fieber gepackt. Mehrere Wochen schwebte es zwischen Leben und Tod, und als es schließlich außer Gefahr war, konnte es nicht mehr laufen.

Meriam, die verhältnismäßig viel verdiente, zog einen

fqih nach dem anderen zu Rate. Alle stimmten darin überein, daß der »böse Blick« das Kind getroffen habe; ebenso war klar, daß dies das Werk des Ungläubigen war, für den sie arbeitete. Was sie ihr geraten hatten, erklärte Larbi, war, Marsh bestimmte Substanzen zu verabreichen, die es ihr vielleicht ermöglichen würden, den Fluch wiederaufzuheben. Dies sei unbedingt notwendig gewesen, sagte er und sah mich ernst an. Selbst wenn der Señor ihn hätte rückgängig machen wollen (und natürlich hätte sie mit ihm niemals darüber gesprochen), wäre er dazu nicht in der Lage gewesen. Was sie ihm gab, konnte nicht schaden; es war nur eine Medizin, um ihn zu beruhigen, damit er sich nicht wehren konnte, wenn der Moment kam, den Fluch zu brechen.

Irgendwann vertraute Marsh Larbi an, daß er Meriam im Verdacht habe, seinem Essen Schlafmittel beizumengen, und bat ihn, ein Auge auf sie zu haben. Das Dokument zu Larbis Gunsten wurde aufgesetzt, um sich seiner aktiven Mithilfe zu versichern. Da Larbi die Mixturen, die Meriam ihrem Herrn verabreichte, für relativ harmlos hielt, beruhigte er ihn und ließ zu, daß sie ihm weiter Tag für Tag Gift ins Essen mischte.

Des Hockens müde sprang Larbi plötzlich auf und fing an, auf und ab zu gehen, sorgfältig in die Mitte jeder Kachel tretend. »Als er nach London ins Hospital mußte, sagte ich zu ihr: ›Jetzt hast du ihn krank gemacht. Was, wenn er nicht zurückkommt? Dann wirst du den Fluch nie brechen können.‹ Sie war besorgt darüber. ›Ich habe getan, was ich konnte‹, sagte sie. ›Es liegt in Allahs Hand.‹«

Als Marsh nach Tanger zurückkehrte, drängte Larbi sie, die Sache bald zu Ende zu bringen, nun da er glücklicherweise wieder da war. Er denke, sagte er zu ihr, daß es für die Gesundheit des Señors besser sei, wenn ihre Behandlung nicht mehr allzu lange dauere.

Während er sprach, stellte ich keine Fragen; ich gab mir Mühe, meinen Gesichtsausdruck vollkommen neutral zu halten, denn ich glaubte, daß er seine Erzählung unterbrechen würde, sobald er den geringsten Anschein von Mißbilligung entdeckte. Die Sonne war hinter den Bäumen verschwunden, und im Patio war es kühl. Ich hatte große Lust, aufzustehen und auf und ab zu gehen wie er, aber ich befürchtete, daß selbst das ihn verstimmen könnte. Und einmal unterbrochen, würde er nur schwerlich zu einer Fortsetzung zu bewegen sein.

Bald ging es Marsh schlechter als je zuvor; er hatte quälende Schmerzen im Unterleib und an den Nieren.

Von nun an blieb er im Bett, und Larbi brachte ihm das Essen. Als Meriam sah, daß er nicht imstande war, das Bett zu verlassen, nicht einmal, um ins Badezimmer zu gehen, entschied sie, daß es an der Zeit war, den Fluch zu brechen. In derselben Nacht, in der ein *fqih* bei ihr zu Hause und in Gegenwart des verkrüppelten Mädchens eine Zeremonie abhielt, tauchten vier Männer aus Meriams Familie am Djamaa el Mokra auf.

»Als ich sie kommen sah, stieg ich auf mein Motorrad und fuhr in die Stadt. Ich wollte nicht in der Nähe sein, wenn sie es taten. Es hatte nichts mit mir zu tun.«

Er blieb stehen und rieb sich die Hände. Ich hörte, wie sich der Südwestwind in den Bäumen regte; es war seine Zeit, diese Nachmittagsstunde. »Kommen Sie. Ich werde Ihnen etwas zeigen«, sagte er.

Wir stiegen einige Stufen an der Rückseite des Hauses hoch und kamen auf eine Terrasse mit einer Pergola. Dahinter lag der Rasen, die Wand von Bäumen.

»Er war sehr krank in den nächsten zwei Tagen. Er bat mich mehrmals, den englischen Arzt anzurufen.«

»Hast du es nicht getan?«

Larbi blieb stehen und sah mich an. »Vorher mußte ich alles saubermachen. Meriam weigerte sich, ihn anzurühren. Es war während der Regenzeit. Er war voller Schlamm und Blut, als ich zurückkam und ihn fand. Am nächsten Tag badete ich ihn und wechselte die Laken und Decken. Und ich machte das Haus sauber, denn sie hatten überall Schmutz hinterlassen, als sie ihn hineintrugen. Kommen Sie. Sie sollen sehen, wohin sie ihn bringen mußten.«

Wir hatten die Rasenfläche überquert und gingen durch das hohe Gras, das den Waldrand säumte. Ein Pfad bog nach rechts ab in das Gewirr von Unterholz, und wir folgten ihm, über Felsbrocken und umgestürzte Baumstämme kletternd, bis wir an einen alten steinernen Brunnen gelangten. Ich beugte mich über den Rand und sah weit unten das kleine Fleckchen Himmel.

»Bis hierhin mußten sie ihn schleppen, sehen Sie, und dann genau über den Brunnen halten, während sie die Zeichen in seine Füße schnitten, damit das Blut ins Wasser tropfte. Es ist nicht gut, wenn es neben den Brunnen fällt. Und sie mußten dieselben Zeichen machen, die der *fqih* für das kleine Mädchen auf ein Stück Papier gezeichnet hatte. Das ist keine einfache Sache im Dunkeln und im Regen. Aber sie haben es geschafft. Ich habe die Schnittwunden gesehen, als ich ihn badete.«

Vorsichtig fragte ich, ob er irgendeine Verbindung zwischen alldem und Marshs Tod sehe. Er löste seinen starren Blick vom Brunnen und wandte sich um. Wir gingen wieder zum Haus zurück.

»Er starb, weil seine Stunde gekommen war.«

Und ob der Fluch gebrochen worden sei, fragte ich. Ob das Kind wieder habe laufen können? Aber das wußte er nicht, denn wenig später war Meriam zu ihrer Schwester nach Kenitra gezogen.

Als wir im Wagen saßen und in die Stadt hinunterfuhren, gab ich ihm das Geld. Er blickte mehrere Sekunden darauf, bevor er es in die Tasche steckte.

In der Stadt setzte ich ihn mit einem unbestimmten Gefühl von Enttäuschung ab und merkte, daß ich nicht nur erwartet, sondern in der Tat gehofft hatte, jemanden zu finden, dem man die Schuld hätte zuschreiben können. Woraus besteht ein Verbrechen? Es gab kein kriminelles Motiv – nur eine Mutter, die sich im Dunkel uralter Unwissenheit bewegte. Darüber dachte ich nach, während mich das Taxi nach Hause fuhr.

Im roten Zimmer

Als ich ein Haus in Sri Lanka hatte, kamen eines Winters meine Eltern zu Besuch. Ursprünglich hatte ich Bedenken gehabt, sie zu dieser Reise zu ermuntern. Jeder einzelne von mehreren Umständen – die dauernde Hitze, das ungewohnte Essen und das nicht einwandfreie Trinkwasser, selbst die Existenz einer Lepraklinik nur eine Viertelmeile vom Haus entfernt – hätte sie auf die eine oder andere Art negativ beeinflussen können. Aber ich hatte ihre Flexibilität unterschätzt; sie paßten sich besser an, als ich für möglich gehalten hätte, und schienen mit allem vollkommen zufrieden. Sie behaupteten, daß das Fehlen von fließendem Wasser in den Badezimmern ihnen nichts ausmache, und lobten regelmäßig die von Appuhamy, unserem Hauskoch, zubereiteten Curries. Da beide in den Siebzigern standen, stellten weiter entfernte oder unzugängliche Ziele keine besondere Verlockung für sie dar. Sie begnügten sich damit, in der Nähe des Hauses zu bleiben, zu lesen, zu schlafen, wenn es Abend wurde, im Ozean zu baden und in einem gemieteten Wagen kleine Ausflüge entlang der Küste zu unternehmen. Wenn der Fahrer unvermutet an einer heiligen Stätte anhielt, um eine Kokosnuß zu opfern, waren sie entzückt, und wenn sie auf eine Herde von Elefanten stießen, die die Straße entlangtrotteten, mußte das Auto schon ein Stück vorher anhalten, damit sie sie näher kommen und vorbeigehen sehen konnten. Sie hatten kein Interesse am Fotografieren, und das ersparte mir die vielleicht ermüdendste Pflicht eines Fremdenführers: das ständige Warten, während sich das Ritual zwischen Mensch und Maschine abspielt. Sie waren ideale Gäste.

Colombo, wo alle Leute wohnten, die ich kannte, war weniger als hundert Meilen entfernt. An mehreren Wochenenden fuhren wir dorthin, nachdem ich zuvor telefonisch mit Freunden alles arrangiert hatte. Dort tranken wir Tee auf den großen Veranden mancher Häuser in Cinnamon Gardens und speisten zu Abend mit Professoren der Universität, protestantischen Geistlichen und diversen Mitgliedern der Regierung. (Vielen Singhalesen kam es seltsam vor, daß ich meine Eltern mit Vornamen ansprach – Dodd und Hannah –; einige fragten, ob ich wirklich ihr Sohn oder adoptiert worden sei.) Diese Wochenenden in der Stadt waren heiß und ermüdend, und die beiden waren jedesmal froh, wieder nach Hause zu kommen, wo sie in bequemere Kleidung schlüpfen konnten.

Eines Sonntags, nicht lange vor ihrer Heimreise nach Amerika, beschlossen wir, die Pferderennen von Gintota zu besuchen. Dort gab es auch einen botanischen Garten, den Hannah sehen wollte. Ich reservierte Zimmer im New Oriental in Galle; hier aßen wir zu Mittag, ehe wir aufbrachen.

Wie üblich verspätete sich der Start. Es waren ohnehin die Besucher, die den Mittelpunkt des Interesses bildeten. Die Phalanx von Frauen in seidendurchwirkten Saris entlockte Hannah Ausrufe des Entzückens. Die Rennen selbst waren eine Enttäuschung. Als wir die Rennbahn verließen, sagte Dodd mit Wohlbehagen: »Es wird guttun, wieder im Hotel zu sein und sich etwas auszuruhen.«

»Aber wir wollten doch zum botanischen Garten«, erinnerte ihn Hannah. »Ich will nur kurz reinschauen.«

Dodd war nicht besonders angetan. »Derartige Anlagen sind ziemlich ausgedehnt, weißt du«, sagte er.

»Wir werfen nur einen Blick hinein und gehen wieder«, versprach sie.

Der Mietwagen brachte uns bis zum Eingang. Dodd war müde und hatte deshalb gewisse Schwierigkeiten beim Gehen. »Seit ungefähr einem Jahr scheinen mir meine Beine nicht mehr richtig zu gehorchen«, erklärte er.

»Ihr beiden könnt langsam hinterherkommen«, sagte Hannah. »Ich laufe voraus und schaue, ob es etwas Aufregendes zu sehen gibt.«

Wir blieben stehen, um einen Gewürznelkenbaum zu betrachten; sein durchdringender Geruch erfüllte die Luft. Als wir uns abwandten, um unseren Spaziergang fortzusetzen, war Hannah nicht mehr zu sehen. Wir gingen unter der hohen Vegetation weiter, folgten dem Pfad um eine Ecke und entdeckten noch immer keine Spur von ihr.

»Was zum Teufel denkt sich deine Mutter? Sie wird sich im Handumdrehen verirrt haben.«

»Sie ist irgendwo weiter vorn.«

Kurz darauf, am Ende eines von verschlungenen Lianen überwucherten Weges, sahen wir sie, teilweise verdeckt von der gestikulierenden Gestalt eines Singhalesen, der neben ihr stand.

»Was geht da vor?« Dodds Schritte wurden schneller.

»Lauf hin«, sagte er, und ich beschleunigte meinen Schritt. Dann sah ich Hannahs lebhaftes Lächeln und ging langsamer. Sie und der junge Mann standen vor einem großen Beet mit braunem Spinnen-Ragwurz.

»Ah! Ich glaubte schon, wir hätten dich verloren«, sagte ich.

»Sieh dir diese Orchideen an. Sind sie nicht wunderbar?«

Dodd kam näher, nickte dem jungen Mann zu und inspizierte die Blüten. »Mir sehen sie mehr aus wie Aronstab«, erklärte er.

Der junge Mann brach in wildes Gelächter aus. Dodd starrte ihn an.

»Der Herr hat mir die Geschichte des Gartens erzählt«, begann Hannah hastig. »Von dem Widerstand dagegen und wie er schließlich doch angelegt wurde. Sehr interessant.«

Der Singhalese strahlte triumphierend. Er trug eine weiße Flanellhose und einen roten Blazer, und sein glattes schwarzes Haar schimmerte metallisch-blau in der Sonne.

Gewöhnlich mache ich einen großen Bogen um Fremde, die mich in ein Gespräch verwickeln wollen. Diesmal war es zu spät; von Hannah ermuntert, schlenderte der Fremde neben ihr zurück zum Hauptpfad. Dodd und ich wechselten einen Blick und folgten ihnen.

Irgendwo am Rand des Gartens hatte man unter hohen Gummibäumen einen Pavillon errichtet. Auf der Veranda ruhten in Sarongs gehüllte Männer in Liegestühlen. Der junge Mann blieb stehen. »Jetzt lade ich Sie zu einem kalten Ingwerbier ein«, sagte er.

»Oh«, antwortete Hannah überrumpelt. »Nun ja. Das wäre nett. Ein bißchen ausruhen kann nicht schaden.«

Dodd warf einen Blick auf seine Armbanduhr. »Ich verzichte auf das Bier, aber ich setze mich hin und schaue euch zu.«

Wir nahmen Platz und sahen ins üppige Grün. Die Konversation des jungen Mannes sprang von einem Thema zum nächsten; er schien unfähig, einen Gedankengang über seinen Beginn hinaus zu verfolgen. Ich hielt das für ein schlechtes Zeichen und versuchte Hannahs Tonfall zu entnehmen, ob sie ihn genauso unangenehm fand wie ich.

Dodd hörte nicht zu. Er empfand die Hitze im Flachland von Ceylon als drückend, und es war kaum zu übersehen, daß er erschöpft war. In der Annahme, ich könnte ihn von dem Geschwätz des jungen Mannes ablenken, wandte ich mich Dodd zu und begann zu reden, was mir gerade in den Sinn kam: das Wiederaufleben der Maskenherstellung in Ambalangoda, Teufelstänze, den hohen Anteil von Kriminellen unter den zum Christentum bekehrten Fischern. Dodd lauschte, nickte jedoch nur hin und wieder mit dem Kopf.

Plötzlich hörte ich, wie der junge Mann zu Hannah sagte: »Ich habe genau das richtige Haus für Sie. Ein Geschenk des Himmels, genau auf Ihre Bedürfnisse zugeschnitten. Sehr ruhig und abgelegen.«

Sie lachte. »Um Gottes willen, nein! Wir suchen nicht nach einem Haus. Wir sind nur noch wenige Wochen hier.«

Ich sah sie streng an, in der Hoffnung, sie würde meinen Blick als Warnung verstehen und ihm nicht verraten, wo sie wohnte. Der junge Mann achtete ohnehin nicht darauf. »Wie Sie wollen. Sie kaufen keine Häuser. Aber dieses Haus sollten Sie sich ansehen und dann Ihren Freunden davon erzählen. Eine erstklassige Investition, kein Zweifel. Darf ich mich vorstellen, bitte? Justus Gonzag, meine Freunde nennen mich Sonny.«

Sein Lächeln, das gar kein Lächeln war, war mir geradezu physisch unangenehm.

»Kommen Sie trotzdem. Es sind garantiert nur fünf Minuten zu Fuß.« Er musterte Hannah forschend. »Ich will Ihnen ein Buch mit Gedichten schenken. Meine eigenen.

Mit einer Widmung und Ihrem Namen darin. Ich würde mich glücklich schätzen.«

»Oh«, sagte Hannah, mit einem Hauch von Entsetzen in der Stimme. Dann nahm sie sich zusammen und lächelte. »Das wäre reizend. Aber bitte verstehen Sie, wir können nur einen Augenblick bleiben.«

Es folgte ein Schweigen. Dodd fragte kläglich: »Können wir nicht wenigstens den Wagen nehmen?«

»Unmöglich, Sir. Es ist eine enge Straße. Ein Wagen kommt da nicht durch. Aber das haben wir gleich.« Er rief. Ein Kellner eilte herbei, und er sprach eine Weile auf singhalesisch mit ihm. Der Mann nickte und ging hinein. »Ihr Fahrer bringt jetzt den Wagen zu diesem Tor. Ganz in der Nähe.«

Das ging etwas zu weit. Ich fragte ihn, wie denn irgend jemand wissen sollte, welches unser Wagen sei.

»Kein Problem. Ich war in der Nähe, als Sie aus dem Pontiac stiegen. Ihr Fahrer heißt Wickramasinghe. Kommt aus den Bergen, äußerst zuverlässig. Die Leute hier unten sind unmöglich.«

Meine Abneigung wuchs mit jedem Satz, den er sprach. »Sie sind nicht von hier?« fragte ich.

»Nein, nein! Ich komme aus Colombo. Diese Leute hier sind unglaubliche Schurken. Jeder dieser Kerle hat ein Messer im Gürtel, garantiert.«

Als der Kellner die Rechnung brachte, setzte er rasch einen Schnörkel darauf und erhob sich. »Wollen wir dann aufbrechen?«

Niemand antwortete, doch wir alle standen auf und bewegten uns unschlüssig in Richtung Ausgang. Dort wartete unser gemieteter Wagen; Mr. Wickramasinghe saß hinter dem Steuer und grüßte.

Die Nachmittagshitze hatte sich gelegt und hielt sich nur noch vereinzelt unter den Bäumen, wo die Luft unbewegt war. Ursprünglich war der Weg, auf dem wir gingen, breit genug gewesen, um einen Ochsenkarren passieren zu lassen, aber die an beiden Seiten vordringende Vegetation hatte ihn zu kaum mehr als einem Fußpfad schrumpfen lassen.

Am Ende des Weges erhoben sich zwei steinerne Pfosten ohne Tor. Wir traten hindurch und begaben uns zu einem großen Anwesen, das auf zwei Seiten von verfallenen Stallungen begrenzt war. Mit Ausnahme eines kleinen Anbaus war das Haus vollkommen unter hohen Büschen und blühenden Bäumen verborgen. Als wir an die Tür kamen, blieb der junge Mann stehen und drehte sich mit erhobenem Zeigefinger zu uns um. »Kein Lärm, nicht wahr? Nur die Vögel.«

Es war die Stunde, in der die Vögel aus der Lethargie des Tages erwachen. Vielstimmiges Zwitschern drang aus den Bäumen. Er senkte den Finger und wandte sich wieder zur Tür. »Morgens singen sie. Jetzt nicht.«

»Oh, es ist herrlich«, sagte Hannah.

Er führte uns durch eine Reihe von dunklen, verlassenen Zimmern. »Hier hat der *dhobi* die schmutzige Wäsche gewaschen! Das hier ist die Küche, sehen Sie? Ceylonesischer Stil. Nur Kohle. Mein Vater lehnte Paraffinöl und Gas ab. Schon in Colombo.«

Wir drängten uns in einem kurzen Flur, während er eine Tür öffnete, hineinlangte und den Raum in grelles Licht tauchte. Es war ein kleines Zimmer, und es wirkte noch kleiner durch die glänzende rote Verkleidung von Decke und Wänden. Ein großes Bett, über das eine Satindecke in etwas dunklerem Rot gebreitet war, nahm fast den ganzen Raum ein. Eine Reihe von Stühlen mit geraden Lehnen stand an der Wand. »Nehmen Sie Platz und machen Sie es sich bequem«, sagte unser Gastgeber.

Wir setzten uns und starrten auf das Bett und die drei gerahmten Bilder an der Wand über dem messingverzierten Kopfende: auf dem linken ein Mädchen, in der Mitte unser Gastgeber und auf dem rechten ein anderer junger Mann. Die Porträts hatten die Unschärfe von Paßfotos, die um ein Vielfaches vergrößert worden waren.

Hannah hustete. Sie hatte nichts zu sagen. Im Zimmer hing ein widerlicher Geruch nach altem Weihrauch wie in einer nicht mehr benutzten Kapelle. Die Absurdität, die ich empfand, als ich uns Seite an Seite dasitzen sah, eingezwängt zwischen Bett und Wand, war so stark, daß sie meine Gedanken vorübergehend lähmte. Endlich war der junge Mann still; er saß steif da und blickte geradeaus wie jemand im Theater.

Schließlich mußte ich etwas sagen. Ich wandte mich an unseren Gastgeber und fragte ihn, ob er in diesem Raum schlafe. Die Frage schien ihn zu schockieren. »Hier?« rief er, als wäre es unvorstellbar. »Nein, nein, das Haus steht leer. Hier schläft niemand. Nur ein kräftiger Bursche, der nachts Wache hält. Entschuldigen Sie mich einen Augenblick.«

Er sprang auf und eilte aus dem Zimmer. Wir hörten, wie das Geräusch seiner Schritte im Gang widerhallte und dann erstarb. Irgendwo im Haus schlug eine Standuhr; ihr tröstlicher Klang ließ das blutrot schimmernde Gemach noch ferner und unwirklicher erscheinen.

Dodd rutschte unbehaglich auf seinem Stuhl hin und her; das Bett stand zu nahe, als daß er die Beine hätte übereinanderschlagen können. »Sobald er zurückkommt, gehen wir«, murmelte er.

»Wahrscheinlich sucht er das Buch«, sagte Hannah.

Wir warteten eine Weile. Dann sagte ich: »Paßt auf. Wenn er in zwei Minuten nicht da ist, stehen wir einfach auf und gehen. Wir finden schon allein hinaus.«

Hannah wandte ein, das wäre unverzeihlich.

Wieder saßen wir schweigend nebeneinander; Dodd schützte seine Augen vor dem gleißenden Licht. Als Sonny Gonzag zurückkam, hielt er ein Glas Wasser in der Hand, aus dem er, auf der Türschwelle stehend, trank. Sein Gesicht hatte sich verändert: er sah angespannt aus, und er atmete schwer.

Wir standen langsam auf, Hannah noch immer erwartungsvoll.

»Gehen wir? Kommen Sie.« Mit dem leeren Glas noch in der Hand, knipste er das Licht aus, schloß die Tür hinter uns, öffnete eine andere und führte uns eilig durch einen luxuriös eingerichteten Raum, in dem große Sofas, Wandschirme von der Koromandelküste und bronzene Buddhas standen. Wir hatten kaum Zeit, nach rechts und links zu schauen, während wir ihm folgten. Als wir durch die Eingangstür hinausgingen, rief er ein gebieterisches Wort ins Innere des Hauses, offensichtlich für den Wachmann bestimmt.

Auf dieser Seite des Hauses erstreckte sich eine große, ungepflegte Wiese, wo einige Gruppen hoher Areca-Palmen langsam vom Blattwerk und den Luftwurzeln des Philodendron, der sich um ihre Stämme wand, erdrückt wurden. Schlingpflanzen hatten sich über das Gestrüpp gebreitet wie häßliche Maschen eines überdimensionalen Spinnennetzes. Ich wußte, daß Hannah an Schlangen dachte. Sie starrte die ganze Zeit auf den Boden und trat vorsichtig von einem Stein zum nächsten, während wir am

Haus entlang bis zu den Stallungen gingen und dann in den Pfad einbogen.

Rasch hatte sich die Dämmerung über das Land gelegt. Niemand schien zum Sprechen aufgelegt. Als wir den Wagen erreichten, stand Mr. Wickramasinghe daneben.

»Also dann: auf Wiedersehen, und empfehlen Sie Ihren Freunden, nach Sonny Gonzag zu fragen, wenn sie nach Gintota kommen.« Er reichte Dodd die Hand, dann mir, schließlich Hannah, und dann ging er.

Auf dem Rückweg nach Galle waren beide sehr schweigsam. Die Straße war schmal, und die blendenden Scheinwerfer der entgegenkommenden Wagen machten sie nervös. Während des Abendessens erwähnten wir den Nachmittag mit keinem Wort.

Erst beim Frühstück auf der von der Morgenbrise durchfächelten Veranda konnten wir darüber sprechen. Hannah sagte: »Ich bin immer wieder aufgewacht und habe dieses schreckliche Bett vor mir gesehen.«

Dodd stöhnte.

Ich sagte: »Es war wie Fernsehen ohne Ton. Man sah alles, hatte aber keine Ahnung, worum es ging.«

»Der Bursche war nicht ganz bei Trost, das merkte man aus einer Meile Entfernung«, erklärte Dodd.

Hannah hörte nicht zu. »Es muß das Zimmer eines Hausmädchens gewesen sein. Aber warum hat er uns dorthin geführt? Ich weiß nicht; die ganze Sache hat etwas furchtbar Deprimierendes. Mir wird beinahe übel, wenn ich nur daran denke. Und dieses Bett!«

»Nun, dann denke nicht mehr daran«, sagte Dodd. »Ich werde es auf der Stelle aus meinem Gedächtnis streichen.« Er wartete einen Augenblick. »Schon fühle ich mich besser! Machen die Buddhisten es nicht genauso?«

Die sonnigen Ferien setzten sich noch ein paar Wochen so fort, nun mit längeren Ausflügen in den Osten, nach Tissamaharana und zu den wilden Elefanten im Yala-Reservat. Wir kamen erst wieder nach Colombo, als ich sie zum Flugzeug brachte.

Der Wind trieb die pechschwarzen Monsunwolken aus Südwest heran, während wir die Küste entlangfuhren. Als wir am Nachmittag in Mount Lavinia eintrafen und unsere Zimmer bezogen, gab es einen heftigen Regenguß. Das Krachen der Wellen vor meinem Fenster war so laut, daß Dodd die Fenster schließen mußte, um verstehen zu können, was wir sagten.

Ich hatte den Ausflug nach Colombo genutzt, um eine Verabredung mit meinem Anwalt, einem Telugu sprechenden Inder, zu arrangieren. Wir wollten uns in der Bar des Galleface treffen, ein paar Meilen die Küste hinauf. »Ich werde gegen sechs zurück sein«, sagte ich zu Hannah. Der Regen hatte ein wenig nachgelassen, als ich mich auf den Weg machte.

Ein feuchter Wind trieb durch die Lobby des Galleface, doch in der Bar wurde die verrauchte Luft nur von Ventilatoren bewegt. Die erste Person, die ich beim Eintreten bemerkte, war Weston von der Chartered Bank. Der Anwalt war noch nicht da, also trat ich zu Weston an die Theke und bestellte einen Whisky.

»Habe ich Sie nicht letzten Monat bei den Pferderennen in Gintota gesehen? Mit einem älteren Paar?«

»Das waren meine Eltern. Ich habe Sie nicht bemerkt.«

»Ich war mir nicht sicher, ich stand zu weit entfernt. Aber ich sah dieselben drei Personen später mit einem Bürger der Stadt. Was halten Sie von Sonny Gonzag?«

Ich lachte. »Er hat uns zu seinem Haus geschleppt.«

»Ich nehme an, Sie kennen die Geschichte.«

Ich schüttelte den Kopf.

Die Geschichte, die er mit Vergnügen erzählte, begann an Gonzags Hochzeitstag, als er das Zimmer einer Hausangestellten betrat und dort seine Braut mit einem Freund, der Trauzeuge gewesen war, im Bett überraschte. Wie er eine Pistole bei sich haben konnte, blieb ein Rätsel, jedenfalls schoß er beide in den Kopf und hackte ihre Leichen später in Stücke. »So etwas ist hier natürlich nichts Besonderes«, erklärte Weston. Doch es war das Verfahren, das einen Skandal verursachte. Gonzag verbrachte einige Wochen in einer Nervenklinik und wurde dann entlassen.

»Sie können sich vorstellen, was los war«, sagte Weston. »Politischer Aufruhr. Die Armen wandern wegen einer Handvoll Reis ins Gefängnis, während die Reichen ungestraft töten dürfen und so weiter. Noch heute finden sich gelegentlich Anspielungen darauf in den Zeitungen.«

Ich dachte an das rote Jackett und den botanischen Garten. »Nein. Ich habe nie davon gehört«, sagte ich.

»Er ist verrückter, als die Polizei erlaubt, aber er ist frei und kann tun und lassen, was er will. Und alles, was er jetzt noch will, ist, Leute in sein Haus zu führen und ihnen das Zimmer zu zeigen, in dem das große Ereignis stattfand. Je mehr, um so besser.«

Ich sah meinen Anwalt die Bar betreten. »Es ist unglaublich, aber ich zweifle nicht an Ihren Worten«, sagte ich zu Weston.

Dann wandte ich mich um und begrüßte den Inder, der über die schlechte Luft im Raum klagte. Wir setzten uns in die Halle.

Es gelang mir, so zeitig in Mount Lavinia anzukommen, daß ich vor dem Abendessen noch ein Bad nehmen konnte. Während ich im lauwarmen Wasser lag, versuchte ich mir die Reaktion von Hannah und Dodd auszumalen, wenn ich ihnen erzählte, was ich erfahren hatte. Ich selbst war höchst zufrieden, den Rest der Geschichte zu kennen. Doch sie waren alt und würden vielleicht anfangen zu grübeln oder es im nachhinein zu einem so unangenehmen Erlebnis hochstilisieren, daß es die Erinnerung an die Ferien beeinträchtigte. Ich hatte mich noch nicht entschieden, ob ich es ihnen sagen sollte oder nicht, als ich zu ihrem Zimmer ging, um sie zum Abendessen abzuholen.

Wir setzten uns an einen Tisch, der möglichst weit von der Musik entfernt war. Hannah hatte sich eleganter gekleidet als gewöhnlich, und sie unterhielten sich auch ein wenig munterer. Ich merkte, daß sie froh waren, nach New York zurückzukehren. Nach dem zweiten Gang fingen sie an, die Höhepunkte ihres Aufenthaltes Revue passieren zu lassen: der Tempel des heiligen Zahns; das Paar bengalischer Tigerjungen in Dehiwala, das sie gestreichelt, bedauerlicherweise jedoch nicht gekauft hatten; das indonesische Dinner in Mr. Bultjens Garten, wo ein Hirtenstar zu Hannah gehüpft war und gekrächzt hatte: »Iß auf!«; die Kobra unter dem Sofa auf Mrs. de Sylvas Teeparty.

»Und jener seltsame junge Mann in dem merkwürdigen Haus«, setzte Hannah hinzu.

»Wie war das noch?« fragte Dodd und runzelte die Stirn, während er sich zu erinnern versuchte. Dann fiel es ihm wieder ein. »O Gott«, murmelte er. »Dein spezieller Freund.« Er wandte sich zu mir. »Deine Mutter hat wirklich eine Vorliebe für diese Typen.«

Draußen rauschte der Ozean. Hannah schien in Gedanken verloren. »Jetzt weiß ich, wie es war«, rief sie plötzlich.

»Es war, als würde man von einem *bhikku* durch einen der Tempel geführt. Heißen sie nicht so?«

Dodd sog die Luft ein. »Und was für ein Tempel«, gluckste er.

»Nein, ich meine es ernst. Dieser Raum hatte eine besondere Bedeutung für ihn. Es war eine Art Grabmal.«

Ich sah sie an. Sie war der Sache auf den Grund gekommen, ohne die Einzelheiten zu kennen.

»Das Gefühl hatte ich auch«, sagte ich. »Natürlich werden wir es nie genau wissen.«

Sie lächelte. »Was ich nicht weiß, macht mich nicht heiß.«

Ich hatte sie den Ausdruck tausendmal verwenden hören, ohne je verstehen zu können, was sie damit meinte, denn er schien so offensichtlich falsch. Doch dieses eine Mal traf er zu. Ich nickte und sagte: »Ganz recht.«

Zeitstellen

Zeitstellen

1

Nach einer halben Tagesreise kamen sie an einen großen See oder Sumpf. Heute gibt es so einen Ort nicht; die Lagunen liegen alle nördlich des Kaps. Im Süden wird die Küste entweder von Klippen, Steilhängen oder Fels- und Sandstränden geschützt.

Auch gibt es keinerlei Hinweis, daß da früher ein See war, und die plötzlichen Winterregen, die jedes trockene Flußbett in einen von Ufer zu Ufer tosenden Wasserlauf verwandeln, können nicht zu Überflutungen führen, die man für einen Sumpf oder See halten könnte.

Er träumte von einem kreisenden Habicht. Eine Warnung, sagten die anderen. Und sie stiegen nach Asana hinunter, und ein Blinder am Eingang zur Stadt erhob seine Hand und sprach.

Hütet euch vor dem Wind, der über dem Ort weht. Die Trommeln, die ihr hört, sind nicht von unserem Volk, und auch die Hände nicht, die die Häute schlagen.

Er sah das Gesicht des Blinden und erinnerte sich an den Habicht. Hinter den Mauern und darüber hoben sich die Hügel weiß und hart vom Mittagshimmel ab.

Und sie betraten Asana nicht, sondern wandten sich

nach Süden, und zogen über eine leere Ebene, bis sie das Ufer eines Flusses erreichten.

Asana wurde zerstört. Nur Staub blieb zurück.

Eine andere Straße führte von Tocolosida nach Tingis. Der erstgenannte Ort ist unsicher. Er könnte Mghila oder Zarhun gewesen sein, aber es war weder Amergo noch Ksar Faraun. Die Steine von Tocolosida liegen dort in den Schatten am Fuß des Felsens.

Der maurische Sultan (dem bei Sierra Morena von den Spaniern eine solche Niederlage zugefügt worden war, daß die Sieger mehrere Tage lang nur die Spieße, Lanzen und Pfeile ihrer gefallenen Feinde als Feuerholz verwendeten) antwortete denen, die ihn gefangengenommen hatten, mit großer Würde, er hätte gerade die Paulusbriefe gelesen, die ihm so sehr gefielen, daß er sich für das Christentum entscheiden würde, wenn er einen anderen Glauben wählen müßte.

Aber bei sich (Christen haben den Geist kleiner Kinder) dachte er, daß jeder Mensch in dem Glauben sterben sollte, in den er hineingeboren worden war. (Und das wird wahrscheinlich nicht in diese schweinefleischgenährten Hirne dringen.) Das einzige, was mir an Paulus nicht gefällt, ist, daß er sich vom Judentum abgewandt hat, sagte er zu ihnen und lächelte.

Der alte Friedhof bei den Grotten ist verwüstet worden. Zu unserem großen Kummer haben sie ihn in Ackerland verwandelt. Und bei den sieben Sefarim und den sieben Himmeln, bei den zwölf Böcken, bei dem Brot und dem Salz, bei dem Namen und dem Opfer, wir schwören, daß dem Recht Genüge getan werden soll.

Einige können sich an jenen Sommer erinnern. Der Atem der Sonne verdorrte, was er berührte. Niemand ging aus, denn in der unteren Stadt war das Fieber ausgebrochen.

Sie sagen, daß er einen von Mauern umgebenen Garten hatte, in dem er in der Abenddämmerung spazierenging. Der Garten hätte auch sein Gefängnis sein können, doch er war frei und hatte Zeit, den Gefahren nachzuspüren, die ihn von innen her bedrängten. ›Soll die Säule des Gesetzes zerschmettert und das Gebäude dem Erdboden gleichgemacht, die Mishnah entweiht und mit Füßen getreten werden?‹ Mit den sieben Geboten der Gerechten mag die Erinnerung an Rolle und Los dieses Mannes uns erhalten bleiben.

Niemand ging aus. Wir warteten in unseren verdunkelten Räumen, und bei jedem Windhauch, der die Rolläden klappern ließ, durchfuhr uns ein Schauer. Mögen die, die das Fieber hinweggerafft hat, in Eden ruhen und unter dem Baum des Lebens ihre Wohnstatt haben.

2

Im Laufe seiner Reisen in Portugal war Fra Andrea von Spoleto einem Mann begegnet, dem er große Sympathie entgegenbrachte, und es traf sich, daß der Mann ein Moslem war. Er hatte bis dahin niemanden kennengelernt, der sich zu diesem Glauben bekannte, weil es sich nicht gefügt hatte, daß das Franziskanerkloster, in dem er lebte, von einem Moslem besucht worden wäre, und nachdem er mit diesem Herrn aus Marokko eine Stunde im Gespräch zugebracht hatte, entdeckte er mit großer Verwunderung, daß dieser nicht nur mit der christlichen Lehre vollkommen vertraut war, sondern sich mit bestimmten Grundsätzen tatsächlich in Übereinstimmung befand.

Sie sahen einander oft in jenem Jahr. Als Ergebnis ihrer immer engeren Freundschaft faßte Si Musa den Gedanken, Fra Andrea nach Fez einzuladen, um dort eine kleine franziskanische Mission aufzubauen. Anfangs empfand der Mönch diese Vorstellung als bloßes Hirngespinst und als völlig undurchführbar. Dann ließ Si Musa einmal den Hinweis fallen, daß seine Frau die Schwester König Mohammeds VIII. war, der damals von Fez aus über Marokko herrschte.

Wie Sie wissen, hat Seine Majestät reichlich Gelegenheit gehabt, sich in die Schriften der Christen zu vertiefen, bemerkte Si Musa mit einem schiefen Lächeln. Fra Andrea nickte; er hatte verstanden, daß sich sein Freund auf die lange Einkerkerung des unglücklichen Königs durch die Portugiesen bezog.

Sie wissen, daß Einsamkeit und Studium einen Menschen tolerant machen können, fuhr er fort. Es würde ihm großes Vergnügen bereiten, Sie und Ihre Freunde in Fez zu haben, damit das Volk mit eigenen Augen sehen kann, daß nicht alle Ungläubigen Wilde sind.

Da brach Fra Andrea in schallendes Gelächter aus. Si Musa lächelte höflich – er begriff den Grund für Fra Andreas Fröhlichkeit nicht. Es war gerade diese Aufrichtigkeit des Marokkaners, an der der Mönch großes Vergnügen fand, und die zweifellos eine wesentliche Rolle dabei spielte, daß er den unwahrscheinlichen Vorschlag schließlich annahm.

Drei Jahre später kam Fra Andrea in Begleitung von Fra Antonio und Fra Giacomo, zwei anderen Franziskanern, in Fez an; sie waren gegangen, weil sie es für ihre Pflicht hielten, in Fez zur Hand zu sein, um sich für christliche Geiseln, die man für Lösegeld festhielt, verwenden zu können. Fra Andrea freute sich besonders auf die religiösen Gespräche mit den verschiedenen moslemischen Gelehrten, für die Si Musa ihm Empfehlungsschreiben mitgegeben hatte.

Vom Augenblick ihrer Ankunft an ging für die drei alles schief. Als Fra Andrea die Männer zu finden versuchte, für die er ein Schreiben bei sich hatte, stellte sich heraus, daß sie alle auf geheimnisvolle Weise Fez verlassen hatten. Der alte Palast in der Nähe des Fondouq Nejjarine, den ihm Si Musa zugesichert hatte, erwies sich als nicht verfügbar. In der Tat zog bereits die bloße Erwähnung von Si Musas Namen unfreundliche Blicke nach sich.

Bald erfuhr er den Grund. Während sie nach Fez unterwegs gewesen waren, hatte man einen neuen Monarchen gekrönt: König Ahmed III. Die Brüder nahmen diese Nachricht mit ausdruckslosen Gesichtern auf, aber untereinander sprachen sie bekümmert darüber und waren sich einig, daß das für ihr Vorhaben nichts Gutes bedeutete.

Man riet ihnen, sich in Fez Djedid nach einem Haus umzusehen, wo man Fremden nicht ganz so ablehnend begegnete wie in der Medina. Das Haus, das sie fanden, lag unweit vom Eingang zur Mellah. Es hatte nur drei kleine Räume, aber es gab einen Patio, den sie alsbald mit Topfpflanzen vollgestellt hatten.

Fra Antonio und Fra Giacomo gewöhnten sich schnell an das starre Leben ihres neuen Heims. Sie schienen in dem traurigen kleinen Haus zufrieden. Aber Fra Andrea fand keine Ruhe; er hatte damit gerechnet, lange Stunden in der Gesellschaft neuer Freunde zuzubringen, mit denen er sprechen konnte.

Die wenigen Ausflüge, die er in die Medina unternahm, überzeugten ihn, daß es besser war, sie nicht zu betreten. So begann er in der Mellah umherzustreifen, wo er zwar fast ebenso feindselig angestarrt wurde wie in der Medina, vor den Juden aber, und das war der Unterschied, keine Angst hatte. Er glaubte nicht, daß sie ihn tätlich angreifen würden, obgleich sie gewiß wegen der jüngsten Judendeportationen aus Spanien seiner Kirche gegenüber einen tiefen Groll hegten. Fra Andrea hielt ihre Feindseligkeit für politisch motiviert, wohingegen der Haß, dem er in der Medina begegnet war, jenseits solcher Erwägungen lag. Er fühlte sich frei, durch die Gassen der Mellah zu schlendern und den spanischen Gesprächen der Vorübergehenden zu lauschen.

Als er eines Abends gegen eine Mauer gelehnt stand und sich an den Bruchstücken der häuslichen Gespräche erfreute, die zu ihm auf die Straße drangen, kam ein stattlicher Mann des Weges, ging auf ihn zu und wünschte ihm einen guten Abend. Verlegen, da er auf der Lauer ertappt worden war, antwortete Fra Andrea kurz und wollte sich entfernen.

Der andere richtete abermals das Wort an ihn und wies auf eine Tür. Das sei sein Haus, sagte er, und bat ihn einzutreten. Erst als der Mönch in einem gut erleuchteten Raum stand, sah er, daß sein Gastgeber ein Rabbi war.

So lernte Fra Andrea Rabbi Harun ben Hamu kennen und begann ihn regelmäßig zu besuchen. Er hatte einen Marokkaner gefunden, mit dem religiöse und metaphysische Gespräche zu führen er sich durchaus vorstellen konnte. Rabbi Harun ben Hamu war äußerst höflich und schien bereit, sich auf eine ernste Auseinandersetzung einzulassen, aber Fra Andrea empfand es als notwendig, sorgfältig den Talmud zu studieren, ehe er Ansichten äußerte, die das jüdische Gesetz betrafen. Er konnte mit einigen Schwierigkeiten Hebräisch lesen, und dieses geringe Wissen, das er sich in frühen Jahren angeeignet hatte, kam ihm bei seinem gegenwärtigen Vorhaben sehr zustatten.

Über ein Jahr lang widmete er einen Großteil der ihm zur Verfügung stehenden Zeit dem intensiven Studium. Er füllte ein Buch mit Anmerkungen und lernte die Mishnah auswendig. In dieser Zeit besuchte er ständig das Haus des Rabbi, wo er schließlich zwei anderen Männern vorgestellt wurde, Rabbi Judah ibn Danan und Rabbi Shimon Saqali. Er bemerkte, daß die beiden die Anwesenheit eines ihnen nicht näher bekannten christlichen Bruders in ihrer Mitte nicht vorbehaltlos hinnahmen, und verspürte infolgedessen ein heftiges Verlangen, sie zu beeindrucken. Es fiel ihm schwer, dazusitzen und still zu sein, war er doch so begierig, mit ihnen über ihre Religion zu sprechen, aber er bereitete sich auf den Tag vor, an dem er ihnen in der Arena religiöser Polemik auf gleichem Fuße würde gegenübertreten können, und schwieg daher.

Als er befand, daß er das Gesetz ebensogut kannte wie sie, und vielleicht dessen Verhältnis zu Islam und Christentum sogar noch besser verstand als sie, entschloß er sich, bei der nächsten Zusammenkunft zu sprechen.

Nicht zu unrecht hatte er erwartet, daß sie ihm ungläubig und verwundert begegnen würden, wenn er das Wort an sie richtete. Sie hörten ihm zu, nickten bedächtig und waren von seiner seltsamen Verwandlung verblüfft. An einem Punkt seiner Ausführung bemerkte er, daß die halachischen Schriften wenig mit Gott zu tun hätten und daß sogar die haggadischen Midrashim keine Stellen enthielten, die auf die Natur Gottes eingingen.

Rabbi Shimon Saqali fuhr zusammen. Jeder Satz schließt eine unendliche Anzahl von Bedeutungen in sich, sagte er.

Und eine unendliche Anzahl von Bedeutungen ist genausoviel wert wie überhaupt keine Bedeutung! rief Fra Andrea. Als er den Ausdruck auf den Gesichtern der drei Männer sah, entschloß er sich, einen Scherz daraus zu machen, und lachte, was sie aber nur zu verwundern schien.

Im Fortgang des Gesprächs verspürte er ein starkes Verlangen, sie zu verwirren, sie mit ihren eigenen Widersprüchen zu konfrontieren. Er konnte auf eine jahrelange Erfahrung in der Kunst theologischer Argumentation zurückblicken, und dies hatte ihn mit einem außergewöhnlichen Gedächtnis ausgestattet. Er vermochte sich an die genauen Worte zu erinnern, die an diesem Abend über die Lippen jedes einzelnen gekommen waren, und zitierte sie genau, wobei er den ansah, der sie geäußert hatte.

Selbst Rabbi Harun ben Hamu war höchst erstaunt, weniger über den plötzlichen Ausbruch von Gelehrsamkeit seitens seines Freundes als über dessen meisterhafte Beherrschung der Logik. Rabbi Shimon und Rabbi Judah waren über Fra Andrea entsetzt; nachdem er aufgebrochen war, teilten sie das auch ihrem Gastgeber mit. Nie zuvor seien sie auf eine solche Weise gereizt und erniedrigt worden, erklärten sie.

Rabbi Harun, der seinem ausländischen Freund gegenüber leichte Besitzansprüche empfand, versuchte sie zu beruhigen. Der Christ hatte nichts Böses im Sinn, sagte er zu ihnen. Außerdem ist er keiner von uns.

Als sie ihm nicht erwiderten, fügte er hinzu: ein hervorragender Mann.

Ja, ungewöhnlich, sagte Rabbi Judah.

Als Fra Andrea in jener Nacht zu seinem Haus zurückkehrte, war er höchst zufrieden mit der Wirkung, die er bei seinen Zuhörern hervorgerufen hatte. Merkwürdigerweise lud Rabbi Harun ben Hamu die beiden anderen Rabbis und den Mönch weiter zusammen ein, und sie trafen sich weiter um seinen Tisch. Nach seinem ersten Ungeschick bemühte sich Fra Andrea, seine persönlichen Auffassungen bezüglich des Talmud nicht zum Ausdruck zu bringen. Die Gespräche beschränkten sich auf christliche Theologie. Mit teuflisch scharfem Geist und spitzer Zunge brachte Fra Andrea die anderen unweigerlich zum Schweigen. Rabbi Harun ben Hamu genoß seine Rolle als Gastgeber für diese feurigen Reden sehr. Und nach und nach begann er so manche Prämisse des Mönchs zu übernehmen. Die beiden anderen verfolgten mit Unbehagen seine immer größere Bereitschaft, in kleinen Dingen mit ihm übereinzustimmen. Das beunruhigte sie, und sie sprachen darüber, wenn sie unter sich waren.

Als sie eines Abends um Rabbi Harun ben Hamus Tisch saßen, bezeichnete Fra Andrea ohne zu überlegen die Targumim beiläufig als ungenaue und unverzeihlich platte Auslegungen. Rabbi Judah schlug mit der Faust auf den Tisch, doch entging dieses Zeichen der Warnung Fra Andreas Aufmerksamkeit.

Das Targum der Megilloth etwa, fuhr er fort, ist ein Stück beispiellosen Unsinns. Wie kann jemand solchen Absurditäten Glauben schenken?

Dann begann er mit großem Genuß das zweite Targum von Esther anzugreifen, ohne der bleichen Starre auf den

Gesichtern sowohl Rabbi Judahs als auch Rabbi Shimons Beachtung zu schenken.

Plötzlich legte Rabbi Judah seine Hand auf Rabbi Shimons Arm. Wie ein Mann erhoben sie sich und verließen das Haus. Fra Andrea hielt ein und wandte sich fragend an Rabbi Harun. Sein Gastgeber aber starrte vor sich hin, eine Mischung aus Zweifel und Schrecken im Gesicht.

Fra Andrea wartete. Langsam hob Rabbi Harun den Kopf und wies gleichsam flehentlich auf die Tür. Bitte, sagte er.

Er erhob sich nicht, als sein Gast das Haus verließ. Er hatte begriffen, daß die beiden anderen Rabbis zu dem Schluß gekommen waren, daß der Mönch mit Satan im Bunde stand. Obgleich Rabbi Harun ben Hamu ein ziemlich gebildeter Mann war, schien ihm diese Möglichkeit keineswegs ausgeschlossen. Er beschloß, den Christen unter keinen Umständen wiederzusehen.

Es wurde nie notwendig, daß er an seinem Entschluß hätte festhalten müssen. Zwei Tage später zogen alle angesehenen und älteren Männer der Mellah (mit Ausnahme von Rabbi Harun ben Hamu, den seine Brüder bereits von der Macht des Bösen verdorben glaubten) in einer Prozession zum Palast. Dort legten sie dagegen Beschwerde ein, daß sich ein fremder Zauberer, der geschickt worden war, um Zwietracht in ihrem Volk zu säen, in Fez aufhielt. Sie klagten Fra Andrea der »Verschwörung und magischer Handlungen« an.

Die Moslems, die nur allzu froh waren, einen Vorwand zu haben, um ihre Stadt von dem unerwünschten Christen zu befreien, fanden sich bereit, ihn zu verhaften.

Fra Andrea bekam keine Möglichkeit, sich gegen die Anschuldigungen zu verteidigen, sondern wurde sofort in eine Zelle geworfen, wo man ihn einige Stunden lang folterte. Schließlich spießte jemand seinen Körper auf einer Lanze auf.

3

Die Armada unter dem Wasser, und oben das spanische Festland, kamel- und safranfarben.

Shoubilia, Gharnatta, Kortoba, Magherit, gefallen im Laufe der Jahre, in der Dämmerung erinnert von den Vertriebenen in Fez.

Dann sandte Ahmed IV., der Kaiser von Marokko, Charles I. eine Botschaft, in der er ihm von seinem (angeblichen) Erfolg im Umgang mit den Piraten von Slâ berichtete und die Notwendigkeit britischer Hilfe für den Kampf gegen die Seeräuber von Algerien und Tunis andeutete.

Die Moriscos von Andalucía hatten sich zu allen Zugeständnissen bereit erklärt, sich jeder Schmach gefügt, sich sogar taufen lassen, öffentlich Rüben gegessen und das Kruzifix getragen, in der Hoffnung, der Verbannung zu entgehen.

Nichtsdestotrotz hielt die Inquisition ihre Bekehrung nicht für echt und fuhr fort, sie nach Slâ und Rabat zu deportieren, wo sie sich, da sie kein Arabisch sprachen, in einer sehr unvorteilhaften Lage befanden.

Hier war die Sonne heißer und die Wogen höher als zu Hause in Almería und Motril.

Der Fischfang zumindest war gut.

In der Nacht, in den Booten, konnten die Männer sprechen.

In jeder Sekunde verschwanden zehn Sterne hinter dem schwarzen Wasser im Westen.

Wenn wir in mehreren Booten hinausfuhren, sprachen wir von Vergeltung. Wie wäre es, wenn ein spanisches Schiff auftauchte und wir es überraschten und an Bord kletterten? Wie würden wir uns Befriedigung verschaffen?

Eines Tages kam ein solches Schiff vorbei. Es segelte geradewegs auf uns zu.

Bis sie uns entdeckt hatten, war es für sie zu spät, den Kurs des Schiffes zu ändern, und wir holten sie mühelos ein; jeder Mann zog mit ganzer Kraft an den Rudern.

Dann schrien wir: *Allah akbar!* und sprangen auf das Schiff.

Wir verloren nur drei von unseren Männern. Wir brachten alle Spanier um, nahmen, was wir konnten, in die Boote mit, und kehrten zurück in den Hafen.

Da wir nun ihr Blut gesehen hatten, fühlten wir uns besser.

Weiter südlich trieb das Schiff an Land.

Bald hatten wir abermals Glück, aber diesmal war es ein britisches Schiff. Wir waren klug genug, nicht mehr zu töten, als wir mußten.

Statt Besatzung und Passagiere niederzumetzeln, fesselten wir sie und nahmen sie mit nach Slâ zurück. Die Preise, die sie erzielten, waren ein Geschenk Allahs.

Nach und nach gaben wir das Fischen auf. Wir brachten unsere ganze Zeit damit zu, schnellere Boote zu bauen.

Als die Männer von Slâ dies sahen, machten sie sich an die Arbeit und taten es uns gleich.

Die Meere sind voll mit Christenschiffen, sagten sie. Es gibt genug für alle. Es gefällt dem Allerhöchsten, wenn die Reichtümer der Ungläubigen an den Islam zurückfallen.

Der Sultan schreibt den Königen in Europa: er bedauert den Sklavenhandel, Slâ liegt fernab von Marrakech, trotz großer Anstrengungen, die er unternimmt, um die Seeräuberei zu unterbinden, ist er nicht in der Lage, mit der Gesetzlosigkeit dort fertigzuwerden.

Er sagt ihnen nicht, daß er einen von zehn durch den Handel verdienten Guirch eintreibt.

In Fez heißt es, daß Moslems für Hochzeiten, Juden für Pesagh und Christen für Gerichtsklagen das meiste Geld ausgeben. Was die Leute von Fez aber Gerichtsklagen nennen, sind die verzweifelten Versuche von Europäern, sich bei lokalen Würdenträgern Gehör zu verschaffen, die bereit sind, ihnen bei der Abwicklung der Lösegeldzahlungen für ihre als Geiseln gefangengehaltenen Verwandten und Landsleute zu helfen.

Der Sultan schrieb den Briten.

»Lob dem Allerhöchsten allein! Und möge Allahs Segen allen zuteil werden, die für seinen Propheten eintreten.

Was die Männer betrifft, von denen Ihr sagt, daß man sie auf See gefangengenommen hat, weiß ich nichts über sie und habe auch nichts von ihnen gehört.

Unser Diener, Mohammed ben Hadu Aater, der bei Euch weilte, hat uns berichtet, daß es in Eurem Land kaum Löwen gibt und Ihr diese Tiere sehr schätzt. Als Euer Diener uns aufsuchte, fielen ihm unsere zwei kleinen jungen Löwen auf; wir geben sie ihm daher für Euch mit.«

Schwere See und ein Sturm aus Osten.

Ein englisches Kaperschiff lief bei Tagesanbruch in die Bucht ein. Wir schickten vier Männer los, um das Schiff in den Hafen zu bringen. Dann gingen wir alle schnell zum Strand und warteten am Fuß der Klippen.

Als der Bug am Riff aufschlug, schwammen wir hinaus und kletterten an Bord. Einige Passagiere sprangen ins Wasser.

Der Kapitän und die Besatzung waren an Deck. Diesmal hatten wir Befehl, so wenige wie möglich zu töten. Mit Ausnahme einer Engländerin, die ertrank, da sie über Bord sprang, brachten wir alle lebend in unseren Gewahrsam.

Die Ketten waren bereit, und wir trieben sie vor uns her durch Tanger.

In jener Nacht stürmte und regnete es wieder, und wir hatten unsere Zelte im Sand am Ufer des Oued Tahadartz aufgeschlagen.

Immer drei auf einmal brachten wir von der Besatzung herein, und sie nahmen mit ihren Ketten in unserem Zelt Platz.

Abdeslam ben Larbi wandte sich in ihrer Sprache an sie.

Nehmt den wahren Glauben an und ihr braucht nicht Sklaven zu sein.

Einige fluchten und schrien, der Rest jedoch willigte ein.

Es waren arme junge Menschen, die man kaum freikaufen würde.

In der letzten Stunde vor Morgengrauen nahm man ihnen die Fesseln ab und brachte sie leise über den Fluß. Wir haben sie nicht wiedergesehen.

Als der Tag anbrach, zogen wir mit unseren Gefangenen los. Um sicher zu sein, nahmen wir ihnen ihr schweres Schuhwerk weg. Sie gingen barfuß wie wir und klagten sehr, weil ihnen das, wie sie behaupteten, große Schmerzen bereitete.

Jeden Tag hatten mehr Gefangene blutige und geschwollene Füße. Einige konnten nicht mehr gehen, und wir ließen sie zurück. Wenn wir noch viele Tage gebraucht hätten, um Meknes zu erreichen, hätten wir alle verloren.

Die Berichte über die Eroberungen Emanuels des Glücklichen erwähnen die Einnahme von Azamur, wo die Sonne mit aller Kraft auf das Vorwerk der Festung fiel. Heißes Blei schoß die Rinnen herab. Zurück! schrie die Menge. Später stellten sie von allen Städten der Küste die feinsten Trommeln her. »Und es war keinem Christen erlaubt, auf dem Rücken eines Pferdes in die Stadt zu reiten, und kein Jude durfte sie betreten; es sei denn mit bloßen Füßen (wie in Fez und anderen Städten bis zum heutigen Tage).«

Am selben Tag kam dort ein junger Edelmann aus jenem Land zu uns an Bord. Er war vor seinem Vater geflohen, weil er unglücklicherweise seinen älteren Bruder umgebracht hatte, den sein Vater über alle Maßen liebte.

Im Hof. Beim Brunnen. Es war keine Zeit. Ich hörte meinen Vater an der Tür. Nicht einmal Zeit, um das Messer herauszuziehen. Nur um sich zu verstecken und dann aus dem Haus zu laufen. Allah! Allah!

Dieser junge Edelmann neigte dazu, die traurige Geschichte seines Mißgeschicks zu wiederholen und mit verschiedenen Wehklagen zu begleiten, und dies in einem solchen Ausmaß, daß sich unser guter Kapitän gezwungen sah, ihn im Dunkeln unten einzusperren, wo er die ganze Reise zubrachte. Man tut gut, sich daran zu erinnern, daß die marokkanischen Piraten ihr Handwerk von den aus den europäischen Gewässern vertriebenen englischen Seeräubern gelernt haben.

Und der Sultan schrieb den Briten.

»Und habt Kenntnis davon, daß wir durch unsere Diener von Eurem Herrn drei Kutschpferde erhalten haben; nun sind aber vier Pferde vonnöten, um eine Kutsche zu ziehen, weshalb Ihr uns unbedingt noch eines von derselben Art und Größe schicken müßt, damit sie die Kutsche mit vier Pferden ziehen können. Tut uns dies zu Gefallen, unter allen Umständen. Lebt wohl! Wir verlassen uns darauf. Geschrieben am siebten Tage des heiligen Monats Du El Kadah, im Jahre tausendunddreiundneunzig.«

4

Das Geräusch des Meeres, das der Wind heute durch die Straßen von Essaouira trägt, ist dasselbe wie vor zweihundert Jahren, als Andrew Layton dort gemeinsam mit zwei Franzosen, Messieurs Secard und Barre, ein kleines Exportgeschäft betrieb. Von Laytons Windhunden begleitet, ritten die drei Männer oft im umliegenden Land aus. Es lebten nur ganz wenige Europäer in der Stadt, und so wurden diese Ausflüge bald zu ihrem liebsten Zeitvertreib.

Eines Tages verließen die drei zusammen mit einem Angestellten, der bei ihnen im Büro arbeitete, auf ihren Pferden die Stadt. Um dem Wind zu entgehen, wandten sie sich ins Landesinnere, statt die Dünen im Süden entlangzureiten. Ihr Weg führte sie an mehreren kleinen Chleuhdörfern vorbei. Die Hunde hetzten kreuz und quer über das Buschland. Sie kamen zu einem Weiler, wo Männer und Frauen auf den Feldern arbeiteten. In der Nähe grasten Kühe. Die Windhunde jagten hin und fielen mit vereinten

Kräften über das Vieh her. Als ein Kalb zu Boden ging, legte ein Bauer im Feld sein Gewehr an und erschoß einen der Hunde. Die anderen suchten das Weite.

Die Europäer hatten es mit angesehen. Sie ritten hin und stiegen von den Pferden, aber ehe sie noch ein Wort gesprochen hatten, warfen die Feldarbeiter schon mit Steinen nach ihnen. Monsieur Barre wurde am schlimmsten getroffen. Ein allgemeines Handgemenge setzte ein, in dessen Verlauf Layton und seine Verbündeten von ihren Reitpeitschen freizügig Gebrauch machten. Dann wandten sie sich ab und galoppierten voller Entrüstung nach Essaouira zurück. Der Vorfall war außergewöhnlich und ihren Maßstäben zufolge empörend. Sie suchten sofort den Pascha auf.

Um die Europäer, mit denen er auf gutem Fuße stand, zu besänftigen, riet ihnen der Pascha erst einmal, ungeachtet des Windes von nun an statt an den Dörfern vorbei ins Landesinnere die Küste entlang nach Süden zu reiten. Dann erklärte er sich bereit, die Bauern vorzuladen. Am darauffolgenden Tag erschienen sie in großer Zahl in der Stadt. Sie befanden sich in einem Zustand großer Erregung und erhoben auf der Stelle ein wütendes Geschrei nach Wiedergutmachung. Einer Bäuerin fehlten zwei Zähne und sie bestand darauf, daß Layton sie ihr ausgeschlagen hätte. Wieder und wieder riefen die Dorfbewohner, im Namen Allahs und des Propheten, nach Gerechtigkeit.

Verwirrt von der Wendung der Ereignisse entschied sich der Pascha, die Angelegenheit an den Sultan weiterzuleiten. Nach geraumer Zeit traf eine Antwort von Seiner Majestät ein, die die betreffenden Parteien aufforderte, sich im Palast von Marrakech einzufinden.

Bei der Verhandlung, die schließlich in Anwesenheit des

Sultans stattfand, war Layton aufrichtig genug, den Vorfall getreu darzustellen. Dabei gab er zu, daß er die Frau mit dem Knauf seiner Peitsche ins Gesicht geschlagen und ihr dabei zwei Schneidezähne gebrochen hatte. Er bot an, eine Geldsumme zu zahlen, doch die Dorfbewohner lehnten seinen Vorschlag hartnäckig ab. Sie seien nicht nach Marrakech gekommen, weil sie Geld erwarteten, erklärten sie. Was sie forderten, sei eine tatsächliche Vergeltung: Layton müsse ihnen zwei Zähne von sich überlassen. Alles andere sei unannehmbar.

Da sich die Bauern im Recht befanden, wenn sie verlangten, daß dem Gesetz des Landes Genüge getan werde, hatte der Sultan keine andere Wahl, als den Befehl zu geben, die Zähne auf der Stelle zu ziehen. Der offizielle Zahnzieher trat vor, bereit anzufangen. Wenn auch beträchtlich aus der Fassung gebracht, war Layton so geistesgegenwärtig, darum zu bitten, ihm zwei Backenzähne zu ziehen, die ihm in letzter Zeit Schmerzen bereitet hatten. Die Kläger nahmen den Vorschlag an. Da Hinterzähne größer und schwerer als Vorderzähne sind, hatten sie das Gefühl, als Gewinner aus dem Handel auszusteigen.

Die Operation nahm unter den forschend prüfenden Blicken der Dorfbewohner ihren Lauf. Sie warteten darauf, den Ungläubigen vor Schmerzen schreien zu hören. Layton bewahrte jedoch während der ganzen Prozedur eine stoische Ruhe. Die Backenzähne wurden gewaschen und den Anwärtern übergeben, die vollkommen zufriedengestellt davonzogen.

Der Sultan hatte die Vorgänge mit wachsendem Interesse verfolgt, und er richtete es am darauffolgenden Tag ein, daß er Layton zu einem vertraulichen Gespräch traf, das er dazu benutzte, sich zu entschuldigen und zugleich seine Bewunderung für die Tapferkeit des Engländers zum Ausdruck zu bringen. Es wäre für ihn das mindeste, sagte er, seinem Gast nun jeden Wunsch zu erfüllen, um den er ihn bat.

Layton erwiderte, daß er nur die Ausstellung einer Ausfuhrerlaubnis für eine Weizenladung aus Essaouira zu beschleunigen ersuche. Seine Bescheidenheit und Redlichkeit veranlaßten den Monarchen, ihm ein persönliches Interesse entgegenzubringen, und die beiden wurden enge Freunde.

Es war die Hoffnung des Herrschers, daß man Layton mit der Zeit überzeugen könnte, den Posten eines britischen Konsuls in Marrakech anzunehmen. Dort, so hob er hervor, würde er zumindest nicht mit dem Wind zu kämpfen haben. Aber die Aussicht gefiel Layton nicht, der es vorzog, sein Leben mit seinen Pferden und Hunden in Essaouira fortzusetzen. Er habe sich schon an den Wind gewöhnt, sagte er.

5

Immer wenn sein Stamm in einer Schlacht gegen einen anderen Stamm einen Sieg errang, empfand Si Abdallah el Hassoun eine große innere Freude. Zugleich hielt er diese Freude für eine niedere Empfindung, die seiner nicht würdig war. Um seine Reinheit zu festigen, sagte er daher seinen Schülern Lebewohl und ließ sich in Slâ nieder, das am Meer liegt.

Es dauerte nicht lange, bis die Theologiestudenten seiner Schule mehrere aus ihren Reihen zu Si Abdallah schickten, um ihn zur Rückkehr zu bewegen. Ohne zu antworten, führte sie der Heilige zu den Felsen am Rande des Meeres.

Wie ungestüm doch das Wasser hier ist! rief er. Die Schüler stimmten ihm zu. Dann füllte Si Abdallah einen Krug mit Wasser und setzte ihn auf einem Felsen ab. Das Wasser hier drinnen jedoch ist ruhig, sagte er, und zeigte auf den Krug. Warum?

Ein Schüler antwortete: Weil es von dort herausgenommen worden ist, wo es war.

Nun seht ihr, warum ich hierbleiben muß, sagte Si Abdallah.

Tausende Nachmittage lang arbeitete im Fondouq Askour, während die Huren im Hof vor seinem Fenster zankten und kreischten, Sidi Moussa ed Douqqali besessen an seinem Werk. Er wollte Affodillenstengel genießbar machen, aber er starb, ohne daß es ihm gelang.

Sidi bel Abbes es Sebti war erst fünfzehn, als er sich, nachdem er begriffen hatte, daß er ein Heiliger war, nach Marrakech begab, um dort das Leben eines Heiligen zu führen. Vierzig Jahre lang ging er, nur mit einem Paar Serrouelles bekleidet, durch die Straßen der Medina und pries die Tugenden der Armut. Er war bekannt für die unflätigen Worte, mit denen er die tadelte, die sich mit ihm auf eine Auseinandersetzung einließen.

Sidi Belyout, der wilde Tiere zähmte, sah man nur in Begleitung seiner Lieblingslöwen. Und Sidi Abderrahman el Mejdoub, der mit Epigrammen und Prophezeiungen handelte, war nicht nur ein Heiliger. Er war auch verrückt, und stand daher in unmittelbarer natürlicher Verbindung mit dem Ursprung allen Wissens.

Jenseits der Mauern entlang des Oued Tensift gab es Höhlen, die in die Felsen aus roter Erde gegraben worden waren. Der Eingang zu Sidi Youssefs Höhle war durch hohe Dornsträucher geschützt und vom Fluß her nicht zu entdecken. Er suchte die Einsamkeit, und obwohl er für seine große Heiligkeit bekannt war, gestanden ihm die Leute aus Marrakech seine Zurückgezogenheit zu, denn er hatte Lepra. Er behauptete, daß ihm die Krankheit von Allah als Lohn für seine Frömmigkeit übertragen worden war. Wenn Stücke von seinem Fleisch sich in den Dornen verfingen und dort hängenblieben, dankte er aus ganzem Herzen für diese zusätzlichen Beweise göttlicher Gunst.

Es gab Tage, da die Schüler zitterten. Friert ihr? fragte der Meister.

Wir sollten im Hof sitzen, erklärten sie ihm. Hier haben sich Djenoun versteckt.

Sidi Ali ben Harazem tadelte sie und sprach: Seid still. Wenn die Gebete, die wir zu Allah entsandt haben, in die dunklere Welt zu dringen vermögen, ist es auch möglich, aus Feinden Freunde zu machen, und der Islam kann hier Einzug halten.

Und die Schüler zitterten und schrieben, während sie dem Murmeln des Wassers unter den Fliesen lauschten. Und Sidi Ali ben Harazem sprach bis in die Abenddämmerung, als die Schwalben über der Stadt schon verschwunden waren.

6

Vor eineinhalb Jahrhunderten lebte in einer der verwinkelten Nebengassen der Mellah von Fez ein angesehenes Paar, Haim und Simha Hachuel. Man wüßte heute nicht mehr von ihnen, wenn ihre Tochter Sol nicht mit außergewöhnlicher Schönheit begnadet gewesen wäre.

Da es jüdischen Mädchen erlaubt war, unverschleiert auf die Straße zu gehen, wurde die Schönheit Sol Hachuels bald in der ganzen Stadt zur Legende.

Junge Moslems stiegen von der Medina herauf, um durch die Mellah zu streifen in der Hoffnung, Sol beim Wasserholen auf ihrem Weg zu einer Quelle zu Gesicht zu bekommen.

Nachdem er sie einmal gesehen hatte, kam Mohammed Zrhouni jeden Tag und wartete, bis sie erschien, nur um sie anzustarren. Später dann sprach er mit ihr, und noch später schlug er ihr vor zu heiraten.

Sols Eltern lehnten die Idee rundweg ab: das würde ihre Abwendung vom Judentum nach sich ziehen.

Auch die Zrhouni-Familie war grundsätzlich dagegen: Sie wollte keine Jüdin im Haus, und wie die meisten Moslems glaubte sie, daß kein Übertritt eines Juden zum Islam als echt anzusehen war.

Mohammed war auf keinen Fall bereit, sich eine moslemische Braut zu nehmen, weil er sich dann in der Frage, welches Mädchen begehrenswert war, dem Wort seiner weiblichen Verwandten hätte fügen müssen; bis er einmal das Gesicht der Frau sehen könnte, wäre er bereits mit ihr verheiratet. Da die Überlegungen seiner Familie sich nach dem Brautgeld zu richten hatten, zweifelte er stark daran, daß irgendein von ihnen gewähltes Mädchen dem Juwel gleichkommen könnte, das er in der Mellah entdeckt hatte.

Sol ihrerseits war in ihren moslemischen Freier vernarrt. Die wütenden Predigten ihrer Eltern verstärkten nur ihre Besessenheit. Wie Mohammed sah sie keinen Grund, sich von den Ansichten der Älteren leiten zu lassen.

Das Unvermeidliche geschah: eines Tages verließ sie das Haus und kehrte nicht mehr zurück. Mohammed warf ihr einen *haik* über und ging mit ihr in die Medina hinunter und über die Brücke hinüber zum Haus seiner Eltern in Keddane.

Mohammed lebte mit seiner Mutter, seinen Tanten und seinen Schwestern; sein Vater war ein Jahr zuvor gestorben. Aus Achtung ihm gegenüber empfingen die Frauen des Haushalts seine Braut gebührend, wenn nicht begeistert, und man feierte Hochzeit, wobei die Frau ausdrücklich zum Islam übertrat.

Mohammeds Mutter ließ einmal fallen, daß die Braut wenigstens nichts gekostet hatte, und da begriff er, daß das der entscheidende Grund war, daß sie Sol widerwillig als ihre Schwiegertochter gebilligt hatte.

Beinahe sofort erkannte Sol, daß sie einen Fehler begangen hatte. Obwohl sie mit den moslemischen Gepflogenheiten vertraut war, hatte sie nicht daran gedacht, daß es ihr untersagt sein würde, das Haus der Zrhounis je zu verlassen.

Als sie Mohammed Vorhaltungen machte und darauf bestand, daß sie an die frische Luft mußte, erwiderte er ihr, daß allgemein bekannt war, daß eine Frau im Laufe ihres Lebens nur dreimal ausgeht: einmal, wenn sie geboren wird und den Bauch ihrer Mutter verläßt; einmal, wenn sie heiratet und das Haus ihres Vater verläßt; und einmal, wenn sie stirbt und diese Welt verläßt. Er riet ihr, wie andere Frauen auf dem Dach auf- und abzugehen.

Statt Sol nach und nach in den Kreis der Familie aufzunehmen, gaben ihr die Tanten und Schwestern zunehmend das Gefühl, ein Eindringling zu sein. Sie flüsterten miteinander und verstummten, wenn sie sahen, daß sie sich näherte.

Die Monate vergingen. Sol bat, ihre Mutter und ihren Vater besuchen zu dürfen. Sie konnten nicht zu ihr kommen, da ihre Anwesenheit das Haus entweiht hätte.

Es kam Sol ungerecht vor, daß Frauen die Moschee nicht betreten durften; wenn es nur möglich gewesen wäre, Mohammed zu begleiten und zu beten, hätte sie ihr Leben leichter ertragen. Sie vermißte die regelmäßigen Besuche in der Synagoge, wo sie mit ihrer Mutter oben saß und ihrem Vater zuhörte, wie er unten mit den anderen Männern sang.

Das Haus der Zrhounis war ihr zum Gefängnis geworden, und sie beschloß zu fliehen. Als es ihr also eines Tages gelungen war, den Schlüssel für die äußere Tür in die Hand zu bekommen, hüllte sie sich in ihren *haik* und schlüpfte leise auf die Straße hinaus. Sich weder nach links noch nach rechts umblickend, eilte sie die Talâa hinauf und wandte sich dann in Richtung Mellah.

Das Glück im Haus der Hachuels dauerte einen Tag. Erbost und erniedrigt durch die Flucht seiner Frau war Mohammed sofort zu den Ulema gegangen und hatte ihnen die Geschichte vorgetragen. Sie hörten ihn an, berieten sich, und erklärten seine Frau schuldig, vom Islam abgefallen zu sein.

Am darauffolgenden Nachmittag schlug ein Trupp Mokhaznia gegen die Tür des Hauses in der Mellah und ergriff das Mädchen. Wie sie auch schrie und klagte, sie zerrten sie aus dem Haus und schleppten sie, von einer großen Menschenmenge begleitet, durch die Straßen von Fez Djedid.

Vor dem Bab Segma schwärmte die Menge aus und bildete einen Kreis. Sol schrie und kämpfte gegen die Seile, die sie fesselten, als man sie zwang, im Staub niederzuknien.

Ein großer Mokhazni zog sein Schwert aus der Scheide, hob es hoch in die Luft, und schlug ihr den Kopf ab.

7

Die Tage leerer als die Nächte, die dazwischengleiten. Und in den Straßen wird geflüstert: Wo ist er?

Als man bei Sonnenuntergang die Waren wegräumte, erfüllte das Gemurmel den Souq.

In Eisen gelegt. In Fez.

Abdeljbar.

Hochgezogene Augenbrauen, schnelles Lächeln, verstehendes Nicken. Denn nachdem von den Rifkabylen ein Christenschiff verbrannt worden war, hatte Sultan Abderrahman in der Hoffnung, die Eigentümer zu versöhnen, seine Soldaten in das Rif entsandt. Sie wandten sich sofort an die Caids und Cheikhs und boten ihnen Silberreales im Tausch gegen die Namen der Schuldigen.

In der Stadt, in der Cheikh Abdeljbar lebte, gab es einen jungen Mann namens El Aroussi, der von jedermann ob seiner körperlichen Kraft und der Schönheit seiner Züge bewundert wurde. Aus ungeklärten Gründen verachtete Cheikh Abdeljbar den jungen Mann, und darüber sprach man viel im Souq. Es war schwer, die Ursache seiner Feindseligkeit auszumachen.

Die den Cheikh am wenigsten mochten, meinten, daß El Aroussi wahrscheinlich den älteren Mann einmal abgewiesen hatte, als dieser ihn zu verführen versuchte. Andere glaubten, daß der eifersüchtig veranlagte Cheikh dem jungen Mann die vielen Qualitäten nicht nachsehen konnte, die Allah ihm geschenkt hatte – und zwar vor allem die, die Mädchen und Frauen dazu brachten, stundenlang hinter ihren Gittern zu warten, um ihn vorübergehen zu sehen. Die Leute bewunderten El Aroussi; den Cheikh bewunderten sie nicht.

El Aroussi hatte mit dem verbrannten Schiff nichts zu tun, und der Cheikh war sich dessen vollauf bewußt. Gleichwohl gab er den jungen Mann als einen der Plünderer an. El Aroussi wurde in Fesseln gelegt und in ein Verlies nach Fez geschleppt.

Im Rif war Unrecht das tägliche Brot. Jeder in der Stadt wußte, was geschehen war, und jeder tuschelte. El Aroussi war ein Held. Die Leute waren überzeugt, daß er entkommen würde.

Die Zeit gab ihnen recht. Weniger als ein Jahr später ging das Gerücht, daß er in Tanger war. Wahrscheinlich drang das nicht an Cheikh Abdeljbars Ohren. Er hockte in seinen Türmen über der Stadt und sprach nur mit bedeutenden Männern, wie er einer war.

Der Cheikh war ehrgeizig. Er hoffte seine Tochter Rahmana mit dem Sohn des Paschas von Slâ zu verheiraten.

Zu seinen Gütern gehörte ein Schloß auf einem Anwesen im Gharb unweit von Slâ, das er mit seiner Familie aufzusuchen beschloß.

El Aroussi war tatsächlich aus seiner Gefangenschaft in Fez entflohen. Er kehrte in seine Geburtsstadt zurück, wo ihn die Menschen auf den Straßen willkommen hießen und ihm für die unrechte Behandlung, die ihm zuteil geworden war, ihr Mitgefühl aussprachen.

Er hörte ungeduldig zu und schien sie kaum zu hören. Er war bitter und still geworden. Es war seine Pflicht, an Cheikh Abdeljbar Rache zu nehmen. Es gab keinen anderen Weg für ihn. Der Cheikh aber hielt sich im Gharb auf.

Als El Aroussi eines Abends im Hause seines Vaters vor sich hin brütete, fiel ihm ein, wie er vorgehen könnte. Er wußte, daß es für ihn notwendig sein würde, die Stadt zu verlassen und sich vielleicht viele Monate lang in der Nähe des Schlosses bei Slâ aufzuhalten, sah aber, da er über kein Geld verfügte, keine Möglichkeit, sich während der Zeit des Wartens am Leben zu erhalten. Nun jedoch meinte er die Lösung gefunden zu haben.

Am folgenden Morgen suchte er seine Freunde auf und stellte sie vor die Frage, ob sie gewillt seien, mit ihm zu gehen und im Wald von Mamora als Banditen zu leben, während sie darauf warteten, Cheikh Abdeljbar angreifen zu können.

Am Ende gelang es ihm, mehr als zwei Dutzend junger Männer anzuwerben, die alle nur darauf warteten, ihm seine Ehre wiederherstellen zu helfen.

In den Monaten, da Cheikh Abdeljbar wiederholt Slâ besuchte, weil die Vorkehrungen für die geplante Hochzeit langsam Gestalt annahmen, ließen El Aroussi und seine Freunde keine Gelegenheit ungenützt, um zur wildesten Wegelagererbande der Gegend zu werden. Der Schrecken, den sie im ganzen Gharb verbreiteten, war verständlich, denn sie hielten es für sicherer, ihre Opfer zu töten, ehe sie sie ausraubten.

Schon seit Generationen war der Wald von Mamora in der Hand von Räubern. Man wußte, daß die Gesetzlosen jedes Geleit überfielen, das unklug genug war, zu nah am Wald vorbeizuziehen. Wenn Cheikh Abdeljbar mit den Bauern gesprochen hätte, die sein Land bestellten, wäre ihm aus den Gerüchten, die in aller Munde waren, klar geworden, wer der neue Anführer der Banditen war. Aber der Cheikh war in Slâ viel zu sehr damit beschäftigt, mit dem Pascha den Preis für die Braut und mit Sidi Ali, seinem zukünftigen Schwiegersohn, die Einzelheiten der Hochzeitsfeier festzulegen.

Und Rahmana lag zwischen ihren Kissen und nahm kleine Kugeln aus geriebenen Mandeln mit Sesam und Honig zu sich, während ihre Dienerinnen ihren Körper mit Salben und Ölen massierten.

Einige Tage vor dem Hochzeitsfest fanden sich im Schloß die ersten Gäste ein. In der letzten Nacht brach die ganze Gesellschaft, mit Braut und Bräutigam an der Spitze, zu Pferde in einem mit Fackeln erleuchteten Zug nach Slâ auf, wo die Festlichkeiten nach der Ankunft am folgenden Tag im Palast des Paschas ihre Fortsetzung finden sollten.

Der Weg führte sie durch eine Landschaft mit Felsblökken und hohen Kakteen. Der Mond schien ganz hell, und ein kalter scharfer Wind trieb westwärts. Lieder erklangen, begleitet nur von den Hufschlägen der hundert Pferde.

Als sie zwischen den Wänden einer gewundenen Schlucht dahinritten, erscholl plötzlich von irgendwoher zwischen den nahen Felsen eine mächtige Stimme.

Ha huwa! El Aroussi!

Es war einen Augenblick still, und dann brach der Lärm von dreißig Gewehren los, die von oben in den Zug feuerten.

In der Flucht dann über die Körper der Pferde und Menschen sah nur der Bräutigam den Reiter, der hinter einem Felsblock hervorkam, geradewegs auf das Brautpaar zuritt und im letzten Augenblick Rahmana aus dem Sattel hob und mit ihr im Galopp in der Nacht verschwand.

Cheikh Abdeljbar war unversehrt. Er und sein Schwiegersohn setzten ihren Weg nach Slâ fort und berieten sich mit dem Pascha.

Einige Tage darauf entsandte der Sultan Soldaten, um Vater und Gemahl zu ihrem Recht zu verhelfen. Cheikh Abdeljbar und Sidi Ali hatten feierlich geschworen, nach Rahmana zu suchen, bis sie sie fanden. Wenn sie mit den Soldaten ausritten, gelang es ihnen immer wieder, die Banditen gerade noch zu Gesicht zu bekommen, bevor sie in den Tiefen des Waldes verschwanden. Es kam sogar zu Gemetzeln, in denen beide Seiten Verluste davontrugen, der Anführer jedoch war nie bei seinen Gesellen.

Es dauerte mehr als ein Jahr, bis es den Soldaten gelang, das undurchdringlichste Gebiet des Waldes zu umzingeln. Die Anhänger El Aroussis, die noch übrig waren, hatten die Gefahr rechtzeitig erkannt und waren geflohen.

Die Wochen vergingen und die Soldaten des Sultans zogen einen immer engeren Ring um den Teil des Waldes.

Es waren Sidi Alis Hunde, die sie schließlich zu ihm führten. Sie entdeckten ihn in einer Höhle am Ufer eines Flusses, den Körper vom Hunger ausgezehrt, das Gesicht zerschunden und hager.

Sie banden ihn und brachten ihn zu einem Zelt auf dem Lagerplatz, wo sie ihn zu Boden warfen.

Dann hockte sich Sidi Ali hin, zog seinen Dolch und schnitt dem Gefangenen langsam alle Zehen ab und warf sie ihm eine nach der anderen ins Gesicht.

Als er sein Werk vollendet hatte, zog er sich in ein anderes Zelt zurück, um mit Cheikh Abdeljbar über die Art des Todes zu beraten, die dem Gefangenen am nächsten Morgen bereitet werden sollte.

Sie brachten die halbe Nacht damit zu, sich und einander mit Vorschlägen zu unterhalten, die zusehends grotesker wurden.

Als der Cheikh sich erhob, um sich in sein eigenes Zelt zurückzuziehen, hielt er es für das beste, um El Aroussis Hüfte einen waagrechten Schnitt zu führen und ihm dann die Haut nach oben über den Kopf zu ziehen und ihm schließlich um den Hals zu drehen, um ihn so zu erwürgen.

Dies schien Sidi Ali nicht drastisch genug. Er hielt es für angemessener, ihm die Ohren und die Nase abzuschneiden und sie ihn schlucken zu lassen, dann seinen Bauch aufzuschlitzen, sie herauszuziehen und sie ihn wieder schlucken zu lassen und so fort, bis er nicht mehr lebte.

Der ältere Mann dachte einen Augenblick lang nach. Dann wünschte er seinem Schwiegersohn eine angenehme Nacht und meinte, daß sie, wenn Allah es wollte, ihre Unterhaltung am Morgen fortsetzen würden.

Das Gespräch wurde jedoch nicht wiederaufgenommen.

In der schwarzen Stunde vor Tagesanbruch fuhr der Cheikh aus dem Schlaf, starr vom Klang einer Stimme, die schrie: *Ha huwa!* El Aroussi!

Der Cheikh sprang auf und stürzte hinaus. Das Zelt des Gefangenen war leer. Er lief zum Zelt Sidi Alis. Der junge Mann lag tot am Boden. Ein Speer hatte ihm das Auge durchbohrt.

Als der Cheikh ungläubig zu Boden starrte, hörte er draußen den Hufschlag eines Pferdes, der schwächer wurde und verhallte. El Aroussi hatte die Stute des Cheikhs bestiegen und war damit davongeritten.

Am nächsten Morgen setzten der Cheikh und die Soldaten, nachdem sie Sidi Ali gewaschen und begraben hatten (denn sie konnten seinen Leichnam nicht bis nach Slâ bringen), die Verfolgung fort.

Noch vor Mittag stießen sie auf das Pferd, das ihnen, Sattel und Flanken mit Blut beschmiert, langsam entgegenkam. Der Cheikh stieg ab, lief hin und warf sich auf sein Pferd, wendete und ließ es den Weg zurückgehen, den es gekommen war. Der Wald war dicht und es war schwer voranzukommen, aber das Tier schien seinen Weg zu kennen.

Sie erreichten alsbald eine kleine Lichtung, auf der jemand eine einfache Hütte errichtet hatte. Die Tür war offen.

Cheikh Abdeljbar trat über die Schwelle und versuchte das Dunkel im Inneren der Hütte zu durchdringen. El Aroussi lag auf dem Rücken hingestreckt am Boden. Es war klar, daß er tot war.

Dann erblickte der Cheikh das Mädchen, das bei dem Leichnam kauerte und die Stummel von El Aroussis Zehen küßte, einen nach dem anderen. Schon befürchtend, daß sie nicht antworten würde, rief er ihren Namen.

Sie schien den Aufschrei ihres Vaters nicht zu hören. Als er sie aufhob, um sie zu umarmen, starrte sie ihn an und entzog sich ihm. Die Soldaten mußten sie fesseln, um sie aus der Hütte hinaus und zu ihrem Vater aufs Pferd zu bringen.

Cheikh Abdeljbar brachte Rahmana zurück auf das Schloß von Mamora. Er hoffte, daß sie im Laufe der Zeit aufhören würde, dauernd El Aroussis Namen zu rufen.

Eines Tages, als sie im Garten war, entdeckte sie ein Tor, das nicht versperrt war, und trat schnell nach draußen. Was danach mit ihr geschah, ist ein Geheimnis, denn man sah sie nicht wieder. Die Leute in der Gegend behaupteten, daß sie auf der Suche nach El Aroussi in den Wald zurückgekehrt sei. Sie sangen ein Lied über sie:

Die Tage leerer als die Nächte, die
dazwischengleiten
Und Rahmana streift im Wald umher, und die Zweige
halten sie am Haar.

8

Nachts bauen in den Höfen des Rif die Großväter Granaten. Jeder Felsen der Schlucht verbirgt einen Mann. Der Spanier in der Garnison fährt, mit schon durchschnittener Kehle, aus dem Schlaf hoch.

Trunken von heißem Bier und Selbstmitleid gröhlen des Nachts die Legionäre in der Oase Loblieder auf ein fernes Heimatland. Der Sand ist kalt unter den Zweigen der Tamarisken, wo, vor dem Mondlicht geschützt, die Kamele liegen.

Ayayayay! Gutes kommt da nicht heraus.
Die Amerikaner waren hier.
Die Leute sind reich geworden,
Vor allem die Frauen.
Die alten Weiber noch haben sich die Schleier vom Gesicht gerissen

Und sich den Mund mit Kaugummi vollgestopft.
Männer haben umsonst auf ihre Frauen gewartet.
Hübsche Gesichter und grüne Augen
Haben sie weggezaubert.
Und die Mädchen haben ihr Haar gescheitelt
Und französische Röcke getragen.
Sie wollten bei den Amerikanern sein.
Und man hörte nur *Hokay, hokay.*

Die Soldaten haben uns Zigaretten gegeben,
Sie haben uns Schokolade und Dollars gegeben.
Uralte Ziegen noch haben Seidentücher getragen,
Als die Amerikaner hier waren.
Und *Hokay, hokay! Bye bye!*

Heute Bonbons und morgen Kaugummi.
Die Mädchen haben ihre Gesichter
Hinter Puder aus Kichererbsen versteckt,
Und haben Bonbons gegessen.
Die alten Weiber noch sind dagesessen und haben Rum gesoffen
Mit den Amerikanern.
Und man hörte: *Hokay, hokay! Come on! Bye bye!*

Geld für alle.
Die Mädchen haben es zurückgebracht.
Sie haben Handtaschen getragen.
Sie wollten bei den Amerikanern sein.
Und alles, was man hörte, war *Hokay, hokay!*
Give me dollar. Come on! Bye bye!

In der Nacht blockiert die französische Polizei in aller Stille die Eingänge zur Mellah, weil Zusammenstöße zwischen Moslems und Juden zu befürchten sind, wie sie behauptet. Und in der Nacht zieht sie den Schutz in aller Stille ab und läßt zu, daß die Moslems das Viertel betreten und es plündern.

Und eines Nachts war die Luft schwer vom Geruch des Jasmins, und die Leichen der Franzosen und ihrer Familien lagen am Straßenrand und unter den Zypressen in den öffentlichen Gärten und zwischen den rauchenden Trümmern der kleinen Villen. Es war noch dunkel, als eine Brise aufkam.

9

Als der Chemel unter spanischer Herrschaft stand, gingen die Offiziere gern auf die Jagd. Es gab nur wenig Wild und die Tiere waren kleiner als die, die sie in Spanien immer gejagt hatten. Man schickte wiederholt Wild aus den Pyrenäen über das Mittelmeer nach Melilla und setzte es dann in den Bergen aus, wo es gedieh und, indem es sich mit den einheimischen Rudeln vermischte, bald eine größere und stärkere Art hervorbrachte.

Unter den Spaniern durften die Bewohner des Chemel keine Feuerwaffen besitzen. Als die Spanier nach Hause zurückkehrten und den Marokkanern die Herrschaft übertrugen, blieb dieses Gesetz aufrecht.

Für Leute, die in entlegenen Waldgebieten wohnten, begann damals eine schwere Zeit. Überall in der Gegend sprach man von tödlichen Unfällen. Ehedem hatten die

Hirsche die Gegenwart von Menschen geflohen; nun suchten sie sie oft auf und griffen sie an, und die Menschen hatten kein Mittel, sich zu verteidigen.

Si Abdelaziz, ein wohlhabender Bauer aus Tchar Serdioua, hatte vier Söhne, die zwischen sechzehn und zwanzig Jahre alt waren. Sie hatten noch immer nicht geheiratet, weil er in den letzten Jahren beschäftigt gewesen war und sich nicht die Zeit genommen hatte, sich nach Bräuten für sie umzusehen.

Als er eine bestimmte Summe beiseite gelegt hatte, begann er andere Dörfer in der Umgebung zu besuchen, um für seinen ältesten Sohn eine Frau auszuwählen.

Schließlich einigte er sich mit dem Vater eines Mädchens aus einem Tchar, der etwa zwei Wegstunden entfernt im Tal lag. Si Abdelaziz selbst konnte sie nicht sehen, die Familie aber versicherte ihm, daß sie bei bester Gesundheit sei, und garantierte ihm für ihren ausgezeichneten Zustand.

Nachdem er die Einzelheiten der Brautgeldvereinbarung geklärt hatte, bezahlte er den Mann und kehrte über den Handel zufrieden nach Tchar Serdioua zurück.

Zu seinem erstgeborenen Sohn Mohammed sprach er: Du hast eine Frau. Das Hochzeitsfest soll am siebten Tag nach Mouloud stattfinden.

Der Sohn wählte unter den jungen Männern des Tchar seine *wazzara*, die mit Henna die Muster auf seine Hände malen, die Wand aus Schilf und Zweigen vor dem Haus seines Vaters bauen und schließlich die Braut aus ihrem Dorf holen würden.

An dem Tag bevor das Hochzeitsfest gefeiert werden sollte, hatten Mohammed und seine *wazzara* die Wand noch immer nicht vollendet. Sie arbeiteten von früh bis spät und bekamen sie mit Ausnahme eines kleinen Stücks ganz fertig, das Mohammed, wie er sagte, allein bauen würde, nachdem die anderen das Mädchen holen gegangen wären.

Der Zug brach kurz nach Mitternacht auf und zog unter dem Klang von Rhaitas und Trommeln das Tal hinauf. Si Abdelaziz, der den Zug begleitete, sagte, daß sie bei Tagesanbruch zurückkehren würden.

Unterhalb des Hauses gab es in der Nähe einen auf beiden Seiten bis ans Ufer dicht bewachsenen Fluß, Mohammed ging mehrere Male hinunter, um grüne Zweige zu holen, die er in die noch immer offene Wand flocht. Es war schon spät, als er schließlich ganz fertig war. Er lief noch einmal zum Fluß hinunter, um zu baden und zu beten, ehe er sich zur Ruhe begeben wollte, um die Ankunft der Hochzeitsgesellschaft zu erwarten.

Die Frauen im Haus wurden durch das wütende Gebrüll eines Hirsches geweckt, ein Geräusch, das jeder im Tchar zu fürchten gelernt hatte. Sie riefen nach Mohammed, aber er antwortete nicht. Die Männer eines nahen Bauernhofes hatten den Ruf des Tieres gehört und kamen gelaufen. Als sie sich dem Haus von Si Abdelaziz näherten, brüllte der Hirsch abermals.

Zuerst sahen sie, wie sich Mohammeds weiße Gewänder am Boden bewegten, als der Hirsch sie zertrampelte und mit seinem Geweih aufspießte. Dann sahen sie Mohammed daliegen. Seine Eingeweide flossen aus ihm heraus in den Schmutz. Der Hirsch brüllte noch einmal, wandte sich um, und verschwand in der Dunkelheit. Sie trugen den Leichnam zum Haus hinauf und deckten ihn zu.

Es wurde bereits hell, als die Leute von Tchar Serdioua die schrillen Töne des aus dem Tal herunterkommenden Hochzeitszuges vernahmen. Eine Gruppe von Männern lief dem Zug entgegen, um Si Abdelaziz die schlechte Kunde zu überbringen. Der Zug erreichte das Haus schweigend.

Nach Mohammeds Begräbnis berieten sich die drei jüngeren Söhne untereinander. Sie waren der Ansicht, daß der Hirsch gekommen war, um Mohammed zu töten, weil er wußte, daß dieser das Mädchen heiraten wollte. Daraus folgte, daß jeden, der tollkühn genug war, das Mädchen zu nehmen, sehr wahrscheinlich dasselbe Schicksal ereilen würde.

Da Si Abdelaziz für die Braut gezahlt hatte, wollte er sie nicht wieder nach Hause schicken. Er rief den ältesten der ihm verbliebenen drei Söhne zu sich und teilte ihm mit, daß das Mädchen nun ihm gehörte. Der junge Mann weigerte sich beharrlich, es zu nehmen.

Si Abdelaziz versuchte es beim nächsten und dann beim jüngsten Sohn, aber keiner war bereit, es zu nehmen. Das Mädchen erfuhr davon und bat wieder in ihr Dorf zurückgebracht zu werden. In einem Anfall von Zorn verkündete der alte Mann, daß er selbst das Mädchen zur Frau nehmen wolle.

Die drei jungen Männer weigerten sich, mit ihrer neuen Mutter zu sprechen. Sie warteten auf den Hirsch. Jedesmal wenn ihr Vater in die Wälder ging, lauschten sie nach der Stimme des Mörders.

Der Hirsch kam nie. Si Abdelaziz starb ein Jahr darauf in seinem Bett, und das Mädchen war frei, als Witwe in ihren Tchar zurückzukehren.

10

Im Anjra gibt es so gut wie keine gepflasterten Straßen. Es ist ein Land mit hohen zerklüfteten Bergen und bewaldeten Tälern ohne größere Stadt. In der Regenzeit kommt es zu Erdrutschen. Bis die Regierung dann Männer schickt, um den Schaden zu beheben, sind die Straßen unpassierbar. Das beschäftigt die Bewohner des Anjra sehr, besonders wenn sie darauf warten, daß die Straßen instandgesetzt werden, damit wieder Lastwagen zwischen den Dörfern verkehren können. Nun hatte man vor mehreren Monaten vier oder fünf Soldaten geschickt, um die Schlaglöcher auf der Straße zwischen Ksar es Seghir und Melloussa auszubessern. Die Männer hatten am Straßenrand, in der Nähe einer Flußbiegung, ein Zelt aufgeschlagen.

Ein Bauer namens Hattash, dessen Dorf ein paar Meilen tiefer im Tal lag, kam auf seinem Weg nach und von Ksar es Seghir ständig an diesem Ort vorbei. Hattash hatte keinerlei feste Arbeit, war jedoch sehr damit beschäftigt, nach einer Gelegenheit Ausschau zu halten, auf dem Markt oder in den Cafés auf die eine oder andere Art zu etwas Geld zu kommen. Er war jemand, der sich seiner Klugheit beim Beschwindeln von Fremden rühmte, worunter er Leute von außerhalb des Anjra verstand. Da seine Freunde seine Abneigung gegenüber Nichtortsansässigen teilten, fanden sie seine Abenteuer unterhaltsam, obwohl sie darauf achteten, selber mit ihm nichts zu tun zu haben.

Im Lauf der Monate hatte sich Hattash mit den Soldaten im Zelt angefreundet; er hielt oft, um mit ihnen eine Pfeife Kif zu rauchen, und blieb manchmal, um ein paar Partien Ronda zu spielen. Als sich also die Soldaten eines

Tages entschlossen, ein Fest zu veranstalten, war es nur natürlich, dies Hattash gegenüber zu erwähnen, der im Umkreis von mehreren Meilen jedermann kannte und ihnen daher vielleicht behilflich zu sein vermochte. Die Soldaten kamen aus dem Süden, und durch ihre Abgeschiedenheit am Fluß dort kannten sie niemanden, der nicht regelmäßig an ihrem Zelt vorüberkam.

Ich kann euch besorgen, was ihr wollt, sagte Hattash zu ihnen. Die Hühner, das Gemüse, Öl, Gewürze, Salat, was immer.

Gut. Und wir wollen ein paar Mädchen oder Knaben, fügten sie hinzu.

Macht euch darum keine Sorgen. Es wird genug Auswahl geben. Was ihr nicht wollt, könnt ihr zurückschikken.

Sie sprachen etwa eine Stunde lang über die Kosten des Festes, und dann gaben die Soldaten Hattash fünfundzwanzigtausend Franc. Er brach auf, angeblich zum Markt.

Statt auf den Markt zu gehen, suchte er einen Bauern in der Nähe auf und kaufte fünf seiner besten Hühner, wobei er vereinbarte, die Hühner zurückbringen zu können und sein Geld wiederzubekommen, wenn derjenige, für den er sie kaufte, sie nicht wollte.

Wenig später stand Hattash mit den Hühnern vor dem Zelt der Soldaten. Wie gefallen sie euch? sagte er. Die Männer betasteten und prüften sie – und erklärten sie für ausgezeichnet. Gut, sagte Hattash. Ich bringe sie jetzt zu mir nach Hause, um sie zu kochen.

Er kehrte mit den Hühnern zu dem Bauern zurück und erzählte ihm, daß der Käufer sie abgelehnt hätte. Der Bauer zuckte mit den Schultern und gab Hattash sein Geld zurück.

Dies schien Hattash der richtige Augenblick, Ksar es Seghir zu verlassen. Er machte bei einem Café halt und lud alle dort Anwesenden für den Abend zum Zelt der Soldaten ein und erzählte ihnen, daß es Essen, Wein und Mädchen geben würde. Dann kaufte er Brot, Käse und Obst und begab sich auf den Weg über die Berge nach Khemiss dl Anjra.

Mit den fünfundzwanzigtausend Franc konnte er in Khemiss dl Anjra mehrere Wochen leben. Als das Geld zu Ende gegangen war, begann er an Abschied zu denken.

Am Markt traf er eines Morgens Hadj Abdallah, einen reichen Bauern aus Farsioua, einem Dorf, das von seinem nur wenige Meilen entfernt war. Hadj Abdallah, ein stämmiger, grober Mann, war Hattash immer mißtrauisch begegnet.

Ah, Hattash! Was machst du denn hier in den Bergen? Ich hab dich schon lange nicht gesehen.

Und du? sagte Hattash.

Ich? Ich bin nach Tetuan unterwegs. Ich lasse meinen Maulesel da und fahre mit dem Bus.

Ich will auch dorthin, sagte Hattash.

Na, dann sehen wir uns in Tetuan, sagte Hadj Abdallah, machte kehrt, band sein Maultier los und ritt davon.

Khemiss dl Anjra ist ein sehr kleiner Ort, und so fiel es Hattash nicht schwer, dem Bauern in einiger Entfernung zu folgen und zu beobachten, an welchem Haus Hadj Abdallah sein Maultier festband und dann eintrat. Er ging zur Bushaltestelle und setzte sich unter einen Baum.

Etwa nach einer Stunde, als der Bus sich mit Leuten zu füllen begann, kam Hadj Abdallah und kaufte eine Fahrkarte. Hattash trat auf ihn zu.

Kannst du mir tausend Franc borgen? Ich hab nicht genug, um mir die Fahrkarte zu kaufen.

Hadj Abdallah sah ihn an. Nein, das kann ich nicht, sagte er. Warum bleibst du nicht hier? Und er drehte sich um und stieg in den Bus.

Hattash, dessen Augen sich ganz zusammengezogen hatten, setzte sich wieder unter den Baum. Als der Bus abgefahren und die Wolke aus Rauch und Staub über die Wiesen davongetrieben war, ging er zu dem Haus zurück, wo der Hadj sein Maultier zurückgelassen hatte. Das Tier stand noch dort, und so band er es leise los, stieg auf und ritt in Richtung Mgas Tleta davon. Er litt noch unter der Beleidigung Hadj Abdallahs und schwor sich, ihm so viel Verdruß zu bereiten, wie er nur konnte.

Mgas Tleta war ein kleiner Tchar. Er brachte das Maultier in den Fondaq und übergab es der Obhut des Wächters. Er hatte Hunger wie ein Wolf und kramte in seinen Taschen nach ein paar Münzen für ein Stück Brot, fand aber keine.

Auf der Straße vor dem Fondaq bemerkte er einen Bauern, der in der Kapuze seiner Djellaba einen Laib Brot hatte. Unfähig, die Augen davon abzuwenden, ging er auf den Mann zu und grüßte ihn. Dann fragte er ihn, ob er für jemanden arbeitete, und war nicht überrascht, als der Mann dies verneinte. Noch immer die Augen auf das Brot geheftet, fuhr er fort: Wenn du dir tausend Franc verdienen willst, kannst du mein Maultier nach Mdiq bringen. Mein Vater wartet darauf und wird dich bezahlen. Frag einfach nach Si Mohammed Tsuli. Jeder in Mdiq kennt ihn. Er hat immer viele Männer, die für ihn arbeiten. Er wird auch dir Arbeit geben, wenn du willst.

Die Augen des Bauern leuchteten auf. Er war sofort einverstanden.

Hattash seufzte. Es ist lange her, daß ich so gutes Landbrot wie das da gesehen habe, sagte er und zeigte auf den Laib, der aus der Kapuze der Djellaba hervorragte. Der Mann nahm das Brot heraus und gab es ihm. Hier. Nimm.

Dafür übergab ihm Hattash den Schein für das Maultier. Du mußt hundert Franc zahlen, wenn du es aus dem Fondaq abholst, sagte er ihm. Mein Vater gibt dir das Geld zurück.

Ist schon recht. Der Mann wollte schon nach Mdiq aufbrechen.

Si Mohammed Tsuli. Merk dir das.

Ja, ja! Bslemah.

Recht zufrieden beobachtete Hattash, wie der Mann davonritt. Dann setzte er sich auf einen Felsen und aß den ganzen Laib auf. Er hatte nicht die Absicht, nach Hause zurückzukehren, weil er nicht Gefahr laufen wollte, die Soldaten oder Hadj Abdallah zu treffen, und so beschloß er, sich eine Zeitlang in Tetuan zu verstecken, wo er Freunde hatte.

Als der Bauer am darauffolgenden Tag in Mdiq ankam, stellte sich heraus, daß ihm niemand sagen konnte, wo Si Mohammed Tsuli lebte. Er suchte alle Straßen der Stadt ab und erkundigte sich überall nach ihm. Als es Abend wurde, ging er zur Gendarmerie und fragte, ob er das Maultier dalassen könnte. Sie nahmen ihn jedoch ins Verhör und beschuldigten ihn, das Maultier gestohlen zu haben. Sie hielten seine Geschichte für lächerlich und sperrten ihn in eine Zelle.

Nur wenige Tage später kehrte Hadj Abdallah, nachdem er seine Geschäfte in Tetuan erledigt hatte, nach Khemiss dl Anjra zurück, um sein Maultier zu holen und nach Hause zu reiten. Als er erfuhr, daß das Tier, gleich nachdem er den

Bus genommen hatte, verschwunden war, erinnerte er sich an Hattash und war überzeugt, daß er der Gauner war. Der Diebstahl mußte in Tetuan gemeldet werden, und er kehrte, sehr gegen seinen Willen, dorthin zurück.

Dein Maulesel ist in Mdiq, sagte ihm die Polizei.

Hadj Abdallah nahm wieder den Bus nach Mdiq hinauf.

Papiere, sagten die Gendarmen. Eigentumsnachweis.

Der Hadj hatte keine solchen Dokumente. Sie schickten ihn nach Tetuan, damit er dort um die Formulare ansuchte.

In den Tagen, während er darauf wartete, daß die Papiere aufgesetzt, unterzeichnet und abgestempelt wurden, geriet Hadj Abdallah immer mehr in Wut. Er sprach zweimal am Tag auf der Polizei vor. Ich weiß, wer mein Tier gestohlen hat! schrie er. Ich kenne den Hurensohn.

Wenn du ihn siehst, halt ihn fest, sagten sie ihm. Wir werden uns um ihn kümmern.

Obwohl Tetuan ein großer Ort mit vielen überfüllten Vierteln ist, geschah das Unwahrscheinliche. In einem engen Durchgang nahe des Souq et Fouqi standen Hadj Abdallah und Hattash eines Abends einander von Angesicht zu Angesicht gegenüber.

Die Überraschung war so groß, daß Hattash wie versteinert stehenblieb und Hadj Abdallah in die Augen starrte. Dann hörte er ein wütendes Knurren und spürte, wie ihn der starke Arm des anderen ergriff.

Polizei! Polizei! brüllte Hadj Abdallah. Hattash wand sich, konnte sich aber nicht befreien.

Zuerst kam ein Polizist, und dann noch einer. Hadj Abdallah ließ Hattash nicht einen Augenblick los, während er ihn der Tat beschuldigte. Dann versetzte er seinem Gefangenen fluchend einen Schlag und streckte ihn zu Boden. Hattash lag im Dunkel des Gehsteigs, ohne sich zu bewegen.

Warum hast du das getan? schrien die Polizisten. Jetzt bist du der, der Schwierigkeiten hat.

Hadj Abdallah war bereits erschrocken. Ich weiß. Ich hätte ihn nicht schlagen sollen.

Schaut sehr schlecht aus, sagte einer der Polizisten und beugte sich über Hattash, der vollkommen bewegungslos dalag. Schau, da kommt Blut aus seinem Kopf.

In dem Durchgang hatte sich eine kleine Menge gebildet.

Es waren nur ein paar Blutstropfen, aber der Polizist hatte Hattash ein Auge öffnen sehen und ihn flüstern hören: Paß auf.

Er beugte sich noch weiter nach unten, so daß sein Ohr nahe bei Hattashs Lippen war.

Er hat Geld, flüsterte Hattash.

Der Polizist erhob sich und trat auf Hadj Abdallah zu. Wir werden die Rettung rufen müssen, sagte er, und du mußt auf das Kommissariat mitkommen. Du hattest kein Recht, ihn zu schlagen.

Da begann Hattash zu stöhnen.

Er lebt wenigstens! schrie Hadj Abdallah. Hamdul'lah!

Da begannen die Polizisten leise auf ihn einzusprechen: Sie rieten ihm, die Angelegenheit sofort zu bereinigen und dem verletzten Mann Geld zu geben.

Hadj Abdallah war einverstanden. Wieviel meint ihr? flüsterte er.

Er hat eine böse Wunde am Kopf, sagte der Polizist und ging wieder zu Hattash hin. Komm her und schau.

Hadj Abdallah rührte sich nicht von der Stelle, und Hattash stöhnte, als sich der Mann wieder über ihn beugte. Dann murmelte er: Zwanzigtausend. Fünf für jeden von euch.

Dann trat der Polizist wieder zu Hadj Abdallah und nannte ihm den Betrag. Du hast Glück, daß die Sache damit erledigt ist.

Hadj Abdallah gab dem Polizisten das Geld und dieser ging damit zu Hattash hin und stieß ihn an. Kannst du mich hören? schrie er.

Ouakha, stöhnte Hattash.

Da nimm. Er hielt die Banknoten so, daß Hadj Abdallah und die versammelte Menge sie deutlich sehen konnten. Hattash streckte die Hand aus, griff danach und schob sie in die Tasche.

Hadj Abdallah starrte in die Menge und bahnte sich, ungeduldig, den Ort zu verlassen, einen Weg.

Als er gegangen war, setzte sich Hattash langsam auf und begann sich den Kopf zu reiben. Die Zuschauer standen noch immer da und beobachteten, was vorging. Das störte die beiden Polizisten, die darauf warteten, ihren Anteil zu bekommen. Infolge der in letzter Zeit bekanntgewordenen Bestechungen war die Öffentlichkeit jedoch in solchen Augenblicken nur allzu aufmerksam. Die Menge wartete darauf, sie mit Hattash sprechen oder ihm folgen zu sehen, wenn er sich in Bewegung setzte.

Hattash sah sich um und begriff, was los war. Er erhob sich und ging schnell die Gasse hinauf.

Die Polizisten sahen einander an, warteten einige Sekunden und schlenderten dann wie zufällig in dieselbe Richtung davon. Sobald sie den Blicken der Zuschauer entkommen waren, begannen sie zu laufen und leuchteten mit ihren Lampen jede Gasse nach Hattash ab. Dieser aber kannte das Viertel so gut wie sie und erreichte sicher das Haus seiner Freunde.

Er beschloß jedoch, daß, angesichts der beiden Polizisten, die nach ihm suchten, Tetuan nun nicht mehr der richtige Ort für ihn und sein eigener Tchar im Anjra vorzuziehen war.

Sobald er dorthin zurückgekehrt war, erkundigte er sich vorsichtig nach dem Zustand der Straße nach Ksar es Seghir. Seine Nachbarn erzählten ihm, daß die Ausbesserungsarbeiten abgeschlossen waren und man die Soldaten in eine andere Gegend des Landes geschickt hatte.

II

Der Fluß wird schnell an der Mündung, wo der Himmel das Ufer zeichnet, und die Wellen laufen fächerförmig vom Meer herein. Für den Schwimmer ist keine Warntafel vor den Haien aufgestellt, die in den Kanal kommen und wachsam ihre Runden ziehen. Vor Sonnenuntergang tauchen Vögel auf; sie staken oder trippeln die Sandbank entlang, und sind wieder fort, ehe es dunkel wird.

Anmerkungen und Quellen

1

Die von Hanno dem Karthager erwähnten topographischen Merkmale existieren nicht mehr. Die atlantische Küstenlinie Marokkos hat sich in den letzten vierundzwanzig Jahrhunderten sehr verändert.

2

Ein Fondouq (S. 19) ist eine Karawanserei, in der Reisende eine Unterkunft für sich und einen Stall für ihre Pferde, Esel oder Maultiere finden können.

Die Erwähnung eines Königs Mohammed VIII. im frühen sechzehnten Jahrhundert überrascht vielleicht alle, die sich daran erinnern, daß König Mohammed V. 1961 gestorben ist. Insgesamt trugen vor der Einrichtung der gegenwärtigen Dynastie im Jahre 1649, als man von neuem zu zählen begann, dreizehn Monarchen diesen Namen.

Passio gloriosi martyris beati fratris Andreae de Spoleto, ordinis minorum regularis observantiae p. catholico fidei veritate, passi in Affrica civitate Fez, Anno 1532, Tolosoae (in Versen).

(Eine Übersetzung ins Spanische erschien 1543 in Medina del Campo: *Tesauro de virtudes copilado por un religioso portuguez, Sigue el Martyro de Fr. Andres de Espoleto en Fez.*)

4

Der Vorfall wird in *The Empire of Morocco* von James Grey Jackson (William Bulmer & Co., London 1809) erwähnt.

5

Djenoun (Sing. Djinn, S. 53) sind böse Geister, die die Gestalt von Menschen oder Tieren annehmen können.

6

Die Ulema (S. 60) sind ein Rat von Männern, die theoretisch und praktisch in den Gesetzen des Islam bewandert sind und Regierungsämter in einem moslemischen Staat bekleiden.

Mokhaznia (S. 60) sind militärische Wachen.

El Martirio de la joven Hachuel, la Heroina Hebrea von Eugenio Maria Romero (Gibraltar 1837).

Auf den Vorfall Bezug genommen wird in *Times of Morocco*, 25. September 1888, und in *Archives Israélites*, Band XLI, Nr. 22–24, 1880.

Ein auf dem Fall basierendes Stück von Antonio Calle erschien 1852 in Sevilla.

7

Die Geschichte findet sich in *Morocco* von Edmondo de Amicis (Henry T. Coates & Co., Philadelphia 1897).

8

Eine wörtliche Übersetzung der Verse eines maghrebinischen Volksliedes aus den fünfziger Jahren des zwanzigsten Jahrhunderts.

9

Die spanische Herrschaft fand in Marokko 1956 ihr Ende. Die Schwierigkeiten, von denen die Rede ist, beziehen sich auf die sechziger und siebziger Jahre.

10

Ein Fondaq (S. 96) ist ein Hotel. In der Zeit der französischen Besatzung wurden Fondouq und Fondaq austauschbar für die Bezeichnung einer Herberge verwendet; der heutige Sprachgebrauch unterscheidet zwischen einem Fondouq, einer Karawanserei zur Unterbringung von Tieren, und einem Fondaq, einem Hotel.

Diese Episode trug sich im Jahre 1980 zu.

New York - Tanger

Julian Vreden

Vor ungefähr vierzig Jahren berichteten die New Yorker Zeitungen von einer erschütternden, jedoch nicht ungewöhnlichen Familientragödie. Ein Mann in mittleren Jahren und seine Frau verbrachten einen ruhigen Silvesterabend zu Hause und begingen anschließend gemeinsam Selbstmord. Man fand sie nebeneinander liegend auf dem Fußboden ihres Wohnzimmers, zwei leere Champagnergläser in Reichweite. Die teilweise geleerte Champagnerflasche stand in der Küchenspüle, neben einer kleinen Menge Zyanid, das sie im Verlauf ihres feierlichen Rituals im Wein aufgelöst hatten. Einen Abschiedsbrief hinterließen sie nicht.

Beide Vredens waren für den Erziehungsausschuß von New York tätig gewesen. Sie hatten einen Sohn, Julian, noch keine zwanzig, der von der Columbia abgegangen war und nun ein College in Florida besuchte. Die Polizei muß von Anfang an einen Verdacht gehabt haben, aber sie ließ sich Zeit. Der junge Vreden kassierte die Lebensversicherung seines Vaters und war unvorsichtig genug, anschließend mit seinem Freund Mark aus Miami im Verkaufsraum einer Firma auf der Park Avenue zu erscheinen, die sich auf importierte Wagen spezialisiert hatte. Dort leistete er eine Anzahlung auf einen besonders schnittigen Aston-Martin. Die beiden jungen Männer waren mittlerweile in das Appartement übergesiedelt, das zuvor den älteren Vredens gehört hatte; beide hatten das College abgebrochen und schienen nicht zu beabsichtigen, ihre Ausbildung fortzusetzen. Eines Tages erschien die Polizei und veranlaßte Julian ohne Probleme zu dem Geständnis, seinen Eltern die tödlichen Champagnercocktails verabreicht zu haben. Julian erklärte den Beamten sogar, daß er seine Tat für durchaus gerechtfertigt halte. Seine Geschichte, die von Verwandten und Nachbarn (alle ohne jedes Mitgefühl ihm gegenüber) bestätigt wurde, handelte von jahrelangen, ununterbrochenen elterlichen Schikanen. Statt sich zu freuen, daß ihr Sohn seine ganze Zeit mit Lesen verbrachte, machten sie kein Hehl aus ihrer Verachtung für seine literarischen Interessen. Der Grund: Julian las *Gedichte*. Das war unverzeihlich. Die Mutter hatte die Angewohnheit, den Kopf in sein Zimmer zu stecken und auszurufen: »Schau ihn dir an, diesen Waschlappen – Poesie!« Und sein Vater musterte ihn mit unverhohlenem Abscheu und seufzte: »Was haben wir da bloß für ein Muttersöhnchen großgezogen!« Diese ewigen Attacken, jahrein, jahraus, hatten keine andere Wirkung auf den Jungen, als ihn zu veranlassen, die Anzahl der Gedichtbände in seinem Zimmer trotzig aufzustocken. Der Wechsel von der Columbia auf das College in Florida war für alle Beteiligten die beste Lösung. Die physische Distanz zwischen den Parteien muß dazu beigetragen haben, das chronisch schlechte Verhältnis ein wenig zu verbessern, anders jedenfalls läßt sich der überraschende Anruf am Silvesterabend und der anschließende Besuch nicht erklären. Vielleicht glaubten sie, er habe sich verändert, und ließen sich von der Aussicht auf einen möglichen Waffenstillstand erweichen.

Julian betrat die Wohnung seiner Eltern zunächst allein; Freund Mark wartete draußen im Hausflur, daß Julian ihm die Tür aufmachte. Julian hatte eine Flasche Piper Heidsieck dabei, die er in der Küche öffnete und mit seinen Eltern leerte, wobei sie die üblichen guten Wünsche für Glück und Gesundheit im kommenden Jahr austauschten. Dann ging er mit ihren leeren Gläsern wieder in die Küche und schenkte nach, dieses Mal jedoch rührte er das Zyanid hinein. Als sie taumelten und schließlich auf dem Fußboden zusammenbrachen, entriegelte er die Hintertür und führte Mark in die Küche. In diesem Augenblick sah der alte Vreden auf, entdeckte das unbekannte grinsende Gesicht hinter seinem Sohn und stieß die einzigen Worte hervor, an die Julian sich später erinnern konnte: »O Gott, wer ist das?«

Als beide Opfer tot waren, schoben Julian und Mark ihre Leichen näher aneinander, wischten die Gläser aus und stellten sie auf den Läufer in der Nähe, spülten das dritte Glas, stellten es weg und stahlen sich in der Stille des Silvesterabends aus der Wohnung. Noch in derselben Nacht flogen sie nach Miami zurück.

Der Fall erweckte kaum Aufmerksamkeit: Zu viel Zeit war zwischen dem Doppelmord und der Anklage verstrichen. Julian und Mark wurden zu lebenslänglicher Haft in einer Anstalt für kriminelle Geistesgestörte in New Jersey verurteilt. Kriminell? Ja. Geistesgestört? Unwahrscheinlich. Der Wunsch, sich für Ungerechtigkeiten zu rächen, die man erleiden mußte, kann wohl kaum als Zeichen von Irrsinn angesehen werden. Julian Vredens Geschichte ist ein klassischer und typisch amerikanischer Fall von Vergeltung.

New York 1965

Eine überragende leistung von Kathleen Andrews sie hat es geschafft eine sprache zu finden die imstande ist höchsten lyrischen ansprüchen zu genügen die gedichte ragen über alles bisher dagewesene hinaus was für blödsinnige kritiken die leute schreiben du weißt ihre mutter hat einen gewissen einfluß außerdem ist sie ziemlich reich also wäre ich nicht überrascht wenn da mauschelei im spiel wäre verleger und kritiker sind schließlich auch menschen nein ich fürchte ich bleibe bei meiner meinung ich habe ihre gedichte gelesen immerhin waren wir auf der Sarah Lawrence in derselben klasse verstehst du ich kannte sie gut und außerdem ist sie nicht jemand den man schnell vergißt sie konnte schon damals keine gedichte schreiben und veröffentlichte sie trotzdem überall jede menge leute waren beeindruckt wahrscheinlich hatte sie talent aber was für eine verschwendung vielleicht ist sie das klassische beispiel einer person die systematisch ihr leben ruiniert die reine selbstzerstörung schon im college sie gab sich immer unheimliche mühe sachen zu sagen die kein mensch akzeptieren konnte sie erklärte ich bin dafür der welt eine schocktherapie zu verpassen genau das braucht sie die leute wollen geschockt werden mehr als alles andere ja kann schon sein Kathleen sagte ich zu ihr aber merkst du nicht jedesmal wenn du sie schockierst gehen sie ein bißchen mehr auf distanz zu dir merkst du nicht daß sie am ende nichts ernst nehmen von dem was du sagst du bist für sie eine art freak hast du darüber schon mal nachgedacht ich stritt mit ihr bettelte beinahe so wie man es eben tut wenn man sieht daß eine freundin alles falsch macht ich nahm sie ernst ich dachte ich könnte ihr helfen aber ihre einzige reaktion war oh wenn sie mich für einen freak halten dann bin ich eben ein freak was spielt das schon für eine rolle nun ja diese kindische einstellung ging damals in ordnung schätze ich aber später war sie nicht mehr so lustig auf alle fälle hatte sie soweit ich sehen konnte kein Interesse an männern sie war viel zu beschäftigt mit sich selbst sie sagte zwar sie wolle wissen wie es wäre ein kind zu haben dächte aber im traum nicht daran zu heiraten ich sagte ihr sie solle lieber noch mal darüber nachdenken ehe sie etwas dermaßen hirnrissiges tat im ersten jahr nach dem examen war sie schwanger aber sie sagte mir nichts ich war ungefähr die einzige von ihren alten Freundinnen die sich weiter mit ihr traf aber als sie wußte daß sie schwanger war zog sie sich einfach von allem zurück anscheinend fing sie an lange gespräche mit dem baby zu führen sie hatte diese komische idee daß sie es beeinflussen könnte indem sie die ganze zeit mit ihm redete Kathleen sagte ich zu ihr komm zurück in die realität so kann es nicht weitergehen du mußt endlich erwachsen werden ein baby ist keine idee oder ein gedicht es ist wirklichkeit und du mußt dich darum kümmern oh das geht schon in ordnung sagte sie ich habe meine wertpapiere das müßte reichen das meine ich nicht sagte ich du wirst mutter sein eine mutter aus fleisch und blut weißt du überhaupt was das heißt was es für konsequenzen hat oh ich werde schon rauskriegen was es heißt wenn es soweit ist und ich dachte da bin ich nicht so sicher und das arme kind aber sie war ein dickkopf und hielt daran fest auf biegen und brechen sie hörte einfach nicht zu setzte nur ihr überhebliches lächeln auf und sagte ich lebe mein leben wie ich will und niemand redet mir rein ja sagte ich aber nicht das leben deines kindes das ist etwas anderes denk noch einmal drüber nach und komm um gottes willen zur vernunft das ist kein spiel Kathleen hörst du sie schämte sich daß sie schwanger war sie wollte nicht daß irgend jemand sie sah sie ging überhaupt nicht mehr aus sie versteckte sich einfach in ihrem kleinen appartement im village monat für monat alle zwei wochen oder so ging ich vorbei um sie zu besuchen denn wir waren wirklich gute freundinnen praktisch alle anderen hatten die nase voll von ihrem blödsinn aber ich schätze ich hatte diese vorstellung ich könnte an ihren gesunden menschenverstand appellieren man glaubt immer man könnte helfen selbst wenn man es besser wissen müßte es wäre zum heulen wenn es nicht so komisch gewesen wäre ich erinnere mich in diesem winter gab es einen schneesturm und ich ging den ganzen weg zu fuß vom Gramercy Park bis zur Bank Street so daß ich halb erfroren bei ihr ankam und meine schuhe waren vollkommen naß bei Little Missy waren alle lichter aus sie lag im bett eine brennende kerze auf dem nachttisch und ein buch in der hand sie sprang auf und machte licht sie war schon im achten monat ich saß am kamin und wärmte mir die füße während sie tee kochte nun ja sie schien vollkommen normal aber dann legte sie sich plötzlich wieder hin und sagte entschuldige es dauert nur eine minute ich lese Alarich gerade die analekten von Konfuzius vor ist der name nicht perfekt ist er nicht genau das was man von ihr erwartet seit fünfzehnhundert jahren heißt niemand mehr Alarich oh das gefällt mir und dann meine liebe fing sie an laut zu lesen und sah an sich herab der meister hat das gesagt und der meister hat jenes gesagt also es war grotesk mir lief ein schauer über den rücken aber ich konnte sie ja nicht unterbrechen ihre stimme klang so düster also saß ich einfach nur am feuer und spielte mit den zehen nach einer weile klappte sie das buch zu und sagte mit normaler stimme weißt du solange er noch bei mir ist will ich ihm so nahe wie möglich sein denn wenn er erst auf der welt ist kann ich nichts mehr machen sie sagte das alles in einem so vernünftigen ton daß ich plötzlich wütend wurde Kathleen sagte ich du solltest mittlerweile wissen daß du mich nicht mehr schockieren kannst ich bin immun was willst du eigentlich beweisen doch sie riß nur die augen auf und sagte ich weiß nicht was du meinst nun sagte ich erstens wieso bist du so sicher daß es ein junge wird oh natürlich ist es ein junge jedenfalls habe ich beschlossen ihm zuerst eine gute pränatale erziehung zu geben damit er nach der geburt nicht so vielen negativen einflüssen ausgesetzt ist das ist das wichtigste bei kindern aber die meisten mütter fühlen sich ihren kindern erst wirklich nahe wenn sie sie sehen können menschliche dummheit wie immer und sie fing an mir zu erzählen was mit den anderen alles nicht stimmte paß auf sagte ich ich nehme an du würdest nicht auf die idee kommen daß du genausogut diesem tisch vorlesen könntest du weißt verdammt gut daß es noch nicht hören kann ganz zu schweigen von verstehen was du sagst warum mußt du unbedingt irgendwelche spielchen mit dir selbst spielen warum kannst du dich nicht einfach entspannen und eine zeitlang normal sein oh sagte sie natürlich versteht er wie könnte es anders sein wir sind eins ich weiß wenn er erst einmal geboren ist wird er überhaupt nichts verstehen schließlich schwebe ich nicht auf wolken deshalb muß ich meine ganze zeit mit ihm verbringen verstehst du denn wenn er mich erst verlassen hat muß er allein zurechtkommen und ich kann nichts mehr für ihn tun ich muß ein merkwürdiges gesicht gemacht haben denn plötzlich richtete sie sich auf und sagte tut mir leid daß du so starr denkst ich weiß die meisten Leute halten es für ihre pflicht anderen ihre ideen aufzudrängen aber dich hätte ich für toleranter gehalten und sie sah mich an als wäre ich eine große enttäuschung für sie nun Kathleen ich kann nur wünschen daß das kind gesund ist und habe das gefühl wenn du dich eine weile mit ihm beschäftigt hast wirst du die dinge anders sehen und wir redeten noch eine weile und ich erzählte ihr daß Jack und ich nach Rio führen und ich sie besuchen würde wenn ich zurück sei und sie solle sich keine sorgen machen sorgen machen sagte sie worüber sollte ich mir sorgen machen ich bin glücklich also ging ich hinaus in den schneesturm und nahm ein taxi nach hause ich dachte es wäre viel besser wenn ich nicht gegangen wäre mein gott schwebe nicht auf wolken und dann dachte ich ich gehe nicht mehr hin wenn ich zurückkomme es hat keinen sinn aber wie heißt es so schön aus neugier ist schon so mancher umgekommen und im nächsten sommer besuchte ich sie doch das baby muß ungefähr fünf monate alt gewesen sein vollkommen gesund soweit ich sehen konnte obwohl mir auffiel daß es nicht einmal lächelte was mich stutzig machte war ihre gleichgültige haltung ihm gegenüber als sie es mir zeigte hier ist das kleine ungeheuer sagte sie und dachte jetzt geht es schon wieder los aber diesmal reagiere ich nicht drauf er ist süß sagte ich stillst du ihn ja sagte sie aber wenn er entwöhnt ist bringe ich ihn zu meiner mutter nach Lake Forest sie wird eine gute kinderfrau für ihn finden dann sagte sie daß sie ihn niemals zurechtweisen oder bestrafen wolle denn das würde ihre beziehung zerstören und es sei so wichtig für ihn vertrauen zu ihr zu haben und so ging es weiter die ganze sache wurde von minute zu minute verrückter ich hätte es längst merken müssen aber irgendwie glaubte ich das baby hätte sie vielleicht verändert natürlich lag ich total daneben baby hin baby her so ist es nun mal dachte ich na ja besser er hat wenigstens eine gute kinderfrau als Kathleen auf gedeih und verderb ausgeliefert zu sein als ich das alles sah war ich plötzlich ganz froh daß Jack und ich keine kinder hatten also fuhr sie zu ihrer mutter aber das unglaublichste von allem kam erst ein paar jahre später mittlerweile hatte ich mehr oder weniger aufgehört an sie zu denken fragte mich nur hin und wieder was wohl aus ihr geworden war nun ja eines schönen tages bekam ich einen brief von Kathleen über und über mit marokkanischen briefmarken beklebt sie hatte ihre mutter verlassen und war mit Alarich nach Europa gegangen ihre mutter hatte den flug bezahlt wahrscheinlich um sie loszuwerden sie hatte überall gelebt und war schließlich in Tanger gelandet und da sie Kathleen war natürlich im einheimischenviertel und Alarich lernte über das leben indem er mit gleichaltrigen marokkanischen jungen aus der nachbarschaft spielte und sie fand das wunderbar und wollte für immer dableiben und hoffte daß ich eines tages nach Tanger käme das alles klang verdächtig nach einer fortsetzung des alten musters jedenfalls ein jahr oder so später als Jack und ich in Europa waren beschloß ich ein wochenende nach Tanger zu fliegen und nach Kathleen zu sehen ich war neugierig wie eine amerikanerin allein im einheimischenviertel zurechtkam nun ja Jack hatte keine lust mitzukommen also blieb er in London und ich flog nach Marokko du kannst dir nicht vorstellen die ganze sache war einfach unglaublich zuerst brauchte ich stunden um ihr haus zu finden am ende mußte ich ins hotel zurück und einen guide holen und wir liefen durch die dunklen gassen dann kamen wir zu einer tür die sperrangelweit offen stand ich sagte dem guide er solle draußen warten ich hätte nie allein zum hotel zurückgefunden nun ja sie war da trug eins von diesen exotischen einheimischen gewändern es gab keine möbel in der wohnung nur matten und kissen und einen großen tisch in der mitte des zimmers und jetzt kommt der clou auf dem tisch lag ein riesiger haufen ein ganzer berg marihuana ich hatte es von der straße aus gesehen bevor ich hineinging ohne zu wissen was es war Kathleen sagte ich dieses zeug ist verboten das weißt du wie kannst du es einfach so hier rumliegen lassen jeder der vorbeikommt kann es sehen mein guide muß es gesehen haben ich hatte ein verdammt mulmiges gefühl als ich da saß kannst du nicht bitte wenigstens die tür zumachen sie zuckte die achseln und schloß sie ich fragte nach Alarich ich wollte sehen wie er sich entwickelt hatte sie sah woandershin oh er ist draußen er hat eine menge freunde ich mußte an die schrecklichen kinder denken die ich gerade auf der straße gesehen hatte jedesmal wenn wir einer schar davon begegneten hatte der guide gesagt achten sie auf ihre handtasche madame wie schön er hat freunde und du wie gehts dir ich dachte wie kann sie nur so leben es stank wie in einem saustall und sie fing an auf und ab zu gehen und wirkte ziemlich abwesend und einmal stand sie da und starrte auf den tisch hinab das zeug gehört nicht mir sagte sie es gehört Todd Todd wohnt bei mir er ist nur eben einkaufen gegangen er kommt gleich wieder ah ich verstehe sagte ich und kurz darauf kam Todd rein zwei meter groß und rabenschwarz das ist interessant dachte ich es zeigte eine neue seite von Kathleen keine besonders originelle zugegeben aber doch eine etwas andere als vorher jedenfalls saß ich da und versuchte mich mit den beiden zu unterhalten und plötzlich hörte man den entsetzlichen gurgelnden schrei eines tieres im zimmer nebenan er hallte wider mein Gott was ist das fragte ich sie war ganz sachlich das ist unser hammel wir haben ihn schon über einen monat und mästen ihn für das fest nächste woche Alarich ist ganz verrückt danach er lebt für diesen hammel es ist schwer ihn von ihm wegzukriegen aber im haus sagte ich wie hältst du das aus nun ja irgendwann kam der junge mit einer ganzen bande von anderen kindern und alle plapperten durcheinander wahrscheinlich in arabisch aber wenigstens sah er gesund aus unter dem schmutz er war genauso dreckig wie die anderen und war seit einem jahr nicht mehr beim friseur gewesen unglaublich sie stürmten herein und ins zimmer nebenan wo der hammel angebunden war und er fing wieder mit seinem schrecklichen geblöke an ich beschloß den augenblick zu nutzen und zu verschwinden ich sagte ich müsse gehen weil mein guide wartete aber ich würde morgen wiederkommen Kathleen sah mich an als ginge die welt unter aber du bist doch gerade erst gekommen sagte sie immer wieder dann liefen die kinder wieder hinaus bis auf Alarich der auf Todds Schoß kletterte und anfing ihn zu umarmen dieses kind hungerte nach zuneigung ich sagte zu ihm Alarich es ist schön daß du den hammel hast er kann dein freund sein und dir überallhin folgen und der junge sah mir in die augen und sagte oh nein nächsten dienstag schlitzen wir ihm die kehle auf ich dachte er hätte sich das ausgedacht aber Kathleen sagte ja dienstag ist das opferfest als ich ging sagte sie daß sie jede menge gedichte geschrieben hätte und ich dachte das glaube ich und was für ein segen daß ich sie nicht lesen muß und ich sagte wiedersehen bis morgen dann und ich hatte wirklich vor hinzugehen und zu versuchen allein mit ihr zu reden aber alles war so jämmerlich und schmutzig und sie war so kindisch es war wirklich deprimierend ich brachte es nicht fertig noch einmal nach der gasse zu suchen am nächsten morgen nahm ich ein flugzeug nach London seitdem habe ich nichts mehr von ihr gehört was für eine verschwendung ich glaube nicht daß sie ahnt was sie sich angetan hat ich werde wahrscheinlich immer weniger tolerant aber ich habe kein verständnis für leute die sich nicht an die spielregeln halten wollen und dieser junge jede wette daß er eines tages im knast landet es ist unausweichlich aber sie kann niemandem die schuld geben sie hat es sich selbst zuzuschreiben das traurige ist daß sie nie einsehen wird welchen schaden sie angerichtet hat es würde ihr einfach nicht in den sinn kommen daß ihr leben von anfang an verpfuscht war lachhaft nicht wahr

Hugh Harper

Hugh Harper hätte Dr. Hugh Harper sein können, hätte er seine medizinische Ausbildung beendet. Doch verlor er irgendwann einfach das Interesse. Vielleicht war es die Erkenntnis, daß er das zusätzliche Geld, das er mit einer Praxis in der Harley Street oder anderswo verdienen würde, nicht brauchte. Er sah ein, daß er auch so ein angenehmes Leben führen und sich den unnötigen Aufwand sparen konnte.

Wie die meisten Hedonisten war Harper exzentrisch und verschwiegen zugleich. Bei ihm ist die Verschwiegenheit nicht erstaunlich, denn seine Exzentrik bestand in einer Vorliebe für menschliches Blut. Er schämte sich nicht für diese ungewöhnliche Veranlagung, denn sie hatte keinerlei sexuelle Aspekte; sie war rein kulinarischer Natur. Andererseits sah er keinen Grund, den Kreis derer, die von seiner Schwäche für den Geschmack von Blut wußten, über die Gruppe von jungen Leuten aus der Nachbarschaft hinaus zu erweitern, die ihm regelmäßig kleine Mengen davon verkauften. Der Ärger begann – wie er hätte voraussehen können –, als schließlich die Mutter eines Jungen dahinterkam, was da vor sich ging. Verständlicherweise war sie entsetzt und drohte mit einem Skandal. Die Harper-Familie beschloß, daß Hugh verschwinden müsse.

In seiner Naivität protestierte er und behauptete, nichts an dem, was er tue, sei illegal. Sein älterer Bruder entgegnete, wenn es so sei, dann nur deshalb, weil es in einer zivilisierten Gesellschaft noch keinen Präzedenzfall für ein derartiges Verhalten gegeben habe, und er selbst werde ihn noch am gleichen Abend zur Fähre nach Calais begleiten. Er brachte ihn nach Dover und setzte ihn auf die Fähre; dann stieß er einen Seufzer der Erleichterung aus und kehrte nach London zurück. Zwar wußte er, daß die Sache nichts mit Sex zu tun hatte, doch war ihm klar, daß die empörten Mütter, wenn sie sich erst einmal zusammenschlossen, diesen Eindruck schnell erwecken könnten.

In Pozzuoli bei Neapel richtete sich Hugh Harper in einem Appartement ein und machte sich daran, eine Gruppe von proletarischen jungen Blutspendern um sich zu scharen, die kaum auf die Idee gekommen wären, sich ihren Müttern anzuvertrauen (und deren Mütter jedenfalls für derartige Informationen auch kaum Interesse aufgebracht hätten). Doch rechnete er nicht mit der Tatsache, daß die italienische Polizei häufig über Dinge Bescheid weiß, noch ehe sie passiert sind. Nach ihrer Aussage handelte es sich um einen Ausländer, der sich nicht damit zufriedengab, Halbwüchsigen Drogen zu besorgen, sondern darauf bestand, ihnen den Schuß selbst zu setzen. Die Jugendlichen stritten diese Theorie natürlich einmütig ab und behaupteten mit typisch italienischem Stolz, daß sie den bizarren Wünschen des Engländers nur deshalb nachgaben, weil sie dafür gut bezahlt wurden.

Na schön, dann eben keine Drogen, sagte die Polizei, aber die Sache ist in jedem Fall illegal, denn der Ausländer hat keine Genehmigung, in Italien zu praktizieren, und wer bei uns einer anderen Person eine Spritze setzen will, ganz gleich, aus welchem Grund, braucht eine medizinische Approbation.

Um dem Verfahren und einer möglichen Haftstrafe zu entgehen, sah sich Harper gezwungen, mehrmals beträchtliche Geldsummen zu opfern; dann wurde er aufgefordert, das Land zu verlassen und nie wieder zurückzukommen.

Es überraschte niemanden, daß der nächste, Ort, den Hugh Harper sich aussuchte, Marokko war. Er mietete ein kleines Haus auf dem Marshan in Tanger, in dessen *sala* er einen riesigen Kühlschrank aufstellte. In den hell erleuchteten Fächern standen die kleinen Fläschchen mit Blut, deren Etiketten den Namen des Blutspenders und das Datum der Spende verrieten. Die jungen Marokkaner fanden nichts dabei, daß der Engländer zusätzliches Blut für seine Gesundheit verlangte, denn jeder weiß, daß englisches Blut dünn und kalt ist. Auf die Vorstellung, daß er es brauchte, weil er den Geschmack mochte, kamen sie nicht.

So schien es, daß er endlich den richtigen Ort gefunden hatte; hier konnte er seinen abseitigen Neigungen nachgehen, ohne daß irgendeine Störung von außen zu erwarten war. Im Verlauf der zwei Jahre, die er auf dem Marshan verbrachte, kam es ihm mehr und mehr so vor, als sei seine exzentrische Vorliebe etwas völlig Normales, und er trank das Blut so wie andere Leute Wein. Es war alles ganz einfach, und niemand mischte sich ein. An diesem Punkt besiegte die Euphorie seine Vernunft. Die säuberlich aufgereihten Fläschchen in seinem Kühlschrank erschienen ihm unwiderstehlich, und schließlich verfiel er auf die Idee, daß seine europäischen Bekannten ebenso großen Gefallen an ihnen finden könnten wie er selbst. »Nehmen Sie ein Glas«, drängte er seine Besucher. »Es ist wunderbar kühl!«

Die Europäer waren schockiert, wie es sich gehörte, konnten aber nicht viel mehr tun, als diesen wundervollen neuen Skandal ihrem Repertoire an Klatsch und Tratsch hinzuzufügen. Die düstere Exzentrik an Harpers Verhalten entzückte sie. »Natürlich ist der Mann vollkommen verrückt«, versicherten sie einander am Ende solcher Diskussionen. In gewissem Sinne hatten sie recht. Wäre er völlig gesund gewesen, hätte er seine kleine Auswahl an Fläschchen auch weiterhin in strenger Abgeschiedenheit bewundert und ihren Inhalt genossen, ohne daß irgend jemand ihm dabei zusah, so wie bei seiner Ankunft in Tanger. Statt dessen ging er dazu über, seinen Gästen die Namen auf den Etiketten vorzulesen: »Abdeslam, Mohammed, Abderrahman, Omar. Wen möchten Sie probieren? Ali?«

Die dermaßen bedrängten Europäer redeten so viel über den merkwürdigen Mister Harper, daß ihre marokkanischen Dienstboten unweigerlich Wind von der Sache bekommen mußten. Auf diese Weise hörte ein *fquih* aus Souq el Bqar Gerüchte über den ungewöhnlichen Engländer. Er machte sich viele Gedanken über den Fall. Selbst wenn das Blut einem therapeutischen Zweck diente, ahnte er, daß etwas Anstößiges darin lag, wenn ein Ungläubiger derart viel moslemisches Blut konsumierte. Er war ziemlich sicher, daß der Koran Gesetze enthielt, die derartige Praktiken unterbanden; da er sich aber in dem heiligen Buch nicht besonders gut auskannte, blieb er auf Mutmaßungen angewiesen. Schließlich konsultierte er den Imam einer Moschee in Dradeb, der ihm bestätigte, daß der Genuß menschlichen Blutes in den Augen Allahs ein Greuel war. Man mußte den Christen daran hindern, noch mehr moslemisches Blut zu trinken.

Wenn die religiösen Führer im Islam eine Entscheidung treffen, wird sie mit erstaunlicher Schnelligkeit in die Tat umgesetzt. Hugh Harper erhielt einen *procèsverbal*: Innerhalb von acht Tagen mußte er Tanger verlassen. Man nannte ihm keinen Grund für diese Entscheidung, aber das war auch nicht nötig. Wohin er ging, nachdem er in Marokko zur *persona non grata* erklärt worden war, ist nicht bekannt.

(1984)

Massachusetts 1932

Nur apfelschnaps ein hauch von minze wenig zitrone gibt nichts besseres an einem heißen nachmittag möchten sie noch eis es ist genug da ich mag weder eis in meinem drink noch sonst welches komisch als ich noch ein kleiner bengel war gaben sie mir welches und ich spuckte es aus sagte es würde mir den mund verbrennen ja stimmt es hat gedonnert ich dacht mir schon es könnt was kommen gibt schlimme unwetter hier sie donnern vom tal herauf gott man könnte meinen es wären bomben und man sitzt da und wartet wo sie als nächstes einschlagen zweimal hats die scheune erwischt vor zwei jahren war kein großer schaden aber ein anderes mal oh fünfzehn jahre muß es jetzt her sein da ist sie zur hälfte abgebrannt hab die pferde aber noch rausgekriegt hatte damals pferde das war zu einer zeit als die familie glück hatte wir kriegen mordsmäßige unwetter hier normalerweise im august die schlimmsten meine frau meine erste frau heißt das kaum daß sie es donnern hörte war es aus mit ihr sie wurde ganz weiß im gesicht und fing an zu zittern man konnte nichts mehr mit ihr anfangen sie hatte keine ahnung von blitzen ich sagte zu ihr Susan selbst wenn sie das haus treffen werden sie dir nichts tun aber wenn frauen fickrig werden hat es keinen sinn auf sie einzureden und immer wieder dasselbe zu sagen jawohl in diesem haus bin ich geborn hab immer hier gelebt sah früher nicht so aus es war meine zweite frau die die ganzen möbel hergebracht hat gehörn nicht in ein altes haus wie das hier stimmt das haus ist ziemlich alt siebzehnneunundsechzig man kann die zahlen über der türschwelle vorn eingemeißelt sehn all diese alten häuser haben kleine zimmer da ist kein platz für große sessel und tische hab ich ihr gesagt der einzige raum der groß genug für den flügel wäre ist die küche aber da nimmt er die hälfte vom platz weg das war laut es ist auf dem weg hierher sehn sie sich den himmel an da draußen über dem berggipfel schwarz wie die sünde ja stimmt ich lebe allein hier seit meine letzte frau gestorben ist hab nicht mal einen hund der mir gesellschaft leisten könnte macht mir nichts aus mochte sowieso nie viel durcheinander in meiner umgebung kann lärm nicht ausstehn das radio da drüben ich stell es nie an außer für nachrichten wie siehts aus mit ihrem drink ich mixe ihnen einen neuen ja der haut rein aber verstehn sie man darf keine pfefferminze nehmen es muß grüne minze sein komisch was pfefferminze gibt nicht den richtigen geschmack also sie haben meine anzeige gelesen und sind den ganzen weg hier rausgekommen um sich das haus anzusehn gibt nicht viel zu sehn aber es gehörn hundertfünfundvierzig acres wald dazu dahinten fließt noch ein bach nicht übel und drüben auf der andern seite stehn ein paar obstbäume das ist ungefähr alles aber ich hab genug zu tun hab ungefähr fünfzig klafter holz im schuppen liegen für kalte tage zu schade daß sie nicht ne stunde früher gekommen sind dann hätten wir runter in den wald gehn können schätze sie wolln das ganze grundstück anschaun nun wir können uns draußen ein wenig umsehn aber wir sollten in der nähe des hauses bleiben man riecht den regen förmlich nehmen sie ihren drink mit das geht schon diese vier alten ahornbäume warn genauso groß wie jetzt als ich ein junge war kann mich gut erinnern mein großvater erzählte er könne sich nicht an eine zeit entsinnen als sie noch nicht da warn die zwei kleinen fenster da oben nun ja das sind zwei schlafzimmer und eine mansarde jetzt geht es bald los wird mächtig was runterkommen zu schade daß wir nicht naß geworden sind dieses zimmer hier rechts ist das wohnzimmer ich benutze es nicht komme nie hierher hab auch so jede menge platz es ist muffig man riecht den staub kommen sie weiter nach nebenan und nehmen sie noch einen drink der apfelschnaps freut mich daß sie ihn mögen richtig ich mache ihn selbst unten im keller habe ich eine kleine destille mein vater hatte sie schon vor mir es ist wirklich gutes zeug wenn man es richtig macht jessas das war nah muß drüben bei der Henderson farm gewesen sein wahrscheinlich hats eingeschlagen ich muß die fenster zumachen es regnet rein ich mache ihn jedes jahr um himmels willen nein verkaufen nicht das würde mich in teufels küche bringen es reicht gerade für den hausgebrauch nur hab ich keinen haushalt nein noch mal heiraten kommt nicht in frage habs zweimal versucht und beide male gings schief tragisch und schrecklich beide waren sehr kultiviert und empfindsam die erste hatte ein bißchen geld die zweite war genauso pleite wie ich ein paar anteile von Tel and Tel aber sie hatte all diese möbel na schön ist jetzt fast zehn jahre her daß ich meine erste frau geheiratet hab mein alter herr war gestorben und das haus vollkommen verschuldet sie wollt es als erstes abbezahln also war ich diese sorge los ja tragisch und schrecklich ich komme gleich drauf ungefähr ein jahr später fällt mir auf daß Susan nicht besonders gut dabei ist sieht aus als fällt sie zusammen ich weiß auch nicht fickrig wie sonst was und kann nicht schlafen und ich muß mir tag und nacht ihre stichelei anhörn vor allem nachts sie ließ mich einfach nicht schlafen also zog ich schließlich auf das sofa das früher hier stand ich weiß nicht ob sie die flinte in der ecke des wohnzimmers bemerkt haben ich hab sie dort immer geladen stehn damit ich schnell reagieren kann vielleicht ist ein murmeltier im garten oder ein eichhörnchen man kann nicht einfach zusehn wie sie einem das haus auseinandernehmen jedenfalls wußte Susan von der flinte obwohl sie sie nicht anrührte wenn sie staubwischte sie hatte angst na schön jedenfalls gings ihr immer schlechter und schließlich hörte sie auf mit mir zu reden sagte den ganzen tag kein wort mehr mir wars recht ich hatte den neuen lieferwagen einen Ford und fuhr alle paar tage in die stadt um lebensmittel einzukaufen sind nur achtzehn meilen wenn man nebenstraßen nimmt das pflaster ist nicht gerade das beste aber das machte mir im wagen wenig aus normalerweise fuhr ich vormittags los und war gegen mittag zurück aber an diesem tag brach ich erst nach dem lunch auf ungefähr um zwei ich brauchte länger als sonst in der stadt und kam kurz nach sonnenuntergang zurück ging ins haus suchte nach Susan keine spur von ihr als ich in das zimmer auf der andern seite vom flur kam ins wohnzimmer fand ich sie ja sie hatte sich erschossen saß im sessel den schaft auf den boden beugte sich ganz nach vorn steckte den lauf in den mund und drückte ab schreckliche sache das wolln sie doch bestimmt nicht alles hörn wie kam ich bloß drauf seh nicht so viele leute heutzutage manchmal wenn jemand vorbeikommt kann ich gar nicht mehr aufhörn glaub ich kann ich ihnen noch einen anbieten nein nicht mal einen kleinen sie haben recht er haut rein nun wenn sie nichts dagegen haben genehmige ich mir noch einen muß ja nirgendwo mehr hin nun ja diese üble geschichte hat mir mächtig zugesetzt nach der beerdigung fuhr ich runter nach New York und sah mir ein paar shows an jessas ich wär verrückt geworden wenn ich hier geblieben wäre und da unten lernte ich Laura kennen in diesem jahr sahn wir uns nicht so oft im nächsten jahr fuhr ich wieder nach New York und wir trafen uns häufiger doch erst im jahr drauf heirateten wir sie war verrückt nach dem haus hatte sich schon immer so eins gewünscht wir stellten die alten tische und stühle raus war ohnehin kein staat mit zu machen und sie brachte ihr ganzes zeug hierher Laura war sehr empfindlich nervös gewohnt daran sich durchzusetzen sie liebte das haus und machte stundenlange spaziergänge im wald jedenfalls im ersten jahr oder so außerdem war sie künstlerisch veranlagt stellte ihre staffelei draußen im garten auf und malte die bäume sie machte nichts mit den bildern sie malte sie nur gern oben in der mansarde gibt es einen ganzen stapel davon sie war ein guter kumpel wir gingen auf dem Hawk Mountain beeren sammeln nahmen sandwiches mit und blieben den ganzen tag draußen weiß der kuckuck wie viele quarts wir nach hause brachten konnten sie kaum schleppen es hellt ein wenig auf zieht weiter das tal hinauf aber es kommt immer noch ordentlich was runter das dumme war mein fehler ich hätt ihr von Susan erzähln solln ich meine wie sie gestorben ist von anfang an hätt mir denken können daß es ihr irgendwie zu ohren kommen würde sie wissen ja wie frauen reden also will sie alles darüber wissen und warum ich ihr nicht sofort davon erzählt hab statt zu warten daß andere es tun sie stellte immer mehr fragen wie Susan den abzug hatte drücken können bei so einem langen lauf das mußt du schon selbst rauskriegen sagte ich sie dachte ich wollte etwas vor ihr verbergen es wurde so schlimm daß sie über nichts anderes mehr reden wollte sie sagte oh manchmal muß ich an Susan denken und dann bin ich so traurig ich frage mich was sie gefühlt hat und wie sie sich so etwas antun konnte ich sagte um himmels willen du hast Susan nie gesehn wie kannst du an sie denken deswegen wollte ich nicht daß dus erfährst weil ich wußte daß es dir zu schaffen machen würde es dauerte nicht lange bis mir klar war daß es nie wieder so sein würde wie vorher es war nicht unbedingt stichelei aber sie wurde sarkastisch und sowieso hatte sie ihren eignen kopf jetzt ist es zu spät ich dachte ich müßt halt das beste draus machen tja und eine möglichkeit das beste draus zu machen war dem haus den rücken zuzudrehn sobald sie anfing klavier zu spielen es hat aufgehört werd mal die fenster aufmachen man kriegt ja kaum luft hier drin sind sie sicher daß sie keinen mehr wolln ich mache mir noch einen hoffe sie haben nichts dagegen wenn ich allein bin mag ich nicht trinken macht keinen spaß wenn man niemand hat mit dem man reden kann und der außerdem nicht will daß man trinkt Laura konnte nicht trinken behauptete immer sie kriegte kopfschmerzen davon deshalb mochte sie es nicht wenn ich trank wollte daß ich die destille rauswarf sagte es mache sie nervös daß sie da unten stand von da an trank ich im werkzeugschuppen sie verstehn ein jammer wenn ein mann in seinem eignen haus nicht tun kann was er will wir gingen uns auf die nerven es war schrecklich und sie verbrachte immer mehr zeit am klavier welche art von musik lieber himmel keine ahnung aber es war immer laut ich blieb nicht da um zuzuhörn hab mich aus dem staub gemacht und sie klimperte den ganzen nachmittag auf dem klavier herum ich fand mich damit ab bis ich ihr eines tages sagte paß auf wir müssen uns einigen was das klavier angeht im moment scheint mir eine stunde am vormittag und eine stunde am nachmittag ist genug für uns alle und bei gott mehr wirst du nicht spielen ich stoppe die zeit und wenn du weiterspielst wenn deine zeit um ist komme ich und schleppe dich mit gewalt weg von dem ding laß dir das gesagt sein das war zu viel für sie danach spielte sie überhaupt nicht mehr sagte ich hätt ihr die freude dran verdorben verstehn sie das war teil ihres nervenzusammenbruchs schnitt sich sozusagen ins eigne fleisch aber sie hielt es mir vor bis zum ende gelegentlich versuchte ich sie zum spielen zu überreden aber sie betrat nicht mal mehr das zimmer saß nur noch in der küche am großen fenster und träumte ich wußte es damals nicht aber sie muß die ganze zeit an Susan gedacht haben ich glaub selbst wenn ich es ihr selbst erzählt hätte statt es den nachbarsfrauen zu überlassen die art wie sie reagierte wär dieselbe gewesen jedenfalls war ich eines morgens draußen auf dem feld zum unkrauthacken und hörte ein komisches geräusch im haus um himmels willen sagte ich sie spielt mit der flinte und ich fing an zu laufen und dann fand ich sie im wohnzimmer sie hatte es genauso gemacht wie Susan alle beide ich konnts nicht glauben solche sachen passiern einfach nicht ich meine nicht zweimal hintereinander nein na schön es war schrecklich später fragte ich Doc Synder ob er glaubte es wär weil ich das mit dem klavier gesagt hatte aber er sagte nein sie war schwermütig und hätt es ohnehin getan deshalb sollte ich mir nichts vorwerfen aber er hatte gut reden er sagte Caleb wenn eine frau wie deine sich was in den kopf setzt kannst du nichts machen du wirst sie nicht davon abbringen er half Laura kein bißchen er machte witze mit ihr aber sie nickte nur mit dem kopf der Doc sagte es überraschte ihn nicht er hätt sozusagen darauf gewartet daß etwas passierte na schön war mir ein vergnügen mit ihnen zu plaudern kommen sie wieder wenn sie sich

das grundstück bei gutem wetter noch mal ansehn wolln
würde mich freun jederzeit ein vergnügen und fahrn sie
vorsichtig sie sind sowieso nicht vor dem dunkelwerden
zu hause

(1983)

Dinner bei Sir Nigel

In jenen Zeiten unterschied das gesellschaftliche Leben der Stadt noch scharf zwischen Marokkanern und Europäern; letztere unterhielten zu ersteren das traditionelle Verhältnis von Herren zu Dienern. Der durchschnittliche europäische Haushalt wurde normalerweise von einem Stab von fünf oder sechs Marokkanern geführt. Ein größeres Haus benötigte verständlicherweise weit mehr Dienstboten, und das einheimische Personal wurde nicht selten um einen europäischen Küchenchef, Haushälter und Chauffeur verstärkt. Eine unerklärliche Ausnahme – so munkelte man hier – bildete das Haus von Sir Nigel Renfrew; man hätte erwarten können, daß er einen ziemlich großen Stab benötigte, doch hieß es, er beschäftige nur einen Mann und ein Hausmädchen. Diese ungewöhnliche Tatsache beschäftigte die Mitglieder der britischen Kolonie immer wieder, und man hörte vage Gerüchte, die darauf anspielten, daß hinter Sir Nigels spartanischer Beschränkung des Personals mehr als bloßer Geiz steckte.

Das Jahr seiner Ankunft in Tanger ist unbekannt; offenbar war es kurz nach dem Ende des Zweiten Weltkriegs. Er muß ein beträchtliches Vermögen mitgebracht haben (entweder legal oder aber heimlich, was wahrscheinlicher ist), denn er verlor keine Zeit und ließ eine Reihe von großen Appartementhäusern am damaligen Stadtrand errichten. Es ist zu bezweifeln, daß irgendeines dieser Gebäude ihm seine Investition wieder einbrachte, denn es gab Dutzende von leeren Appartementhäusern in der Stadt, die nur darauf warteten, bezogen zu werden.

Den ersten Augenzeugenbericht über Sir Nigel erhielt ich von zwei englischen Freunden, die er zum Essen eingeladen hatte. Sie warteten anderthalb Stunden, bis er ohne ein Wort der Entschuldigung oder Erklärung erschien; dann warteten sie eine weitere halbe Stunde, bis der einzige Diener den Tisch gedeckt und das Essen hereingetragen hatte. Ihre Beschreibung des Mahles selbst war knapp; sie stimmten jedoch darin überein, daß Sir Nigel »unerträglich« sei. Soweit ich weiß, hat keiner von beiden sein Haus je wieder betreten. All das jedoch konnte mich zwei oder drei Jahre später nicht davon abhalten, zusammen mit einer Gruppe britischer und kanadischer Journalisten eine Einladung zum Dinner bei Sir Nigel anzunehmen.

Wir mußten in einiger Entfernung vom Haus den Wagen stehenlassen und zu Fuß über eine ungepflegte Weide gehen, auf der ein paar Schafe grasten. Es war noch hell, aber ich fragte mich, wie wir im Dunkeln den Weg zur Straße zurück finden sollten. Einer der Journalisten jedoch hatte eine Taschenlampe dabei.

Sir Nigels wenig einnehmende Erscheinung versetzte mich in Erstaunen. Er war ein kleiner Mann, beinahe hager, mit einem zerfurchten Gesicht und kleinen farblosen Augen, die sehr eng zusammenstanden. Er setzte sich zwischen zwei Korrespondenten, die er offensichtlich ganz gut kannte und unterhielt sich mit ihnen, ohne uns anderen die geringste Aufmerksamkeit zu schenken. Ich beobachtete sein Gesicht und kam zu dem Schluß, daß er außerstande war, zu lächeln oder auch nur den Ausdruck permanenten Mißvergnügens durch einen anderen zu ersetzen. Er strahlte Feindseligkeit aus, und es war klar, daß seine Gäste dies bemerkten; sie hörten auf, sich miteinander zu unterhalten und saßen schweigend da, um der heiseren Stimme ihres Gastgebers zu lauschen.

Ein schwarzer Diener brachte Whisky, Soda und Eis. Als er hinausgegangen war, breitete Sir Nigel die Arme aus und sagte: »Sehen Sie diesen Mann? Ich habe ihn aus Sansibar mitgebracht. Er ist mein Koch, Butler und Gärtner. Sie bräuchten ein halbes Dutzend Ihrer Mauren, um dieselbe Arbeit zu erledigen. Eine Bande von Faulpelzen, die herumlungern, ihre Pfeifen rauchen und um Essen betteln.« Er funkelte uns an, als seien wir verkleidete Marokkaner, und ich merkte, daß er bereits betrunken war.

Auf dem Fußboden in einer dunklen Ecke des Raums standen mehrere Trommeln in verschiedenen Größen und Formen, alle mit Zebrahäuten bespannt. In der Hoffnung, ihn auf ein anderes Thema zu bringen, fragte ich Sir Nigel, ob er diese ebenfalls aus Sansibar importiert habe. Er musterte mich mit einem Ausdruck, aus dem ich nur äußerste Geringschätzung und Verachtung lesen konnte und antwortete rasch: »Ich habe dort ein Haus«, worauf er zu seinen Haßtiraden gegen die Marokkaner zurückkehrte.

Vom Essen selbst habe ich nur behalten, daß wir in Dreiergruppen auf Kissen um drei niedrige Tische saßen, und unser Gastgeber sich von Minute zu Minute mehr in Rage redete, je weiter das Mahl fortschritt. Er hatte die Marokkaner vergessen und war mittlerweile dabei, Franzosen und Spanier mit Verwünschungen und Obszönitäten zu bedenken. Sie hätten keine Ahnung, wie man eine Kolonie führe oder mit den dummen und faulen Einheimischen fertig werde. Ich war unvernünftigerweise überzeugt, daß die wachsende Erregung unseres Gastgebers Ergebnis der

Entscheidung war, es uns allen möglichst unbehaglich zu machen.

»Sie sehen ja, er ist völlig außer sich«, raunte ich dem Kanadier neben mir zu. Er nickte, ohne den Blick von dem haßverzerrten Gesicht zu wenden.

Als der Diener aus Sansibar das Obst brachte, sprang Sir Nigel auf. »In einer Minute werden Sie etwas sehen, das Sie in Ihrem Leben nicht vergessen werden«, rief er. »Und seien Sie versichert, daß sie aus freien Stücken kommen.« Damit rauschte er aus dem Zimmer; wir aber blieben sitzen und starrten uns an.

Wenig später hörten wir ein leises Geräusch. Ein Vorhang an der Wand hinter den Trommeln bewegte sich und eine große, muskulöse Schwarze schritt herein. Ohne in unsere Richtung zu sehen, entzündete sie mehrere Lampen im hinteren Teil des Raumes. Dann wandte sie sich um und hob den Vorhang, während fünf halbwüchsige Mädchen hereinschwebten und neben den Trommeln zu Boden sanken. Sie trugen durchsichtige weiße Gewänder, und das Haar fiel ihnen lose über die Schultern. Drei von ihnen waren das, was man als hinreißende Schönheit bezeichnen würde, die beiden anderen einfach nur hübsch. Der Anblick war beeindruckend. Sir Nigel hatte recht gehabt, als er sagte, wir würden ihn nicht vergessen.

Die Mädchen begannen wahllos auf die Trommeln einzuschlagen, die, weil sie viel volltönender waren als die Handtrommeln, die marokkanische Mädchen normalerweise spielen, den Raum mit einem Chaos rhythmischer Klänge erfüllten. Wie die Schwarze, die sie hereingelassen hatte, verhielten sie sich, als seien die Europäer vor ihnen unsichtbar. Niemand unternahm den Versuch, etwas zu sagen.

Plötzlich stand Sir Nigel vor uns, in der Hand eine lange Zirkuspeitsche, die er drohend schwang. Er hatte sich umgezogen und trug jetzt Reithosen und schwarze Lederstiefel, und sein Gesicht war so gefährlich dunkelrot angelaufen, daß ich mich fragte, ob wir hier und jetzt Zeugen eines Gehirnschlages bei Sir Nigel Renfrew werden würden. Obgleich seine Bewegungen unkoordiniert wirkten, hatte er keine Mühe, seine Peitsche knallen zu lassen, und dies über den Köpfen der Mädchen, die sich duckten und kleine Schreie gespielten Erschreckens ausstießen, während sie sich zwischen den Trommeln zu seinen Füßen wälzten.

Und dann gab Sir Nigel ein lautes Zeichen, auf das die Mädchen reagierten, indem sie sich in ein wildes Getümmel stürzten, einander an den Haaren zerrten, die Mieder ihrer durchsichtigen Gewänder aufrissen und lange Schreie von sich gaben, bei denen sich einem das Haar sträubte. Sir Nigel hüpfte von einem Fuß auf den anderen, stieß kleine Grunzlaute aus, knallte mit der Peitsche und zog gelegentlich einem der rasenden Mädchen eins über. Einen Moment zuvor war alles noch Theater gewesen, jetzt aber begannen sie zu schluchzen und im Kampf ihre Fingernägel einzusetzen. Ohne daß ich ein sichtbares Signal dafür gesehen hätte, hob sich der Vorhang aufs neue, und die Schwarze eilte zu der außer Kontrolle geratenen Gruppe, trennte die Mädchen voneinander und half ihnen auf die Füße. Dann trieb sie sie unter dem Vorhang hindurch, und wir waren allein mit Sir Nigel, der noch immer seine Peitsche schwang, während er auf uns zukam.

Die vorangegangene Anstrengung hatte ihm den Atem geraubt. »Sie werden in ihre Zimmer gesperrt, verstehen Sie.« Er ließ die Peitsche über unseren Köpfen tanzen und starrte uns ins Gesicht, einem nach dem anderen, während er einen schweren Schlüssel aus der Tasche zog und in unsere Richtung schwang. »Doch falls jemand Lust hat, sich ein wenig mit einer von ihnen zu vergnügen, hier ist der Hauptschlüssel.« Seine Augen blitzten; es waren die Augen eines wütenden Schimpansen. Ich erkannte, daß sich für ihn der ganze Abend auf diesen Moment konzentriert hatte. Die anderen hatten ohne Zweifel denselben Eindruck, denn niemand sagte etwas, und ein langes Schweigen folgte. Sir Nigel stieß ein verächtliches »Ha!« aus und warf die Peitsche in Richtung der Trommeln.

»Ich glaube, ich muß ins Hotel zurück«, sagte jemand. Ein allgemeines Raunen der Zustimmung flog durch den Raum, und wir alle erhoben uns und dankten unserem Gastgeber, der uns zur Tür brachte. Er verbeugte sich. »Gute Nacht«, sagte er mit honigsüßer Stimme. »Gute Nacht, du gottverdammtes Schwein, gute Nacht.«

Während wir über die dunkle Weide stapften, gab einer der Engländer, der Sir Nigel kannte, nähere Einzelheiten preis. Es war richtig, daß die Mädchen aus freien Stücken aus den Dörfern der Umgebung kamen. Jede von ihnen wurde einen Monat eingesperrt und bekam zum Abschied einen wertvollen Kaftan, den sie sich sonst niemals hätte leisten können. Es war der Anblick dieser Gewänder, der andere Mädchen dazu brachte, nach Tanger zu kommen und Sir Nigel aufzusuchen. Sie würden nicht wirklich mißhandelt, sagte der Mann. Jede hatte ihr eigenes Zimmer im Dienstbotenflügel und wurde von der Schwarzen mit Essen versorgt. Jetzt verstand ich, warum Sir Nigel kein marokkanisches Personal wollte; es wäre unmöglich gewesen. Hätte ein Marokkaner Wind davon bekommen, was in dem Haus vorging, hätte es auf der Stelle einen Skandal gegeben.

Tatsächlich ging ein paar Monate später der Ärger los, und man kann nur annehmen, daß er etwas mit der Anwesenheit der Mädchen zu tun hatte. Sir Nigel verließ das Land und blieb mehrere Jahre fort. Er kehrte jedoch zurück und starb eines Tages um die Mittagszeit auf der Terrasse des Café de Paris im Zentrum Tangers an einem Herzanfall.

(1985)

Tanger 1975

Als ich sie kennenlernte hatte sie gerade die große villa gekauft die sich über dem tal erhob heute gehört sie Saudis sie haben die meisten guten grundstücke gekauft ich weiß noch daß sie Anton und mich zum tee einlud wir waren jung verheiratet dann schien sie sehr an ihm interessiert sie hatte ihn vor jahren in Paris tanzen sehen und sie sprachen von dieser zeit alles war sehr korrekt sie hatte köstliche petits fours merkwürdig daß ich das behalten habe natürlich waren wir damals entsetzlich arm wissen sie und lebten vom billigsten das wir auftreiben konnten zum glück war Anton ein phantastischer koch sonst wären wir verhungert er konnte aus nichts eine mahlzeit zaubern sie würden es nicht glauben nun zwei wochen später lud sie uns zum lunch ein schrecklich formell viel personal alles sehr elegant und danach ich erinnere mich gut gab es kaffee und likör am kamin und plötzlich bot sie uns ein kleines haus an das auf dem grundstück stand es gab mehrere versteckte hütten wissen sie gästehäuser aber die meisten von ihnen standen weiter oben näher am großen haus und dieses hier ganz unten im wald weit von allem entfernt außer einem ententeich ich war absolut verblüfft das war das letzte das ich von ihr erwartet hätte schließlich ging sie mit uns hinunter um es anzusehen sehr einfach aber reizend geschmackvoll eingerichtet küche und Bad eher primitiv aber draußen wuchsen unmengen von blumen und man hatte einen wunderbaren blick aus den fenstern natürlich waren wir entzückt sie verstehen wir brauchten nichts zu zahlen man überließ uns das haus einfach so lange wir es haben wollten ich muß zugeben daß es eine sehr nette geste war obgleich ich sie damals im verdacht hatte ein auge auf Anton geworfen zu haben was völlig absurd war wie sich später herausstellte auf alle fälle bedeutete es einen großen unterschied für uns das haus zu haben es war ein geschenk Gottes tatsächlich gab es aber auch einen nachteil jedenfalls für mich Anton schien es nichts auszumachen aber es gab mindestens zwanzig pfauen in einem riesigen aviarium im wald nicht weit entfernt und in manchen nächten schrien sie können sie sich vorstellen wie durchdringend sie schreien besonders mitten in der nacht ich brauchte wochen um mich daran zu gewöhnen lag im dunkeln und lauschte dem verrückten geschrei schließlich lernte ich trotzdem zu schlafen na schön nachdem wir eingezogen waren kam unsere gastgeberin nicht mehr in unsere nähe was natürlich ihr gutes recht war aber es wirkte schon ein wenig sonderbar wenigstens war sie nicht hinter Anton her die monate vergingen und wir bekamen sie nie zu gesicht wir hatten einen schlüssel zum tor am ende des anwesens deshalb benutzten wir stets die untere straße um zu kommen und zu gehen es war viel einfacher als hinter dem großen haus hinaufzuklettern wenn wir sie also hätten treffen wollen mußte sie zu unserem teil des grundstücks herunterkommen aber sie ließ sich nie blicken die zeit verging und dann hörten wir plötzlich aus allen möglichen ecken merkwürdige gerüchte immer wenn sie von uns sprach bezeichnete sie uns als ihre besetzer ich war dafür auf der stelle hinaufzugehen und die sache zu klären haben sie uns deshalb eingeladen damit sie sich überall über uns lustig machen können doch Anton sagte ich hätte keine beweise und es könnte ebensogut der typisch boshafte tratsch sein den es hier überall zu geben scheint er sagte ich solle warten bis ich es selbst hörte nun es schien nicht sehr wahrscheinlich daß sie es vor mir sagen würde doch dann machte ich eines morgens einen kleinen spaziergang in den wäldern und was sah ich mehrere frisch gemalte Schilder die man auf den pfaden aufgestellt hatte: DEFENSE DE TOUCHER AUX FLEURS offensichtlich waren sie für uns bestimmt andere Leute gab es ja nicht ist es nicht unglaublich auf welche ideen manche leute kommen wir wollten ihre scheußlichen blumen gar nicht wir rührten sie nicht an ich mag keine schnittblumen ich sehe lieber zu wie sie wachsen Anton sagte am besten beachten wir sie nicht wenn wir mit ihr streiten setzt sie uns vor die tür und natürlich hatte er recht aber es war auf alle fälle schwer zu ertragen sie verstehen sie hatte liebhaber ausschließlich einheimische aber sicher was soll man erwarten das ist in ordnung ich bin nicht so engstirnig ihr dies zweifelhafte vergnügen nicht zu gönnen aber es gibt verschiedene arten etwas zu tun man sollte erwarten daß eine frau in ihrem alter und mit ihrer kinderstube eine gewisse diskretion wahren das heißt alles so unauffällig wie möglich abwickeln würde aber das gegenteil war der fall erstens gestattete sie ihnen mit ihr zu leben so als seien sie mann und frau und gab ihnen auf diese weise gewalt über die dienstboten was undenkbar ist doch schlimmer noch dann stellte sie ihre erbärmlichen liebhaber vor den augen der ganzen stadt zur schau ging niemals ohne den jeweiligen begleiter aus wenn die leute ihn nicht ausdrücklich erwähnten schlug sie einladungen aus sie war die art von frau der niemals etwas peinlich zu sein schien aber sie hätte hier leben können ohne die hälfte der europäer vor den kopf zu stoßen wissen sie damals hatten die leute noch feste vorstellungen über solche dinge einheimische durften nicht mal die restaurants betreten es war nicht die tatsache daß sie liebhaber hatte auch nicht daß es einheimische waren aber daß sie in der öffentlichkeit mit ihnen auftrat war ein schlag ins gesicht der europäischen kolonie und das verziehen sie ihr nicht aber es kümmerte sie nicht im geringsten was andere leute von ihr dachten worauf ich eigentlich hinauswill ist die party wir sahen sie nie monat um monat nicht verstehen sie und dann stand sie eines tages plötzlich vor der tür überaus freundlich sie wolle uns um einen gefallen bitten sie werde diese riesige party geben habe zweihundert einladungen verschickt die am tor abgegeben werden sollten sie sagte es gebe immer viel zu viele leute die sich hineinschmuggelten die touristen würden die wachen bestechen damit man sie durchließe aber diesmal würde niemand eingelassen außer denen die sie eingeladen hatte was sie wollte war daß wir vor dem tor in einem wachhäuschen saßen das sie hatte bauen lassen es hatte ein kleines fenster und einen schalter Anton sollte die einladungen kontrollieren und einem der polizisten die draußen postiert waren ein zeichen geben damit er den betreffenden einließ ich bekäme ein großes verzeichnis mit allen namen in alphabetischer reihenfolge und wenn Anton mir die einladung reichte sollte ich ein rotes kreuzchen neben den namen machen sie wollte später sicher sein wer gekommen war und wer nicht ich habe zehn dienstboten sagte sie und nicht einer davon kann lesen oder schreiben es ist zum verzweifeln aber dann dachte ich an sie und beschloß sie um diesen großen gefallen zu bitten ist alles in ordnung in ihrem kleinen haus gefällt es ihnen hier und natürlich sagten wir oh ja alles ist wunderbar und wir sind froh ihnen helfen zu können was für dummköpfe wir waren es wird nicht lange dauern sagte sie höchstens zwei stunden es ist eine kostümparty drinks abendessen und tanz im mondschein im unteren teil des gartens die musiker beginnen um halb acht als sie gegangen war sagte ich zu Anton zweihundert einladungen tatsache ist sie hat nicht einmal zwanzig freunde in der ganzen stadt nun gut der große abend kam und wir hockten oben in unserem kleinen wachhäuschen und rackerten uns ab wie kulis der schweiß floß in strömen an uns herab manchmal kam ein halbes dutzend leute auf einmal an die hälfte davon bereits betrunken und es gefiel ihnen gar nicht wenn sie warten mußten und man sie nacheinander einließ immer mehr kamen immer mehr ich dachte es würde nie aufhören um mitternacht waren wir immer noch da schließlich sagte ich Anton das ist zuviel mir ist es egal wer noch kommt ich bleibe keine minute länger und Anton sagte du hast recht und sprach mit dem wächter und sagte das wars mehr leute kommen nicht laß niemanden mehr herein gute nacht und so weiter und wir gingen hinunter zur party die kostüme waren sehr aufwendig wir blieben ein paar minuten am ende des gartens stehen und sahen zu wie sie tanzten bis ein hochgewachsener mann mit einem falschen bart und einem großen turban auf uns zukam ich hatte keine ahnung wer er war aber Anton behauptete er habe ihn sofort erkannt jedenfalls war es ihr liebhaber können sie sich das vorstellen sie hatte ihn geschickt um uns zu sagen wenn wir an der party teilnehmen wollten sollten wir doch bitte gehen und unsere kostüme anziehen als hätten wir irgendwelche kostüme zum anziehen ich war fassungslos nachdem wir fast fünf stunden in ihrem stickigen wachhäuschen ausgeharrt hatten besitzt sie die dreistigkeit uns zum gehen aufzufordern und ist nicht einmal so höflich selbst mit uns zu sprechen nein sie schickt ihren einheimischen liebhaber ich hatte hunger am buffet gab es unmengen zu essen aber es stand dreißig meter von uns entfernt am anderen ende des gartens als wir zu hause waren sagte ich zu Anton ich hasse diese frau ich weiß daß es falsch ist aber ich hasse sie wirklich der gipfel war daß sie am nächsten tag wieder vorbeikam nicht wie man denken könnte um sich bei uns zu bedanken ha im gegenteil sie war gekommen um sich darüber zu beschweren daß wir leute eingelassen hätten die keine einladungen besaßen was meinen sie rief ich sehen sie sich die karten an und sehen sie sich das verzeichnis an sie stimmen überein wovon sprechen sie überhaupt und sie sagte die Duchesse de Saint Soundso vermisse eine abendtasche mit ihren smaragdohrringen und ich sagte was hat das mit uns zu tun wollen sie mir das bitte erklären nun sagte sie wir hätten unseren posten verlassen unseren posten nannte sie es als wären wir beim militär und nachdem wir gegangen waren seien andere leute gekommen und der polizist habe sie eingelassen Anton fragte ob sie ihre einladungen gezeigt hätten nun sagte sie es sei ihr noch nicht gelungen diesen bestimmten polizisten ausfindig zu machen deshalb wisse sie es nicht doch wenn wir dagewesen wären hätte das nicht passieren können liebe frau sagte ich ist ihnen klar daß wir fünf stunden in diesem kasten gesessen haben obwohl sie uns sagten es würde höchstens zwei stunden dauern ich hoffe sie wissen das nun antwortete sie es ist höchst bedauerlich aber ich war gezwungen die polizei zu rufen ich mußte lachen eh bien madame sagte ich da es ihrer meinung nach die polizei war die den dieb einließ liegt die lösung doch auf der hand ich verstehe nicht was wir damit zu tun haben daraufhin wurde sie lauter alles was ich dazu sagen kann ist es tut mir leid daß ich so dumm war mich auf sie zu verlassen nächstes mal weiß ich es besser und damit ging sie und ich sagte zu Anton hör zu wir können nicht weiter im haus dieser frau leben wir müssen uns etwas anderes suchen er verdiente damals ein bißchen weil er in einer import-export-firma arbeitete es war praktisch nichts aber genug um die miete für eine kleine hütte zu bezahlen er fand wir sollten bleiben und hoffen daß die dinge sich wieder einrenkten aber ich fing an fast jeden tag allein loszugehen und etwas passendes für uns zu suchen was sich später als sehr nützlich erwies wenigstens hatte ich eine menge häuser gesehen und wußte welche in frage kamen verstehen sie denn die party war nur das vorspiel für die tragödie die sich weniger als einen monat später abspielte eines nachts drangen ein paar halbwüchsige gangster in das große haus ein der liebhaber war übers wochenende nach Marrakesch gefahren deshalb war sie allein ja sie ließ die dienstboten in hütten im oberen garten schlafen sie war allein im haus und sie wissen ja diese leute sind immer überzeugt davon daß europäer große summen bargeld im haus versteckt haben müssen folterten sie die ganze nacht und versuchten herauszubekommen wo es war sie wurde geschlagen und mit glühenden zigaretten traktiert und gewürgt man stach auf sie ein und brach ihr beide arme sie muß geschrien haben denke ich aber vielleicht drückten sie ihr ein kissen aufs gesicht jedenfalls hörte niemand etwas am nächsten morgen wurde sie von den mädchen gefunden sie lebte noch starb aber am gleichen nachmittag im krankenhaus wir erfuhren nichts davon bis zwei tage später plötzlich die polizei bei uns erschien und erklärte das grundstück sei behördlich geschlossen worden und alle müßten es sofort verlassen das hieß die dienstboten und gärtner und wir also brachen wir mit sack und pack auf es war schrecklich aber Anton sagte zumindest hätten wir länger als ein jahr mietfrei gewohnt er wollte immer die positive seite der dinge sehen irgendwie war das später hilfreich als ich die einzelheiten erfuhr ich regte mich entsetzlich auf denn wissen sie die polizei kam den gangstern mit hilfe einer goldenen zigarettendose und ein paar anderer dinge auf die spur die sie in der gräßlichen nacht mitgenommen hatten und dann stellte sich heraus daß sie auch die abendtasche der herzogin hatten einer der verbrecher war am abend der party sehr spät zum haus gekommen und mit einer gruppe spanier hereingeschlüpft nachdem Anton und ich das tor verlassen hatten und natürlich hatte er die gelegenheit genutzt das haus und den garten für den anschließenden einbruch auszukundschaften ich fühlte mich schrecklich schuldig natürlich wußte ich daß es nicht mein fehler war aber ich mußte immer daran denken daß wenn wir ein bißchen länger geblieben wären sie noch am leben sein könnte am anfang war ich sicher daß der liebhaber seine finger im spiel hatte verstehen sie er wich nie von ihrer seite sie ließ es nicht zu und plötzlich fährt er übers wochenende nach Marrakesch nein es schien zu glatt paßte zu gut zusammen aber offenbar hatte er nichts damit zu tun außerdem hätte er gelegenheit genug gehabt alles was er wollte mitgehen zu lassen und hatte nie etwas angerührt also muß er ziemlich intelligent gewesen sein wenigstens sägte er nicht den ast ab auf dem er saß nur hatte er am ende nichts davon der arme kerl ich habe versucht mich an diese nacht zu erinnern und manchmal scheint es mir daß ich im schlaf vielleicht doch ihre schreie hörte aber ich hatte die verdammten pfaue so oft gehört daß ich nicht darauf achtete und nun erstarrt mir das blut in den adern wenn ich daran denke daß ich sie möglicherweise tatsächlich um hilfe rufen hörte und glaubte es seien die vögel nur war das große haus so weit entfernt daß sie aus einem fenster hätte schreien müssen das über das tal sah deshalb sage ich mir immer wieder daß ich sie unmöglich gehört haben kann sie hätten sie nicht in die nähe eines fensters gelassen aber trotzdem ist es unheimlich

(1982)

Missliebige Worte

I

Ich bin froh, daß Du auf meinen Brief, der aus heiterem Himmel kam, geantwortet hast, obgleich Du bedauerlicherweise zu glauben scheinst, daß ich Dich für mein unfreiwilliges Publikum halte, nur weil Du an Dein Zimmer gefesselt bist. Oder hast Du das nur gesagt, um Schuldgefühle bei mir zu erwecken, weil ich beweglich geblieben bin?

Natürlich sind die Preise hier gestiegen, lange vor der internationalen Ölerpressung in den Siebzigern. Wir haben gesehen, wie sie kletterten und immer gedacht: Noch höher können sie nicht gehen. Alles ist fünfmal so teuer wie vor zehn Jahren. Seit 1965 ist jeglicher Import verboten. Statt importierter Waren hatten wir daher geschmuggelte Waren; sie zogen alle Leute an, die bereit waren, dafür zu bezahlen. (Man sollte vielleicht daran erinnern, daß die Preise hier in den dreißiger und vierziger Jahren unglaublich niedrig waren, so daß sie mehr oder weniger grenzenlos steigen konnten, bis sie mit Europa oder Amerika gleichgezogen hatten. Dann kam die Ölinflation, und sie kletterten weiter, sind aber trotzdem niedriger als anderswo.)

Etwa fünf Jahre nach der Unabhängigkeit unterhielt sich Christopher einmal mit einem alten Berber irgendwo im

Süden. Mitten in einem ziemlich allgemein gehaltenen Gespräch beugte sich der alte Mann zu ihm und sagte vertraulich: »Sag mir. Wie lange soll das mit der Unabhängigkeit noch so weitergehen?«

Ich weiß noch, wie ich 1947 um tausend Dollar nach New York kabelte. (Wie Du Dich vielleicht erinnerst, war das in jenen Zeiten genug, um sich drei bis vier Monate über Wasser zu halten, zumindest hier.) Die Bank, an die das Geld angeblich geschickt worden war, hatte es nicht, riet mir jedoch, bei allen anderen Banken in der Stadt nachzufragen. Damals gab es hier mehr als vierzig. Ich versuchte es bei zweien bis dreien am Tag; niemand wußte etwas. Einen Monat später hatte ich mein Geld immer noch nicht. Die amerikanische Gesandtschaft schlug vor, ich solle zur ersten Bank zurückgehen und es fordern und gleichzeitig durchblicken lassen, daß der amerikanische Botschafter intervenieren würde, falls sie es nicht auftrieb. Das magische Ergebnis: Der Angestellte ging geradewegs zu einem Aktenschrank und förderte meinen Scheck zutage. Aber ich habe mich immer gefragt, was sie sich davon versprachen, ihn so lange festzuhalten. (Damals schien mir das sehr lange, ich war empört.) Heute ist es viel schlimmer. Alles fremde Geld, das ins Land kommt, wird in Casablanca in einen Fonds gesteckt und dort festgehalten, um Zinsen für Kredite zu kassieren, die daraus finanziert werden, gewöhnlich über einen Zeitraum von drei Monaten. Schließlich erscheint die Summe auf Deinem Bankkonto, berechnet zum jeweils niedrigsten Kurs während dieses Zeitraums. Das ist vollkommen verständlich, wenn man berücksichtigt, daß der Krieg anhält und kostspielig ist, aber es mildert nicht die Unannehmlichkeiten, die man deswegen in Kauf nehmen muß. Wahrscheinlich haben wir noch Glück, daß sie uns keine spezielle Kriegssteuer abknöpfen; weiß der Himmel, ob sie noch kommt. Schlimmer kann es nicht werden.

Du fragst nach Neuigkeiten von mir: mein tägliches Leben, worüber ich nachdenke, meine Meinung über auswärtige Angelegenheiten. Alles zu seiner Zeit, wenn möglich. Aber was hier in der Stadt passiert, hat mehr Gewicht als das, was wir von außen hören. Es gibt viele Verbrechen, doch jedes Jahr scheinen wir einen Mord zu haben, der irgendwie alle berührt. Das besondere Interesse liegt darin, daß die Opfer Nichtmoslems sind. Das fasziniert die Moslems ebenso wie die Ungläubigen, wenn auch zweifellos aus unterschiedlichen Gründen.

Vor zwei Jahren zum Beispiel, als die neue Moschee auf halbem Weg zwischen hier und der Place de France noch im Bau war, pflegte eine ältere Dame aus einem Gebäude auf der anderen Straßenseite die Arbeiter mit Tee und Kaffee zu versorgen. Sie kam am frühen Morgen, vor Sonnenaufgang, wenn die Luft noch kalt war, und die Arbeiter freuten sich auf sie. Eines Tages tauchte sie nicht auf, und am gleichen Tag hörte man, sie sei tot in ihrem Bett aufgefunden worden. Jemand hatte es geschafft, zu ihrem Fenster hinaufzuklettern und in ihre Wohnung einzudringen, und ehe er wieder verschwunden war, hatte er ihr vernünftigerweise die Kehle durchgeschnitten. Er hatte gehofft, verstecktes Geld zu finden (die Frau war Jüdin, natürlich ging er davon aus, daß er es irgendwo auftun würde). Aber sie war arm wie eine Kirchenmaus; er fand nichts außer einem blauen Transistorradio aus Plastik und nahm es mit. Zwar hatten die Arbeiter nun keinen Tee oder Kaffee mehr, dafür aber Musik aus dem blauen Transistorradio, wenn auch nur für ein paar Tage. Eine Nachbarin der ermordeten Frau bemerkte das Radio dort zwischen Haufen von Kacheln und war sich ihrer Sache so sicher, daß sie einem Polizisten auf der Straße davon erzählte. Natürlich schnappten sie den Arbeiter, der erklärte, er hätte der alten Jüdin nicht den Hals aufgeschlitzt, wenn er gewußt hätte, wie arm sie war!

Dann gab es letztes Jahr den Fall mit den beiden alten Amerikanern (ich glaube nicht, daß Du sie gekannt hast), die in einem kleinen Haus hoch oben auf dem Alten Berg wohnten, ganz am Ende der befahrbaren Straße, wo sie in die Reste der römischen Straße übergeht. Sie waren dort ziemlich isoliert, hatten weder ein Telefon noch ein anderes Haus in der Nähe. Nachdem sie jahrzehntelang friedlich dort oben gelebt hatten, wurden sie eines Tages überfallen. Der Mann war im Garten unten am Waldrand und legte gerade einen Wassergraben an. Die Angreifer schlugen ihn nieder und steckten seinen Kopf in den Graben. Die Frau beobachtete alles aus dem Fenster, bevor sie ins Haus kamen und sie verprügelten, in dem Versuch, ihr zu entlocken, wo »das Geld« versteckt war. (Diese Leute hatten keinen Pfennig, sie lebten von ihren Fürsorgeschecks.) Es gab kein Geld. Nachdem sie der Frau noch ein paarmal ins Gesicht geschlagen hatten, machten sich die Einbrecher aus dem Staub. Der Mann starb; die Frau überlebte. Der Vorfall alarmierte die Europäer, die auf der Alten Bergstraße wohnen, alle große Grundstücke haben und sich nachts bereits von Wärtern bewachen lassen; die Gangster hatten sich die alten Leute gerade deshalb ausgesucht, weil sie ungeschützt waren, und natürlich hatten sie gar nichts davon. Man munkelt, daß sie ungefähr zwei Monate später gefaßt wurden. Sie gehörten zu einer Bande, die in einer Höhle am Strand etwas westlich von der Stadt hauste. Aber wer weiß? Solche Dinge werden von den europäischen Residenten ernster genommen als Lebensmittelaufstände und Schlachten mit der sogenannten Polisario in der Sahara. Bridgetisch-Mentalität, wenn Du mir diese kleine Spitze verzeihen willst.

Wie auch immer, das wär's für heute.

2

Schön, daß wir wieder Kontakt haben.

Du hast unrecht; ich erinnere mich gut an das letzte Mal, daß wir uns sahen. Du wohntest in diesem verrückten Appartement auf dem Dach des Schlosses, und vom Hafen kam ein schrecklicher Wind. Du hattest ein paar Leute zum Essen eingeladen, und ich weiß noch, jedesmal, wenn die Tür zum Dach geöffnet wurde, blies der Wind durch die ganze Wohnung und alle schrien: Mach die Tür zu! Welches Jahr es genau war, habe ich vergessen, denn die Episode scheint in keinerlei Zusammenhang zu stehen. Das einzige weitere Detail, an das ich mich erinnere, ist Deine Bemerkung, Du könntest nichts lesen, das nach dem achtzehnten Jahrhundert geschrieben worden sei. Ich akzeptierte das als persönlichen Tick; später habe ich darüber nachgedacht und mich gefragt, wie gesund eine solche selbstauferlegte Einschränkung für einen Autor des zwanzigsten Jahrhunderts ist. Heißt das, daß Du zeitgenössische Texte nicht mehr liest, um ihrem möglicherweise verderblichen Einfluß zu entgehen, oder ist Dir jeder Kontakt mit der heutigen Fiktion widerwärtig, weil er die Vorstellung einer Konkurrenz birgt? Natürlich bleiben Deine Gründe für den Ausschluß des neunzehnten Jahrhunderts in jedem Fall unerklärlich. Doch eine solche Verallgemeinerung trägt niemals Früchte, wie mir scheint, und ich frage mich, wie treu Du Deiner Maxime sein kannst.

Die Hälfte der Zeit war ich nicht einmal sicher, wo Du während dieser letzten fünfzehn Jahre gesteckt hast. Über andere höre ich, daß Du in Hongkong, Tokio und sogar Malaysia lebtest. (Es gab eine Stadt, die Du angeblich bevorzugtest, aber ich kann mich an ihren Namen nicht erinnern. An der Ostküste und ziemlich weit im Norden.) Nachdem Du die Gewohnheit, mir zu schreiben, einmal aufgegeben hattest, wußtest Du nicht mehr, wohin Du Deine Briefe schicken solltest, was verständlich ist. Diese Rechtfertigung trifft für mich noch stärker zu, da Du keine feste Adresse hattest, während ich immer mein Homebase behielt.

Ich brauche Dich wohl nicht zu fragen, ob Du Dich an Betty und Alec Howe erinnerst, denn sie waren Deine Bridge- und Canasta-Partner, zusammen mit all den anderen Residenten, denen ich jahrelang aus dem Weg ging. Beide starben vor ein, zwei Wochen; wer weiß, woran? Er zuerst, und sie ein paar Tage später. Smina ist überzeugt, daß Betty sich umgebracht hat, um Alecs Beerdigung nicht miterleben zu müssen. Sie können recht haben; ich kannte die Howes nicht, bin ihnen höchstens auf dem Markt oder bei Parties begegnet. Ich vermute, Du wirst über ihr Ableben nicht allzu traurig sein.

Und dann ist da natürlich noch die unsägliche Valeska. Sie war mehrere Male nach Dir da, wenn auch nicht in den letzten fünf Jahren oder so. Abdelhouahaïd entwickelte eine heftige Abneigung gegen sie, vor allem weil sie sich hartnäckig weigerte, im Mustang vorn zu sitzen, obgleich das der einzige bequeme Sitz im Wagen war. Die Beharrlichkeit, mit der sie darauf bestand, hinten Platz zu nehmen, verstimmte ihn, da er annahm, und wahrscheinlich zu Recht, sie wolle in der Öffentlichkeit klarstellen, daß er der Chauffeur war. Diese grundsätzliche Antipathie machte es ihm leicht, andere Facetten ihres Verhaltens zu kritisieren. Das tat er ununterbrochen bei mir, aber natürlich nicht vor ihr. Dann erkannte er eines Tages seine Chance und handelte. Das Resultat war dermaßen absurd, daß ich ihm anschließend nicht die Vorwürfe machen konnte, die er eigentlich verdient hätte.

Wenn ich zum Hotel fuhr, um Valeska mit dem Wagen abzuholen, saß sie stets an einem Tisch im Innenhof, las, löste Kreuzworträtsel, was auch immer, war jedenfalls sehr beschäftigt. Abdelhouahaïd fuhr stets an der Treppe vor, so daß sie uns bemerken mußte, und sie blickte stets einmal auf, so daß klar war, daß sie uns gesehen hatte. Doch aus irgendeinem Grund, den ich nie verstanden habe, rührte sie sich nicht, bis ich aus dem Wagen stieg, in den Innenhof hinunterging, ihn überquerte und direkt vor ihrem Tisch stand. Das war ein heiliges Ritual. Eines Tages blieb ich zu Hause und schickte Abdelhouahaïd, um sie abzuholen. Als sie sah, wie er den Innenhof betrat, sprang sie auf und folgte ihm zum Wagen, wobei sie immer wieder fragte: »Wo ist Paul? Wo ist Paul?«

In diesem Augenblick muß der Teufel in ihn gefahren sein, jedenfalls sah Abdelhouahaïd zu Boden und sagte traurig: »Paul ist tot.« Vielleicht kannst Du Dir vorstellen, welches Gezeter und Geschrei darauf folgte. Er half ihr in den Wagen und startete in Richtung Itesa. Wie Du weißt, spricht er kein Englisch, aber er kannte genug Worte, um ihr begreiflich zu machen, daß ich auf dem Fußboden lag und lauter Leute um mich herumstanden, die mich betrachteten.

Er erzählte, daß Valeska, als sie zur Plaza de Kuwait kamen, plötzlich schrie: »O mein Gott! Meine Kamera ist im Hotel. Macht nichts. Fahr weiter.«

Sie war buchstäblich hysterisch, als sie mich gesund und munter wiedersah, und ich dachte, jetzt reicht es, und sah mich schon dabei, sie ins Irrenhaus von Beni Makada zu bringen. Dann wirbelte sie auf dem Absatz herum und kreischte: »Du Hundesohn!«

Ich glaube nicht, daß sie ihm diesen Scherz je verziehen hat, und er ist bis heute entzückt von der Erinnerung daran. Wie ich schon sagte, ich konnte ihm dafür keine Vorwürfe machen, da er es auf eine Art für mich tat, in dem Glauben, daß sie als Folge davon ihr Verhalten ändern würde. Aber natürlich bewirkte es überhaupt nichts, sie hielt es einfach für die Willkür eines verrückten Arabers, der neugierig war zu sehen, wie sie reagieren würde.

Überall um mich herum entstehen die ausgefallensten Villen. Sie sind gut gebaut, aber gräßlich anzusehen und erinnern an altmodische Jukeboxen, deren Fassaden mit Schmiedeeisen und Kachelarbeiten bepflastert sind. Laut Gesetz muß jedes Haus über einen eigenen Schornstein verfügen, aber in keinem Fall ist dieser mit irgend etwas im Haus verbunden; er dient rein dekorativen Zwecken. Die Bauunternehmer warten auf Käufer, die nicht kommen. Ob sich das je ändern wird? Die Preise erscheinen mir sehr hoch: zwischen hundertfünfundzwanzig und zweihunderttausend Dollar, ohne Heizung, versteht sich – kein Schornstein, keine Kamine –, und häufig kein Gelände für einen Garten. Doch ist es gerade dieses Gelände, das darüber entscheidet, ob sie offiziell als Villen oder einfach nur als Häuser bezeichnet werden dürfen (die keine Schornsteine brauchen).

Ich hoffe, daß es Dir gut geht und daß Du antwortest.

3

Ich habe mir vorgenommen, Dir regelmäßig, wenn nicht sogar häufig zu schreiben, damit Du über diesen Teil der Außenwelt auf dem laufenden bist; vielleicht hilft es, Deine Stimmung zu heben. Natürlich kann ich Dir nur dann eine Vorstellung von meinem Leben vermitteln, wenn ich alles hinschreibe, was mir durch den Kopf geht. Eine bewußte Auswahl des Materials birgt die Möglichkeit, dem anderen seine Sicht, seine eigene Meinung aufzudrängen. Ich glaube, daß meine Vorgehensweise Dir ein akkurateres Bild von meinem täglichen Leben vermittelt – oder zumindest des Teils, der sich in meinem Kopf abspielt, und das ist sicher der wichtigste Teil.

Ich habe mir immer wieder vorgestellt, wie es sein muß, bei einem Feuer oder einem Erdbeben in Deiner nicht gerade beneidenswerten Situation zu sein. Nicht in der Lage, aus dem Bett zu kommen, um zu versuchen, sich in Sicherheit zu bringen. Oder wenn Du in einem Rollstuhl sitzt, damit nirgendwohin fahren zu können, außer die Korridore auf und ab. Das stelle ich mir als meine größte Sorge vor, dabei wäre es vielleicht ganz anders, da man schließlich nicht ständig in Erwartung eines Feuers oder Erdbebens lebt. Aber ich kann mich sehen, wie ich nachts wachliege und mir in allen Einzelheiten ausmale, wie es wäre, plötzlich zu Boden geschleudert zu werden, einen Dachbalken über den Beinen, und im Staub des herunterrieselnden Putzes oder im Qualm zu ersticken. Ich hoffe, Du denkst nicht an so etwas, und irgendwie kann ich es mir auch nicht vorstellen. Mittlerweile müßtest Du fatalistisch genug sein, um alle objektiven Phänomene als Begleiterscheinungen Deines Zustands aufzufassen. Sollte das zutreffen, könnte es zum Teil natürlich daran liegen, daß Du acht Jahre eine schreckliche Frau ertragen mußtest – eine Art Training für den endgültigen Zustand völliger Akzeptanz. Außerdem ist mir eingefallen, daß die ständige Gegenwart einer Frau wie Pamela vielleicht die Spannungen erhöht hat, die am Ende zu dem Schlaganfall führten. Du hast acht Jahre unnötig gelitten. Pamela war eine Rassistin. Sie hatte das Gefühl, von einer höheren Warte aus zu operieren als Du, weil sie sich bewußt war, daß vor dreihundert Jahren ihre Vorfahren bereits in Massachusetts lebten, während die Deinen aus irgendeiner rückständigen Gegend in der Ukraine stammten. »Wir waren zuerst hier, deshalb gehört es natürlich uns, aber wir freuen uns, dich hier zu haben, denn das macht das Leben interessanter.« Täusche ich mich, oder war Pamela so? Hast Du nicht immer einen tiefen Widerspruch zwischen dem, was sie sagte, und dem, was sie tat, empfunden? Nach dieser langen Zeit kann ich mich nicht mehr sehr gut an sie erinnern. Das heißt, mir entschlüpft ihr Gesicht; ich kann mir kein Bild davon machen. Aber ich erinnere mich an ihre Stimme. Sie war wunderbar moduliert, es war ein Vergnügen, ihr zu lauschen, außer wenn sie böse wurde. Das ist klar: Man verändert seine Stimme und sein Verhalten absichtlich, setzt sie ein, um bestimmte Emotionen zu vermitteln. Doch jetzt frage ich mich: Ist Pamela eigentlich je böse geworden? Wenn ich mir das Bild vor Augen führe, das ich von unserem Frühstück in Quito habe (in dieser verrückten Eisdiele mit dem Balkon, wo man auch essen konnte), empfinde ich ihre schneidenden Stakkatosätze nicht als Ausdruck von Wut, sondern als Kommandos, die man an Untergebene richtet. Sie zeitigten die gewünschte Wirkung: Du zogst Dich in Dein Schneckenhaus zurück und sagtest kein Wort mehr. Alles war wunderbar, solange es keinen Widerspruch gab; dann halfen nur noch Befehle.

Die Wahrheit ist, daß ich zwanzig oder dreißig Jahre lang überhaupt nicht an sie gedacht habe. Sie fiel mir heute morgen ein, aber nur, weil ich versuchte, aus dem, was ich von Deinem Leben weiß, mögliche Gründe für eine zerebrale Blutung auszumachen. Ich gebe zu, daß diese Frage in Anbetracht der Tatsache selbst von rein akademischem Interesse ist. Eine Autopsie heilt nicht den Patienten.

Als ich heute morgen aufwachte, erinnerte ich mich an ein dummes kleines Lied, das ich als Kind hörte. Eine Frau namens Ethel Robb hat es mir vorgesungen. (Ich weiß nicht, wer sie war, aber es kommt mir so vor, als könnte sie eine Lehrerin gewesen sein.) Die Worte erschienen mir so merkwürdig, daß ich sie auswendig lernte.

In der vintertime ven der valley's green
And der vind blows along der vindowsill
Den der vomen in der vaudeville
Ride der velocipedes around der vestibule

(Die Melodie war eine Variante von »Ach, du lieber Augustin«.) Sicher hast Du dieses Lied nie gehört. Ich frage mich, ob irgend jemand außerhalb von Miss Robbs Bekanntenkreis es kannte.

In den frühen zwanziger Jahren dachte man sich die absurdesten Texte aus: »Oh by Jingo«, »The Ogo Pogo«,

»Lena Was the Queen of Palestina«, »Yes, We Have No Bananas«, »Barney Google« und weiß der Himmel was noch. Es gab einen Song von Fanny Brice, der »Second Hand Rose« hieß und mir Ärger mit der Mutter meiner Gastgeberin einbrachte, als ich ihn in den Sechzigern auf einer Party hier sang. Die Zeile *»Even the piano in the parlor Papa bought for ten cents on the dollar«* störte sie nicht weiter. Doch als ich zu *»Even Abie Cohan, that's the boy I adore, had the nerve to tell me he'd been married before«* kam, sprang die Dame auf und stürmte auf den Diwan zu, wo ich saß. Sie umklammerte mein Gesicht mit beiden Händen und schrie: »Sogar Sie, Paul Bowles, sogar Sie?« Es kam so plötzlich und war so dramatisch, daß ich das Gefühl hatte, einen immensen Fauxpas begangen zu haben. Glücklicherweise gab es andere Gäste, die den Song kannten; sie schafften es, die Dame davon zu überzeugen, daß ich ihn nicht speziell für diese Gelegenheit erfunden hatte, obgleich sie nicht vollkommen besänftigt schien.

Ich glaube, die wichtigste Eigenschaft, die Du und ich gemeinsam haben (obgleich es Dir natürlich freisteht zu behaupten, wir hätten nichts gemein), ist die Überzeugung, daß die menschliche Welt in eine Endzeit des Zerfalls und der Zerstörung eingetreten ist und dies das Ende eines Zustands bedeutet, der so gewaltig und chaotisch ist, daß er alle Versuche, Regierungen oder Ordnung aufrechtzuerhalten, vollkommen zunichte macht. Ich habe immer bemerkt, daß Du den Niedergang der Zivilisation noch heftiger angegriffen hast als ich. Das war natürlich zu einer Zeit, in der das Schlimmste, das wir uns vorstellen konnten, die Vernichtung durch einen Atomkrieg war. Doch heute können wir uns Umstände vorstellen, unter denen ein plötzlicher Tod durch Feuer möglicherweise eine willkommene Erlösung vom Inferno des Lebens wäre; vielleicht sehnen wir uns eines Tages noch nach einer universellen Euthanasie. Können wir auf einen Atomkrieg *hoffen* – ich meine ethisch –, oder sind wir aus Loyalität verpflichtet, auf das Überleben der menschlichen Spezies zu hoffen, ohne Rücksicht darauf, mit welchem Leid wir dafür bezahlen müssen? Ich habe den Begriff ethisch verwendet, denn es scheint mir, als zöge man allzu leicht falsche Schlüsse aus unethischen Hoffnungen.

Was alldem zugrunde liegt, schätze ich, ist meine Neugier. Ich würde gern wissen, ob die Tatsache, dermaßen behindert zu sein, Deine Ansichten in irgendeiner Art verändert hat. Bist Du heute wütender, resignierter oder vollkommen gleichgültig? (Da Du dies niemals warst, unter keinen Umständen, glaube ich eigentlich nicht an die Möglichkeit einer solchen Persönlichkeitsveränderung.) Dennoch werde ich das Gefühl nicht los, daß Du diese Dinge als reine Privatangelegenheit betrachtest und mir daher meine lüsterne Fragerei übelnehmen könntest.

4

Ich merke, daß Du Dich nicht wirklich an das Wochenende erinnerst, das Du zuvor erwähntest. Es ist nichts Schlimmes daran, kein absolutes Gedächtnis zu haben, doch es erscheint doppelt unglücklich, daß Du sowohl Deine externe als auch Deine interne Mobilität eingebüßt hast: Ich meine die Freiheit, in der Vergangenheit umherzuwandern, in den verborgensten Winkeln der Erinnerung zu stöbern. Ich weiß, all das ist vierzig Jahre her, und Du sagst, Du kannst Dich nicht erinnern, wir alle drei seien so betrunken gewesen, daß keiner von uns sich tatsächlich an die Details dieses absurden Ausflugs erinnern könne. Aber weder Du noch ich waren betrunken, als wir in dem Dorf ankamen (und aus dem Zug steigen mußten, denn weiter hatten sie die Eisenbahn nicht gebaut). Es war noch hell, und wir überquerten auf der unvollendeten Brücke den Fluß, um zu dem sogenannten Hotel zu gelangen. Sicher erinnerst Du Dich, daß es nichts anderes zu trinken gab als Mescal; Du sagtest immer wieder, es rieche wie Möbelpolitur, was, wenn ich mich recht erinnere, ein guter Vergleich war. Hast Du seitdem je wieder welchen getrunken? Was für eine Nacht, Bartolomé saß da, wurde von Minute zu Minute betrunkener und kicherte sich halb tot. Und irgendwann (versuch es – Du *mußt* Dich daran erinnern) fiel das Moskitonetz vom Bett auf meinen Kopf und ich verwickelte mich in dem Wirrwarr und mußte niesen, weil es voller Staub war, und Bartolomé saß in seinem Sessel, zeigte mit dem Finger auf mich, während ich kämpfte und schrie: *Te pareces al Niño Dios!* Und Ihr beide lachtet immer wieder, während ich nieste und mit den Armen fuchtelte, um irgendwo eine Öffnung in dem Netz zu finden. Am Ende blieb nichts anderes übrig, als Bartolomé nach unten zu schicken, um eine neue Flasche Tehuacan zu holen und unseren Mescal weiterzutrinken. Ich glaube, er war derjenige, der mich schließlich aus dem Netz befreite. Ich gebe zu, daß Du mehr oder weniger hinüber warst, aber sicher nicht so sehr, daß Du Dich heute an nichts mehr erinnern könntest. Das alles war Spaß und gehört auf die Habenseite des Lebens. Wie üblich habe ich mir jedoch die unangenehmen Details stärker eingeprägt als das Vergnügen an der Sache. Der nächste Tag war endlos. Es war die

Hölle, in dem schwankenden Klapperkasten von Zug zu sitzen, und ich sah voller Ekel auf die Kakteenreihen, die sich meilenweit auf den ausgedörrten Hängen erstreckten. Jeder Stoß des Zuges verstärkte das Hämmern in meinem Kopf. Bartolomé schlief. Du schienst keinen Kater zu haben, was mich erbitterte; andererseits warst Du an Alkohol gewöhnt und ich nicht. Aber da Du sagst, Du kannst Dich nicht entsinnen, bleibe ich mit meiner Erinnerung allein; ebensogut hätte ich das alles träumen können.

Manchmal habe ich den Verdacht, daß Du Deine gegenwärtigen Unzulänglichkeiten übertreibst, sicher nicht, um Mitleid zu erwecken, denn das sähe Dir gar nicht ähnlich, und außerdem ist der Wunsch zu übertreiben wahrscheinlich eine Sache des Unterbewußtseins. Dennoch betonst Du Deine unglückliche Lage so, daß man gar nicht anders kann, als Mitleid für Dich zu entwickeln. Die Frage ist: Warum legst Du so viel Gewicht auf Dein Unglück? Mein Gefühl sagt mir, daß Du es nur aus Bitterkeit tust. Ich spüre, wie Du denkst: Jetzt sitze ich in einem Rollstuhl. So ist es, und genauso hat es die Welt gewollt. Mit anderen Worten, *sie* haben Dir das angetan. Wenn Du religiös wärest, könntest Du es wenigstens auf Gott schieben, oder wäre das auch nicht befriedigender?

Wenn ich mich recht erinnere, magst Du Tiere. Ich selbst war stets ein Katzenfreund, im Gegensatz zu einem Hundeliebhaber. Es schien mir immer, als gäbe es später noch genug Zeit, um sich mit den Hunden anzufreunden. Doch hier ist die Wahrscheinlichkeit dafür äußerst gering. Nachts streifen sie in Rudeln durch die Straßen, und manchmal greifen sie sogar Passanten an. Sechs von ihnen jagten einen amerikanischen Freund von mir eines Abends eine

Viertelmeile über die neue Straße, die vom Fuß des Alten Berges zu dem neuen Teil von Dradeb führt. Als sich bestimmte Hunde zu hartnäckigen Schlafstörern entwickelten, mußte ich zweimal zu drastischen Maßnahmen greifen. Ich glaube, es ist besser, wenn ich Dir diese drastischen Maßnahmen beschreibe, als Dich in dem Glauben zu lassen, ich hätte die Tiere vergiftet. Natürlich war es das erste, was mir einfiel, aber ich entschied mich dagegen, wegen der Qual, die es verursacht. Außerdem sind die Symptome des Rattengifts (die einzige tödliche Substanz, die ich habe auftreiben können) so typisch, daß der Besitzer sofort Verdacht geschöpft hätte, man habe sein Tier vergiftet. Mein System mit dem ersten Köter, der Nacht für Nacht im Garten nebenan bellte, war zwar zeitaufwendig, aber wirksam. Ich mußte eine Woche lang die halbe Nacht aufbleiben und warten, bis die Straße vollkommen verlassen war. Gegen halb eins ging ich in die Küche und bereitete ein halbes Pfund rohe Hamburger vor. In der einen Nacht mischte ich Melleril und Largactyl unter das Fleisch, in der nächsten Nacht mehrere zerstoßene Tabletten Anafranil. Mit diesem Turnus fuhr ich fort, bis der Besitzer des Hundes überzeugt war, daß er an Tollwut litt und ihn erschießen ließ. Dies empfand ich als menschlichste Art, das Tier aus dem Weg zu räumen.

In einem anderen Jahr brachte eine Hündin ihre Jungen in der Garage zur Welt, die stets offensteht. Der Nachtwächter stellte ihr einen Karton hin, in dem sie die Welpen unterbringen konnte. Als diese weggegeben wurden, blieb sie in der Garage, ermutigt von einer exzentrischen Frau aus Äthiopien, die ihr Mädchen alle Stunde herunterschickte, um sie zu füttern. Sobald das Tier sich in der Garage vollkommen zu Hause fühlte, fing es an, Ferngespräche mit Freunden in Ain Hayani und Dradeb zu führen. Ich klagte Abdelhouahaïd mein Leid, in der Hoffnung, daß ihm etwas einfiele. Er kam auf eine ganz einfache Lösung. Er nahm die Hündin und packte sie in den Kofferraum des Wagens. So fuhren wir zum Forêt Diplomatique direkt am Strand, wo es ein Restaurant gibt. Es wird von einem Marokkaner geführt, der jede Menge Hunde besaß. Ehe er die Hündin aus dem Kofferraum befreite, wendete Abdelhouahaïd den Mustang, um schneller losfahren zu können. Sie blieb einen Augenblick verwirrt am Strand stehen; dann kamen die anderen Hunde, um sie zu beschnüffeln. Während sie um sie herumstanden, startete Abdelhouahaïd den Motor, und wir flüchteten, aber ich sah sie noch eine gute Weile hinter dem Wagen herrennen, während wir durch die Wälder fuhren. Sie war nicht dumm: Sobald sie den Motor hörte, drängte sie sich an den anderen Hunden vorbei und stürzte zum Wagen.

Etwas ist mit den Marokkanern passiert. Vor fünfzig Jahren wurden Hunde verflucht. Nur Leute, die auf dem Land lebten, besaßen welche. Zu schmutzig für die Stadt. Irgendwie bekamen sie mit, daß praktisch alle französischen Frauen mit Hunden an der Leine auf die Straße gingen, und allmählich fingen sie an, es ihnen gleichzutun. Zuerst waren es die kleinen Jungen, die ihre Köter an Seilen herumführten, die sie fest um den Hals der Tiere schnürten. Französische Damen, die vorbeikamen, waren entsetzt. *Mais ce pauvre chien! Tu vas l'étranger!* Mittlerweile hat jedes marokkanische Kind in einer Nachbarschaft wie der meinen seinen eigenen Hund. Die meisten sind deutsche Schäferhunde: Ihre Väter glauben, daß sie besseren Schutz bieten.

Bei den Franzosen weiß man nie, woran man ist. Letzten Monat war ein junger Photograph aus Paris hier, um Aufnahmen für *Libération* zu machen. Das einzige, was ihm Ausrufe des Erstaunens entlocken konnte, war die Größe eines Erdnußbutterglases voller Vogelfutter. Ist das echt? fragte er. Verkaufen sie wirklich so große Gläser Erdnußbutter? Als ich bejahte, schien er mich zu verdächtigen, daß ich ihn auf den Arm nehmen wollte, denn er ging quer durchs Zimmer und studierte es ausgiebig. Fröhliche Weihnachten.

5

Letzte Woche hat mir jemand amerikanische Schokoladenpralinen geschickt. Auf der Verpackung prangt das Wort *Hausgemacht*. Auf der Rückseite derselben Schachtel steht eine Liste der Zutaten für diese hausgemachten Leckerchen, darunter Invertzucker, teilweise gehärtete pflanzliche Öle, Sorbit, Lecithin, butyliertes Hydroxytoluol, butyliertes Hydroxyanisol, Propylgallat, Kaliumsorbat, Schwefeldioxid und Natriumbenzoat. Es scheint unwahrscheinlich, daß selbst der modernste Haushalt über all diese Köstlichkeiten verfügen soll. Obgleich ich seit vielen Jahren keine amerikanische Küche mehr gesehen habe, weiß ich, daß sie immer mehr einem Laboratorium gleichen. Vielleicht haben sie mittlerweile eingebaute Laborschränke, in denen sich alles findet – von Triäthylenglykol bis zu Metoclopramid.

Die Küchen in den Farmhäusern zur Zeit des Ersten Weltkriegs waren kaum ein angenehmerer Aufenthaltsort, wie ich mich erinnere, trotz all der Propaganda, die sie im nachhinein verklärt. Es gab den Geruch nach saurer Milch,

Dill und Eisen aus dem Brunnenwasser. An jedem nur möglichen Haken hingen Girlanden von Fliegenpapier, und trotzdem summten die Fliegen überall herum. Wenn es Hunde gab, stanken sie. Wenn es Kinder gab, stanken sie. Es war unglaublich, daß Leute ernsthaft so leben wollten. Was ist los mit ihnen? Nichts. Sie wissen es nur nicht besser, das ist alles. Mit dieser Antwort konnte ich mich nie zufriedengeben. Sie implizierte einen doppelten Maßstab, der es meinen Eltern ermöglichte, über die Unzulänglichkeiten dieser Leute hinwegzusehen. Aber *mir* verziehen sie niemals, wenn ich etwas nicht wußte, das ich hätte wissen müssen, und ihre Strenge erklärte sich eben daraus, daß ich nun mal kein Farmerjunge war. Vor siebzig Jahren existierte ein Klassenunterschied zwischen Leuten, die in der Stadt aufwuchsen, und denen, die auf einer Farm großwurden. Heute scheint er kaum noch zu bestehen. Das Konzept von Klassen ist sorgfältig zerstört worden. Entweder man hat Geld, oder man hat keins. Die Folge der Demokratie, nehme ich an, wenn man sie als Ähnlichkeit statt als Gleichheit mißversteht.

Du hast wahrscheinlich das typische kleine Pariser Hotel mittlerer Preisklasse aus den zwanziger Jahren nicht gekannt. (Als Du nach Paris kamst, im Anschluß an den Zweiten Weltkrieg, war schon alles ganz anders.) Es gab nur drei oder vier Zimmer auf jedem Stockwerk, Treppenhäuser und Flure waren mit schweren Teppichen ausgestattet, und die Fenster hinter zwei Garnituren von Vorhängen versteckt. Normalerweise gab es zwei Lampen in jedem Zimmer – eine hing von der Mitte der Zimmerdekke und die andere über dem Kopfende des Bettes. Beide waren mit einem Flaschenzugsystem verbunden, so daß man sie hoch und niedrig stellen konnte, je nachdem, wie man sie gerade brauchte. Die Tapeten waren unweigerlich dunkel mit breiten Streifen in Farben, die früher vielleicht einmal gräßlich waren, obgleich es keine Möglichkeit gab, dies festzustellen, da die Wände längst Patina angesetzt hatten und dunkel geworden waren. Man fühlte sich in diesen Zimmern sofort behaglich und sicher, und ich träume oft von ihnen, selbst heute noch. Solche Träume sind jedoch nicht unbedingt angenehm, da sie stets damit zu enden scheinen, daß ich ausziehen muß, damit jemand anders einziehen kann. Nicht ein Traum oder wenigstens das unterschwellige Gefühl von Angst.

Übrigens hast Du keinen Grund, mir Vorwürfe zu machen, weil ich nicht ausdrücklich auf Deine neueste Jammerei eingegangen bin. Eine solche Reaktion fiele notgedrungen emotional aus, und ich finde, es führt meistens zu nichts, wenn man versucht, Emotionen mit Worten auszudrücken. Ich versichere Dir jedoch, daß ich ein Gefühl aufrichtigen Schmerzes empfand, als ich Deinen Brief las und erkannte, daß Du weitere Qualen leiden mußt; allerdings hatte ich den Eindruck, Dir dieses Gefühl schon vorher mitgeteilt zu haben.

Vielleicht erinnerst Du Dich (wahrscheinlich aber nicht, da Du nie ein Buch aus diesem Jahrhundert anrühren würdest) an einen Satz, den Castor in *La Nausée* sagt: *»Je me survis«* (in der amerikanischen Ausgabe unbeholfen als *»I outlive myself«* übersetzt). Ich verstehe Castors Gefühl, sich selbst überlebt zu haben; es ist nicht unähnlich meinem eigenen, nur daß ich das meine mit dem Satz *»Ma vie est posthume«* ausdrücken würde. Erkennst Du einen Sinn in alledem?

Ich habe mir oft gewünscht, jemand würde das Ende von *Huckleberry Finn* umschreiben und es von den lächerlichen Schlußszenen befreien, die Twain, wahrscheinlich peinlich berührt von dem lyrischen Pathos des fast vollendeten Buchs, notwendig fand, damit amerikanische Leser das Werk würdigen konnten. Es ist der große amerikanische Roman, der auf nicht wiedergutzumachende Weise durch die unsinnige Sabotage seines Autors geschädigt wurde. Ich wäre an Deiner Meinung dazu interessiert, oder findest Du, das Buch lohnt keine Meinung, da ein verpfuschtes Meisterwerk gar nicht erst ein Meisterwerk ist? Doch den Stil erfolgreich nachzuahmen, so daß der Bruch nahtlos verläuft und die nachfolgende Prosa eine überzeugende Fortsetzung des Vorangegangenen ist, erscheint mir als beinahe unlösbare Aufgabe. Deshalb werde ich selbst es nicht versuchen.

Ich glaube, ein Warnzeichen schleichender Senilität ist die Verkürzung der Konzentrationsfähigkeit, die ich als Form eines Rückfalls in die Kindheit empfinde. Wir werden sehen.

6

Ich habe die wachsende Feindseligkeit, die ich in Deinen Briefen entdecke, unerwähnt gelassen, weil ich annahm, daß sie sich gegen die Welt im allgemeinen richtet und nicht gegen mich. Jetzt sehe ich, wie sehr ich mich getäuscht habe. Erstens bezeichnest Du meine Briefe als anmaßend. Das will ich noch durchgehen lassen, denn es war nur eine Kritik an meiner Methode. Das Wort »hämisch« jedoch kann ich nicht übersehen. Wenn ich darüber nachdenke, wird mir klar, daß ich besser daran getan hätte, meine Korrespondenz auf eine notwendigerweise grausame Postkarte mit guten Wünschen für eine baldige Besserung zu beschränken und es damit hätte gut sein lassen sollen.

Ich habe den Eindruck, daß es in dieser letzten Periode Deines Lebens besser wäre, wenn Du Deine masochistischen Tendenzen nicht noch pflegtest. Ich weiß sehr wohl, daß Du diese Meinung nicht teilst, sondern im Gegenteil entschlossen bist, ihnen auch weiterhin freien Lauf zu lassen. Zu schade. Es gibt offensichtlich nichts, was ich von hier aus für Dich tun könnte, daher kann ich es ebensogut auch lassen. Doch während Du in Dein selbstauferlegtes Nicht-Sein zurücksinkst, wirst Du hoffentlich nicht vergessen (doch diese Hoffnung ist trügerisch), daß ich diesen kleinen und vergeblichen Versuch unternommen habe, um Dir zu helfen, ein Mensch zu bleiben.

Hasta el otro mundo, wie Rosa Lopez zu sagen pflegte.

(1984)

Der ferne Kontinent

Sekou

1

Bei Tag hatte ihr leeres Zimmer vier Wände, und die Wände umschlossen einen bestimmten Raum. Nachts setzte sich das Zimmer endlos ins Dunkle fort.

»Wenn es keine Moskitos gibt, warum haben wir dann Moskitonetze?«

»Die Betten sind niedrig, und wir müssen die Netze rings um uns gut feststopfen, damit die Hände nicht rausfallen und den Boden berühren«, antwortete Tom. »Man weiß nie, was da alles rumkriecht.«

Am Tag ihrer Ankunft, nachdem er ihr das Zimmer gezeigt hatte, in dem sie schlafen würde, führte er sie als erstes durch das ganze Haus. Es war sauber und düster. Die meisten Zimmer waren leer. Sie hatte den Eindruck, daß das Personal den größeren Teil des Gebäudes besetzt hatte. In einem Raum saßen fünf Frauen nebeneinander an der Wand. Sie wurde jeder einzeln vorgestellt. Tom erklärte, nur zwei von ihnen seien im Haus angestellt; die übrigen waren zu Besuch. Aus einem anderen Zimmer hörte man Männerstimmen, ein Murmeln, das rasch erstarb, als Tom an die Tür klopfte. Ein hochgewachsener, sehr schwarzer Mann mit einem weißen Turban erschien. Sie hatte sofort das Gefühl, daß ihm ihre Anwesenheit unangenehm war, doch er verbeugte sich würdevoll. »Das ist Sekou«, sagte

Tom. »Er hat hier alles unter Kontrolle. Du wirst es nicht glauben, aber er ist außerordentlich intelligent.« Sie warf ihrem Bruder einen nervösen Blick zu. »Mach dir keine Sorgen«, fügte er hinzu. »Hier versteht man kein Wort Englisch.«

Sie brachte es nicht fertig, weiter über diesen Mann zu sprechen, während er direkt vor ihr stand. Doch später, als sie auf dem Dach unter der improvisierten Markise saßen, nahm sie den Faden wieder auf. »Wie kommst du darauf, daß ich deinen Mann für dumm halten könnte? Ich weiß, du hast es nicht ausgesprochen, aber so hast du es gemeint. Ich bin keine Rassistin, das weißt du. Findest *du* vielleicht, er könnte ein bißchen schwer von Begriff sein?«

»Ich wollte dir nur helfen, den Unterschied zwischen ihm und den anderen zu erkennen, das ist alles.«

»Oh«, sagte sie. »Der Unterschied ist mir natürlich nicht entgangen. Er ist größer, schwärzer und hat feinere Gesichtszüge.«

»Es gibt noch einen anderen grundlegenden Unterschied«, sagte Tom. »Er ist kein Hausdiener wie sie. Sekou ist nicht sein Name, sondern ein Titel. Er ist so etwas wie ein Häuptling.«

»Ich habe ihn heute morgen gesehen, als er im Haus arbeitete«, entgegnete sie.

»Ja, aber nur, weil er es so will. Er ist gern in diesem Haus. Und ich habe nichts dagegen, daß er da ist. Er hält die anderen im Zaum.«

Sie gingen bis zum Rand des Daches. Die Sonne blendete.

»Das glaube ich gern«, lachte sie. »Er hat das Gesicht eines Tyrannen.«

»Ich glaube nicht, daß irgend jemand unter ihm zu leiden hat. Weißt du was?« sagte er und erhob plötzlich die Stimme. »Du bist doch eine Rassistin. Wäre Sekou weiß, wärst du nie auf so eine Idee gekommen.«

Sie drehte sich halb zu ihm um, dort im gleißenden Sonnenlicht. »Wäre er weiß, hätte er ein anderes Gesicht. Schließlich verleihen erst die Züge einem Gesicht Ausdruck. Ich gehe jede Wette ein, daß er die Männer im Zaum hält, indem er sie einschüchtert.«

»Das halte ich für ziemlich ausgeschlossen«, antwortete er. »Aber selbst wenn, warum nicht?«

Sie ging hinein und stand im Eingang zu ihrem Zimmer. Das Mädchen hatte Matratze und Teppich so angeordnet, daß jetzt beide in einem Winkel von neunzig Grad zu ihrer früheren Position verschoben waren. Das beunruhigte sie, obgleich sie nicht wußte, warum.

2

Meine liebe Dorothy,

ich war schockiert über den Brief, den Du nach Deinem Unfall geschrieben hast. Was für ein Glück, daß Du nicht schneller gefahren bist. Wenn Dich dieser Brief erreicht, wird Dein Bein sicher wiederhergestellt sein. Jedenfalls hoffe ich es. Ich bin immer wieder erstaunt, daß hier überhaupt Post ankommt, denn es ist tatsächlich das Ende der Welt. Wenn ich mir vorstelle, daß die nächste Stadt in unserer Umgebung Timbuktu ist, überfällt mich ein Gefühl von Untergang. Es geht allerdings rasch wieder vorbei. Ich muß mich nur daran erinnern, daß ich hier bin, weil es mir damals als ideale Lösung erschien und alles in allem wirklich die beste Lösung war. Was hätte mich nach der

Scheidung sonst aus der Depression holen können, abgesehen von einem längeren Aufenthalt in einem Sanatorium? Doch wer weiß – selbst das hätte sich als Fehlschlag erweisen können. Und finanziell wäre es ausgeschlossen gewesen. Mit Tom und seinem Guggenheim-Stipendium kam das hier wie gerufen. Ich wollte alles hinter mir lassen, das mich auf die eine oder andere Art daran hätte erinnern können, was ich durchgemacht hatte. Die Stadt ist jedenfalls das Gegenteil von New York und jedem anderen Ort, den man sich in den Vereinigten Staaten vorstellen kann. Zuerst habe ich mir Sorgen wegen des Essens gemacht, aber bisher hat es noch keinen von uns erwischt. Entscheidend ist wohl, daß die Köchin so zivilisiert ist, daß sie an die Existenz von Bakterien glaubt und sehr darauf achtet, alles zu sterilisieren. Das Nigertal ist keine Gegend, in der man krank werden möchte. Zum Glück können wir französisches Mineralwasser zum Trinken kaufen. Sollte der Nachschub nicht rechtzeitig eintreffen oder ganz ausbleiben, müßten wir trinken, was da ist, abgekocht und mit Halazon versetzt. Das alles klingt vielleicht lächerlich, aber wenn man hier lebt, wird man zum Hypochonder. Vielleicht fragst Du Dich, warum ich die Gegend nicht beschreibe, Dir erzähle, wie es hier aussieht. Ich kann es nicht. Ich glaube, ich könnte nicht objektiv sein, und das bedeutet, daß Du anschließend eine noch verschwommenere Vorstellung von hier hättest als vorher. Du wirst warten müssen, bis Du siehst, was Tom daraus macht, obwohl er bisher noch keine Landschaften gemalt hat – nur, was er in der Küche sieht: Gemüse, Obst, Fisch und ein paar Skizzen von im Fluß badenden Einheimischen. Du wirst es sehen, wenn wir nach Hause kommen.

Elaine Duncan ist eine blöde Kuh. Stell Dir vor, sie hat

mich doch tatsächlich gefragt, ob ich Peter nicht vermisse. Irgendwas stimmt nicht ganz bei ihr. Zuerst dachte ich, sie wolle mich auf den Arm nehmen, aber dann habe ich gemerkt, daß sie es vollkommen ernst meinte. Es muß mit ihrer sentimentalen Ader zu tun haben. Sie weiß genau, was ich hinter mir habe und was es mich gekostet hat, diese endgültige Entscheidung zu treffen. Im übrigen kennt sie mich gut genug, um zu wissen, daß ich beschlossen habe, mich von alldem zu lösen, weil ich es mit Peter nicht mehr aushielt und mir dessen auch völlig bewußt war. Offenbar hofft sie, daß ich es bereuen könnte, diese Ehe aufgegeben zu haben. Ich fürchte nur, daß ihr da eine Riesenenttäuschung bevorsteht. Ich fühle mich endlich frei. Ich kann meine eigenen Gedanken denken, ohne daß irgendwer auch nur einen Pfifferling dafür geben würde. Tom arbeitet den ganzen Tag schweigend vor sich hin und merkt gar nicht, ob ich etwas sage oder nicht. Es ist so erfrischend, mit jemandem zusammenzusein, der einen nicht beachtet, dem nicht einmal auffällt, ob man da ist oder nicht. Sämtliche Schuldgefühle lösen sich in nichts auf. Das ist natürlich alles sehr subjektiv. Aber an einem Ort wie diesem neigt man auch zur Selbstbeobachtung.

Ich hoffe, daß Du Dich von den Folgen des Unfalls erholt hast und Dich warm hältst. Hier ist es im allgemeinen knapp über hundert Grad Fahrenheit. Du kannst Dir vorstellen, wieviel Energie ich habe!

Herzlichst,
Anita

3

Die Nächte vergingen langsam. Manchmal lag sie in der stillen Dunkelheit, und es kam ihr vor, als habe sich die Nacht herabgesenkt und die Erde so fest umschlungen, daß sich kein Schimmer des Tageslichts je wieder zeigen würde. Es könnte bereits Mittag des folgenden Tages sein, und niemand wußte es. Die Leute würden weiterschlafen, solange es dunkel blieb, Tom im Zimmer nebenan und Johara und der Wachmann, dessen Namen sie nie behalten konnte, in einem der leeren Zimmer auf der anderen Seite des Hofes. Sie waren sehr leise, diese beiden. Sie zogen sich früh zurück und standen in aller Frühe auf, und das einzige Geräusch, das sie aus ihrem Teil des Hauses hörte, war ein gelegentliches trockenes Husten von Johara. Es war ihr unangenehm, daß es keine Tür zu ihrem Zimmer gab. Sie hatten die Türöffnung zwischen Toms Zimmer und dem ihren mit einem dunklen Vorhang verhängt, damit das Licht seiner dröhnenden Colemanlampe sie nicht störte. Er blieb gern bis zehn Uhr auf und las, doch sie war immer gleich nach dem Abendessen todmüde und mußte ins Bett, wo sie zwei oder drei Stunden sehr tief schlief, bis sie aufwachte und im Dunkeln lag, in der Hoffnung, daß es bald Morgen würde. Die Hahnenschreie nah und fern waren ohne Bedeutung; sie krähten die ganze Nacht.

Anfangs war es ihr ganz natürlich erschienen, daß Johara und ihr Mann schwarz waren. In New York hatten sie immer zwei oder drei schwarze Dienstboten im Haus gehabt. Dort empfand sie sie als Schatten von Menschen, nicht wirklich zu Hause in einem Land von Weißen, ohne

Anteil an deren Geschichte oder Kultur und daher unfreiwillige Außenseiter. Mit der Zeit aber war ihr aufgegangen, daß die Leute hier Herren ihrer Umgebung waren und vollkommen im Einklang mit der Kultur dieser Gegend lebten. Das war natürlich nicht anders zu erwarten, aber es versetzte ihr doch so etwas wie einen Schock, zu erkennen, daß die Schwarzen die wirklichen Menschen waren und sie selbst der Schatten, und daß sie, selbst wenn sie für den Rest ihres Lebens hier bliebe, niemals begreifen würde, wie sie dachten.

4

Liebe Elaine,

ich hätte Dir schon längst schreiben sollen, gleich nachdem ich hier ankam, aber das Wetter hat mir in den letzten paar Wochen doch ziemlich zugesetzt – nicht unbedingt körperlich, aber Körper und Geist sind untrennbar miteinander verbunden. Wenn ich deprimiert bin, scheint mein ganzer Körper betroffen. Vermutlich ist das normal, vielleicht aber auch nicht. Weiß der Himmel.

Tatsächlich spürte ich, schon als ich zum ersten Mal über das flache Land blickte, das sich bis zum Horizont erstreckt, wie sich meine Depressionen in all der Helligkeit einfach auflösten. Es schien unfaßbar, daß es so viel Licht geben könnte. Und die Stille, die jedes kleine Geräusch umschloß! Man hat das Gefühl, daß die Stadt auf einem Kissen aus Schweigen ruht. Das war etwas Neues – eine erstaunliche Empfindung, der ich mir deutlich bewußt war. Ich hatte das Gefühl, genau das bräuchte ich, um meine Gedanken von der Scheidung und all den anderen Sorgen abzulenken. Es gab nichts, das erledigt werden, niemanden, den ich sehen mußte. Ich war mein eigener Herr und brauchte mich nicht einmal um die Dienstboten zu kümmern, wenn ich keine Lust hatte. Es war wie Zelten in einem großen leeren Haus. Natürlich mußte ich mich am Ende doch um die Dienstboten kümmern, weil sie alles falsch machten. Tom sagte immer: Laß sie in Ruhe. Sie wissen schon, was sie tun. Ich glaube, sie wissen, was sie tun wollen, scheinen aber nicht in der Lage zu sein, es zu erreichen. Wenn ich etwas am Essen auszusetzen habe, wirkt die Köchin verwirrt und gekränkt. Sie ist nämlich in der Gao-Gegend dafür bekannt, daß ihre Küche den Europäern schmeckt, und natürlich weiß sie es. Sie hört mir zu und nickt, doch wie jemand, der versucht, eine Geisteskranke zu beruhigen. Ich habe sie im Verdacht, mich genau in diese Schublade zu stecken.

Indem er die kleinsten Einzelheiten des Lebens in seiner Umgebung wahrnimmt und ihnen seine ganze Aufmerksamkeit widmet, gelingt es Tom, die Details zu objektivieren, und so behält er seine Distanz. Er malt alles, was er gerade vor Augen hat, in der Küche, auf dem Markt oder am Flußufer: Gemüse und Obst, das zerteilt wird, das Messer häufig noch im Fruchtfleisch steckend. Badende und Fische aus dem Niger. Ich dagegen habe das Problem, daß mich dieses Leben gegen meinen Willen mitreißt. Ich meine, daß ich gezwungen bin, an einer Art gemeinsamem Bewußtsein teilzuhaben, das ich in Wirklichkeit verabscheue. Ich weiß nichts von diesen Leuten. Sie sind durchweg schwarz, aber ganz anders als »unsere« Schwarzen in den Staaten. Sie sind einfacher, freundlicher und offener, und gleichzeitig sehr distanziert.

Irgendwas stimmt hier nicht mit der Nacht. Folgt man

der Logik, so ist die Nacht einfach nur die Zeit, in der die Tür zum Himmel offensteht und man einen Blick auf die Unendlichkeit erhascht, und demnach müßte die Stelle, von der man sie sieht, ohne jede Bedeutung sein. Nacht ist Nacht, ganz gleich, von wo man sie betrachtet. Die Nacht hier unterscheidet sich in nichts von den Nächten anderswo. So schreibt die Logik es vor. Der Tag ist gewaltig und hell, und es ist unmöglich, weiter zu sehen als bis zur Sonne. Ich merke gerade, daß ich mit »hier« nicht etwa meine: »Hier mitten in der Sahara am Ufer des Niger«, sondern »Hier in diesem Haus, in dem ich lebe«. Hier in diesem Haus mit seinen Böden aus festgestampfter Erde, wo die Dienstboten barfuß gehen und man nie jemanden kommen hört, bis er plötzlich im Zimmer steht.

Ich habe versucht, mich an das verrückte Leben hier zu gewöhnen, aber dazu gehört eine Menge, das kannst Du mir glauben. Es gibt viele Zimmer in diesem Haus. Tatsache ist, daß es überwältigend ist, die Zimmer riesig. Und ohne Möbel wirken sie natürlich noch größer. Es gibt keinerlei Mobiliar, bis auf die Matten auf dem Boden, wo wir schlafen, unsere Koffer und die Schränke, wo wir die wenigen Kleider aufhängen, die wir bei uns haben. Es waren diese Schränke, denen wir das Haus verdanken, denn man hatte es als »möbliertes Haus« deklariert, und das trieb die Miete derart in die Höhe, daß niemand es haben wollte. Für unsere Verhältnisse ist es natürlich spottbillig, und das ist weiß Gott auch gut so, ohne Wasser und Strom, ohne einen Stuhl, auf dem man sitzen, einen Tisch, an dem man essen, oder auch nur ein Bett, in dem man schlafen könnte.

Natürlich war mir klar, daß es heiß werden würde, aber ich hatte mir nicht diese Art von Hitze vorgestellt – immer gleich, ohne den geringsten Unterschied zwischen einem Tag und dem nächsten, ohne einen Windhauch. Und vergiß nicht, ohne Wasser, so daß selbst eine Abreibung mit dem Schwamm zu einer ungeheuer schwierigen Prozedur wird. Tom ist ein Engel, was das Wasser angeht. Er überläßt mir fast alles, was wir haben. Er behauptet, Frauen bräuchten mehr als Männer. Ich weiß nicht, ob das eine Beleidigung ist oder nicht, und es ist mir auch egal, solange ich das Wasser haben kann. Er behauptet auch, es sei nicht heiß. Aber es ist heiß. Ich weiß nicht, wie man Celsius in Fahrenheit umrechnet, aber wenn Du es kannst, rechne 46° Celsius in Fahrenheit um, und Du wirst sehen, daß ich recht habe. 46° ist das, was mein Thermometer heute morgen angezeigt hat.

Ich kann nicht sagen, was schlimmer ist, Tag oder Nacht. Bei Tag ist es natürlich ein wenig heißer, wenn auch nicht viel. Man hält hier nichts von Fenstern, so daß das Haus innen dunkel ist, und das gibt einem das Gefühl von Eingeschlossensein. Tom arbeitet sehr viel auf dem Dach in der Sonne. Er behauptet, es mache ihm nichts aus, aber ich kann nicht glauben, daß es gut sein soll. Ich weiß, es wäre mein Untergang, wenn ich da oben sitzen müßte, so wie er, stundenlang, ohne Pause.

Über Deine Frage, wie ich mich nach der Scheidung fühlte, ob ich mir noch ein bißchen was »aus Peter machte«, mußte ich lachen. Was für eine verrückte Frage! Wie sollte ich mir noch etwas aus ihm machen? Im Moment wäre es mir egal, wenn ich bis an mein Lebensende keinen Mann mehr zu Gesicht bekäme. Ich habe die Nase voll von ihrer Heuchelei und hätte nichts dagegen, wenn sie allesamt zur Hölle führen. Ausgenommen Tom natürlich, denn er ist mein Bruder, wenn auch der Versuch, unter diesen Umständen mit ihm zu leben, nicht einfach ist. Doch schon der Versuch, überhaupt hier zu leben, ist schwer. Du kannst Dir nicht vorstellen, wie man sich dabei vorkommt: Alles scheint sehr weit weg zu sein.

Die Post funktioniert hier nicht besonders. Wie könnte sie auch? Aber ganz hoffnungslos ist es nicht. Gelegentlich kommen tatsächlich Briefe an, also vergiß nicht, mir zu schreiben. Schließlich ist das Postamt das hiesige Ende der Nabelschnur, die mich mit der Welt verbindet. (Fast hätte ich hinzugesetzt: *und mit der geistigen Gesundheit!*)

Ich hoffe, daß es Dir gutgeht und New York nicht schlimmer geworden ist, als es letztes Jahr war; aber daran glaube ich selbst nicht.

Alles Liebe, und schreib bald,
Anita

5

Zuerst gab es Erinnerungen – kleine, präzise Bilder, zusammen mit den Geräuschen und Gerüchen eines bestimmten Ereignisses in einem bestimmten Sommer. Sie hatten damals nichts bedeutet, doch jetzt kämpfte sie verzweifelt darum, sie festzuhalten, sie zum Leben zu erwecken und nicht wieder in die allumfassende Dunkelheit entgleiten zu lassen, wo die Erinnerung ihre Konturen verlor und durch etwas anderes ersetzt wurde. Die formlosen Gebilde, die auf die Erinnerungen folgten, waren bedrohlich, weil nicht zu entziffern, und jedesmal beschleunigten sich an diesem Punkt ihr Herzschlag und ihr Atem. »Wie nach Kaffee«, dachte sie, obgleich sie niemals welchen trank. Während sie noch vor wenigen Augenblicken ganz in der Vergangenheit aufgegangen war, fand sie sich jetzt vollkommen vom gegenwärtigen Augenblick umschlossen, Auge in Auge mit einer sinnlosen Furcht. Dann weiteten sich ihre Pupillen und fixierten etwas in der Finsternis nicht Vorhandenes.

Sie mochte das Essen nicht und behauptete, es sei viel zu scharf mit Paprika gewürzt und trotzdem ohne Geschmack.

»Dir ist klar, daß wir die berühmteste Köchin in der Gegend haben«, sagte er.

Das sei schwer zu glauben, entgegnete sie.

Sie aßen auf dem Dach zu Mittag, nicht in der Sonne, sondern im grellen Schein eines weißen Lakens, das über sie gespannt war. Auf ihrem Gesicht lag ein Ausdruck von Widerwillen.

»Das Mädchen, das dich mal heiratet, tut mir leid«, sagte sie plötzlich.

»Das ist doch bloß deine Theorie«, gab er zurück. »Mach dir darüber keine Gedanken. Sie kann sich selbst bemitleiden, wenn sie erst einmal mit mir verheiratet ist.«

»Oh, das wird sie bestimmt tun, da kannst du Gift drauf nehmen.«

Nach einer ziemlich langen Pause sah er sie an.

»Warum bist du auf einmal so streitlustig?«

»Streitlustig? Ich dachte nur daran, wie schwer es für dich ist, Mitgefühl zu zeigen. Du weißt, daß es mir in letzter Zeit nicht allzu gut ging. Aber hast du mir je einen Funken Mitgefühl entgegengebracht?« (Sie fragte sich – zu spät –, ob es gut war, dieses Eingeständnis gemacht zu haben.)

»Dir fehlt überhaupt nichts«, sagte er auf seine übliche schroffe Art.

6

Liebe Peg,

es ist offensichtlich, daß Tom alles in seiner Macht Stehende tut, um zu vermeiden, daß ein Tag haargenau so verläuft wie der andere. Er arrangiert einen Spaziergang hinunter zum Fluß oder einen Ausflug in die »Stadt«, wie er die nichtssagende Ansammlung von Hütten um den Markt nennt. Egal, wohin wir gehen, er erwartet, daß ich Fotos schieße. Manchmal macht es Spaß. Meistens ist es ermüdend. Es liegt auf der Hand, daß er all das tut, damit ich mich nicht langweile, mit anderen Worten, es ist eine Art Therapie, und das wiederum heißt, daß er befürchten muß, ich sei dabei, verrückt zu werden. Ich finde das ziemlich lästig. Es bedeutet, daß es etwas zwischen uns gibt, das nicht ausgesprochen werden darf. Es ist peinlich und sorgt für Spannungen. Ich wäre gern in der Lage, ihm einfach ins Gesicht zu sagen: »Keine Angst. Ich werde schon nicht überschnappen.« Aber ich kann mir ganz gut vorstellen, welch katastrophale Wirkung ein solch offenes Wort haben würde. Für ihn wäre es nur der Beweis, daß ich mir über meine geistige Stabilität nicht sicher bin, und natürlich ist alles, was er braucht, um ihm sein Jahr hier zu verderben, eine hysterische Schwester. Doch warum stellt sich diese Frage nach meiner Gesundheit überhaupt? Wahrscheinlich habe ich einfach panische Angst, er könne auf die Idee kommen, daß ich nicht in bester Form bin. Die Vorstellung, eine Spielverderberin zu sein, oder die Möglichkeit, daß er mich für eine halten könnte, ist mir unerträglich.

Gestern gingen wir am Flußufer entlang, Tom und ich.

Ein breiter Streifen rissiger Erde. Er versucht, mich dazu zu bewegen, näher am Wasser zu gehen, wo die Erde weicher ist, und sagt, mit nackten Füßen sei es einfacher. Der Himmel weiß, welche Parasiten sich in diesem Wasser tummeln. Ich finde es schon gefährlich genug, hier überhaupt mit bloßen Füßen herumzulaufen, auch ohne daß ich ins Wasser gehe. Tom wird sehr schnell ungeduldig, wenn ich vorsichtig bin. Er behauptet, das sei einfach ein Teil meiner allgemein negativen Einstellung dem Leben gegenüber. Da ich an seine kritischen Bemerkungen gewöhnt bin, prallen sie an mir ab. Eine Sache aber hat er gesagt, die mir nicht mehr aus dem Kopf ging, und zwar, daß extreme Ichbezogenheit unausweichlich Unzufriedenheit und gesundheitliche Probleme zur Folge habe. Es ist klar, daß er mich für einen Ausbund an Egozentrik hält. Daher habe ich ihn heute, als ich aufs Dach kam, darauf angesprochen. Unsere Unterhaltung verlief etwa so:

»Du scheinst den Eindruck zu haben, daß ich unfähig bin, mich für irgend etwas anderes zu interessieren als mich selbst.«

»Ja. Diesen Eindruck habe ich wirklich.«

»Deswegen brauchst du noch lange nicht so selbstgefällig zu sein.«

»Da wir einmal mit dem Thema angefangen haben, können wir es genausogut fortsetzen. Also raus damit, wofür interessierst du dich?«

»Wenn man dir die Pistole auf die Brust setzte, hättest du auch Schwierigkeiten, zu antworten, weißt du.«

»Aber merkst du denn nicht, was das bedeutet? Dir fällt nichts ein. Und zwar, weil du keine Interessen hast. Offensichtlich weißt du nicht, daß Interesse vortäuschen echtes Interesse wecken kann. Wie das alte Sprichwort der Franzosen sagt: ›Liebe kann dadurch entstehen, daß man die Gesten der Liebe vollzieht.‹«

»Dann glaubst du also, daß die Rettung im Vortäuschen liegt?«

»Ja, und zwar ernsthaft. Du hast dir noch nie meine Arbeiten angesehen, geschweige denn dir Gedanken darüber gemacht.«

»Ich habe mir alles angesehen, was du hier gemalt hast.«

»Angesehen. Aber gesehen?«

»Wie soll ich deine Gemälde gut finden können? Ich habe nun mal keinen Blick für so was, das weißt du.«

»Mir ist es egal, ob du sie gut findest oder sie dir auch nur gefallen. Wir reden nicht über meine Bilder. Wir reden über dich. Das ist nur ein kleines Beispiel. Du könntest dich auch für die Dienstboten und ihre Familien interessieren. Oder dafür, wie die Bauweise in der Stadt sich den Erfordernissen des Klimas angepaßt hat. Ich weiß, das ist ein ziemlich lächerlicher Vorschlag, aber es gibt tausend Dinge, um die man sich kümmern könnte.«

»Ja, vorausgesetzt, sie interessieren einen. Andernfalls ist es schwierig.«

Ich wußte (oder fühlte ziemlich sicher), daß ich mich auf etwas Unangenehmes einließ, als ich zustimmte, herzukommen. Mir fällt gerade auf, daß ich es jetzt so darstelle, als wäre etwas Schreckliches passiert, dabei ist in Wirklichkeit überhaupt nichts passiert. Hoffen wir, daß es so bleibt.

Alles Liebe,
Anita

7

Hallo, Ross! Beiliegend der Blick nach Süden vom Dach aus. Es ist wirklich nicht mehr als ein großes Nichts. Doch merkwürdig, welche Bedeutung ein einzelner Mensch in solch einer gewaltigen Landschaft erhält. Es ist keine Gegend, die ich jemandem empfehlen würde. Ich habe sie nicht einmal Anita empfohlen; sie ist einfach gekommen. Ich glaube, daß sie hier glücklich ist – das heißt, soweit man bei ihr überhaupt von Glück sprechen kann. An manchen Tagen ist sie reizbarer als sonst, aber das nehme ich nicht zur Kenntnis. Allerdings glaube ich kaum, daß ihr das einsame Leben hier gefällt. Zu dumm, daß sie sich das nicht überlegt hat, bevor sie gekommen ist. Ich selbst tue kaum etwas anderes als arbeiten. Mein Gefühl sagt mir, daß es gut läuft. Wahrscheinlich könnten mich jetzt keine zehn Pferde mehr davon abbringen.

8

Eines Morgens, als sie ihr Frühstück beendet und das Tablett auf den Fußboden neben das Bett gestellt hatte, lief sie hinauf aufs Dach, um ein bißchen Sonne und frische Luft zu tanken. Normalerweise stieg sie bewußt nicht hinauf, weil Tom dort den größten Teil des Tages verbrachte. Im allgemeinen arbeitete er nicht, sondern saß einfach nur da. Als sie einmal so unbedacht gewesen war, zu fragen, was er machte, hatte er, statt zu antworten »mit der Natur kommunizieren« oder »meditieren«, wie andere, von sich eingenommene Maler es getan hätten, gesagt: »Ideen sammeln.« Diese Offenheit war gleichbedeutend mit dem Wunsch nach Ungestörtheit; daher respektierte sie seine Privatsphäre und betrat das Dach nur selten. Doch diesmal schien es ihm nichts auszumachen. »Heute morgen habe ich zum ersten Mal den Ruf zum Gebet gehört«, sagte sie zu ihm. »Es war noch dunkel.«

»Ja, manchmal kann man ihn hören«, antwortete er, »wenn es keine anderen Geräusche gibt, die ihn übertönen.«

»Es war irgendwie tröstlich. Es gab mir das Gefühl, daß alles unter Kontrolle ist.«

Er schien nicht darauf zu achten. »Hör mal, Nita, du könntest mir einen großen Gefallen tun. Willst du?«

»Ja, sicher«, sagte sie, ohne die geringste Ahnung, was als nächstes kommen würde. Es mußte etwas sein, auf das sie nie gekommen wäre, seiner ungewöhnlichen Einleitung nach zu schließen.

»Könntest du in die Stadt gehen und ein paar Filme kaufen? Ich will noch viel mehr Fotos machen. Du weißt ja, Mutter hat nach Bildern von uns beiden zusammen gefragt. Ich habe eine Menge Fotos, aber nicht von uns. Ich würde selbst gehen, aber ich habe die Zeit nicht. Es ist noch nicht neun Uhr. Der Laden, der Filme verkauft, liegt auf der anderen Seite des Markts. Er macht nicht vor zehn zu.«

»Aber Tom, du scheinst zu vergessen, daß ich mich hier überhaupt nicht auskenne.«

»Na gut, dann wird Sekou mit dir gehen. Du kannst dich nicht verlaufen. Sag ihnen, du willst schwarzweiß.«

»Ich weiß, daß Mutter lieber Farbbilder hätte.«

»Du hast recht. Alte Leute und Kinder mögen Farbe lieber. Kauf zwei Farbfilme und zwei schwarzweiße. Sekou erwartet dich an der Vordertür.«

Es war ihr lästig, daß sie einen Führer brauchte, der sie zu dem Laden brachte, und noch mehr, daß der Führer der Schwarze sein mußte, von dem sie bereits entschieden hatte, daß er ihr nur Feindseligkeit entgegenbrachte. Aber es war noch früh, und die Luft auf der Straße würde relativ frisch sein.

»Nur geh nicht in diesen Sandalen«, sagte Tom noch und fuhr mit seiner Arbeit fort, ohne aufzusehen. »Zieh dir dikke Socken an und vernünftige Schuhe. Weiß der Himmel, welche Krankheitserreger im Staub sitzen.«

So stand sie mit vorgeschriebener Fußbekleidung an der Tür, und Sekou kam über den Hof und begrüßte sie auf Französisch. Sein breites Lächeln ließ sie denken, daß sie sich vielleicht getäuscht hatte und er ihr ihre Anwesenheit im Haus letztlich nicht verübelte. Und wenn schon, dachte sie trotzig. Es gab Grenzen dafür, wie sehr man sein Ego verleugnen konnte. Jenseits davon wurde das ganze Spiel der Selbstlosigkeit verächtlich. Sie wußte, daß sie sich immer dagegen wehren würde, eine »Persönlichkeit« zu sein. Es war viel einfacher, sich hinter der Neutralität zu verstecken, selbst wenn die Möglichkeit einer Konfrontation gar nicht gegeben war. Schließlich war es unmöglich, sich über jede Reaktion eines afrikanischen Dienstboten den Kopf zu zerbrechen. Denn trotz allem, was Tom ihr erzählt hatte, hielt sie Sekou noch immer für eine Art Diener – ein Faktotum, womöglich mit dem Format eines Hofnarren.

Es war völlig verrückt, was sie hier tat, an der Seite dieses hochgewachsenen schwarzen Mannes die Hauptstraße des Ortes entlangzugehen. Ein unpassendes Paar, weiß Gott. Bei der Vorstellung, in diesem Augenblick fotografiert zu werden, mußte sie lächeln. Sollte sie den Abzug eines solchen Fotos an ihre Mutter schicken, wäre ihr die

Antwort mehr oder weniger schon im voraus klar. »Der Gipfel an Exotik.« Sie dagegen empfand diese Straße weder als exotisch noch als pittoresk: Sie war nur staubig und armselig.

»Vielleicht versucht er, Konversation zu machen«, dachte sie, fest entschlossen, so zu tun, als verstünde sie kein Wort. So würde sie nur lächeln und den Kopf schütteln müssen. Plötzlich sagte er etwas, das sie, da sie bereits beschlossen hatte, daß es keine Worte zwischen ihnen geben würde, nicht mitbekam. Einen Augenblick später hörte sie im Geiste seinen Satz mit dem Tonfall einer Frage noch einmal und begriff, was er gesagt hatte: *»Tu n'as pas chaud?«* Er hatte seinen Schritt verlangsamt, wartete auf ihre Antwort.

Ach, was soll's, dachte sie und beantwortete seine Frage, wenn auch indirekt. Statt zu sagen, »Ja, mir ist heiß«, sagte sie: »Es ist heiß.«

Jetzt blieb er ganz stehen und deutete auf eine improvisierte Ecke zwischen aufgestapelten Kisten zu ihrer Linken, in die man einen Tisch und zwei Stühle gestellt hatte. Ein großes Schild lag quer darüber und bildete ein einladend schattiges Plätzchen, das rasch unwiderstehlich wurde, hatte man erst die Möglichkeit, einzutreten und sich hinzusetzen, ins Auge gefaßt.

Geradezu zwanghaft kehrten ihre Gedanken zu ihrer Mutter zurück. Wie hätte sie reagiert, wenn sie ihre Tochter neben einem schwarzen Mann in diesem finsteren kleinen Unterschlupf hätte sitzen sehen können? »Wenn er sich an dir vergreift, hast du es dir selbst zuzuschreiben. Du forderst das Schicksal ja geradezu heraus. Man kann solche Leute nicht wie seinesgleichen behandeln. Sie verstehen es nicht.«

Sie tranken Pepsi-Cola, erstaunlich kalt, aber ungewöhnlich süß. »Ah«, sagte sie dankbar.

Sekous fließendes Französisch brachte sie in Verlegenheit. Wie ist das möglich? dachte sie mit einer gewissen Entrüstung. Das Bewußtsein ihrer eigenen holprigen Französischkenntnisse machte es noch schwieriger, sich zu unterhalten. In den leeren Augenblicken, in denen keiner von beiden etwas zu sagen hatte, trat das Schweigen nur um so deutlicher und für sie peinlicher hervor. Die Geräusche von der Straße – Schritte im Sand, spielende Kinder, hin und wieder Hundegebell – wurden merkwürdigerweise von den Kistenstapeln und der Abschirmung über ihnen gedämpft. Es war eine erstaunlich ruhige Stadt, dachte sie. Seit sie das Haus verlassen hatten, war nicht ein einziges Automobil zu hören gewesen, nicht einmal in der Ferne. Doch nun, da sie sich ihres Lauschens bewußt wurde, konnte sie das weit entfernte Heulen und Dröhnen eines Motorrads unterscheiden, Geräusche, die sie nicht ausstehen konnte.

Sekou stand auf und bezahlte. Das hatte eigentlich sie tun wollen, aber nun schien es ganz ausgeschlossen. Sie dankte ihm. Dann standen sie wieder auf der Straße, und die Luft war heißer denn je. In diesem Augenblick fragte sie sich, warum sie Tom bloß erlaubt hatte, sie auf diesen lächerlichen Botengang zu schicken. Es wäre viel besser gewesen, in die Küche zu gehen und die Köchin zu bitten, keine gebratenen Kartoffeln mehr zu servieren. Die Frau schien Kartoffeln, ganz gleich, in welcher Form, für ein äußerst schmackhaftes Gericht zu halten, aber die, die man hier bekam, eigneten sich nicht zum Kochen, allenfalls wenn man Püree daraus machte. Sie hatte dies Tom gegenüber bei mehreren Gelegenheiten erwähnt, doch er war der Ansicht, daß Püree mehr Arbeit für Johara bedeutete und sie sich höchstwahrscheinlich mit der Prozedur der Zubereitung nicht auskannte, so daß das Resultat noch weniger verlokkend sein würde als das, was sie ihnen sonst vorsetzte.

Das nervenaufreibende Heulen des Motorrads, das sie an eine Sirene erinnerte, klang jetzt deutlich näher. Es kommt auf uns zu, dachte sie. Hoffentlich schaffen wir es bis zum Markt, bevor es auftaucht. Sie war einmal mit Tom hingegangen, um einzukaufen, und erinnerte sich an die Kolonnaden und Säulen. Dort käme kein Motorrad durch. »Wo ist der Markt?« fragte sie einen Augenblick später. Sekou machte eine Geste. »Da vorn.«

Jetzt wurde die drachenähnliche Maschine sichtbar, weit entfernt auf der langen Straße, holpernd und eine Staubwolke aufwirbelnd, die ihr teilweise vorauszueilen schien. Selbst aus dieser Entfernung konnte sie sehen, wie Fußgänger zur Seite sprangen.

Der Lärm schien ihr unerträglich laut. Sie verspürte den Impuls, sich die Ohren zuzuhalten, wie ein Kind. Das Ding kam näher. Es kam genau auf sie zu. Sie machte einen Satz zum Straßenrand, genau in dem Moment, als der Motorradfahrer bremste, um nicht mit Sekou zusammenzustoßen. Er hatte sich geweigert, wegzuspringen und dem Aufprall auszuweichen. Das auffällige Fahrzeug lag im Schmutz, begrub teilweise die bloßen Arme und Beine seiner Passagiere unter sich. Zwei halbnackte Jugendliche rappelten sich auf, rote und gelbe Helme in der Hand. Sie starrten Sekou wütend an und riefen ihm etwas zu. Sie war nicht überrascht, Amerikanisch zu hören.

»Bist du blind?«

»Da hast du noch mal Schwein gehabt, Mistkerl. Du hättest tot sein können.«

Als Sekou ihnen keine Beachtung schenkte, sondern einfach weiterging, wurden sie ausfallend.

»Blöder Angeber, typisch Nigger.«

Sekou ignorierte die beiden mit unnachahmlicher Würde.

Anita lief wieder auf die Straße und baute sich vor ihnen auf. »Wenn wir schon davon sprechen, wen ihr mit eurem unmöglichen Gefährt hättet umlegen können, dann bin ich wohl die erste auf der Liste. Ihr seid genau auf mich zugefahren. Müßt ihr unbedingt Panik verbreiten? Fühlt ihr euch besser, wenn ihr Leuten Angst einjagt?«

»Tut uns leid, wenn wir Ihnen angst gemacht haben, Ma'am. War nicht unsere Absicht.«

»Ich wette, daß es nicht eure Absicht war.« Ihr anfänglicher Schrecken hatte sich in Empörung verwandelt. »Ich wette, alles, was ihr im Kopf habt, ist ein riesengroßes Loch.« Sie hatte die Entschuldigung überhört. »Ihr habt euch zu weit von zu Hause entfernt, Freunde, und das wird euch noch einigen Ärger bescheren.«

Höhnisches Grinsen. »Ach ja?«

Sie spürte, wie der Zorn in ihrem Inneren aufwallte. »O ja!« rief sie. »Und ich hoffe, daß ich das Glück habe, es mitzuerleben.« Einen Augenblick später murmelte sie: »Ungeheuer.«

Sekou, der die beiden keines Blickes gewürdigt hatte, blieb jetzt stehen und wandte den Kopf, um zu sehen, ob sie kam. Als sie ihn eingeholt hatte, bemerkte er, ohne sie anzusehen, Touristen seien immer so beschränkt.

Sie kamen zu dem Laden, der Filme verkaufte, und sie bemerkte überrascht, daß er von einer Französin mittleren Alters geführt wurde. Wäre Anita nicht so außer sich gewesen vor Wut und Aufregung, hätte sie die Frau gern in ein Gespräch verwickelt, hätte sie gefragt, wie lange sie schon hier lebte und wie ihr Leben aussah. Doch es schien nicht der richtige Augenblick für solch eine Geste.

Als sie in der zunehmenden Hitze nach Hause zurückkehrten, war von der Höllenmaschine weder etwas zu sehen noch zu hören. Ihr fiel auf, daß Sekou ein wenig humpelte, und sie betrachtete ihn genauer. Der untere Teil seines Gewandes war blutbeschmiert, und da ging ihr auf, daß das Motorrad sein Bein gestreift hatte. Ihr taxierender Blick schien ihn zu verstimmen; sie konnte sich nicht zu der Aufforderung überwinden, ihr die Wunde zu zeigen oder auch nur davon zu sprechen.

9

Beim Mittagessen vermied sie es, den Motorradunfall zu erwähnen.

»Es war nicht zu weit, nicht?«

»Es war heiß«, gab sie zurück.

»Ich habe nachgedacht«, sagte Tom nach einer Weile. »Man könnte dieses Haus ziemlich billig kaufen. Ich hätte nichts dagegen, regelmäßig herzukommen.«

»Du mußt verrückt sein!« rief sie aus. »Du könntest hier nie richtig leben. Es ist ein unbequemes, provisorisches Lager, weiter nichts. Im übrigen ist alles, was du in der Dritten Welt kaufst, schon verloren, noch bevor du dafür bezahlt hast. Das weißt du. Mieten ist das einzig Vernünftige. Wenn die Dinge anfangen, sich zu überschlagen, ist man wenigstens ungebunden.«

Johara stand neben ihr und bot ihr ein zweites Mal Zwiebeln in Rahmsauce an. Sie bediente sich.

»Nicht immer überschlagen sich die Dinge«, sagte Tom.

»O doch, das tun sie!« rief sie. »In diesen Ländern? Es ist unausweichlich.« Nach einer Weile fuhr sie fort: »Nun, mach, was du willst. Viel kannst du nicht verlieren.«

Beim Obst sagte Anita plötzlich: »Ich habe letzte Nacht von Mutter geträumt.«

»So?« fragte Tom ohne großes Interesse. »Was hat sie gemacht?«

»Oh, ich kann mich nicht mal dran erinnern. Doch als ich aufwachte, fing ich an, über sie nachzudenken. Du weißt ja selbst, daß sie noch nie Sinn für Humor hatte, und trotzdem konnte sie sehr komisch sein. Ich weiß noch, wie sie einmal ein sehr aufwendiges Abendessen gab, und plötzlich wandte sie sich an dich und fragte: ›Wie alt bist du, Tom?‹ Und du hast geantwortet: ›Sechsundzwanzig.‹ Sie schwieg einen Moment und sagte dann: ›Als William der Schweiger in deinem Alter war, hatte er bereits halb Europa erobert.‹ Und es klang so entrüstet, daß alle Anwesenden in Gelächter ausbrachen. Erinnerst du dich? Ich finde es immer noch komisch, obwohl sie es bestimmt nicht darauf angelegt hatte.«

»Da wäre ich mir nicht so sicher. Ich glaube, sie spielte für die Galerie. Natürlich konnte sie nicht selbst lachen. Dafür war sie zu würdevoll. Aber andere zum Lachen zu bringen, machte ihr nichts aus.«

10

An einem anderen Tag saßen sie auf dem Fußboden in Toms Zimmer und frühstückten. Die Köchin hatte ihnen gerade frischen Toast gebracht.

»Ich hätte Lust, ein paar Meilen am Fluß entlangzufahren und mir das nächste Dorf anzusehen«, sagte Tom und bedeutete der Köchin zu bleiben. »Wie wär's? Ich könnte Bessiers alten Laster mieten. Hast du Lust?«

»Ich bin dabei«, sagte sie. »Die Straße ist gerade und eben, nicht wahr?«

»Wir können uns nicht verfahren. Und auch nicht im Sand steckenbleiben.«

»Gibt es dort etwas Besonderes, das du dir ansehen willst?«

»Ich brauche nur mal was anderes. Schon die kleinste Abwechslung bringt mich auf alle möglichen neuen Einfälle.«

Sie vereinbarten, am nächsten Tag zu fahren. Als er Johara bat, ihnen ein *casse-croûte* vorzubereiten, und sie hörte, daß sie vorhatten, nach Gargouna zu fahren, wurde sie ganz aufgeregt. Ihre Schwester lebte dort, erzählte sie und gab Tom Instruktionen, wie er deren Haus finden konnte, und ein paar Nachrichten, von denen sie hoffte, daß er sie ausrichten würde.

Der kleine Lastwagen hatte keine Fahrerkabine. Der Luftzug, den sie verursachten, diente ihnen zugleich als Kühlung. Es war erfrischend, in der frühen Morgenluft am Flußufer entlangzufahren. Die Straße war vollkommen eben, ohne Schlaglöcher oder sonstige Hindernisse.

»Jetzt ist es schön so«, sagte Tom, »aber das wird sich ändern, wenn wir zurückfahren. Dann ist nichts mehr zwischen uns und der Sonne.«

»Wir haben unsere Topis«, erinnerte sie ihn und warf einen Blick auf die beiden Helme, die auf dem Sitz zwischen ihnen lagen. Sie hatte einen starken Feldstecher dabei, den sie im vergangenen Jahr in Kobe gekauft hatte. Trotz der

Fahrt hielt sie ihn auf den Fluß gerichtet, wo Männer fischten und Frauen badeten.

»Schön, nicht?« sagte Tom.

»Jedenfalls sehen all die schwarzen Körper viel besser aus, als wenn sie weiß wären.«

Ihr Enthusiasmus war gedämpft, trotzdem schien er sich darüber zu freuen. Er wünschte sich so sehr, daß ihr das Nigertal gefiel. Doch im Augenblick konzentrierte er sich darauf, die Straße nicht zu verpassen, die linker Hand abzweigte und nach Gargouna führte. »Fünfzig Kilometer, mehr oder weniger«, murmelte er. Und erklärte kurz darauf: »Hier ist es, aber den Sand will ich lieber nicht riskieren.« Er bremste und schaltete den Motor aus. Die Stille war überwältigend. Sie saßen da, ohne sich zu rühren. Gelegentlich drang vom Fluß ein Ruf zu ihnen herauf, doch in der offenen, weiten Landschaft klangen die Stimmen wie Vogelschreie.

»Einer von uns muß beim Wagen bleiben, und das bist du.« Tom sprang herunter. »Ich gehe zu Fuß und versuche, das Dorf und Joharas Schwester zu finden. Mehr als zehn Minuten kann es nicht dauern. Das wirst du doch schaffen, oder?«

Sie waren seit der Abfahrt keinem anderen Wagen begegnet. »Wir stehen mitten auf der Straße«, erinnerte sie ihn.

»Ich weiß, aber wenn ich rechts ranfahre, komme ich in den Sand, und das will ich lieber vermeiden. Wenn es dich nervös macht, steig aus und lauf etwas herum. Es ist noch nicht heiß.«

Sie hatte keine Angst, allein zurückzubleiben, aber sie war nervös. Dies wäre für Tom die Gelegenheit gewesen, einen der zahlreichen Männer mitzunehmen, die ihre Tage damit zubrachten, in der Küche herumzusitzen. Plötzlich fiel ihr auf, daß sie Sekou seit dem Tag des Motorradunfalls nicht mehr gesehen hatte, und fragte sich, wie stark sein Bein oder Fuß verletzt war. In Gedanken noch bei ihm, stieg sie aus und fing an, den Weg entlangzugehen, den Tom genommen hatte. Sie konnte ihn nicht mehr sehen, weil es überall niedrige Dünen gab, die gelegentlich mit dornigen Sträuchern bewachsen waren. Sie überlegte, warum der Himmel hier nicht wirklich blau sein konnte, sondern immer einen grauen Schleier trug.

Im Glauben, einen Blick auf Gargouna erhaschen zu können, kletterte sie auf einen der kleinen Sandhügel, der jedoch nur eine Aussicht auf noch größere Dornensträucher bot. Ihr lag plötzlich eine Menge daran, das Dorf zu sehen; sie konnte es sich vorstellen – eine Gruppe von runden, ziemlich weit auseinanderstehenden Hütten, jede von einem gesäuberten Stückchen Erde umgeben, wo Hühner im Sand pickten. Sie wandte sich nach rechts, wo die Dünen ein wenig höher wirkten, und folgte einer Art Pfad, der über und um sie herum führte. Zwischen den Dünen lagen kleine Täler, manche davon ziemlich tief. Die Dünenkämme schienen parallel zueinander zu verlaufen, so daß es schwierig war, von einer Düne zur nächsten zu gelangen, ohne hinabsteigen und gleich darauf wieder hinaufklettern zu müssen. Eine Düne, nicht weit entfernt, schien alle anderen zu überragen; sie war sicher, daß sie von dort den auf der Straße wartenden Lastwagen sehen könnte. Sie stieg hinauf und blieb auf der Kuppe stehen, ein bißchen außer Atem. Mit Hilfe des Feldstechers sah sie, daß der Lastwagen noch da war. Weiter links in einiger Entfernung standen ein paar kahle Bäume. Das Dorf mußte in dieser Richtung liegen. Als ihr Blick einer Vertiefung zwischen zwei Dünen folgte, entdeckte sie plötzlich etwas, das ihr Herz schneller schlagen ließ, ein absurdes Gebilde aus Chrom und zinnoberrotem Lack. Es gab große Felsbrokken dort unten; das Motorrad war ins Schleudern geraten und hatte die sonnengebräunten Körper gegen den Stein geschmettert. Die Maschine war grotesk verdreht, und die beiden Körper lagen übereinander, über und über mit Blut verschmiert. Sie waren außerstande, um Hilfe zu rufen; sie lagen reglos da, am Hang, unsichtbar für jedermann, es sei denn, er befand sich genau dort, wo sie jetzt stand. Sie machte kehrt und rannte schnell den Hügel hinab. »Ungeheuer«, sagte sie, doch ohne Entrüstung.

Sie saß im Lastwagen, als Tom zurückkam. »Hast du Joharas Schwester gefunden?«

»O ja. Es ist ein winziges Dorf. Klar, daß hier jeder jeden kennt. Laß uns essen. Hier oder unten am Ufer?«

Ihr Herz schlug noch immer rasch und heftig. »Laß uns runtergehen zum Fluß. Vielleicht geht dort ein Lüftchen.« Sie war erstaunt, als ihr jetzt aufging, daß ihre erste Reaktion beim Anblick des Motorradwracks Erleichterung gewesen war. Sie spürte noch immer den kleinen Schauer der Erregung, der sie in diesem Augenblick gepackt hatte. Als sie am Ufer entlanggingen, war sie insgeheim dankbar, daß sie Tom gegenüber die Konfrontation mit den beiden Amerikanern nie erwähnt hatte.

11

»Schläfst du jetzt besser?« fragte Tom sie.

Sie zögerte. »Nicht wirklich.«

»Was meinst du damit, nicht wirklich?«

»Ich habe ein Problem«, seufzte sie.

»Ein Problem?«

»Ach, ich kann es dir ruhig erzählen.«

»Sicher.«

»Tom, ich glaube, Sekou kommt nachts in mein Zimmer.«

»Was?« rief er aus. »Du bist ja verrückt. Was soll das heißen, er kommt nachts in dein Zimmer?«

»Genau das.«

»Was macht er? Sagt er irgend etwas?«

»Nein, nein. Er steht einfach nur im Dunkeln neben meinem Bett. Jede Nacht.«

»Das ist doch lächerlich.«

»Ich weiß.«

»Hast du ihn je gesehen?«

»Wie könnte ich? Es ist stockdunkel.«

»Du hast doch eine Taschenlampe.«

»Oh, das würde mir noch mehr Angst einjagen als alles andere. Sie anzuknipsen und ihn tatsächlich zu sehen. Weiß der Teufel, was er machen würde, wenn er erst wüßte, daß ich ihn gesehen habe.«

»Er ist kein Verbrecher. Herrgott, warum bist du bloß so verdammt nervös? Du bist hier sicherer als irgendwo in New York.«

»Das glaube ich dir«, sagte sie. »Aber das ist nicht der Punkt.«

»Was *ist* denn der Punkt? Du glaubst, er kommt und steht neben deinem Bett. Warum sollte er das tun?«

»Das ist das Schlimmste von allem. Ich kann es dir nicht sagen. Es ist zu schrecklich.«

»Warum? Glaubst du, er hat vor, dich zu vergewaltigen?«

»O nein! Nichts dergleichen. Ich habe das Gefühl, er *zwingt* mich zu träumen. Er zwingt mich, einen Traum zu träumen, den ich nicht aushalte.«

»Einen Traum über ihn?«

»Nein. Er kommt nicht mal drin vor.«

Tom verlor allmählich die Geduld. »Was soll das? Worüber reden wir hier eigentlich? Du sagst, Sekou will, daß du einen bestimmten Traum hast, und du hast ihn. Und dann kommt er die nächste Nacht, und du hast Angst, daß du den Traum wieder haben wirst. Was glaubst du, warum er das macht? Ich meine, welches Interesse sollte er daran haben?«

»Ich weiß es nicht. Das macht es nur noch schrecklicher. Ich weiß, du hältst das Ganze für lächerlich. Oder glaubst, daß ich mir alles nur einbilde?«

»Nein, das sage ich nicht. Aber da du nie etwas gesehen hast, wie kannst du dann sicher sein, daß es Sekou ist und nicht irgend jemand anderes?«

Später fragte er sie: »Anita, nimmst du Vitamine?«

Sie lachte. »Lieber Himmel, ja. Dr. Kirk hat mir alles mögliche mitgegeben. Vitamine und Minerale. Er sagte, der Erdboden hier würde wahrscheinlich nicht genug Mineralsalze haben. Oh, du denkst bestimmt, mit meinem Chemiehaushalt sei etwas nicht in Ordnung, und das sei der Grund für die Träume. Könnte sein. Aber es ist nicht der Traum selbst, der mir angst macht. Obwohl er weiß Gott zu widerlich ist, um ihn zu erzählen.«

»Ist es ein sexueller Traum?« unterbrach er sie.

»Wenn ja, wäre alles viel einfacher. Die Sache ist, ich kann ihn nicht beschreiben.« Sie schauderte. »Er ist zu verwirrend. Und mir wird schlecht, wenn ich nur daran denke.«

»Vielleicht solltest du mich zu deinem Analytiker machen. Was passiert in dem Traum?«

»Nichts passiert. Ich weiß nur, daß etwas Entsetzliches im Gang ist. Aber wie gesagt, es ist nicht der Traum an sich, der mich beunruhigt. Vielmehr die Gewißheit, daß ich mich nicht gegen die Gewißheit wehren kann, daß der schwarze Mann dasteht und ihn erfindet und mich hineinzwingt. Das ist einfach zu viel.«

12

Ein Holzschild über einer Holztür, und darauf die Worte *Yindall und Fambers, Apotheker.* Drinnen ein Ladentisch und dahinter ein muskulöser junger Mann. Auf den ersten Blick wirkt er nackt, doch er trägt rotblaue Shorts. Statt zu sagen »Hi, ich bin Bud«, sagt er: »Ich bin Mr. Yindall. Kann ich Ihnen behilflich sein?« Die Stimme ist trokken und grau.

»Ich hätte gern eine kleine Flasche Sweet Spirits of Nitre und eine Packung Slippery-Elm-Pastillen.«

»Sofort.« Aber irgend etwas stimmt nicht mit seinem Gesicht. Er wendet sich ab, um ins Hinterzimmer zu gehen, zögert. »Sie sind nicht gekommen, um Mr. Yindall zu sehen, oder?«

»Aber Sie sagten, Sie wären Mr. Yindall.«

»Er ist manchmal etwas durcheinander. Er läßt aus Prinzip niemanden ein.«

»Ich habe nicht gesagt, daß ich ihn sehen will.«

»Aber Sie wollen es.« Er langt über den Ladentisch, und eine stählerne Hand packt zu. »Er wartet im Keller. Fambers am Apparat.«

»Ich möchte Mr. Yindall nicht sehen, vielen Dank.«

»Zu spät.«

Ein Teil des Ladentisches ist aufklappbar. Er öffnet ihn, um sie durchzulassen, die stählerne Hand verstärkt ihren Druck.

Protest den ganzen Weg über bis zum Keller. Ein Thron aus Chrom an einer Wand, funkelnd im Schein der auf ihn gerichteten Scheinwerfer. Zwei muskulöse, aus den Schultern eines Mannes wachsende Oberschenkel, die Beine angewinkelt. Zwischen den Schenkeln ein dicker Hals, der Kopf abgetrennt. Schlaffe, von den Hüften herabhängende Arme, zuckende Finger.

»Das ist Mr. Fambers. Er kann Sie selbstverständlich nicht sehen. Man mußte den Kopf entfernen; er war im Weg. Doch sein Hals ist mit hochempfindlichem Protoplasma gefüllt. Wenn Sie hineinbeißen oder auch nur daran knabbern, stellen Sie augenblicklich Kontakt her. Beugen Sie sich einfach drüber und legen Sie den Mund auf den Hals.«

Die stählerne Hand führt. Die Substanz im Inneren des Halses fühlt sich an wie aufgeweichtes Brot, der leichte Schwefelgeruch erinnert an Steckrüben.

»Stecken Sie die Zunge rein. Nicht würgen!«

Bei der ersten Berührung der Zunge fängt die Substanz im Hals an zu pulsieren, sprudelt, spritzt eine warme Flüssigkeit empor.

»Das ist nur Blut. Ich glaube, Sie sollten eine Weile hierbleiben.«

»Nein, nein, nein, nein!« Wälzt sich in ihrem eigenen Erbrochenen auf dem Boden.

»Nein, nein, nein!« Versucht, das Blut von den Lippen und aus dem Gesicht zu wischen.

Tiefer, tiefer, trotz des Blutes, trotz des Erbrochenen, in den daunenweichen Fußboden. Nur dieser Rübengestank in einem luftlosen Loch. Würgend, denn sie wäre fast erstickt, stieg sie aus der Tiefe auf und sog tief die offene schwarze Luft ringsum ein, angeekelt von dem Traum, überzeugt, daß er sich wiederholen würde, zu Tode erschreckt aber vor allem bei der Vorstellung, daß die Befehle, die diesem Phänomen zugrunde lagen, von außen stammten, aus einem anderen Bewußtsein. Das war unannehmbar.

13

Tom fand ihre Argumentation absurd. »Du hattest einen Alptraum, und darüber zerbricht man sich nicht den Kopf. Und diese verrückte Idee, daß Sekou oder sonst jemand deine Träume kontrolliert, ist reine Paranoia. Dafür gibt es nicht den geringsten Grund. Siehst du das nicht ein?«

»Ich sehe, daß du das glaubst, ja.«

»Ich bin überzeugt, wenn *du* erst einmal anfängst, darüber zu sprechen, wird es dich nicht länger quälen.«

»Mir wird übel, wenn ich nur daran denke.«

Das stetige Dröhnen der Lampe, die zwischen ihnen auf dem Boden stand, provozierte Anita. »Sie ist zu hell, zu laut und zu heiß!« rief sie aus.

»Achte nicht darauf. Vergiß sie einfach.«

»Das ist nicht so einfach.«

»Du weißt ganz genau, wenn ich sie runterdrehe, kann man kaum noch was sehen.«

Einen Augenblick später sagte sie: »Dieses Gemüse hier ist wirklich erbärmlich. Ich verstehe dich nicht. Du malst praktisch nichts anderes als Essen, und trotzdem ist es dir egal, was du ißt.«

»Was soll das heißen, es ist mir egal? Es ist mir überhaupt nicht egal. Ich beschwere mich nicht, falls du das meinst. Das Gemüse hier ist alles, was da ist, es sei denn, du willst Konserven, und wie ich dich kenne, käme das nicht in Frage. Ich finde, es grenzt an ein Wunder, daß sie überhaupt etwas aus dem sandigen Boden holen.«

Plötzlich stand Johara im Zimmer und kündigte den nächsten Gang an.

»Ich habe sie nicht raufkommen hören, du?«

Sie schnaubte verächtlich. »Bei dieser Lampe würdest du nicht mal einen Elefanten hören.«

»Nein, aber selbst ohne die Lampe – ist dir aufgefallen, daß man in diesem Haus niemals Schritte hört?«

Sie lachte. »Das ist mir nur allzu bewußt. So etwas zum Beispiel beunruhigt mich nachts. Ich höre dann nicht das geringste Geräusch in meinem Zimmer. Es könnten jede Menge Leute dort sein, und ich würde es nicht merken.«

Tom antwortete nicht; er war mit seinen Gedanken offensichtlich woanders. Ein paar Minuten saßen sie schweigend da. Als sie das Gespräch wiederaufnahm, merkte man an ihrer Stimme, daß sie nachgedacht hatte.

»Tom, hast du je von Slippery-Elm-Pastillen gehört?«

Er richtete sich auf. »Aber klar. Granny schwor darauf, wenn sie Halsschmerzen hatte. Es waren Pillen, so ähnlich wie Hustentabletten. Ich weiß noch, wie sie sich aufgeregt hat, als sie vom Markt verschwanden. Ich glaube nicht, daß es heute noch Slippery-Elm-Pastillen gibt – egal in welcher Form.«

Er warf ihr einen verstohlenen Blick zu. Wahrscheinlich war das ihre absurde Art, mit diesem Traum fertig zu werden. Er wartete.

Ihre nächste Frage erschien ihm eher komisch. »Ist Nitre nicht das, was sie Gefangenen ins Essen tun?«

»Früher ja, aber ich weiß nicht, ob man das heute immer noch macht. Was soll das, stellst du ein Handbuch für nutzloses Wissen zusammen?«

»Nein, es interessierte mich bloß.«

Er ordnete die Kissen hinter sich und streckte sich aus.

»Willst du wissen, wer Sekou meiner Ansicht nach ist?« fragte er.

»Wie meinst du das, wer er ist?«

»Wer er für dich ist, meine ich. Ich glaube, er ist Mutter.«

»Was?« rief sie aus, ziemlich laut.

»Ganz im Ernst. Ich weiß noch, wie Mutter kam und im Dunkeln neben meinem Bett stand, einfach so dastand. Und ich hatte jedesmal höllische Angst, sie könnte merken, daß ich wach war. Deshalb mußte ich ganz ruhig atmen und keinen Muskel bewegen. Das gleiche machte sie auch bei dir. Ich konnte hören, wie sie in dein Zimmer ging. Hast du sie nie dort gesehen, wie angewurzelt neben deinem Bett stehend?«

»Ich kann mich nicht erinnern. Es ist eine ziemlich verrückte Idee, daß ein schwarzer Afrikaner die Rolle meiner Mutter spielen soll.«

»Du siehst das Ganze nur von außen. Ich dagegen würde jede Wette eingehen, daß der Traum etwas mit Schuldgefühlen zu tun hat, und wer ist es, der dir immer ein schlechtes Gewissen macht? Mutter!«

»Ich bin keine Freud-Anhängerin«, erklärte sie. »Aber selbst wenn man zugäbe, daß dem Traum Schuldgefühle zugrunde liegen – was für mich nicht in Frage kommt –, und ich mich an die Mutter aus meiner Kinderzeit erinnere, würde es nicht erklären, warum Sekou Mutters Rolle übernommen hat. Hast du dafür keine Theorie?«

»Eine sehr gute sogar. Es besteht einfach keine Verbindung zwischen dem Traum und warum du ihn deiner Meinung nach träumst. Versuch doch mal, Sekou hineinzubringen, wenn du das nächste Mal darüber nachdenkst, und paß auf, wie er reagiert.«

»Ich denke nicht darüber nach. Es ist schon schlimm genug, ihn erleben zu müssen; da will ich mich nicht auch noch im Wachzustand damit beschäftigen.«

»Tja, Nita, ich kann dir nur sagen, daß er dich so lange beschäftigen wird, bis du ihn in seine Einzelteile zerlegt und genau analysiert hast.«

»Wenn ich weiß, wofür ich mich schuldig fühle, werde ich's dir sagen.«

14

Jeder in der Stadt kannte Mme. Massot. Sie und ihr Mann hatten hier gelebt, als die Franzosen die Gegend kontrollierten. Dann, kurz nach der Unabhängigkeit, Mme. Massot war noch keine zwanzig, war ihr Mann gestorben und hatte ihr außer dem Fotoatelier so gut wie nichts hinterlassen. Sie besaß eine Dunkelkammer und hatte gelernt, wie man Filme entwickelt und Fotos abzieht. Das Monopol für diese Dienstleistungen zu besitzen, war nicht so profitabel, wie es anderswo hätte sein können, denn die Nachfrage war gering. Seit einiger Zeit aber nahm die Zahl der jungen Leute mit Kameras zu, so daß sie nicht nur entwikkelte und Abzüge machte, sondern auch Filme verkaufte. Ein paar junge Einheimische, die in Europa gelebt hatten, versuchten hartnäckig, sie dazu zu überreden, Videos ins Programm zu nehmen, doch darauf erklärte sie jedesmal, daß ihr das Kapital zum Investieren fehle.

Nach dem Tod von Monsieur Massot hatte sie kurz mit dem Gedanken gespielt, nach Frankreich zurückzukehren, war jedoch rasch zu der Einsicht gekommen, daß sie das eigentlich gar nicht wollte. Das Leben in Montpellier würde ein gutes Stück kostspieliger sein, und außerdem war nicht gesagt, daß sie eine geeignete Wohnung finden würde, mit einem überzähligen Raum, den sie als Dunkelkammer benutzen könnte.

Nur wenige Weiße fanden es seltsam, daß sie freiwillig allein in einer Stadt voller Schwarzer blieb. Sie selbst hatte vom Tag ihrer Ankunft an, gleich nach ihrer Hochzeit, die Schwarzen sympathisch, freundlich, großzügig und ausgeglichen erlebt. Sie fand nichts an ihnen auszusetzen, bis auf ihre Neigung, im Umgang mit Zeit eine gewisse Sorglosigkeit an den Tag zu legen. Häufig schienen sie weder die Uhrzeit noch das Datum zu kennen. Den jüngeren Bürgern war bewußt, daß die Europäer ihren Landsleuten dies als Schwäche auslegten, und taten ihr Bestes, um pünktlich zu sein, wenn sie mit Fremden zu tun hatten. Obgleich Mme. Massot auf gutem Fuß mit anderen französischen Anwohnern stand, pflegte sie spezielle Freundschaften mit Familien der einheimischen Bourgeoisie. Sie hatte nie einen der lokalen Dialekte gelernt, doch diese Leute sprachen ein passables Französisch, und ihre Söhne verfügten über erstaunlich gute Sprachkenntnisse. Hin und wieder ertappte sie sich bei dem Wunsch, in Frankreich zu leben, aber er verflog jedesmal rasch wieder. Das Klima hier war angenehm, solange einem – wie ihr – die Hitze nichts ausmachte, und bei ihrer asthmatischen Veranlagung war es ideal. Die Menschen in Europa überraschten sie häufig mit ihrer Vermutung, daß die Stadt schmutzig und ungesund sein müsse, und gewiß überraschte Mme. Massot sie ebenso mit der Behauptung, daß die Straßen sauberer und freier von unangenehmen Gerüchen seien als die jeder x-beliebigen europäischen Stadt. Sie wußte, wie man in der Wüste lebt, und es gelang ihr, das ganze Jahr über ihre ausgezeichnete Gesundheit zu behalten. Die schwierigen Monate waren Mai und Juni, wenn die Hitze unerträglich wurde und der Wind einen von Kopf bis Fuß mit Sand überzog, sobald man das Haus verließ, aber auch Juli und August, wenn der Regen kam und die feuchte Luft ihr ins Gedächtnis zurückrief, daß sie in jungen Jahren an Asthma gelitten hatte.

Vor Anitas Ankunft hatten sich Mme. Massot und Tom angefreundet, vor allem, so seine Vermutung, weil sie ein Jahr lang in einer kleinen Kunstgalerie in der Rue Vignon gearbeitet hatte. Da sie neugierig war, hatte sie in dieser Zeit alle möglichen Geschichten von Malern aufgeschnappt, die sie bis heute behalten hatte. So war sie in der Lage, über das Privatleben mehrerer Maler dieser Zeit oder die Preise, die ihre Arbeiten erzielt hatten, zu erzählen, und das fand Tom interessant. Mme. Massots Jahr in Paris bildete die Grundlage für ihre Plaudereien. Jetzt spielte er mit dem Gedanken, sie wieder einmal zum Essen einzuladen. Doch das war jedesmal ein riskantes Unterfangen, da sie eine ausgezeichnete Köchin war, die sich vor allem auf lokale Gerichte mit einheimischen Zutaten spezialisiert hatte. Im Unterschied zu vielen Autodidakten hatte sie nichts dagegen, ihre Entdeckungen mit jedermann zu teilen, der sich ebenso für die Küche interessierte wie sie. Mit ihrer Hilfe hatte Tom gelernt, zwei oder drei dieser Gerichte erfolgreich nachzukochen.

»Ich bitte sie für Montag zum Mittagessen«, sagte er zu Anita. »Und du könntest mir noch mal einen großen Gefallen tun, indem du zu ihrem Laden gehst und sie einlädst. Gleichzeitig könntest du ein paar Filme kaufen. Du kennst ja jetzt den Weg, also brauchst du niemanden, der mit dir geht. Macht es dir was aus? Ich würde einen ganzen Vormittag Arbeit verlieren, wenn ich selbst ginge.«

»Es macht mir nichts aus. Aber ich finde, ein bißchen Bewegung könnte dir nicht schaden.«

»Ich hole mir meine Bewegung, indem ich vor dem Frühstück am Ufer entlanglaufe, das weißt du doch. Mehr brauche ich nicht. Also, sei so nett und sag Mme. Massot, daß wir sie am Montag zum Mittagessen erwarten, ja? Sie spricht auch Englisch.«

»Du scheinst vergessen zu haben, daß ich Französisch als Hauptfach hatte.«

Sie verspürte kein großes Verlangen, durch die Stadt zu gehen, stand aber trotzdem auf und sagte: »Dann gehe ich lieber mal los, solange es noch nicht zu heiß ist.«

Als sie an dem Stand vorbeikam, wo Sekou und sie gesessen und etwas Kaltes getrunken hatten, sah sie, daß er geschlossen war. Sie hatte keine Lust gehabt, Tom diesen Gang abzunehmen, weil sie die abergläubische Überzeugung hegte, daß das Zusammentreffen mit den beiden amerikanischen Barbaren sich wiederholen könnte. Sie merkte sogar, daß sie unbewußt auf den abscheulichen Lärm ihres Motorrads in der Ferne horchte. Noch bevor sie den Markt erreichte, war sie zu dem Schluß gekommen, daß die beiden die Stadt verlassen hatten und an einen anderen Ort gefahren sein mußten. Dort konnten sie nun anderen Einheimischen Angst und Schrecken einjagen, nachdem die Leute hier sich zweifellos an ihre Gegenwart gewöhnt hatten.

Mme. Massot schien sich über die Einladung zu freuen. »Wie geht es Tom?« fragte sie. »Sie sind vor nicht allzulanger Zeit hier im Laden gewesen, aber Tom habe ich schon eine ganze Weile nicht mehr gesehen.«

Als sie nach Hause kam, stieg sie aufs Dach, wo Tom arbeitete, und erzählte ihm: »Sie kommt am Montag. Ist sie eine Lesbe, was meinst du?«

»Lieber Himmel!« rief Tom aus. »Woher soll ich das wissen? Ich habe sie nie danach gefragt. Wie kommst du nur auf diese Idee?«

»Weiß ich auch nicht. Es kam mir nur so in den Sinn, als wir uns unterhielten. Sie wirkt so ernst.«

»Es würde mich jedenfalls sehr wundern.«

Seit kurzem war die Luft schwer von Staub, und jeden Tag schien es schlimmer zu werden. Offenbar galt es als höflicher, von Sand zu sprechen, jedenfalls sagte Tom das, mußte jedoch einräumen, daß, falls es wirklich Sand war, es pulverisierter Sand war, und das wiederum war nichts anderes als eine Bezeichnung für Staub, daran führte kein Weg vorbei. In bestimmten Räumen im Erdgeschoß sammelte sich weniger Staub als in anderen, aber die Türen ließen sich nicht richtig schließen, und der feine Staub wurde von einem beständigen Wind aufgewirbelt und in die kleinsten Ritzen getragen.

15

Am Montag hatte der Staub einen solchen Grad an Undurchdringlichkeit erreicht, daß es vom Dach aus unmöglich war, irgend etwas auf der Straße unten zu unterscheiden. Tom beschloß, daß sie in einem der unteren Räume und bei geschlossenen Türen essen mußten. »Wir werden Platzangst haben«, sagte er, »aber was sollen wir machen?«

»Ich wüßte schon etwas«, erwiderte Anita. »Nicht heute, aber doch bald. Und das wäre, die Stadt verlassen. Denk doch nur an unsere Lungen. Wir könnten genausogut in einer Kohlengrube leben. Und bald wird es anfangen zu regnen. Was haben wir dann? Eine Schlammstadt. Du hast selbst immer gesagt, daß die Gegend die Hälfte des Jahres unbewohnbar ist.«

Mme. Massot wurde von einem Mädchen aus der Küche heraufgeführt, das ihr mit einer flackernden Kerze den Weg durch das düstere Haus wies. Mme. Massot trug etwas in der Hand, das aussah wie eine Schuhschachtel und das sie sogleich Tom überreichte.

»Die Kräuter, die ich Ihnen versprochen hatte«, sagte sie. »Allerdings ist es vielleicht ein bißchen spät, sie Ihnen erst jetzt zu geben.«

Er öffnete die Schachtel. Das Innere war in drei kleine Fächer unterteilt, alle mit schwarzer Erde gefüllt, aus der grüne fedrige Blättchen sprossen. »Oregano, Majoran und Estragon«, erklärte sie und deutete darauf. »Aber um diese Jahreszeit muß man die Schachtel geschlossen halten. Der Sand würde die Pflänzchen sonst ersticken.«

»Das gefällt mir«, rief Anita aus und untersuchte die Schachtel. »Es ist wie ein tragbarer Garten.«

»Ich halte alle meine Kräuter im Haus, und stets zugedeckt.«

»Wir hätten diese Verabredung vor zwei Wochen treffen sollen«, sagte Tom. »Es muß schrecklich gewesen sein, bei diesem Hundewetter den ganzen Weg zu Fuß zu gehen. Und wie schaffen Sie es bloß, trotzdem so kultiviert und schick auszusehen?«

Genau das hatte Anita auch gedacht. Mme. Massot wirkte äußerst elegant in ihrem khakifarbenen Kostüm, das ohne Zweifel für die Wüste gedacht war, doch auf der Rue du Faubourg St. Honoré ebenso passend gewesen wäre. »Ah«, sagte sie, wand sich den Turban vom Kopf und schüttelte ihn aus. »Das Geheimnis ist, daß Monsieur Bessier mich am Markt überholt und mit seinem Lastwagen direkt bis vor Ihre Haustür gebracht hat. So dauerte es nur zwei Minuten statt vierzig.«

»Was für ein phantastisches Kostüm!« rief Anita bewundernd und streckte die Hand aus, um den Stoff zu befühlen. »Darf ich?«

Mme. Massot hob die Arme über den Kopf, um ihr die Inspektion zu erleichtern. »In Wirklichkeit ist es eine Nachbildung der *serouelles* aus der Sahara, kombiniert mit dem hiesigen *boubou*«, erklärte sie. »Ich habe es selbst entworfen.«

»Es ist wunderbar«, sagte Anita. »Aber dieses Material ist nicht von hier.«

»Nein, nein. Ich habe es in Paris gekauft und auch dort schneidern lassen. Ich bin nicht sehr geschickt im Umgang mit Nadel und Faden. Aber das Design ist so einfach, daß ein hiesiger Schneider es sicher mit Leichtigkeit kopieren könnte. Der Trick ist der diagonale Zuschnitt, so daß das Oberteil wie ein Teil der Hose wirkt und das ganze Ding, von den Schultern bis zu den Knöcheln, aus einem Guß ist, nahtlos.«

»Auf jeden Fall hat es genau die richtige Farbe für heute«, warf Tom ein.

»Mir macht das Wetter nichts aus«, antwortete sie. »Das ist der Preis, den wir dafür zahlen müssen, was wir den Rest des Jahres über haben. Es ist lästig, aber ich empfinde es auch als Herausforderung. Das heißt nicht, daß ich um diese Zeit nicht auch gerne nach Frankreich flüchte; das schon. Mein Bruder hat einen Bauernhof in der Nähe von Narbonne. Der Sommer in der Provence ist herrlich. Aber wissen Sie, ich bin hauptsächlich gekommen, um Ihre Bilder zu sehen.«

»Ja.« Tom wirkte etwas unglücklich. »Zu dumm, daß Sie sie nicht bei Tageslicht sehen können, aber es muß unten sein, im Schein der Lampe. Bei all dem Staub und Sand kann ich sie hier oben unmöglich auspacken.«

Johara kam, um zu melden, daß das Mittagessen fertig sei, und dasselbe Mädchen wie vorher geleitete sie die Treppen hinunter, in der ausgestreckten Hand die Kerze.

»Es ist wirklich eine Schande, daß wir unten essen müssen«, sagte Anita. »Es ist viel angenehmer unter dem Verdeck auf der Terrasse. Aber es geht nicht anders.«

Noch während des Essens fragte Mme. Massot plötzlich: »Wer hat dieses köstliche Gericht gezaubert, Monsieur? Sie?«

»Ich fürchte nein. Das war Johara.«

»Sie können sich glücklich preisen, die Frau zu haben. Sobald Sie abreisen, werde ich versuchen, sie zu bekommen.«

»Aber Sie brauchen sie doch gar nicht. Sie können alle diese Gerichte selbst kochen.«

»Ja, solange es mich nicht stört, daß ich dafür den ganzen Tag in der Küche stehen muß. Außerdem macht das Essen viel weniger Spaß, wenn man selbst gekocht hat.«

»Vermutlich wird sie froh sein, von einem Job direkt zum nächsten wechseln zu können«, sagte Tom.

»Oh, bei diesen Leuten weiß man nie. Sie sind nicht geldgierig. Und auch nicht ehrgeizig. Für sie ist ihre Beziehung zu ihrem jeweiligen Arbeitgeber das Wichtigste. Ganz gleich, ob er übermäßig streng oder vollkommen gleichgültig ist. Wenn sie ihn mögen, dann mögen sie ihn. Dieses Gericht ist vorzüglich«, fuhr sie fort. »Ich weiß, wie es gemacht wird, aber ich habe bisher nicht sehr viel Glück damit gehabt.«

»Wie wird es denn gemacht?« fragte Tom.

»Die Basis sind kleine Hirsekuchen. Die Karamelsauce ist kein Problem, aber die Creme obendrauf ist ein bißchen heikel. Sie wird aus dem weißen Fleisch der Kokosnuß gemacht, das in wenig Kokosmilch eingeweicht wird. Es ist schwer, die richtige Konsistenz zu erreichen. Aber Ihre Köchin hat sie wunderbar hinbekommen.«

Tom war damit beschäftigt, seine Gemälde aus dem Metallkasten zu nehmen, wo er sie aufbewahrte. »Ich zeige Ihnen nur die neuesten Sachen. Ich glaube, es sind ohnehin die besten.«

»O nein!« wandte Mme. Massot ein. »Ich möchte alles sehen. Jedenfalls alles, was Sie hier gemalt haben.«

»Das würde den ganzen Nachmittag dauern. Sie haben keine Ahnung, wie produktiv ich bin.«

»Zeigen Sie mir, was Sie zeigen möchten, und ich bin zufrieden.« Er reichte ihre eine Mappe mit Gouachen.

Sie studierte sie aufmerksam und ließ sich Zeit. Dann

rief sie begeistert: »Aber diese Gemälde sind phänomenal! Welche Finesse! Welcher Zauber! Lassen Sie mich mehr sehen! Sie sind anders als alles, was ich je gesehen habe.«

Während sie die anderen betrachtete, murmelte sie von Zeit zu Zeit: *»Invraisemblable.«*

Anita, die bisher nur zugesehen hatte, mischte sich ein. »Zeig ihr *La Boucle du Niger*«, drängte sie Tom. »Kommst du dran? Ich finde, das ist eins der wirkungsvollsten überhaupt.«

Er schien über diese Definition verstimmt. »Wirkungsvoll, inwiefern?«

»Ich liebe die Landschaft auf der anderen Seite des Flusses«, erklärte sie.

»Dazu kommen wir noch«, sagte er schroff. »Ich habe sie so arrangiert, wie ich sie haben will.«

Mme. Massot fuhr fort, die Bilder zu studieren. »Ich fange an, Ihre Methode zu begreifen«, murmelte sie. »Sehr geschickt. Oft ist es nur reiner Zufall in einem Detail, der über die Entwicklung des gesamten Gemäldes entscheidet. Sie bleiben flexibel bis zum letzten Moment. Habe ich recht?«

»Manchmal«, räumte er zurückhaltend ein. Einen Moment später sagte er: »Ich glaube, das genügt, um Ihnen einen Eindruck von dem zu vermitteln, was ich hier gemacht habe.«

Mme. Massots Augen glänzten. »Sie sind ein Genie! Sie werden sicher großen Erfolg damit haben. Diese Bilder sind grandios.«

Als Johara die Kaffeetassen abgeräumt hatte, erhob sich Mme. Massot. »Ich habe immer noch vor, diese Frau zu bekommen, wenn Sie weg sind«, erklärte sie. »Sie fahren diese Woche?«

»Sobald wir hier wegkommen«, antwortete Anita.

»Gehen wir nach oben und sehen nach, was das Wetter macht«, schlug Tom vor. »Diesmal wird kein Monsieur Bessier dasein, um Sie nach Hause zu fahren.«

Er ging mit Mme. Massot zur Tür. »Kommst du mit?« fragte er Anita. Sie schüttelte den Kopf, und er schloß die Tür von außen.

Sie blieben länger als nötig gewesen wäre, um sich darüber klarzuwerden, ob der Wind abgeflaut war oder nicht. Sie saß in dem stickigen Zimmer und hatte das Gefühl, daß der Nachmittag reine Zeitverschwendung gewesen war. Als sie herunterkamen, bestand Mme. Massot darauf, es sei unnötig, daß Tom sie begleite. Anita dagegen merkte, daß er entschlossen war, mit ihr zu gehen. »Aber jeder hier kennt mich«, protestierte sie. »Und es ist noch nicht einmal dunkel. Kein Mensch käme auf die Idee, mich zu belästigen. Außerdem hat sich der Wind gelegt. Bleiben Sie hier.«

»Ich denke nicht im Traum daran.«

16

Als Mme. Massot sich ein wenig formell von Anita verabschiedet hatte, gingen sie, und Anita eilte nach oben aufs Dach, um frische Luft zu schnappen. Der stürmische Wind hatte sich gelegt, und die weiche Lehmlandschaft der Stadt war wieder sichtbar geworden. Es war sehr still; nur hin und wieder durchbrach Hundegebell das Schweigen. Die Gewißheit, daß sie sehr bald aufbrechen würden, munterte sie auf, so daß sie eine gewisse Verantwortung für das Haus empfinden konnte. Sie hatte das Gefühl, es sei eine gute

Idee, hinunterzugehen und Johara dafür zu danken, daß sie sich solche Mühe gegeben hatte, ihrem Gast ein vorzügliches Essen vorzusetzen. Johara stand, von zwei Kerzen beleuchtet, in der Küche und nahm das Lob mit der üblichen, unerschütterlichen Würde entgegen. Die Kommunikation mit ihr war schwierig, deshalb lächelte Anita und trat hinaus in den Hof, wo sie mit der Taschenlampe in alle Richtungen leuchtete. Dann ging sie zurück in den Raum, wo sie gegessen hatten und die Lampe noch immer dröhnte. Sie hatte die Tür offengelassen, als sie zum Dach hinaufgegangen war, jetzt war das Zimmer gelüftet. Sie setzte sich auf eines der Kissen und begann zu lesen.

Schneller als sie erwartet hatte, war er wieder da, mit vollkommen durchnäßtem T-Shirt.

»Warum hast du so geschwitzt?« fragte sie. »So heiß ist es doch gar nicht.«

»Ich bin praktisch den ganzen Rückweg gerannt.«

»Das hättest du nicht tun sollen. Wir haben keine Eile.«

Sie las noch ein paar Zeilen und legte dann das Buch auf die Matratze neben sich. »Jedenfalls wissen wir jetzt, daß sie keine Lesbe ist«, sagte sie.

»Bist du verrückt?« rief er. »Denkst du immer noch darüber nach? Außerdem, wieso wissen wir es jetzt im Unterschied zu vorher? Weil sie dir gegenüber keinen Annäherungsversuch gemacht hat?«

Sie warf ihm einen raschen Blick zu. »Ach, halt den Schnabel! Es war doch wohl ziemlich klar, daß sie sich für dich interessiert.«

»Wieso war dir das so klar?«

»Nun, die Art, wie sie sich über deine Bilder ausließ, zum Beispiel.«

»Französische Sitte.«

»Ja. Ich weiß. Aber keine Etikette verlangt, daß man jemandem so übertrieben Honig um den Bart schmieren muß.«

»Übertrieben? Es war vollkommen ernst gemeint. Tatsache ist, daß vieles von dem, was sie gesagt hat, den Nagel auf den Kopf trifft.«

»Aha, du bist also empfänglich für Schmeichelei.«

»Du verstehst einfach nicht, daß irgend jemand sich für meine Bilder begeistern könnte, ich weiß.«

»Oh, Tom, du bist unmöglich. Das habe ich nicht gesagt, doch ich persönlich glaube, daß es nicht die Bilder waren, die sie heute so begeistert haben.«

»Du meinst, sie hat ein sexuelles Interesse?«

»Was soll ich deiner Ansicht nach sonst meinen?«

»Nun, mal angenommen, du hast recht, und angenommen, ich erwiderte dieses Interesse, wäre das wichtig?«

»Offenbar nicht. Aber ich finde es interessant.«

»Du wolltest einfach nicht, daß ihr Gesäusel mir den Kopf verdreht. Du hast natürlich recht, und ich sollte es zu schätzen wissen. Aber ich kann nicht. Es macht einfach mehr Spaß, zu hören, wie gut man ist. Man bleibt liebend gern noch ein Weilchen dort oben und sonnt sich in dem Lob, mit dem man überschüttet wird.«

»Tut mir leid«, sagte sie. »Ich hatte gewiß nicht die Absicht, deine Arbeit zu schmälern oder dich zu deprimieren.«

»Wahrscheinlich nicht, aber jetzt darüber zu reden, deprimiert mich.«

»Tut mir leid«, antwortete sie, ohne daß es sich so anhörte, als täte es ihr leid. »Hat Mme. Massot auf dem Nachhauseweg noch weiter über deine Bilder gesprochen?«

Er war verstimmt. »Nein, hat sie nicht.« Einen Augenblick später fuhr er fort. »Sie hat mir eine lange, komplizierte Geschichte erzählt über zwei Yale-Studenten, die letzte Woche unweit von Gargouna tot aufgefunden worden sind. Wir kriegen ja hier nie was mit. Der alte Monsieur Bessier ist vorgeladen worden. Die Polizei hatte erfahren, daß sein Lastwagen ein paar Tage, bevor sie gefunden wurden, dort gesehen worden war. Natürlich konnte das gut sein, wir waren ja damit gefahren. Die Jungs hatten ein Motorrad und wollten damit durch die Dünen fahren.«

»Sie hatten einen Unfall?« Sie schaffte es, ihre Stimme zu kontrollieren. Es gibt keinen Grund, dachte sie. Niemand weiß etwas.

»Sie sind gegen ein paar Felsen geprallt und haben wohl ziemlich was abbekommen. Doch offenbar waren es gar nicht ihre Verletzungen, an denen sie gestorben sind.«

»Was war es dann?« Ihre Stimme klang viel zu matt, aber er merkte nichts. Ich muß dieses Gespräch fortsetzen, als hätte es nicht das geringste mit mir zu tun, dachte sie.

»Es war die Sonne. Die Idioten trugen keine Kleider. Nur Shorts. Keiner weiß genau, wann der Unfall passiert ist, aber sie müssen zwei bis drei Tage nackt dagelegen und geschmort haben, und von Stunde zu Stunde verbrannten sie mehr. Es ist ein Rätsel, warum keiner aus dem Dorf sie schon vorher gesehen hat. Aber natürlich laufen die Leute hier nicht viel in den Dünen herum. Und als man sie dann fand, hatte die Sonne sie bereits erledigt.«

»Eine Schande.« Sie sah die beiden wieder vor sich, die leuchtend roten und blauen Shorts, das Blut auf den gebräunten Körpern und das verdrehte Fahrgestell aus Chrom. »Die armen Jungs. Wie entsetzlich.«

Tom redete weiter, aber sie hörte ihn nicht. Ein wenig später murmelte sie: »Wie gräßlich.«

17

Jetzt, da sie nur noch wenige Tage vom Aufbruch nach Paris trennten, empfand Anita plötzlich das dringende Bedürfnis, den Schleier aus Zweifeln und Ängsten, die sie seit jenem Tag in Gargouna geplagt hatten, zu lüften. Der Traum stand natürlich im Mittelpunkt; sie hatte ihn seit mehreren Nächten nicht mehr gehabt. Und dann gab es noch Sekou. Wenn sie abreiste, ohne eine zufriedenstellende Erklärung für seine Verbindung mit dem Traum zu haben, hätte sie ziemlich versagt. Die Ungeheuer waren tot. Sekou lebte, er könnte ihr helfen.

»Ist Sekou im Haus?« fragte sie Tom. Er wirkte überrascht. »Warum? Willst du ihn sprechen?«

»Ich würde gern einen Spaziergang am Fluß entlang machen und dachte, er könnte mich begleiten.«

Tom zögerte. »Ich weiß nicht, ob das geht. Er hatte Probleme mit einem infizierten Bein. Ich sehe mal nach, ob ich ihn finde, und sage dir dann Bescheid.«

Er fand ihn in einem Raum unweit der Küche sitzend und schlug vor, die Wunde erneut zu desinfizieren. Sekou zögerte, als er Anita in der Tür stehen sah.

»Du kannst ruhig reinkommen und zusehen«, sagte Tom. Er hatte nichts übrig für die übertriebene Prüderie der einheimischen Männer. »Es ist ein böser Schnitt, vom Knöchel bis rauf zum Knie. Kein Wunder, daß er sich entzündet hat. Aber es ist schon viel besser.« Er riß die Pflasterstreifen ab, die den Verband hielten. »Er ist ganz trocken«, erklärte er.

»Es hat keinen Zweck, ihn zu fragen, ob es weh tut, denn er wird nein sagen, selbst wenn der Schmerz ihn umbringt. »*Tout va bien maintenant?*« Sekou lächelte und antwortete: »*Merci beaucoup. La plaie s'est fermée.*«

»Er kann mit dir gehen«, sagte Tom.

Sekou schien erleichtert, als Tom seine *gandoura* herunterzog und das Bein bedeckte. Während sie am Flußufer entlanggingen, fragte Anita, was die Wunde verursacht hätte. »Sie haben es gesehen«, antwortete er, von der Frage überrascht. »Sie waren dabei, als die Touristen mich mit ihrer Maschine angefahren haben.«

»Ich habe es mir gedacht«, sagte sie. »Oh, diese beiden Ungeheuer!« Es half, so von ihnen zu sprechen, obgleich sie wußte, daß sie für ihren Tod mitverantwortlich war.

Der Wind frischte auf, und die Luft füllte sich mit Staub. Heute gab es nicht viele Fischer am Fluß. Es herrschte Zwielicht mitten am Vormittag.

»Sie sagen, es waren Teufel«, fuhr Sekou fort. »Aber es waren keine Teufel. Es waren unwissende junge Männer. Ich weiß, daß Sie wütend auf sie waren und einen Zauber gegen sie gemacht haben.«

Anita war verblüfft. »Was?« rief sie.

»Sie haben gesagt, sie würden noch Ärger bekommen, und Sie wären froh, es mitzuerleben. Ich glaube, sie sind weggegangen.«

Ihr erster Impuls war, zu sagen: »Sie sind tot«, doch sie hielt den Mund und dachte, wie seltsam, daß er nichts davon gehört haben sollte.

»Ich hatte ihnen bereits vergeben, aber Sie nicht. Als mein Bein sehr schmerzte, hat mir Monsieur Tom eine Spritze gegeben. Ich habe mir gesagt, vielleicht hört der Schmerz auf, wenn auch Sie ihnen vergeben. Eines Nachts habe ich geträumt, ich käme und spräche mit Ihnen. Ich wollte hören, daß Sie es sagten. Aber Sie sagten: ›Nein, es sind Teufel. Sie haben mich beinahe getötet. Warum soll ich ihnen vergeben?‹ Da wußte ich, daß Sie ihnen nie vergeben würden.«

»Ungeheuer«, murmelte Anita, »nicht Teufel.« Er schien sie nicht gehört zu haben.

»Und dann hat Gott sei Dank Monsieur Tom mein Bein wieder gesund gemacht.«

»Sollen wir umdrehen? Die Luft ist voller Staub.« Sie machten kehrt und begannen, in die andere Richtung zu gehen. Einige Minuten lang schwiegen beide. Schließlich fragte Anita: »Wolltest du in deinem Traum, daß ich zu ihnen hingehe und sage, daß ich ihnen verzeihe?«

»Das hätte mich sehr glücklich gemacht, ja. Aber ich habe nicht gewagt, Sie darum zu bitten. Ich dachte, es wäre schon genug, wenn ich Sie sagen hörte: ›Ich vergebe ihnen.‹«

»Jetzt würde es auch nichts mehr ändern, wenn ich sagte, ›Ich vergebe ihnen‹, oder? Aber ich vergebe ihnen.« Ihre Stimme klang tränenerstickt. Er merkte es und blieb stehen.

»Aber natürlich würde es etwas ändern. Es tut Ihnen gut. Wenn Zorn in Ihnen ist, wirkt er wie Gift. Man sollte immer alles vergeben.«

Während des restlichen Wegs blieb sie stumm und dachte an ihren eigenen Traum, in dem Vergebung keine Rolle spielte, denn Yindall und Fambers konnten nur das sein, was sie ihnen zuvor bestimmt hatte. Sie waren Ungeheuer, daher mußte ihr Unterbewußtsein eine Welt für sie erfinden, in der alles ungeheuerlich war.

Sie dachte an Sekous Interpretation ihrer heftigen Worte vor den Motorradfahrern. In gewissem Sinne hatte er ganz recht. Ihr Verhalten entsprach demjenigen eines Menschen, der einen Fluch gegen jemanden richtete, obgleich sie selbst die Sache nie in solchen Begriffen beschrieben hätte. Ohne die Worte zu verstehen, hatte er ihren Inhalt begriffen. Fundamentale Emotionen besitzen ihre eigene Sprache.

Sie hatte recht gehabt. Sekous intensives Verlangen hatte mit Hilfe seines Traums einen Kontakt zwischen ihm und der dunklen Seite ihres Bewußtseins hergestellt und sie gezwungen, Yindall und Fambers zu finden. (Andere Namen hatte sie nicht für sie.)

18

Am nächsten Morgen kehrte Tom, der früh ausgegangen war, nicht um am Flußufer zu laufen, sondern um zum Markt zu gehen, aufgeregt nach Hause zurück. »Ein echter Glückstreffer!« rief er. »Ich habe Bessier getroffen. Sein Neffe ist hier und reist morgen ab, und er sagt, es gibt noch Platz für uns in seinem Landrover. So können wir sicher sein, nach Mopti zu kommen, bevor der Regen einsetzt.«

Anita war heilfroh über die Aussicht abzureisen, fragte aber dennoch: »Warum Mopti vor dem Regen?«

»Weil die Straße zwischen hier und dort unpassierbar ist, sobald der Regen beginnt. Von Mopti ist es dann relativ leicht, weiterzukommen. Die Fahrt wird uns eine Menge Ärger ersparen. Und ich brauche kein Vermögen auszugeben, um ein Fahrzeug zu mieten, das uns durchbringen würde. Also, kannst du bis dahin packen?«

Sie lachte. »Du weißt doch, ich habe praktisch nichts dabei. Ich kann in einer halben Stunde fertig sein.«

Die Vorstellung, abzureisen, eine Landschaft zu sehen, die sich von der endlosen, lichtverschleierten Leere unterschied, beflügelte sie.

Trotzdem empfand sie eine gewisse Ambivalenz. Sie hatte begonnen, die flache, sandfarbene Stadt zu mögen, denn sie wußte, daß sie einen solchen Ort niemals wiedersehen würde. Wie sie auch nie wieder einen Menschen finden würde, der so unkompliziert und rein war wie Sekou. (Sie wußte, daß sie weiter an ihn denken würde.)

Am Morgen des Aufbruchs war Tom damit beschäftigt, Geld an die Leute zu verteilen, die auf die eine oder andere Art im Haus gearbeitet hatten.

Anita ging mit ihm in die Küche und schüttelte Johara die Hand. Sie hoffte, auch Sekou zu sehen und sich von ihm zu verabschieden, aber es war noch zu früh für ihn, um zum Haus zu kommen.

»Ich bin wirklich enttäuscht«, sagte sie, als sie vor dem Haus auf Bessiers Neffen warteten.

»Du hast also doch noch beschlossen, Sekou zu mögen«, bemerkte Tom. »Siehst du. Er hatte nicht vor, dich zu vergewaltigen.«

Ohne daß sie es wollte, rutschte es ihr heraus: »Aber er hat von mir geträumt.«

»Tatsächlich?« Tom schien belustigt. »Woher weißt du das?«

»Er hat es mir erzählt. Er träumte, daß er kam und an meinem Bett stand.« Sie beschloß, es dabei zu belassen und nichts weiter zu sagen. Tom machte ein verzweifeltes Gesicht und schüttelte den Kopf. »Also, das ist mir alles zu hoch.«

Sie war froh, als sie den Landrover kommen sah.

Als sie schon tief in der Wüste waren, dachte sie noch immer über die jetzt nicht länger schmerzliche Geschichte nach. Sekou wußte viel, sie aber wußte alles und nahm sich das Versprechen ab, daß kein anderer je davon erfahren würde.

(1990)

Ein ungelegener Besuch

Nachdem sie mehrere hundert Jahre durchs All gereist war, verspürte Santa Rosenda das Verlangen, zur Erde zurückzukehren. In letzter Zeit hatte sie zunehmend Heimweh nach ihrem Vaterland und hegte zugleich die irrationale Überzeugung, daß es sie sehr glücklich machen würde, wieder einmal spanische Erde unter den Füßen zu spüren. Sie kündigte ihre Ankunft nicht an, denn falls man sie erkannte, wäre der erhoffte Frieden durch die damit verbundene Aufmerksamkeit sicher unmöglich.

Doch wenn Santa Rosenda wirklichen Kontakt zur Erde haben wollte, mußte sie sich materialisieren; erst dann würde sie sich von der Realität der Umgebung überzeugen können. Damit war sie natürlich nicht mehr unsichtbar – ein unbestreitbarer Nachteil, teilweise wegen ihrer anachronistischen Kleidung, mehr aber noch wegen der leichten Aura um ihren Kopf, die die unverwechselbare Form eines Heiligenscheins hatte.

Ihre Ankunft vollzog sich spontan: Sie erschien einfach eines Nachmittags hinter einem Gebüsch im öffentlichen Park einer spanischen Provinzstadt. Eine Frau, die an der nahe gelegenen Schule Chemie unterrichtete, saß auf einer Bank. Als sie Santa Rosenda erblickte, rannte sie davon. Das erschien Santa Rosenda nicht gerade als günstiges Vorzeichen für eine geruhsame Zeit auf Erden, und sie erkannte, daß sie die Städte meiden mußte.

So erfolgte die nächste Landung auf einem Feld außerhalb eines kleinen Dorfes auf der Insel Menorca. Sie hatte sich für das Feld entschieden, weil ihr die Konturen der Landschaft gefielen und sie diese für verlassen hielt. Doch ein Mädchen aus dem Dorf, das am Wegesrand hockte und Kräuter sammelte, schreckte furchtsam auf, als Santa Rosenda so unerwartet neben ihr Gestalt annahm. Zwar verschwand Santa Rosenda sofort wieder, doch es war schon zu spät. Das Mädchen lief ins Dorf zurück und schrie, es sei Zeuge eines Wunders geworden. Man glaubte ihm die Geschichte ohne jeden Vorbehalt. Mehrere hundert Leute eilten auf das Feld, in der Hoffnung, einen Blick auf die heilige Erscheinung zu erhaschen. Santa Rosenda schwebte über ihnen, beobachtete sie voller Widerwillen und beschloß, sich aufs Festland zu begeben. Das Problem war, einen angenehmen Ort zu finden, wo sie bleiben konnte, ohne eine Entdeckung befürchten zu müssen.

In Anbetracht der diversen Schwierigkeiten, mit denen sie zu kämpfen hatte, ist es ein Wunder, daß sie ihr Vorhaben nicht aufgab und ins All zurückkehrte. Sie hatte keinerlei Möglichkeit, mit den Menschen zu kommunizieren, selbst wenn sie es gewollt hätte, denn sie besaß keine Stimme. Außerdem konnte sie weder lesen noch schreiben, da diese Fähigkeiten zu ihrer Zeit nicht als notwendig erachtet worden waren, nicht einmal für Heilige.

Das waren alles andere als ideale Voraussetzungen, um in ihr Heimatland zurückzukehren, aber sie hatte keine andere Wahl. Wenn sie auf der Erde sein wollte, mußte sie sich damit abfinden. Solch kleine Widrigkeiten jedoch wurden mehr als ausgeglichen dadurch, daß sie weder essen noch schlafen mußte, und vor allem durch die Fähigkeit, sich notfalls von einem auf den anderen Augenblick entmaterialisieren zu können, obgleich sie das damit verbundene Aufsehen verabscheute. Schließlich war sie ohnehin nicht gekommen, um sich mit den Menschen zu unterhalten; im Gegenteil, sie hoffte, allen Kontakt mit ihnen vermeiden zu können.

Als sie daher eine einladende Höhle am Hang eines Hügels entdeckte, ließ sie sich in der Nähe des Eingangs nieder, wo sie die sonnenüberflutete Landschaft betrachten und dann die Augen schließen und über den Wandel meditieren konnte, der stattgefunden hatte, seit sie das letzte Mal die Erde verlassen hatte. Sie wußte, daß es auf dem Planeten keinen Stillstand gab, daß sich alles in einem Zustand unaufhörlicher Entwicklung befand, daher war sie nicht erstaunt über die außerordentlichen Veränderungen, die sich ihrem Gefühl nach während ihrer Abwesenheit vollzogen hatten. Vor allem die Kleider, die sie trug, machten ihr Sorgen, denn sie hatte bemerkt, daß es mehr als alles andere diese Gewänder waren, die auf den Unterschied zwischen ihrem eigenen Äußeren und dem der anderen Frauen aufmerksam machten. Sie würde den ersehnten Frieden so lange nicht finden, bis es ihr irgendwie gelungen war, sich von ihnen nicht mehr zu unterscheiden. Fürs erste schlang sie sich einen Tuchfetzen um den Kopf, den sie hier in der Höhle gefunden hatte. So würde zumindest der Heiligenschein nicht mehr auffallen, hoffte sie.

Eines Nachmittags, als sie die Augen einen Moment öffnete, entdeckte sie zwei kleine Jungen, die nicht weit vom Eingang der Höhle spielten. Sie merkte, daß sie sie gesehen hatten, doch schienen sie ihr keine besondere Beachtung zu schenken. Beruhigt schloß sie die Augen wieder. Als sie das nächste Mal die Augen aufschlug, waren die Kinder verschwunden. Sie kamen beinahe jeden Tag, hielten jedoch stets Abstand zur Höhle.

Was sie nicht wußte, war, daß die Jungen ihren Eltern von der merkwürdigen Frau erzählt hatten, die dort Tag für Tag immer an der gleichen Stelle saß. Da es auf der anderen Seite des Hügels eine Militärkaserne mit einem Behelfsflugplatz gab, war die Öffentlichkeit aufgefordert worden, alle verdächtigen Personen in der Umgebung zu melden.

Der Vater der Jungen sprach mit einem Vertreter der Guardia Civil über die Frau in der Höhle, mit dem Ergebnis, daß Santa Rosenda Besuch von einer Gruppe Soldaten erhielt, die sie aufforderten, sie zu einem Jeep zu begleiten, der am Ende eines Wäldchens auf der Straße wartete. Sie setzten ihr mit allerlei Fragen zu, die sie hörte und teilweise verstand, jedoch nicht beantworten konnte. Hauptsächlich aus Neugier beschloß sie, nachzugeben und mit ihnen zu gehen; vielleicht würde sie dann verstehen, was sie von ihr wollten. Außerdem hatte sie das Gefühl, daß es äußerst taktlos wäre, jetzt eine Transformation zu inszenieren und sich vor ihren Augen einfach in Luft aufzulösen. Sie war dabei lieber für sich allein.

Zuerst fuhren sie aufs Kommissariat, wo sie nichts von dem verstand, was um sie herum vorging. Von dort aus brachten die Männer sie in ein Krankenhaus, wo sie der Aufnahmeschwester erklärten, daß ihr Schützling taubstumm sei. Eine andere Schwester führte sie in einen kleinen Raum, ließ sie dort zurück und schloß beim Hinausgehen die Tür ab. Der Arzt, der sie untersuchen sollte, hatte sie kurz gesehen, als sie in das Gebäude gebracht worden war, und aufgrund ihrer fremdartigen Kleidung und des Tuchs, das um ihren Kopf gewickelt war, sofort vermutet, daß sie in Wirklichkeit ein verkleideter Mann war. Als die Schwester ihm berichtete, daß sie nicht sprechen konnte, verstärkte sich sein Verdacht.

»*Vamos a ver*«, sagte er sich, als er die Tür zu dem Raum öffnete, in dem sie eingesperrt war. Einen Moment zuvor hatte sich Santa Rosenda, verärgert darüber, daß man sie in einen so winzigen Raum eingeschlossen hatte, und der gesamten sinnlosen Prozedur überdrüssig, entmaterialisiert. Der Raum war leer. Wütend rief der Arzt nach der Schwester und hielt ihr vor, daß es allein ihrer Sorglosigkeit zuzuschreiben sei, wenn ein mutmaßlicher Schwerverbrecher aus ihrer Obhut habe entkommen können. Die Schwester erwiderte, die Tür sei verschlossen gewesen und im übrigen sei sie der Meinung, daß die Frau geisteskrank gewesen sei, nichts weiter. Trotzdem wurde die Polizei alarmiert und eine Suche eingeleitet, die im Krankenhaus selbst begann.

Santa Rosenda schaute zu, wie Ärzte und Schwestern durch das Gebäude schwärmten und in alle Zimmer sahen, und fand das alles ziemlich idiotisch. Sie konnte sich nicht vorstellen, was sie von ihr wollten, mißtraute jedoch ihren Absichten. Während sie durch das Gebäude schwebte und das Durcheinander beobachtete, das sie angerichtet hatte, kam sie in einen Umkleideraum, wo die Schwestern ihre Straßenkleidung ablegten, bevor sie in ihre Uniformen schlüpften.

Das war der Glücksfall, auf den sie gehofft hatte. Kleider, Pullover und Mäntel hingen an Wandhaken, und viele Schließfächer standen offen und boten ihr die Möglichkeit, weitere Kleidungsstücke zu begutachten. Sie brauchte höchstens zehn Minuten, bis sie alles zusammenhatte, was ihr gefiel. Dazu kamen Schuhe, in denen ihre Füße es bequem hatten, und am Ende entdeckte sie noch einen großen italienischen Seidenschal, den sie statt des Tuchfetzens um ihren Kopf winden konnte. Jetzt, so schien es ihr, konnte sie sich durch die Straßen bewegen, ohne aufzufallen.

Um ihre Anonymität zu testen, verließ sie das Krankenhaus durch den Haupteingang und passierte ihn, ohne daß jemand Notiz von ihr nahm.

Die Stadt war anders als jede andere Stadt, die sie gesehen hatte. Auf den Straßen wimmelte es von Menschen. Zwar sahen sie nicht so aus, als seien sie in festlicher Stimmung, doch mußten sie wohl irgendeinen Festtag feiern. Die Automobile (die sie bei sich als Karren bezeichnete) stießen unangenehme Rauchwolken aus, wenn sie vorbeifuhren. Ein paar Minuten Kontakt mit der Menge würden genügen, um sie davon zu überzeugen, daß sie wirklich nicht auffiel; danach würde sie sich einen ruhigen Ort auf dem Land suchen und nie wieder einen Fuß in die Stadt setzen.

Plötzlich erkannte sie unter den verschiedenen Gerüchen der Straße den schwachen Duft von brennendem Harz in einem Rauchfaß wieder. Zu ihrer Linken öffnete sich das Portal einer Kirche. Santa Rosenda wandte sich um und trat ein.

Vom ersten Augenblick an war alles falsch. Das Licht im Inneren war fast so hell wie die Sonne selbst und stammte nicht von Kerzen. Die Musik war anders, als sie hätte sein sollen.

Sie lauschte, bis der Priester zu sprechen begann. Sie verstand seine Worte nicht. Doch auf einmal erkannte sie entsetzt, daß er nicht Latein sprach, sondern die Sprache der Straße.

Beseelt von dem einen Gedanken, diesen Mann zu pakken und dem nicht endenden Frevel Einhalt zu gebieten, rannte Santa Rosenda auf den Altar zu.

Die wenigen, die sie bemerkten, versuchten nicht, sie aufzuhalten. Selbst als sie schon vor dem Priester stand und er ihr ins Gesicht starrte, leierte er mechanisch weiter die verhaßten Worte herunter.

Mit beiden Händen stieß sie ihn vor die Brust, und einen Augenblick lang rangen sie miteinander, während die Gläubigen auf sie zueilten. Im Getümmel löste sich der Seidenschal von Santa Rosendas Kopf, so daß vor ihrer aller Augen der Heiligenschein über ihrem Haar aufstrahlte. Sie wartete nicht auf die Reaktion des Priesters oder der Gemeinde, sondern zog sich eilig in ihre gewohnte Unsichtbarkeit zurück.

Die Entweihung der heiligen Messe war eine Neuerung, die sie keinesfalls akzeptieren konnte, und jegliches Verlangen, auf der Erde zu sein, war verflogen. In ein paar Jahrhunderten würde sie vielleicht wiederkommen; sie hoffte, daß die Dinge sich bis dahin geregelt hätten.

(1986)

Sylvie Ann, der Boogie-Mann

Sylvie Ann erwachte früh. Ein süßer Duft lag in der Luft. Es waren keine Blumen, denn in der Gegend, wo sie lebte, bei den Eisenbahngleisen, hatte niemand Platz genug, um Blumen zu pflanzen. Es war der besondere Geruch von Schmutz, jene Art von schwarzem Schmutz, wie man ihn manchmal an einem frühen Morgen im Mai riechen kann, besser als Rosen oder Flieder. Sie bog die Zehen ein paarmal vor und zurück, und plötzlich fiel ihr ein, daß sie heute Geburtstag hatte. Gestern war sie noch neunundvierzig gewesen, aber heute war sie fünfzig. Dann dachte sie an etwas Schlimmes. Sie sah die weißen Kinder, die auf einem unbebauten Grundstück spielten, gleich nebenan von Mrs. Hofstetter, wo sie montags arbeitete, und hörte ihre verhaßten, durchdringenden Stimmen, wie sie »Sylvie Ann, der Boogie-Mann« sangen. Und der freche kleine Jason kreischte: »Sie ist hundertzehn.« Bei der Erinnerung daran schnaubte sie verächtlich und wälzte sich auf die andere Seite.

Das Bett war viel zu kurz, als daß sie ausgestreckt darin hätte liegen können, aber sie war stolz auf ihre ein Meter fünfundachtzig. Obwohl sie wußte, daß dies ein Grund dafür war, warum man über sie lachte – ihre eigenen Leute hinter ihrem Rücken und die Weißen praktisch in ihr Gesicht –, bedauerte sie nie, so groß zu sein. Manchmal sagte sie zum lieben Gott: »Und vielen Dank auch, daß du mich so gemacht hast, wie ich bin. Sollte ich je was anderes sagen, achte einfach nicht drauf.«

Sie wusch die Wäsche für drei Damen, die auf dem Hügel wohnten: Mrs. Fairchild, Mrs. Lauder und Mrs. MacElroy. Sie hatte noch zwei andere Damen, aber die wohnten downtown und zahlten ihr weniger. Am liebsten ging sie zu Mrs. Lauder, denn bei ihr war es am saubersten. Zumindest war es im Keller und im hinteren Teil des Hauses sauber, den Rest hatte sie nicht gesehen, aber sie war sicher, daß es das sauberste Haus von allen war. Wenn Mrs. Lauders Mädchen in der Frühstücksnische den Tisch für Sylvie Ann deckte, benutzte sie die gleichen Deckchen und dasselbe Geschirr wie im Eßzimmer, und meistens kam Mrs. Lauder selbst heraus, um ihr eine zweite Portion anzubieten. Sylvie Ann nahm sie nicht sehr oft an, aber sie schätzte es, daß man sie fragte.

Mrs. Lauder war die einzige von den drei Damen auf dem Hügel, die nicht gelacht hatte, als Sylvie Ann das erste Mal ihren Schirm zum Wäscheaufhängen mit hinaus genommen hatte. Mrs. MacElroy hatte gesagt: »Aber Sylvie Ann, es regnet nicht. Sieh doch nur, die Sonne scheint.« Und als Sylvie Ann erklärte, die Sonne sei schlecht für ihre Haut, hatte Mrs. MacElroy so laut gelacht, daß sie ihr Gesicht hinter der Schürze hatte verbergen müssen. Und später hatte Sylvie Ann gehört, wie sie der Dame von nebenan erzählte: »Du fällst um, wenn du das hörst. Sie hat Angst vor einem Sonnenbrand. Ist das nicht köstlich?« Zuerst hatte sie daran gedacht, Mrs. MacElroy von der Wäscheleine aus, wo sie stand, zuzurufen und ihr zu erklären, daß ein Sonnenbrand für schwarze Haut genauso schmerzhaft war wie für weiße, aber dann fiel ihr ein, daß, wenn Mrs. MacElroy so dumm war, sie wahrscheinlich zu jenen Damen gehörte, die ihr einfach ins Gesicht lachen und im nächsten Augenblick ärgerlich werden und erklären würden, sie könne sich die Mühe, wiederzukommen, sparen, wenn sie weiterhin so pampig wäre. Dann gäbe es nur noch zwei Damen auf dem Hügel, und sie würde noch jemand von downtown dazunehmen müssen, jemand wie Mrs. Hofstetter. Das aber war nun wirklich das letzte, was sie wollte; immerhin hatte sie vier Jahre gebraucht, um sich diese drei festen Stellen auf dem Hügel zu sichern.

Jeden Morgen nach dem Aufstehen goß sich Sylvie Ann als erstes einen Eimer Wasser über den Kopf und schrubbte sich mit Babyseife und einer Bürste ab. Als sie heute vor Kälte zitternd dastand und ihre langen dünnen Beine rieb, dachte sie: »Fünfzig Jahre und kräftiger als Mrs. Lauder.« Dann dachte sie, was für ein Glück, daß die Arbeit bei Mrs. Lauder dieses Jahr genau mit ihrem Geburtstag zusammenfiel. Es wäre beinahe wie ein Fest. Beim Frühstück überlegte sie hin und her, ob sie Mrs. Lauder von ihrem Geburtstag erzählen sollte oder nicht. Sie hätte es gern getan, denn fünfzig schien irgendwie bedeutend, aber es wäre gräßlich, wenn Mrs. Lauder den Eindruck hätte, daß sie auf ein Geschenk aus war. Letztes Jahr hatte sie ihren Geburtstag erst eine Woche später erwähnt, und Mrs. Lauder hatte gefragt: »Warum hast du mir das nicht früher gesagt?«

Um Viertel nach sieben, als sie zu Mrs. Lauder aufbrach, war ein wenig von dem süßen Duft des Morgens verflogen, denn mittlerweile gab es Autos auf den Straßen. Die Sonne schien bereits sehr heiß, und Sylvie Ann war froh, daß sie an den Schirm gedacht hatte, denn sie würde ihn später brauchen.

Beim Schreibwarenhändler gegenüber vom Holzplatz

machte sie halt, um eine Packung Hustenbonbons mit Menthol zu kaufen. Er öffnete früh, weil die Leute in dieser Gegend zeitig aufstanden. »Danke recht schön, Mr. Schwartzman«, sagte sie, ließ ihr Portemonnaie zuschnappen und hoffte, sich aus dem Staub machen zu können, bevor er ihr dieselbe dumme Frage stellte wie fast jeden Tag. Doch gerade als sie das Fliegengitter aufstoßen wollte, kam sie. »Also haben Sie immer noch keinen Freund?«

»Mr. Schwartzman«, sagte sie nachdrücklich, »Sie wissen doch ganz genau, daß ich keinen Freund habe. Was sollte ich bloß mit einem Freund anfangen? Ich habe Wichtigeres im Kopf als solche Narrheiten.« Damit trat sie hinaus, achtete jedoch darauf, die Tür nicht zuknallen zu lassen, damit Mr. Schwartzman nicht glaubte, sie wäre ernstlich böse auf ihn.

Die Uhr am Musikpavillon im Park mußte auf zwanzig vor acht stehen, wenn sie daran vorbeikam. Sie tat es, und das bedeutete, daß sie genau um acht bei Mrs. Lauder ankommen würde. Es war eine gute Sache, pünktlich zu sein, denn wenn sie auch nur zehn Minuten zu spät kam, wurde sie von Mrs. Lauder, die immer in der Frühstücksnische saß und sie unweigerlich sehen mußte, wenn sie die Hintertreppe zur Küche hinaufstieg, mit den Worten begrüßt: »Lieber Himmel, Sylvie Ann, du bist aber spät dran! Was war denn los?« Und dann lehnte sie sich mit einem so erwartungsvollen Gesichtsausdruck zurück, daß Sylvie Ann das Gefühl hatte, ihr irgend etwas erzählen, ihr einen guten Grund nennen zu müssen, warum sie nicht genau um acht dagewesen war. Das haßte sie, denn in diesen Augenblicken hatte sie den Eindruck, daß Mrs. Lauder ihr nur zum Schein glaubte, als wüßte sie, daß Sylvie Ann nicht die Wahrheit sagen konnte, selbst wenn sie es versuchte, so daß Sylvie Ann, die normalerweise die Dinge genauso erzählte, wie sie passiert waren, sich dabei ertappte, daß sie irgendwelche Details von ihrem Weg durch die Stadt herauspickte und sie in kleine Zwischenfälle verwandelte, die sie irgendwie aufgehalten und verhindert hatten, daß sie pünktlich kam. Das Dumme war, sie mochte Mrs. Lauder, und da Mrs. Lauder so eindeutig eine Erklärung erwartete, hatte sie das Gefühl, daß sie eine für sie erfinden mußte. Es war also wirklich viel besser, rechtzeitig dazusein.

Als sie heute ankam, konnte sie sehen, daß etwas Außergewöhnliches im Gange war. Die Fenster im oberen Stockwerk standen offen, und Ingrid war dabei, die Läufer auf den Fenstersimsen auszubreiten. Mehrere größere Teppiche lagen im Garten hinter dem Haus, wo Whiskers d'Alessio, ein italienischer Junge, der den Rasen mähte und andere Jobs außerhalb des Hauses erledigte, sie mit einem Teppichklopfer bearbeitete. Whiskers hatte zuviel Unsinn im Kopf, und auch jetzt blitzte der Schalk in seinen Augen, als er »Hi, Sylvie Ann!« rief. Sie nickte ihm zu. »Hallo, wie geht's dir heut morgen?« sagte sie. Dann trat sie schnell in die Küche und ließ ihm keine Chance, noch etwas zu sagen.

Mrs. Lauder saß in der Frühstücksnische wie immer. Dr. Lauder hatte sein Frühstück beendet und war gegangen; auf dem Teller unter seiner Kaffeetasse lag Zigarettenasche. »Guten Morgen, Sylvie Ann«, sagte Mrs. Lauder und stand auf. »Ich habe mich schon gefragt, ob du heute pünktlich kommen würdest.«

»Morgen, Mrs. Lauder«, sagte Sylvie Ann und setzte hinzu: »Es ist genau acht«, für den Fall, daß Mrs. Lauder glaubte, sie käme zu spät. Doch Mrs. Lauder achtete nicht darauf. »Wir haben alle Hände voll zu tun heute morgen«, sagte sie.

»Ich gebe ein Luncheon für meine Clubdamen und möchte, daß alle Laken und größeren Teile verschwunden sind, bevor sie kommen. Die Sonne scheint wunderbar, da wird alles schnell trocken.« Wenn Mrs. Lauder das Wort Luncheon benutzte, hieß das automatisch, daß sie Gäste erwartete, sonst sagte sie Lunch wie jeder andere auch.

Sylvie Ann sah, daß ihr Blick wie gewöhnlich zu dem Schirm wanderte, den sie unter dem Arm trug, aber sie wußte, daß Mrs. Lauder nie etwas dazu sagen würde, denn sie gehörte ganz eindeutig zu der Sorte Damen, die sich nicht in die Angelegenheiten anderer einmischen. »Mrs. Lauder ist die netteste Dame, die ich habe«, erzählte Sylvie Ann ihren Freundinnen immer, und manchmal, wenn sie sich ein wenig besser fühlte als sonst, setzte sie hinzu: »Und auch die hübscheste, würde ich sagen.« Mrs. Lauders Haar fing gerade an, silbrig zu werden, was ihre kobaltblauen Augen nur noch leuchtender und ihre Wangen rosiger erscheinen ließ. In Sylvie Anns Augen sah sie aus wie eine erwachsene Puppe. Ihre Nettigkeit war nicht unbedingt von der Art, die Sylvie Ann ein Gefühl von Ungezwungenheit vermittelte, doch sie hatte in ihrem Leben nur sehr wenige Weiße getroffen, die ihr ein solches Gefühl geben konnten, und das war immer in Bussen oder Geschäften oder einfach auf der Straße gewesen, und sie hatte sie nie wiedergesehen, nachdem sie ein paar Sekunden lang einfach nur nett und ungezwungen gewesen waren, so daß sie sich fragte, ob, wenn sie sie irgendwie näher kennengelernt hätte, ihre Nettigkeit sich nicht als ebenso steif und unsicher entpuppt hätte wie die von Mrs. Lauder. Doch Mrs. Lauder meinte es gut. Es gab nur ein kleines Problem mit ihr, und zwar, daß sie so pedantisch war. Sie war die einzige von Sylvie Anns Damen, die jedes Mal mit ihr in die Waschküche ging und ihr haarklein erklärte, wie sie alles erledigt haben wollte – welche Teile zuerst gewaschen werden sollten und mit welcher Seife und wie heiß das Wasser für jedes einzelne Häufchen sein mußte. Sie ging sogar mit hinaus und zeigte ihr genau, wo sie die Wäsche aufhängen sollte. Und natürlich mußte alles von Hand gewaschen werden, eine Waschmaschine wäre ihr nie ins Haus gekommen. Es stimmte, wenn Sylvie Ann sich genau an das hielt, was ihr gesagt worden war, hatte Mrs. Lauder nie etwas an ihrer Arbeit auszusetzen, wie es bei den anderen Damen häufig vorkam, trotzdem wünschte Sylvie Ann, sie würde sie in Ruhe lassen. »Ich verstehe mich aufs Waschen«, sagte sie, wenn ihre Schwester zu Besuch kam. »Warum kann sie mich nicht einfach machen lassen? Scheint fast so, als täte sie mir nicht trauen.«

»Das stimmt. So sind sie eben«, sagte ihre Schwester.

Und jedesmal achtete Sylvie Ann darauf, hinzuzusetzen: »Trotzdem ist sie eine mächtig feine Dame.«

Mrs. Lauder fegte ein paar Toastkrümel vom Tisch in ihre Hand und schüttete sie auf einen Teller. »Nun«, sagte sie munter, »dann wollen wir hinuntergehen und mit der Arbeit beginnen.« Sie ging voran zur Kellertreppe. Auf halbem Weg durch die Küche zögerte sie einen Moment und ging dann weiter. Als sie zur Tür der Anrichte kamen, wandte sie sich um und sagte zu Sylvie Ann: »Möchtest du etwas sehr Schönes sehen, Sylvie Ann?«

Sylvie Ann öffnete den Mund, um zu sagen: »Ja, Mrs. Lauder«, doch Mrs. Lauder ließ ihr keine Gelegenheit dazu. »Komm einen Augenblick hier herein, und ich zeige es dir«, sagte sie impulsiv und stieß eine Schwingtür auf. Auf dem Büffet stand ein großer Lederkasten mit Schubladen, einige davon offen. Sie waren mit violettem Satin ausgeschlagen und bargen Löffel und vornehme Messer und Gabeln, deren Griffe zum Teil mit Perlmutt verziert waren.

»Ist das nicht hübsch?« murmelte Mrs. Lauder, und ihre Stimme klang anders als sonst. Sylvie Ann warf ihr einen raschen Blick zu, um zu sehen, ob sie weinte, denn so klang es, aber das war nicht der Fall.

»Wirklich hübsch«, stimmte Sylvie Ann ihr zu. Mrs. Lauders Verhalten war ihr unangenehm.

»Erinnerst du dich, um Ostern habe ich dir erzählt, daß Dr. Lauders Mutter gestorben ist. All dieses schöne Silber gehörte ihr. Manches davon stammt noch aus der Revolutionszeit. Das ist lange, lange her.« Mrs. Lauders Stimme zitterte noch immer.

»Sie haben genauso eins bei Kaminsky's«, sagte Sylvie Ann. »Ist wirklich hübsch, Mrs. Lauder.«

Plötzlich fing Mrs. Lauder an zu lachen. Sylvie Ann war überrascht und schockiert. Es war, als würde bei einer Beerdigung jemand am offenen Sarg kichern.

»O nein, Sylvie Ann!« rief sie und lächelte. »Das ist Silber von unschätzbarem Wert! Sterling. Reines Silber. Und einige Löffel, die dunkleren, sind aus sogenanntem Münzsilber. Früher hat man das Geld eingeschmolzen und daraus Löffel gemacht. So was kann man in der ganzen Stadt nicht kaufen.«

Sylvie Anns Schirm fiel zu Boden. Sie bückte sich und hob ihn auf. »O doch, Mrs. Lauder«, sagte sie ernsthaft. »Genau dasselbe gibt's jetzt bei Kaminsky's. Ein großer Kasten mit Schubladen und alles, haargenau dasselbe.« Sie hatte ihn erst letzte Woche im Fenster gesehen und war volle fünf Minuten bewundernd davor stehengeblieben.

»Sylvie Ann, sei nicht albern«, sagte Mrs. Lauder vorwurfsvoll, und ihre Stimme klang beinahe ärgerlich. »So etwas *kann* es bei Kaminsky's einfach nicht geben. Zum einen ist es ein Haushaltswarengeschäft.« Sie schien noch mehr sagen zu wollen, doch dann lächelte sie und zögerte einen Augenblick. »Vielleicht *sah es so aus* wie das hier«, schloß sie versöhnlich. Dann seufzte sie und wandte sich zur Tür. »Doch jetzt müssen wir uns sputen.«

Den ganzen Vormittag über, während Sylvie Ann die Wäsche wusch, dachte sie über die kleine Szene nach, und von Minute zu Minute steigerte sich ihre Empörung. »Stellt mich als Lügnerin hin«, sagte sie leise. »Eingebildet wie sonst was auf ihre Messer und Gabeln. Glaubt wohl, sie hätte was, was keiner hat.« Wenn es eine der anderen Damen gewesen wäre, hätte es ihr nicht so viel ausgemacht, aber da es von Mrs. Lauder kam, sah sie darin einen ernsten Bruch ihrer Freundschaft. Um die Mittagszeit hatte sich der kleine Satz »Sie sind alle gleich« in ihren Monolog eingeschlichen. Als Ingrid kam und ihr sagte, das Mittagessen sei fertig, richtete sie sich zu ihrer vollen Größe auf, wischte sich das Gesicht mit einem schmutzigen Geschirrtuch ab und seufzte: »Und das ist die reine Wahrheit!«

Sie saß in der Frühstücksnische und sah hinaus in den Garten, wo Mrs. Lauder und Ingrid unter einer Pergola den Tisch für das Diner gedeckt hatten. In der Mitte stand eine große Vase mit weißen Rosen, und das Tischtuch war schwarzweiß gestreift. Wie die Sträflinge bei uns zu Hause, dachte sie verächtlich und zerstach das Dotter des pochierten Eis, das ihr Hackfleisch krönte. »Eingebildet wie sonst was.« Das Geräusch ihrer geflüsterten Worte hallte noch immer am Grund ihres Bewußtseins wider.

Als sie fast fertig war, hörte sie Mrs. Lauder in die Küche

kommen und ein wenig außer Atem sagen: »Ingrid, kannst du mir das zuhaken? Ich scheine heute zwei linke Hände zu haben.« Plötzlich fragte sie: »Ist Sylvie Ann versorgt?«, und einen Augenblick später stand sie in der Frühstücksecke, mit einer Tasse und Untertasse in der Hand, fertig angezogen und eine Wolke von Parfum verbreitend.

»Hier ist dein Tee, Sylvie Ann. Ich weiß, daß du ihn mit zwei Scheiben Zitrone magst. Kommst du zurecht?«

»Danke schön, Mrs. Lauder«, sagte Sylvie Ann.

»Du ißt wirklich wie ein Vögelchen, Sylvie Ann«, fuhr Mrs. Lauder fort. »Wie ein Spatz.« Das sagte sie immer, wenn sie hereinkam und Sylvie Ann beim Mittagessen entdeckte. Sylvie Ann gab keine Antwort.

Mehr als dächte sie vor Sylvie Ann laut nach, statt tatsächlich mit ihr zu reden, fuhr Mrs. Lauder fort: »Ich fürchte, ich habe nicht viel dazu getan, um das Ganze festlich zu gestalten. Ich bin wahrscheinlich einfach nicht gut darin, Parties zu geben. Du solltest die Tische der anderen Damen sehen, wenn sie eine Dinnerparty geben. Manche sind einfach wunderbar.« Sie warf einen Blick aus dem Fenster auf ihren Tisch unter den Glyzinien. Sylvie Ann wußte, sie wollte, daß sie ihr sagte, wie hübsch er aussah, doch sie nippte nur an ihrem Tee und sagte nichts. Sie war gemein zu Mrs. Lauder, und genau das wollte sie auch sein.

»Zwei meiner Clubdamen haben diese Woche Geburtstag, so daß es praktisch ein gemeinsames Geburtstagsessen für sie ist. Ingrid hat einen wundervollen Kuchen gebakken. Ich werde dafür sorgen, daß sie dir ein Stück einpackt, bevor du gehst.«

Sylvie Ann setzte ihre Tasse ab, und ehe sie sich versah, hatte sie gesagt: »Heute ist *mein* Geburtstag.« Sie hatte ihn gar nicht erwähnen wollen, doch jetzt war es heraus.

»Ist das wahr?« rief Mrs. Lauder. »Aber Sylvie Ann, das hättest du mir sagen sollen!«

Sylvie Ann spürte ihr Herz schnell und heftig schlagen, und der Arzt hatte ihr gesagt, sie solle sich nicht aufregen. Nun blieb ihr nichts anderes übrig, als die Sache so schnell wie möglich hinter sich zu bringen.

»Ich bin fünfzig geworden«, sagte sie und staunte über den Klang des Wortes. Es war das erste Mal, daß sie es laut ausgesprochen hatte, und sie war froh darüber, daß sie es getan hatte, denn in gewisser Weise fühlte sie sich jetzt anders, und das heftige Herzklopfen hatte auch nachgelassen.

»Du bist fünfzig geworden?« wiederholte Mrs. Lauder ungläubig, aber mit einer Stimme, die wirkliches Interesse verriet, als habe sie jetzt erst begonnen, ihr Beachtung zu schenken und an dem Gespräch teilzunehmen, und Sylvie Ann dachte flüchtig: Sie ist selbst fünfzig, deshalb.

»Ja, Mrs. Lauder, ganz recht.« Es noch einmal zu bestätigen, hob ihre Stimmung so sehr, daß sie hinzusetzte: »Sie hätten nicht gedacht, daß ich so alt bin, nicht wahr?«

Mrs. Lauder zögerte. »Um die Wahrheit zu sagen, nein«, antwortete sie. »Vermutlich habe ich nie drüber nachgedacht.« Wieder machte sie eine Pause und sagte dann: »Schön, schön! Nun, jedenfalls wünsche ich dir alles Gute.«

Um halb vier kam Ingrid mit einem Glas eisgekühltem Traubensaft und vier dünnen Keksen in die Waschküche, die sie auf den Tisch neben dem Bügelbrett stellte, ohne etwas zu sagen. Sylvie Ann wußte, daß Mrs. Lauder sie geschickt hatte, weil heute ihr Geburtstag war, und aus irgendeinem Grund versetzte sie das von neuem in Wut.

Die Damen im Garten hatten fast ununterbrochen gelacht und geplaudert, seit sie angekommen waren; sie fragte sich vage, worüber sie wohl plauderten, doch die Fenster der Waschküche waren zu weit entfernt, als daß sie sie hätte verstehen können. Jedesmal, wenn sie zu dem hohen Glas hinübersah, an dem Tropfen hinunterliefen, wurde sie wütend und knallte das Bügeleisen auf das Brett. Ich werde es nicht trinken, nahm sie sich vor, und nach einer Weile hatte sie das Gefühl, daß sie es auf keinen Fall trinken könnte, nicht einmal, wenn ihr Leben davon abhinge. Als sie den Pyjama zu Ende gebügelt hatte, nahm sie das kalte Glas, beugte sich über eine der Waschwannen und goß den Traubensaft direkt in den Ausguß. Während er den Abfluß hinabrann, sah sie sich schuldbewußt über die Schulter. Die Kekse legte sie in einer Reihe auf das Fenstersims über den Wannen, und dann nahm sie ihre Arbeit wieder auf. Irgendwie fühlte sie sich traurig und abgeschnitten von dem hellen Nachmittag draußen.

Sylvie Ann arbeitete immer schnell; heute aber schien sie noch schneller zu sein als sonst. Normalerweise gab es, wenn es halb fünf wurde, immer noch einen großen Stapel Bügelwäsche; dann kam Mrs. Lauder herunter und zeigte ihr, welche Stücke sie noch gebügelt haben wollte und welche für Ingrid liegenbleiben konnten, die dazu neigte, die Sachen zu verbrennen, und der man daher »die guten Sachen« nicht anvertrauen konnte. Vielleicht war es heute weniger Wäsche gewesen als sonst, jedenfalls war Sylvie Ann um Viertel vor fünf mit dem letzten Stück fertig. Sie zog den Stecker des Bügeleisens aus der Steckdose, wand sich das Badetuch vom Kopf und setzte ihren Hut auf. Dann schloß sie leise die Fenster, die so hoch gelegen waren, daß selbst sie sich dazu auf Zehenspitzen stellen mußte. Einer der Kekse fiel vom Fenstersims herunter und hinter eine Waschwanne. Sie ließ ihn dort im Dunkeln liegen. Die Clubdamen waren bereits gegangen, und Dr. Lauder stand an dem unabgeräumten Tisch unter der Pergola und unterhielt sich mit Mrs. Lauder, die hinter den Glyzinien verborgen war. Als Sylvie Ann beide Fenster verriegelt hatte, nahm sie ihren Schirm von einem Haken an der Wand und ging hinauf, um ihren Mantel aus der Garderobe zu holen. Sie hoffte, daß Ingrid ihr das Geld auf den Küchentisch gelegt hatte.

Das Fenster, das hier in den Garten hinausging, war das der Pergola nächstgelegene; als sie in ihren Mantel schlüpfte, hörte sie Mrs. Lauder sagen: »Ich hätte ihr eine Kleinigkeit geschenkt, aber sie hat es mir erst beim Mittagessen erzählt.«

Dr. Lauder kicherte. »Eine Dose Herdpolitur etwa?« schlug er vor. Sylvie Ann stand mucksmäuschenstill und hielt den Atem an.

»Charles, um Himmels willen!« rief Mrs. Lauder. Ihre Stimme klang nervös. »Sie ist noch da. Ich habe dir doch gesagt, daß sie noch nicht gegangen ist.«

Einen Augenblick lang sagte keiner von beiden etwas. Sylvie Ann stand weiter wie angewurzelt da und lauschte. Die Garderobe roch nach Naphthalin. Dann fuhr Mrs. Lauder mit sehr leiser Stimme, doch vollkommen verstehbar fort: »Sie hat gesagt, es sei der fünfzigste. Wie ist das möglich, Charles? Sie muß viel älter sein.«

»Ich hoffe, du glaubst nicht, daß sie wirklich weiß, wie alt sie ist«, erwiderte Dr. Lauder. »Das wissen sie nämlich nie, jedenfalls nicht diese Sorte. Ich wette, daß sie keine Ahnung hat, wie alt sie ist.«

»Wie alt würdest du sie schätzen?«

»Wie soll ich das wissen? Schwer zu sagen. Sie wirkt älter als Methusalem.«

»Weißt du, Charles, ich dachte, es wäre nett, wenn du sie heute ein einziges Mal nach Hause fahren könntest.«

»Du meinst, jetzt gleich? Nun mach aber mal halblang, meine Liebe!« protestierte er. »Ich habe einen harten Tag hinter mir!«

»Sie würde sich so freuen, Charles«, sagte Mrs. Lauder. »Es wäre Balsam für ihre arme alte Seele, und schließlich ist doch heute ihr Geburtstag.«

Als Dr. Lauder nicht antwortete, weiteten sich Sylvie Anns Augen, denn sie war sicher, daß er nachgegeben hatte, und sie wußte, daß sie nicht in seinen Wagen steigen würde, ganz gleich, was passierte. Mrs. Lauders nächster Satz bestätigte ihre Angst: »Halt auf dem Rückweg bei Bohm's an und bring mir ein Pfund Erdnußkrokant mit, ja, Liebling? Ich habe Lust auf etwas Süßes.«

Sylvie Ann riß die Tür auf und stürzte in die Küche, wo Ingrid vor dem Spülbecken stand und sie erstaunt ansah. Sie mußte durch die Hintertür und die Treppe hinunter, bevor Dr. Lauder hereinkam, oder sie war verloren. »Oh, lieber Jesus«, stöhnte sie, als sie die Tür erreichte, denn sie sah, wie er über den Rasen kam. Sie klapperte die Stufen hinab und bog um die Ecke des Hauses, ohne noch einmal aufzublicken. Sie hörte die Rufe: »Sylvie Ann!« und »Was ist denn los?« hinter sich, und hatte das Gefühl, daß Dr. Lauder und seine Frau ganz nah hinter ihr waren und sie jeden Augenblick berühren könnten, doch irgendwie blieb das Haus hinter ihr zurück, und sie war auf der Straße. Selbst hier hielt sie nicht an, sondern rannte mit großen, langen Schritten wie ein Sprinter. Ihr Schirm war ihr vom Arm gerutscht, doch sie sah sich nicht um.

Sie war schon halb die Union Street hinunter, als der Wagen mit Dr. Lauder und seiner Frau ein Stück vor ihr rechts ranfuhr. Sie sah sie aus den Augenwinkeln und lief weiter, obgleich sie wußte, daß es hoffnungslos war.

»Sylvie Ann!« rief Mrs. Lauder und beugte sich aus dem Fenster. »Was ist los? Was um Himmels willen ist passiert? Sylvie Ann!«

Sylvie Ann blieb stehen und lehnte sich haltsuchend gegen einen Baum. Ihr Herz fühlte sich an, als wollte es explodieren. Sie sah nicht zu den Lauders hin.

Mrs. Lauder öffnete die Wagentür, ohne jedoch auszusteigen. »Was ist passiert, Sylvie Ann?« rief sie und wartete.

Als Sylvie Ann wieder Luft bekam, begann sie zu husten. Dann stieß sie, ohne den Blick von der Straße zu heben, zwischen den Hustenanfällen hervor: »Ich komme nicht mehr zu Ihnen zur Arbeit, Mrs. Lauder.«

»Je nun, Sylvie Ann«, begann Mrs. Lauder, doch dann fiel ihr nichts mehr ein, was sie hätte sagen können.

»Nein, *ma'am*!« sagte Sylvie Ann.

»Also, jetzt hör mal, Sylvie Ann«, sagte Mrs. Lauder etwas sanfter. »Warum steigst du nicht ein, und wir reden darüber. Ich habe deinen Schirm hier. Du hast ihn im Eingang verloren. Und ich habe dir noch nicht dein Geld gegeben, weißt du. Also mach schon, steig ein.« Sie langte nach hinten und öffnete die Tür für Sylvie Ann.

»Wenn Sie mir mein Geld und meinen Schirm geben wollen, bitte sehr«, sagte Sylvie Ann. »Aber einsteigen werd' ich nicht. Auch andere Leute haben hübsche Messer, verstehen Sie. Nicht nur Sie.«

»Hübsche was?« fragte Dr. Lauder seine Frau.

»Ich glaube, sie hat Messer gesagt«, antwortete sie, und

ihre Stimme klang so unschuldig, als hätte sie keine Ahnung, wovon Sylvie Ann sprach.

Jetzt rief Dr. Lauder laut aus dem Fenster: »Komm hier herüber, Sylvie Ann.« Das war ein Befehl. Er hielt das Geld aus dem Fenster und winkte damit. Sylvie Ann ging unsicher hinüber und nahm es ihm aus der Hand. Dann streckte er ihr den Schirm hin, und sie nahm auch den. »Schließ die Tür«, sagte er zu Mrs. Lauder. Sie tat es.

»Ich verstehe das nicht, Sylvie Ann«, sagte Mrs. Lauder traurig und beugte sich aus dem Fenster. »Wir sind doch immer so gut miteinander ausgekommen.«

»Laß sie gehen, *um Gottes willen*!« schrie Dr. Lauder. »Siehst du denn nicht, daß sie ...« Er dämpfte seine Stimme und murmelte seiner Frau etwas zu. Der Wagen rollte langsam an.

Mrs. Lauder beugte sich weit aus dem Fenster und sah zurück zu Sylvie Ann, während sie davonfuhren. »Also denk noch mal darüber nach und warte ab, wie du dich nächste Woche fühlst«, rief sie. »Ich hoffe, du änderst deine Meinung.« Dann wandte Dr. Lauder den Kopf und begann, ärgerlich auf Mrs. Lauder einzusprechen, während sie sich entfernten.

Sylvie Ann kehrte zu dem Baum zurück und lehnte sich eine Weile dagegen, um auszuruhen. Schließlich ging sie weiter, aber nicht sehr schnell. Es war halb sieben, als sie nach Hause kam.

Der Abend war so warm, daß sie beschloß, sich eine Weile auf die Vorderveranda zu setzen, bevor sie zum Essen hineinging. Es gab einen Stern am dämmrigen Himmel, und als der Himmel dunkler wurde, war er heller als die anderen. Sie saß viel länger dort als beabsichtigt, bis dieser Stern und viele andere außer Sichtweite gerutscht waren.

Zuerst fiel ihr gar nicht auf, daß der helle Stern verschwunden war, und sie verwechselte ihn mit anderen, doch als sie merkte, daß er weg war, stand sie auf, trug ihren Stuhl hinein und schloß die Tür.

(1958)

Leuchtender Horizont

Fahre im Taxi durch Midtown Manhattan in westlicher Richtung. Jenseits der Eighth Avenue gehen die Straßen in zerfurchte, von Bäumen gesäumte Feldwege über, mit Wiesen zu beiden Seiten. Hie und da ein weißes Farmhaus. Ich präge mir alles ein und nehme mir vor, diesen Teil der Stadt zu erforschen, wenn ich zurückkomme.

Das Schiff ankert an der Spitze der Battery. Ich springe aus dem Taxi und laufe die Landungsbrücke hinauf. Sehe, wie Besatzungsmitglieder mir aus weit entfernten Eingängen zuwinken und Zeichen geben, daß ich mich beeilen soll. Ich bin der einzige auf der Landungsbrücke. Alle anderen sind an Bord.

Das Schiff ist voll besetzt, ja überfüllt, und nicht viel breiter als ein Zug. Die einzelnen Räume sind miteinander verbunden wie die Abteile in einem Zug. Es gibt keine Fenster, keine Bullaugen. Die Wände sind leer. Es ist ein Unterwasserzug. Im Speisewagen sitzt ein uniformierter Steward mit den Gästen am Tisch und spielt Akkordeon. Hinter den Tischen, die nicht abgeräumt worden sind, sieht man Reihen von Kojen, die Schlafenden darin nur notdürftig abgeschirmt von grünen Filzvorhängen.

Ich bahne mir einen Weg nach oben zu einem schmalen Deck und sehe, wie das Wasser rechts und links vorbeirauscht. Der Himmel ist leuchtend klar, so wie man ihn sonst nur in der Sahara sieht, der Ozean vollkommen glatt.

Es wäre ein guter Platz zum Bleiben, würde es hier nicht wimmeln von Mannschaftsangehörigen: Köche, Offiziere und Stewards, die alle durcheinanderlaufen. Ich gehe wieder nach unten und versuche meine Kajüte zu finden. Doch da ist nur die endlose Reihe von schwach erleuchteten Abteilen voller Menschen, die betrunken oder krank wirken. Ich gebe die Idee auf, meine Kajüte zu finden, und beschließe, statt dessen mein Gepäck zu suchen. Getrieben von diesem Gedanken, kämpfe ich mich mühsam durch einen Wagen nach dem anderen. In diesem Bereich des Schiffes gibt es mehr Lampen, und auch das Mobiliar ist eleganter. Einige Passagiere tragen Abendkleidung, obwohl auch hier noch eine Menge in Pyjamas und Nachthemden herumlaufen. Ich setze meinen Weg zum Bug des Schiffes fort. Plötzlich merke ich, daß wir gar nicht mehr fahren. Dann, daß dieser Teil des Schiffes leer ist. Ich mache kehrt und gehe durch ein Dutzend oder mehr Abteile zurück. Niemand kommt mir entgegen. Ich stoße auf eine kleine Wendeltreppe. Sie führt zu einem Deckbereich.

Was ich sehe, verwundert mich. Der Ozean liegt spiegelglatt da. Doch wir haben eine kleine Insel angelaufen – da stehen ein paar Gebäude auf einer Plattform, die sich knapp über der Wasseroberfläche erhebt. Dies erscheint mir ein wunderbarer Ort, aber im gleichen Augenblick weiß ich, daß niemand an Land darf. Kurz darauf setzen wir unsere Fahrt fort. Ich bleibe an Deck in diesem Eckchen, wo sich niemand aufhält außer mir, und betrachte den leuchtenden Horizont vor mir, glücklich, auf dem Weg zum Neuen Kontinent zu sein.

Der Neue Kontinent, bisher nur auf den allerneuesten Karten verzeichnet, wurde vor zehn Jahren entdeckt. Nur die nördlichste Spitze wurde erforscht; der Rest ist größtenteils eine Frage von Spekulationen. Die Karten jedoch, die aus Luftaufnahmen zusammengestellt wurden, zeigen das kleinste topographische Detail. Ich habe sie sorgfältig studiert und sehe jetzt alle Einzelheiten auf dem gelackten Himmel vor mir ausgebreitet. Alle Karten des Neuen Kontinents stehen auf dem Kopf – das heißt, der Norden ist immer unten. Das unterscheidet sie von Karten der bekannten Kontinente. Etwa tausendneunhundert Meilen südlich der Spitze, wo die ersten Forschungsexpeditionen stattfanden, gibt es eine gewaltige Bergkette, die das Land so gerade wie ein Lineal durchschneidet. Die Gegend jenseits dieser Bergbarriere soll phantastisch sein.

Das Schiff landet an einem langen, flachen Strand mit unberührtem weißen Sand. Ich klettere über die Reling und springe hinunter. In weiter Ferne sehe ich eine Gruppe von Leuten mit Picknickkörben und Sonnenschirmen und begreife entsetzt, daß ich gar nicht auf dem Neuen Kontinent stehe. Er liegt auf der anderen Seite des Wassers und ist von hier aus nur ein strahlendes Leuchten im Süden. Zu meiner Rechten deutet ein Schild auf eine schäbige hölzerne Pier. Diesen schmalen Steg muß man benützen, um die Meerenge zu passieren. Es fehlt jedoch jeglicher Hinweis, wie weit es bis zum anderen Ende ist. Ich habe den Eindruck, daß das Wasser fast überall bis dorthin sehr flach ist. Als ich außer Sichtweite des Landes bin, merke ich, daß der Steg etwas weiter vor mir ein wenig durchhängt, so daß er knapp unter der Wasseroberfläche verläuft. Ich gehe vorsichtig weiter, manchmal kann ich die Planken sehen, und manchmal muß ich raten, wo ich den Fuß hinsetzen soll. Ganz allmählich versinkt der Steg im Meer, das Wasser reicht mir jetzt schon bis zur Brust. Mir wird klar, daß ich nicht zum Neuen Kontinent laufen kann, und ich mache kehrt, um denselben Weg zurückzugehen. Jetzt ist der Steg völlig verschwunden. Um mich herum ist nur das Meer, in dem ich langsam versinke wie in Treibsand. Für den Bruchteil einer Sekunde steht der ganze Himmel in Flammen. Doch die Gewißheit, daß ich soeben gestorben bin, hält mich nicht davon ab, zu denken, daß es eine andere Möglichkeit geben muß, dorthin zu gelangen.

(1977)

Schiffbruch

Der Motor sang die ganze Nacht. Jeder hat nur ein Lied, hast du gesagt. Zuerst ging es bloß darum, unbekleidet in dem dunklen Haus zu stehen, die Hand auf der Stehlampe. Das kann man variieren, und manchmal tut man es, geringfügig. Ich sah die Matratze auf dem Boden liegen, und dann wurde mir klar, daß es keine Türen zwischen den Zimmern gibt. Wenn ich die Lampe anknipste, würde man mich von der Straße oder von den anderen Zimmern aus sehen können.

Das ist es, du attackierst deine Eltern. Als ich nach oben ging, sang ich. Ich kam in das Zimmer und tastete nach dem Lichtschalter, aber es gab kein Licht. Trotzdem konnte ich das kaputte Bett sehen und den Müll, der sich meterhoch darum angesammelt hatte. Du wenigstens variierst es, indem du manchmal auch deine Großeltern attackierst.

Im nächsten Stockwerk rief ich laut und tanzte einen kleinen Tanz. Der Atlas lag in der Mitte dort auf dem Boden. Die Möglichkeit einer fremden Gegenwart nahm zu. Ich drehte mich um und rannte die Treppe hinunter. Auf den Stufen stapelten sich Unmengen von Koffern. Ich kam unten an und stieß die Tür auf, die in den Flur führt. Die Tür wollte nicht schließen. Sie sprang immer wieder auf. Ich versuchte sie so lange zuzudrücken, bis ich den Schlüssel umgedreht hatte.

Geräuschlos war jemand die Treppe herabgekommen

und versuchte jetzt, einen Arm zwischen Tür und Angel zu schieben. Ich sah den Arm und wußte, daß die Tür sich niemals schließen lassen würde. Alles war Teil des gleichen Ganzen. Ich erinnerte mich, wie ich gezögert hatte, als ich den Schlüssel im Schloß herumdrehte, bevor ich hinaufging. Werde ich mir in einer Sekunde wünschen, daß ich den Schlüssel nie angerührt hätte? Und wenn ich mich richtig erinnere, ein Abstecher zu den Kletterpflanzen, die sich auf einer Seite der Klippe ausbreiten, um einen Augenblick lang das helle Mondlicht zu betrachten, das durch die vielen Blätter schimmert. Doch ich muß das Verlangen gehabt haben, an diesen Platz zurückzukehren, und sogar den Drang, dort zu schlafen. Es sieht mir gar nicht ähnlich, so etwas zu tun, aber alles andere ist ausgeschlossen, nur daß ich zurückging, denn beim zweiten Mal gelang es mir, mich auf einer Sonnenterrasse mit vielen Fenstern einzuschließen, von wo man die Stadt unterhalb und das Meer sehen kann.

Als ich mich umwandte, um durch den Flur zu laufen, sah ich aus den Augenwinkeln die Tür aufschwingen und sagte: *Gracias a Dios!*

Ich hatte dort lange geschlafen, dann stand ich auf, indem ich über das Fußbrett des Bettes kletterte, und griff nach einer großen, flachen Schachtel, die auf dem Tisch neben der Tür stand. Ich schmetterte sie, so fest ich konnte, zu Boden, und es hörte sich an wie eine kleine Trommel. Sicher hallte es durchs ganze Haus. Dann tanzte ich einen schnellen *zapateado*, etwa sechzehn Takte lang, sehr laut.

Was für eine Art von Mensch kann in einer Dachkammer eingesperrt leben? Und wie lange hatte dieses Haus leergestanden? Eine Geschichte gibt es nicht. Später bist du da und hämmerst mir ein, daß jeder von uns sein eigenes Lied hat. Dies, um sagen zu können, daß das Thema meines Liedes, die Attacke auf die Eltern, überhaupt nicht ungewöhnlich ist. Das einzig Tugendhafte an meinem Lied, so fährst du fort, ist, daß ich die Attacke auf die Großeltern ausdehne. Das kommt mir sehr merkwürdig vor, denn mir will nicht ein einziges Beispiel für einen solchen Angriff einfallen. Ich glaube, das, was du sagst, besäße seine Gültigkeit und wäre amüsant, wenn es wahr wäre, aber ist es wahr?

Ist es wahr, daß sie versucht haben, dich zu ertränken, als du ein kleines Mädchen warst? Natürlich ist es wahr. Früh am Morgen, als dein Vater dich in seinem Ruderboot mit auf den See nahm und ihr weit vom Ufer entfernt wart, mitten auf dem See, hat er versucht, dich über Bord zu stoßen. Aber du hast dich an ihm festgeklammert, hast geschrien und ihn gebissen, und das hat dich gerettet. Du wußtest, daß es nicht seine Schuld war, trotzdem hast du dich geweigert, ins Haus zurückzukehren, bis man ihn fortgeschafft hatte. Und selbst dann warst du nervös, hast an der Tür gelauscht, den Atem angehalten, irgendein Geräusch zu hören, das seine Anwesenheit verriete. Bis zu seinem Tod hätte er jeden Tag zurückkommen können.

Was ich sah in dem spärlichen Licht, das aus dem Flur hereinfiel, war das quer in der Mitte des Zimmers liegende, schiefe Bett. Einer der Füße war gebrochen, und es lag auf einem großen Haufen von alten Bilderrahmen und Blechteilen, Stücken von verrosteten Stangen und Rohren, und die Matratze verschimmelte obendrauf. Eine Geschichte gibt es nicht.

(1972)

Dramamin

Die Türen zur Bamboo Lounge ließen sich noch schwerer öffnen als die übrigen Türen auf dem Schiff, aber sie schaffte es, kurz bevor ein rotgesichtiger Steward, der sie von seinem Platz im Inneren entdeckt hatte, herbeieilte, um ihr zu helfen. Er hielt sie ihr auf, und sie trat ein; drinnen war es mindestens zwanzig Grad kühler, und die Luft war frei von dem feinen Salzdunst, der sie in letzter Zeit begleitet hatte – seit dem Tag, da sie die Kanarischen Inseln verlassen hatten. Bis auf diese Stewards war der Raum leer; die Bamboo Lounge war eher um die Mittagszeit gefragt, weil der Swimmingpool gleich vor der Tür lag, und dann noch einmal, bei mehr oder weniger denselben Passagieren, um Mitternacht, denn dann war es der einzige Aufenthaltsraum mit wirklich gedämpftem Licht. Um diese Zeit jedoch konnte man sich fast darauf verlassen, daß er leer war.

Sie ging hinüber zu ihrem Lieblingstisch in der dunklen Ecke unter einem langen Wandgemälde im Stil der australischen Ureinwohner, setzte sich und bestellte Gin und Wasser. Das Schiff schlingerte zu heftig, als daß es eine angenehme Reise gewesen wäre; bis auf einen Tag vor der Küste Marokkos hatte es ununterbrochen geschlingert, seit sie die Mündung der Themse verlassen hatten. Doch das viele Dramamin stumpfte sie ab. Sie nahm zwei am Morgen mit dem Kaffee, eine dritte zum Lunch, was ihr einen langen

Mittagsschlaf garantierte, und dann noch einmal eine vor dem Dinner. »Sprich nicht mit mir«, sagte sie zu Thorny und lachte. »Es kommt ohnehin nicht bei mir an. Meine Augen sind offen, aber mein Geist ist vollkommen leer.« Das entsprach nicht ganz der Wahrheit, aber es schränkte die Möglichkeit von Diskussionen ein. Sie wollte durch die gesamte Reise hindurchgleiten, ohne sie objektiv beurteilen zu müssen. Von diesem Standpunkt aus war es ein Segen, daß das Wetter so rauh war: Es lieferte ihr die moralische Rechtfertigung, warum sie sich dem Dämmerzustand der Dramamin-Pillen überließ. Sobald sich das Wetter beruhigte, würde sie aus ihrem schützenden Nebel herauskommen müssen.

Sie hoffte, daß Thorny noch ein Weilchen in der Kajüte blieb; das ließ ihr mehr Zeit für sich. Er war verstimmt, weil sie sich nicht zum Dinner umziehen wollte. Dabei bestand nicht die geringste Notwendigkeit dafür. Die anderen Frauen an Bord, die größtenteils aus Australien stammten, wirkten auch in ihren besten Kleidern unvorstellbar schlampig, und sie verspürte kein Verlangen, mit ihrer Geschmacklosigkeit zu konkurrieren.

Sie konnte sich nicht unterordnen; sie mußte ihren Standpunkt behaupten, und trotzdem haßte sie es, wenn er unzufrieden mit ihr war. Schlimmer noch, ihr war bewußt, daß er glaubte, es sei ihr vollkommen egal, ob sie auf gutem oder schlechtem Fuß standen, und es verletzte sie, daß er ihre gespielte Gleichgültigkeit nicht durchschaute, daß er sich von ihrer Pose der Unabhängigkeit so leicht hinters Licht führen ließ. Manchmal hatte sie den Verdacht, daß ihm das alles völlig klar war und er es nur einfacher fand, so zu tun, als merke er nichts. Natürlich hätte die beste Art, sich durchzusetzen, darin bestanden, ihr sofort nachzugeben, aber das tat er nur selten. Sie hatte noch nie sagen können, ob er außergewöhnlich unempfindlich für alles war, was sich außerhalb seines Bewußtseins abspielte, oder ob es ihn einfach nicht interessierte. Sie war sich heute weniger sicher als vor zehn Jahren, eine Stunde, nachdem sie ihn kennengelernt hatte. Schon damals hatte sie gewußt, daß er gespalten war, doch diese Spaltung schien innerhalb einer Ganzheit zu bestehen: Die beiden unvereinbaren Hälften hatten sich gegenseitig ergänzt. Doch in all den Jahren, die sie mit ihm verheiratet war, hatte sie ihn aus so vielen verschiedenen Blickwinkeln und aus einer solchen Nähe studiert, daß alles, was sie jetzt noch sah, eine Ansammlung von Widersprüchen war. Er war ein unverbesserlicher Fanatiker, ein sentimentaler Zyniker, hedonistisch in seinem Asketizismus; er rechnete immer mit dem Schlimmsten, und wenn das Schlimmste tatsächlich eintraf, brach er zusammen. Von Anfang an hatte sie in seinem Charakter etwas gespürt, das es ihr ermöglichte, seine allmähliche Entschleierung ohne allzu große Überraschung mitzuerleben, doch das einzige, mit dem sie nicht gerechnet hatte, war seine Hilflosigkeit in einer Krise. Im entscheidenden Moment schien seine ganze Persönlichkeit dahinzuschmelzen, sich aufzulösen; sie konnte sehen, wie er vor ihren Augen zerfiel; wo vorher jemand gewesen war, gab es jetzt niemanden mehr, und sie schämte sich für ihn, war aber andererseits von diesem Phänomen zu Tode erschreckt. Er dagegen konnte das Ganze durchmachen, irgendwann sich davon lösen und es mit kühler Objektivität diskutieren, als sei es jemandem in einem Buch passiert, nicht etwa ihm. In solchen Augenblicken verstand er nie, warum sie auf ihn wütend war.

Zwischen London und Las Palmas hatte sie sich jeden Abend mit großer Sorgfalt zurechtgemacht, doch jetzt war es heiß; die Klimaanlage im Speisesaal ließ zu wünschen übrig, und sie hatte genug.

Sie sah sich um und entdeckte, daß der Barmann sie diskret beobachtete. Das war nicht erstaunlich, da sie der einzige Gast in der Bar war, aber es machte sie nervös, und sie beschloß, obgleich sie ihren Gin ausgetrunken hatte, keinen zweiten zu bestellen, bevor Thorny kam.

Als sich die Tür vom Promenadendeck schließlich öffnete, kam nicht er herein, sondern eine Engländerin mit ihrem Mann, deren Namen sie bereits vergessen hatte. Beide waren sehr groß, braungebrannt und auf widerlich-herablassende Art freundlich. Die Frau hatte sie entdeckt, ihrem Mann etwas zugeflüstert, und jetzt steuerten sie auf die dämmrige Abgeschiedenheit ihrer Ecke zu.

»Es ist die kleine Mrs. Sims«, erklärte sie, als sie ihren Tisch erreichten. »Dürfen wir uns zu Ihnen setzen?«

»Oh, bitte.«

Sie nahmen Platz, und die Frau redete weiter.

Wenn Thorny nicht bald kam, brauchte sie einen zweiten Gin. Doch wenn er kam, würde sie ihn vorstellen müssen. Hätte nur die Frau nicht ihren Namen behalten, dann wäre es um einiges weniger peinlich gewesen.

»Wir haben Sie heute beim Decktennis vermißt«, sagte die Frau. »Aber mittlerweile hat das Turnier begonnen. Wahrscheinlich findet man es langweilig, wenn man nicht selbst mitspielt.«

»Warum fahren Sie nach Australien?« fragte sie die Engländerin. Es war eine rein rhetorische Frage und sicher auch eine unhöfliche, aber sie konnte den Gedanken an das Decktennisturnier im Moment einfach nicht ertragen und bildete sich ein, einen gewissen Funken von Interesse im Blick des Mannes entdeckt zu haben, was bedeuten konnte, daß er bereit war, sich in einen detaillierten Bericht darüber zu stürzen.

»Australien?« sagte der Mann. »Gott behüte! Unser Ziel ist Hongkong. Wir bleiben eine Weile in Ceylon und nehmen von dort ein P. & Q.-Schiff.«

»Oh, ich verstehe.« Sie blickte an den beiden Engländern vorbei und sah Thorny durch die Tür kommen, in weißem Jackett mit schwarzer Krawatte; also würde sie in ihrem schlichten schwarzen Kleid um so mehr auffallen. Gemessenen Schrittes kam er an ihren Tisch und verbeugte sich steif. »Orr-Shaw mein Name«, sagte der Engländer. Doch damit ließ Thorny es nicht bewenden. »Mit Bindestrich?« fragte er. Der Engländer lachte. »Mit Bindestrich, ganz recht«, antwortete er. »Aha«, sagte Thorny und setzte sich.

Er rief den Steward und bestellte einen Drink. Dann sah er seine Frau an. »Anne«, sagte er, »bleibt dir auch genügend Zeit, um dich umzuziehen? Es ist nur noch eine halbe Stunde bis zum Dinner.«

Sie erwiderte seinen Blick, unheilvoll. »Ich dachte, wir hätten dieses Thema bereits vor einer Stunde abgehakt.«

»Wie amüsant!« rief Mrs. Orr-Shaw aus. »In England ist es immer der Mann, der es ablehnt, sich zum Essen umzuziehen.«

»In Amerika auch«, sagte Anne ruhig. Dann kicherte sie unerklärlicherweise los. »Aber nicht bei uns! Nicht bei uns.«

Thorny starrte sie mißbilligend an. Ich weiß, jetzt wird er versuchen, mich in Verlegenheit zu bringen, sagte sie sich. Nur zu!

»Meine Frau hat Angst, daß manche der australischen Damen an Bord denken könnten, sie wolle sich mit ihnen auf eine Stufe stellen«, sagte er und schenkte Mrs. Orr-Shaw ein gewinnendes Lächeln. Doch Mrs. Orr-Shaw schien nicht ganz zu verstehen. »Oh, sie haben nicht die geringste Ahnung«, antwortete sie. »Ist es nicht ein schrecklicher Anblick? Und eine fürchterliche Geldverschwendung obendrein. Denn die Sachen, die sie kaufen, sind in der Tat ziemlich teuer.«

Mr. Orr-Shaw hatte vielleicht mehr verstanden als seine Frau. »Ich sehe mir immer die Passagierliste an«, erklärte er. »Daher weiß ich, daß Sie ebenfalls in Colombo von Bord gehen.«

Anne hörte dem Routinegespräch zu, das nun folgte, aber sie hörte es, ohne hinzuhören. Thorny war Maler; er hatte Ceylon vor mehreren Jahren besucht und über Freunde für zwei Jahre ein äußerst reizvoll gelegenes Haus gemietet.

»Aber Sie haben doch nicht vor, zwei Jahre dort zu bleiben!« rief Mrs. Orr-Shaw.

»Nein, die zwei Jahre sind fast um«, erklärte er ihr. »Ich dachte, wir würden letzten Winter fahren, aber irgendwie kamen wir nicht dazu. Deshalb habe ich es diesen Winter durchgesetzt, Suezkanal hin, Suezkanal her. Ich muß doch wenigstens etwas für mein Geld bekommen, nicht wahr?«

»Ceylon ist herrlich«, sagte Mr. Orr-Shaw, »obgleich es völlig vor die Hunde geht, seit sich die Engländer zurückgezogen haben.«

»Mein Bruder führt eine kleine Teeplantage im Norden des Landes, verstehen Sie«, erklärte Mrs. Orr-Shaw. »Wir werden bei ihm wohnen, solange wir dort sind. Aber er kann wahrscheinlich selbst nicht mehr allzulange bleiben. Das Land steht am Rand des wirtschaftlichen Ruins. Und natürlich gibt es jede Menge Ressentiments gegen Briten, trotz aller gegenteiliger Meldungen.«

»Anne, findest du nicht, du solltest jetzt wirklich los und dich umziehen?« sagte Thorny besorgt.

»Ja«, sagte sie unerwartet heftig. »Entschuldigen Sie mich.« Sie lächelte und erhob sich. Als sie durch die Tür trat, breitete sich die Meeresluft wie ein heißes Handtuch über ihr Gesicht. Thorny hatte irgendwann tagsüber gesagt, daß sie vor der Küste von Liberia waren; aber ob Liberia, Nigeria oder Angola, war ihr einerlei. Die Tropen waren die Tropen, unerträglich heiß und ermüdend, ohne jede Schönheit oder Kultur. In ihrer Erfahrung hatte es nicht eine Ausnahme gegeben. Sie betrachtete sich in dem goldgerahmten Wandspiegel, als sie die Treppe hinunterging, und ein Teil ihres Bewußtseins fragte sich flüchtig, warum sie Thornys Unsinn Jahr für Jahr mitmachte. Der andere Teil ihres Bewußtseins antwortete: Gewohnheit, und sie zwang sich, auf ihre Füße zu blicken, beschämt über den affektierten Gang, den sie gesehen hatte, und den angespannten Mannequin-Ausdruck, den ihr Gesicht mechanisch angenommen hatte. Sie betrat ihre Kajüte, entschied sich für einen Kompromiß und schlüpfte in ein ausgeschnittenes Cocktailkleid. Als sie fertig war, streckte sie sich auf dem Bett aus und schlug Simone Weils *Attente de Dieu* auf, das sie stets mit sich herumschleppte, zusammen mit *Le Pesanteur et la Grâce*. Beide Bücher waren praktisch höchstens eine Viertelstunde am Stück lesbar; außerdem konnte sie kaum sagen, ob sie einen Absatz gelesen hatte oder nicht. Daher waren sie buchstäblich unerschöpflich, und ihre düsteren Kadenzen, die einem Bereich des Bewußtseins Realität verliehen, dem das tägliche Leben nichts anhaben konnte, bot ihr die Art von Beruhigung und Trost, die normalerweise eher durch den Kontakt mit einer lebenden Person als einer gedruckten Seite ermöglicht wird.

Wie erwartet kam Thorny kurz vor neun in die Kajüte zurück, um sich die Hände zu waschen und übers Haar zu kämmen. »Es ist eine wunderschöne Nacht«, sagte er und warf ihr von der Tür des Badezimmers aus einen Blick zu.

»Hast du nicht mit dem englischen Paar zusammengesessen?«

»Ach, ich habe sie abgewimmelt und einen Spaziergang an Deck gemacht. Der Mond war Wahnsinn, er kam direkt aus dem Ozean. Es ist schrecklich, so nah an der Küste zu sein, ohne sie sehen zu können. Wie ist die gute Simone heute abend?«

»Wo sind wir jetzt?« fragte sie.

»In der Bucht von Benin, schätze ich. Sollen wir runtergehen? Der Gong spielt Bugle Call Rag oder so was Ähnliches.«

»O Gott! Dieses Essen! Ich werde nur Consommé und Salat bestellen. Warte, ich muß noch mal einen Augenblick ins Badezimmer.«

»Anne, es ist wichtig, daß du bei solchem Wetter richtig ißt. Es sei denn, du willst unbedingt seekrank werden.«

»Du ißt richtig, und ich bleibe bei Dramamin«, rief sie aus dem Badezimmer.

»Hast du das eigentlich mit Vogel besprochen?«

»Nein, habe ich nicht«, antwortete sie kampfeslustig.

»Wie weißt du dann, wie es sich auf deinen Blutdruck auswirkt? Vielleicht ist es das Schlimmste, was du nehmen kannst, ohne daß du es weißt.«

»Es ist mein Blutdruck, Liebling. Ich lasse es drauf ankommen.«

»Ich kann nur sagen, daß ich deine Haltung ziemlich unverantwortlich finde.«

»Ach, halt den Mund.« Sie kam aus dem Badezimmer und ging quer durch den Raum auf die Tür zum Flur zu. »Kommst du essen?« fragte sie.

(1962)

In Absentia

an Pamela Loeffler

Ich versuche, es kurz zu machen, damit es Dich nicht zu viel Zeit kostet, diesen Brief zu lesen. Ich weiß, was Frauen durchmachen, wenn sie sich in ein neues Haus eingewöhnen müssen, mit neuen Dienstboten, die zu beaufsichtigen sind, und all den schrecklichen Entscheidungen, die gefällt werden wollen, angefangen vom Aufstellen der Möbel bis hin zum Verstauen aller Sachen.

Heute ist es zur Abwechslung schön und sonnig. Letzte Woche hat es fast nur geregnet, so daß die plötzlich aufgetauchte strahlende Sonne wie ein Stimulans wirkt. Und die Sonne brachte mich auf Dich, denn Du hast sie immer genauso geliebt wie ich. Sonnst Du Dich noch da, wo Du jetzt bist, oder ist es zu heiß? Ich habe diese Gewohnheit schon vor Jahren aufgegeben. Zu viele meiner Freunde haben Hautkrebs bekommen.

So hatte ich heute morgen beim Aufwachen plötzlich den Gedanken: Heute schreibe ich an Pamela. Ich weiß, es ist sehr lange her, seit wir uns das letzte Mal gesehen oder geschrieben haben, aber ich habe Deine Aktivitäten aus der Ferne verfolgt, wenn auch mit Hilfe von sicherlich unzuverlässigen Quellen: der *Times* und des *International Herald Tribune*. Aber jetzt kann ich Dir nur gratulieren. (Nichts ist heilig; alle Welt weiß, wieviel Du bekommen hast. Doch selbst eine solche Summe wird den alten Loeffler nicht ruinieren, also fühl Dich bloß nicht schuldig.) Ich kann dazu nur sagen, daß sich die Waage gelegentlich zugunsten der Gerechtigkeit senkt, und ich bin froh, daß Du dieses Phänomen am eigenen Leib erfahren konntest.

Ich habe nun auch eine vage Vorstellung davon, wo Du bist: an der Nordküste von Maui. Ich habe sogar Kahului und Paukokalo gefunden. Als ich die Karte studierte, fiel mir auf, daß die gesamte Westküste der Insel Hawaii mit Lavaströmen überzogen ist, wie Du zweifellos weißt. Was mich amüsiert, ist, daß sie jeweils nach dem Jahr benannt sind, in dem das Zeug den Berghang herunterkam, so daß es heute *Lavastrom von 1801, Lavastrom von 1859, Lavastrom von 1950* heißt. Das erinnert mich an die Straßen in lateinamerikanischen Ländern, die nach bedeutenden Daten benannt sind. »Er wohnt Ecke Vierter April und Neunzehnter Oktober.«

Immer wenn die Leute gefragt haben, und was macht Pamela, habe ich geantwortet: »Oh, sie hat genug damit zu tun, schön zu sein.« Ich erinnere mich auch, daß man mir wegen dieser respektlosen Antwort Vorwürfe gemacht hat. Aber was ist falsch daran? Stimmt es denn nicht? Du bist wirklich schön (wie wir beide wissen) und bist schön geblieben, dank Deiner Entschlossenheit. Das erfordert Konzentration und Anstrengung. Wie hätte es sonst einen Loeffler gegeben?

Nun versuche ich, mir Dich im unamerikanischen Ambiente unseres fünfzigsten Staates vorzustellen. Trägst Du Reithosen wie Karen Blixen in Kenia? Wenn Du einen Augenblick Zeit hast, schick mir einen Schnappschuß. Ich warte darauf.

an Pamela Loeffler

Nein, drei Monate Schweigen sind durchaus verzeihlich. Ich bin erstaunt, daß Du überhaupt Zeit gefunden hast, zu schreiben. Die meisten Angelegenheiten, nach denen ich fragen wollte, was ich dann aber aus Taktgründen unterlassen habe, scheinen sich mehr oder weniger glücklich gelöst zu haben: Installation, Personal, Lebensmittelnachschub, Nachbarn. Letzteres ist ziemlich wichtig, würde ich sagen. Großartig, daß Du nur sechs Meilen von Dir entfernt die Leute aus Hollywood entdeckt hast. Ich kann mich nicht erinnern, seinen Namen je gesehen zu haben. Andererseits hätte er der berühmteste Regisseur der Vereinigten Staaten sein können, ohne daß ich von ihm gehört hätte. Wie Du weißt, habe ich mich noch nie übermäßig für Film interessiert. Jedenfalls ist es schön, daß sie da sind und umgänglich obendrein. Sie hören sich ganz nach Beverly Hills an, aber das könnte daran liegen, daß ich nur auf Deine Beschreibung angewiesen bin.

Vor allem hat es mich gefreut, zu hören, daß Du bald Besuch von ein paar alten Freunden bekommen wirst. Wenn Florence wirklich kommt (weiß sie je, was sie tut?), grüße sie von mir. Ich sehe schon vor mir, wie sie nach San Francisco kommt und dann entscheidet, statt nach Honolulu doch lieber nach Carmel zu fahren, und zwei Monate später plötzlich unangemeldet bei Dir vor der Tür steht, gerade wenn das Haus *archicomplet* ist. Ich erinnere mich an einen Winter, als sie das Haus in Turtle Bay offenhielt und den Hausverwalter weiter dort wohnen ließ, damit er sich um ihre Katze kümmerte, solange sie weg war (aber für sechs Monate oder länger), weil sie glaubte, daß Katzen sich eher an Orte gewöhnen als an Menschen, und die Katze wäre zu unglücklich gewesen, wenn man sie aus dem Haus gebracht hätte. Und kaum war sie zurück, verschenkte sie die Katze an jemanden, der in Connecticut wohnte.

Sag mir – Du müßtest dies inzwischen wissen, da Du von exotischer Flora umgeben bist –: Ist Roter Jasmin dasselbe wie das, was auf den Philippinen als Ylang-Ylang und in Indien als Champak bezeichnet wird? Das ist kein Versuch, Dich auf die Probe zu stellen; ich weiß es selbst nicht und wüßte auch nicht, warum Du es wissen solltest. Andererseits ist das genau die Art von Wissen, mit der Du Dich auskennen könntest. Wenn nicht, weiß es vielleicht einer von Deinen Freunden aus Boston. Bostoner wissen oft die erstaunlichsten Sachen. Zumindest war es früher so. Oder sind die echten Bostoner mittlerweile ausgestorben?

Wie ich sehe, verstehst Du, welche Freude das Briefschreiben machen kann. In früheren Jahrhunderten galt das als selbstverständlich. Heute nicht mehr. Nur wenige Leute führen noch eine richtige Korrespondenz. Keine Zeit, sagen die anderen. Telefonieren ist schneller. Das ist dasselbe wie zu behaupten, ein Foto sei befriedigender als ein Gemälde. In der Vergangenheit war auch nicht allzuviel Zeit fürs Briefeschreiben da, aber man nahm sich die Zeit, wie man es im allgemeinen für alles tut, was einem Spaß macht.

Und wenn *Du* die Zeit findest, dann schick mir doch ein paar neuere Schnappschüsse von Dir und dem Haus. Vermutlich werden es Polaroids sein, denn nach dem, was Du schreibst, hast Du keinen leichten Zugang zu dem, was wir gemeinhin als Vorzüge der Zivilisation bezeichnen. Es klingt mir so, als müßten die meisten Deiner Vorräte aus Honolulu eingeflogen werden. Das erinnert mich nur allzusehr an die Situation hier. »Wir warten auf eine neue

Lieferung. Vielleicht in drei bis vier Monaten.« Das sind die ehrlichen baqals; die anderen sagen: »Nächste Woche, incha'Allah«, obwohl sie genau wissen, daß es nicht wahr ist. So bekommt man vielleicht seine Pfanne, seine Pulvermilch, seinen Pflanzenheber, seinen Besen, seinen Gruyère und seinen Spaten – oder auch nicht. Wahrscheinlicher ist letzteres, denn solche Dinge werden heutzutage nicht mehr ins Land gelassen. *Tant pis et à bientôt.*

an Pamela Loeffler

Vielen Dank für das Foto von dem Haus-als-Baustelle aus dem vergangenen Jahr. Selbst ohne den letzten Schliff kann ich sehen, wie schön es jetzt sein muß. Es ist wirklich prächtig, sehr großzügig. Du mußt Platz für ein Dutzend Gäste haben, falls Du je befürchten solltest, der Schwermut anheimzufallen. Aber ich sehe keine Spur von Dir oder sonst jemandem. Dafür eine sehr beeindruckende Vegetation.

Wie kommst Du auf die Idee, daß ich Deine Träume interpretieren könnte? Erstens glaube ich nicht daran, daß Mr. X Mrs. Y erklären kann, was Mrs. Y geträumt hat. Wie soll ich wissen, was das Entlangrennen an einer Pier für Dich bedeutet oder was Deine normale Reaktion auf Seetang ist? Ich verstehe nicht einmal meine eigenen Träume, wieviel weniger dann die von anderen. Mir ist nur aufgefallen, daß die Leute dazu neigen, Träume zu erzählen, in denen etwas passiert, und zwar so häufig, daß ich mich manchmal frage, ob sie nicht unbewußt die Handlung beim Erzählen dazuerfinden. Denn ich selbst kann mich nie an irgendwelche roten Fäden in meinen Träumen erinnern. Sie sind eher eine Folge von unzusammenhängenden Einzelaufnahmen als ein Film. Aber Traumerzähler sagen gern: »Und dann. Und dann.« Ich würde gern wissen, ob es bei ihnen wirklich so ist, oder ob sie nur das Gefühl haben, so müßte es sein.

Außerdem, wozu Träume interpretieren? Wenn es eine Warnung des Unterbewußtseins ist, wirst Du die Botschaft über kurz oder lang ohnehin erhalten. Sag mir eins, kannst Du Dich zwingen, einen Traum zu wiederholen? Ich nicht. Wie auch immer, schöne Träume.

an Pamela Loeffler

Immer noch böse wegen der Träume? Warum sagst Du, daß ich »mehr als jeder andere« etwas davon verstehen müßte? Ich denke nicht so darüber nach wie Du. Für mich sind sie ein Thermometer für die Psyche – nützlich nur für die Person, die sie träumt, so wie ein Fieberthermometer nützlich für den Kranken ist. Ich halte es für einen Fehler, einem Bild mehr Bedeutung zuzumessen als einem anderen (ganz gleich, wie bezeichnend es im Traum selbst erscheinen mag), da die Bilder selbst häufig nur Stellvertreter für andere, nicht formulierte Bilder sind. Wie kannst Du erwarten, daß Dir jemand die »Bedeutung« von massenweise im Wasser treibenden rotem Seetang erläutert? Seetang bedeutet Seetang. Du hast selbst geschrieben, daß Du bei seinem Anblick überhaupt nichts empfunden hast. Warum in Gottes Namen willst Du dann unbedingt seine »Bedeutung« herauskriegen? Wenn es Dir im Traum selbst nichts bedeutete, warum soll es dann im nachhinein etwas bedeuten?

Du fragst, ob die Moslems hier ein System haben, um ihre Träume zu deuten. Sie haben eins, natürlich, genauso wie sie (theoretisch) ein System für alles haben, aber in Wirklichkeit ist es Wahrsagerei unter Zuhilfenahme akzeptierter religiöser Symbolik. Ich glaube nicht, daß es in irgendeiner Art mit Freuds Theorie übereinstimmt. (Wie sollte es auch?) Es könnte ebensogut aus einem kleinen Buch mit dem Titel *Ali Babas Traumalmanach* stammen. Aber sie glauben daran, genauso wie die Hindus an ihren idiotischen Tierkreis mit den zwölf Tierkreiszeichen. (Und leider nicht nur sie.)

Liebe Pamela, der Wert eines Briefes hat nichts mit Quantität zu tun. Wenn Du keine Zeit hast, einen sogenannten »richtigen Brief« zu schreiben, dann schreib nur ein paar Zeilen. Ich erwarte von niemandem, daß er weitschweifige Episteln schreibt, wie ich es gelegentlich zu tun pflege. Ich schreibe Briefe, weil es mir Spaß macht. Es interessiert mich nicht einmal besonders, ob es dem Empfänger Spaß macht, zu lesen, was ich geschrieben habe: Hauptsache, ich hatte mein Vergnügen.

Komm also keinesfalls auf die Idee, nicht zu schreiben, weil Du weißt, daß es nur ein paar Zeilen werden. Du könntest mir eine Nachricht schicken, die folgendermaßen lautet: »Ein trüber Tag, bin deprimiert. Habe gekochten Schinken und Obstsalat zum Lunch gegessen«, und ich wäre zufrieden. Aber wenn Du gar nicht schreibst, überläßt Du das Feld der Phantasie, die mitsamt ihrer Angst schon auf der Lauer liegt. Ich möchte hören, wie Du Dich in dem Haus eingelebt hast, und wie Du mit den Leuten zurechtkommst, die Du zu Gast hast. Es würde Dich nicht viel Zeit kosten, mir das zu schreiben, oder?

an Pamela Loeffler

Ich glaube, Tanger wird von Tag zu Tag weniger erträglich. Einer der Hauptgründe, warum ich hiergeblieben bin, war die gute Luft, die wir hatten. Doch der Verkehr hat sich in den letzten fünf Jahren verzehnfacht, und da praktisch alle neuesten Modelle hier Dieselmotoren haben, sind die Straßen voller Rauch. Unablässig stoßen Busse und Laster dicke schwarze Wolken davon aus. Zu Hause stört mich das nicht, weil ich ziemlich weit oben wohne. Aber in den Straßen herumzulaufen ist mühsam. Abgesehen von dem Schmutz sind die Bürgersteige auch noch voller Hindernisse: Autos, die in der Mitte geparkt sind, Gruppen von Studenten, die reihenweise am Bordstein sitzen, und Bettler, die sich an den Mauern entlang niedergelassen haben. Wenn man die Bettler einem Marokkaner gegenüber erwähnt, wird er antworten: Keiner von denen stammt aus Tanger. Sie sind alle aus den Bergen. Gib ihnen nichts.

Man unterschätzt die Intelligenz der Marokkaner auf eigene Gefahr. Sie wissen, wann man lügt und wann man nur übertreibt, sie merken es, wenn man meint, was man sagt, und wenn man nur redet, und all das direkt, intuitiv, nicht als Folge irgendeiner Ableitung. Es stimmt, manchmal wittern sie auch Betrug, wo es keinen gibt. Ich habe mich mit Marokkanern gestritten, die nicht glauben wollten, daß der Mensch auf dem Mond war. »Nichts als amerikanische Propaganda.« Andere, die den Mondspaziergang gelten lassen, finden, daß man das Geld dazu hätte benutzen sollen, die Armen zu ernähren. »Was hat es denn gebracht?« Sie sind nicht fasziniert oder begeistert von der Idee, den Weltraum zu erforschen, da sie keine Vorstellung von historischem Fortschritt oder Entwicklung haben; für sie ist Zeit ewiger Stillstand. Alles ist so, wie es schon immer gewesen ist, und wird auf ewig so bleiben. Eine tröstliche Philosophie, wenn man daran glauben kann.

an Pamela Loeffler

Fand Deinen Brief über die Palmers sehr unterhaltsam. Aber Du wirst Dick doch nicht ermuntern, sich in Deiner Nachbarschaft nach einem Grundstück umzusehen? Das würde unweigerlich mit einer Katastrophe enden, meinst Du nicht? Ich stimme Dir zu, es ist angenehm, Bekannte zu haben, die nur fünfzehn bis zwanzig Minuten entfernt wohnen, solange die erste Reaktion, die man bei ihrem Anblick empfindet, sich nicht als ein plötzliches mulmiges Gefühl im Magen äußert. Es kostet eine Menge Energie, dagegen anzugehen. Ich bin mittlerweile so weit, daß ich lieber allein bin, als mich dieser Art von Streß auszusetzen.

Natürlich hatte Ruth immer etwas Negatives an sich, schon bevor sie Dick geheiratet hat. Sie sammelte Topfscherben, Stücke von Quarz und Seelilien, als ich sie kannte. Der Schmetterlingstick liegt genau auf dieser Linie. Es muß herrlich sein, sie mit dem Netz in der Hand herumspringen zu sehen! Hyperthyreoid und plump. Dick ist bloß starrköpfig und tyrannisch, so jedenfalls erinnere ich mich an ihn. (Ich habe ihn seit ungefähr fünfzehn Jahren nicht gesehen, aber ich bin ziemlich sicher, daß er sich nicht sehr verändert hat. Vielleicht ist mit den Jahren seine Energie geschrumpft, aber man braucht nicht viel Energie, um egoistisch zu sein, wenn man den Egoismus im Blut hat.) Als er hier ein Appartement hatte, gab es für ihn nichts Größeres als die Rolling Stones; er kannte sie noch aus seiner Londoner Zeit, war mit ihnen befreundet. Der Name bedeutete mir nichts, aber Dick bestand darauf, daß sie die größte Rock'n'Roll-Band der Welt seien. Einmal hat er mich nachts um eins aus dem Bett geholt. Er hämmerte an meine Tür und war ganz aus dem Häuschen. Ich müsse mit zu ihm kommen, er hätte die Stones da. Ich, schläfrig: »Was für Stones?« Er erklärte es, und wir gingen los. Ein Mann namens Jagger, der für ein Kostümfest angezogen war, lümmelte sich auf dem Bett herum und nagte an einer Lammkeule. Ein Mädchen lag mit dem Gesicht in den Kissen zu seinen Füßen, und ein paar andere Leute lagen auf dem Fußboden und schliefen. Es gab nicht genug Licht in dem Raum, als daß ich die Einzelheiten ihrer Kostüme hätte erkennen können. Mr. Jagger sagte kein Wort. Seine Schnauze glänzte vor Lammfett. Dick bemerkte mein Erstaunen beim Anblick der reglosen Körper auf dem Boden und gab mir zu verstehen, daß sie alle eine neue Droge genommen hatten, die offenbar einen komatösen Zustand auslöste. Es ist eigenartig: Dick versprüht diesen Anschein von atemloser Begeisterung. Es ist eine körperliche Eigenschaft, die ansteckend sein soll, es aber nicht ist. Sie klingt wie Propaganda und tötet alles Interesse ab.

Nach ungefähr einer Stunde bedankte ich mich und erklärte, ich ginge jetzt zu Bett. Das war natürlich das Schlimmste, was ich machen konnte. Er faßte es als Beleidigung auf und nahm ganz richtig an, daß ich meine großartige Gelegenheit, die Stones kennenzulernen, nicht zu würdigen wußte. Ich fand, daß ich schon sehr viel Geduld gezeigt hatte, doch als ich hinausging und mich umwandte, um Dick noch einmal zu danken, richtete er sich zu seiner vollen Größe auf, schleuderte mir im Stil einer echt englischen Erzieherin irgendeine entrüstete Beschimpfung an den Kopf und knallte die Tür zu.

Wenn sich die Gelegenheit ergibt, kannst Du diese Episode bei Dick erwähnen und sehen, ob er sich noch daran erinnert. Was er sicher nicht vergessen hat, ist, daß sie am nächsten Morgen um sieben alle nach Marrakesch fuhren, einschließlich Dick. Das war noch bevor Ruth auf der Bildfläche erschien.

Ich bin nicht überrascht, daß Florence ihren Besuch verschoben hat; ich hatte es vorausgesagt. Ich finde es nur eigenartig, daß Du Dick und Ruth Palmer bei Dir hast, denn ich weiß, daß sie nicht zu denen gehören, um deren Besuch Du Dich reißen würdest. Aber so etwas gehört natürlich dazu, wenn man ein großes Haus an einem abgelegenen Ort hat. Sicher ist es in jedem Falle besser für Dich, Besuch zu haben, als allein zu sein. Der nächste Gast, den Du erwartest, Fronda Farquhar, wer oder was ist sie? Allein dieser Name, kaum zu fassen! Du sprichst von ihr, als müßte ich sie kennen, aber das ist nicht der Fall. Was macht sie? Oder ist sie eine zweite Ruth, auf der Suche nach Pfeilspitzen und Muscheln?

Nun, es klingt, als hättest Du eine Menge Spaß.

an Susan Choate

Was nun? Hippokrates hat wieder mal zugeschlagen. Ich habe mich über Dein langes Schweigen gewundert, aber jetzt verstehe ich. Mit Hepatitis B ist nicht zu spaßen. Ich bin nur erstaunt, daß Du sie im Krankenhaus losgeworden bist. Ich habe immer geglaubt, das sei ein Ort, an dem man sich solcherlei Krankheiten holt, nicht sie kuriert. Bist Du auch wirklich ganz geheilt? Ich muß sagen, ich hoffe es sehr. Die Krankenhausrechnung, die Du beigefügt hast, ist schwindelerregend hoch. Wie kommst Du darauf, daß ich imstande bin, sie zu bezahlen? Es ist doch wohl klar, daß ich Dir nicht ständig höhere Beträge überweisen kann. Deine Ausgaben schießen mächtig ins Kraut. Mir ist klar, daß Du daran nichts ändern kannst; das Geld ist immer weniger wert, aber das bedeutet nur, daß Leute wie ich sich immer weniger dafür kaufen können. Ich will Dir keine Moralpredigt halten, ich beschwere mich nur über diese Krankenhausrechnung. Ein Wunder, daß man Dich entlassen hat, ohne jede Garantie, daß sie auch wirklich bezahlt wird. Natürlich bist Du ganz selbstverständlich davon ausgegangen, daß ich sie bezahlen kann, ohne die Möglichkeit ins Auge zu fassen, daß ich knapp bei Kasse sein könnte. Und ich kann sie bezahlen, ja, aber es bereitet mir nicht gerade Vergnügen. Wie bist Du bloß ausgerechnet an Hepatitis gekommen? Gibt es dazu irgendeine Theorie? Hoffentlich konnten die Ärzte Dir wenigstens ein paar Tips geben, wie Du so etwas in Zukunft vermeidest.

Hast Du den Kaftan bekommen? Er scheint mir ideal für elegante Gesellschaften in New York oder Boston, falls es so etwas überhaupt noch gibt. (Allerdings habe ich gehört, daß junge Mädchen sich wieder für Kleider interessieren und sich vorstellen können, etwas anderes zu tragen als die proletarischen Blue jeans, die sie in den letzten paar Jahrzehnten bevorzugt haben.) Jedenfalls ist der Kaftan ein Museumsstück. Das schwere Seidenbrokat wird heute gar nicht mehr hergestellt – nicht einmal von Fortuny. Ich habe ihn von einem marokkanischen Freund gekauft, dessen Familie ihn seit Anfang des Jahrhunderts besaß. Ich bin sicher, daß Du darin großartig aussehen wirst, und hoffe nur, daß Du ihn auch trägst. (Allerdings nicht im Krankenhaus!) Schreib mir bald.

an Susan Choate

Habe mit Erleichterung gehört, daß Du keine weiteren Probleme mit der Leber mehr hast. Aber verdammt noch mal, Suky, es ist kein Wunder, daß Du Dir Hepatitis geholt hast. Mußte es von allen schrecklichen Orten der Welt denn ausgerechnet Haiti sein, auch wenn es nur ein Kurztrip war? Kein Wunder, daß Du mir nichts davon geschrieben hast. Wahrscheinlich hast Du gewußt, daß ich Himmel und Hölle in Bewegung versetzt hätte, um Dich davon abzubringen. Scheinbar fandest Du es ganz in Ordnung, weil Du eingeladen warst, so daß Du kein Geld ausgeben mußtest. Aber es hat Dich sechs Wochen Unterricht gekostet, ganz zu schweigen von dem Vermögen, das ich für Deinen Krankenhausaufenthalt hinblättern mußte.

Du schreibst, Haiti war malerisch, und sicher hast Du recht. Doch ebendieses Malerische ist ein Produkt der Armut, in dem sich Krankheitserreger mit Vorliebe ausbreiten. Ich selbst konnte die Armut von anderen an solch exotischen Orten häufig beobachten und habe mit allerlei Wehwehchen und Zipperlein dafür bezahlen müssen, wie Du weißt. Doch will ich Dir vor allem klarmachen, daß Hepatitis eine ernste Sache ist, die Du nicht auf die leichte Schulter nehmen darfst. Aus Deinen eher beiläufigen Bemerkungen dazu schließe ich allerdings, daß gerade dies der Fall ist. Bitte erinnere Dich, daß Deine Urgroßmutter Gray auf einer Reise nach Mexiko Hepatitis bekam und in kürzester Zeit daran gestorben ist. Also bleib um Himmels willen in Mount Holyoke, und trage nicht zu meiner Schlaflosigkeit bei, indem Du an Orte reist, von denen Du weißt, wie gefährlich sie sein können. Gott sei Dank trinkst Du keinen Alkohol. Doch allzuviel Cannabis kann der Leber genauso sehr schaden, verstehst Du? (Ebenso Kaffee und Tabak!) Dein Arzt hat Dir das sicher erklärt, aber das heißt nicht, daß Du auch zugehört hast. Eine Attacke überstanden zu haben bedeutet keineswegs, daß man in Zukunft immun ist; im Gegenteil, es macht einen sogar anfälliger für die nächste.

Verzeih mir, wenn ich zu penibel werde, aber Du schreibst, daß Du den Leiter der Buchhandlung von dem Kredit überzeugt hast. Es ist nicht möglich, jemanden von einem Kredit zu überzeugen. Wenn Du überzeugen benutzt, mußt Du entweder sagen, Du hast ihn überzeugt, Dir Kredit zu gewähren, oder Du hast ihn überzeugt, daß er Dir Kredit gewähren soll. Ende der Vorlesung, und bis bald.

an Pamela Loeffler

Es hat keinen Sinn, nach Neuigkeiten von hier zu fragen. Neuigkeiten stammen im allgemeinen nicht aus diesem Teil der Welt, und wenn hier doch einmal etwas passiert, was im Rest der Welt als Neuigkeit gilt, erfahren wir aus ausländischen Radionachrichten davon. Und die Nachrichtensendungen sind natürlich voll mit Berichten über den Terrorismus. Für die meisten Europäer und Amerikaner hat der Begriff »Terrorist« sicher einen negativen Beigeschmack, für die Menschen hier dagegen bedeutet er soviel wie »Patriot«. So können Taten, die die einen für verbrecherisch und verwerflich halten, für andere heldenhaft sein. Wie sollen sie jemals zusammenkommen?

Eine Theateragentur in Sydney? Ich hätte nie gedacht, daß es dort so etwas geben könnte. Jetzt verstehe ich, warum sie Fronda Farquhar heißt; immerhin kommt sie von dort. Deine Beschreibung der Picknicks erinnert mich an Waugh oder den frühen Angus Wilson. Wie hast Du bloß drei davon überstehen können, einschließlich F. Farquhar und Ruth P.? Ich vermute, Dick hat sich geweigert mitzukommen, weil er sich nicht allzuweit von seiner Nachschubquelle – Deinem Kühlschrank – entfernen wollte. Er war schon immer unersättlich. Ich werde Dich diesbezüglich nicht um Deine Meinung bitten; Du bist viel zu weit entfernt, als daß man Dir unwichtige Fragen stellen könnte. Aber es muß doch auch eine Erleichterung sein, zu wissen, daß jetzt alle wieder weg sind – trotz des Gefühls, allein zu sein und sie zu vermissen. Ich kann mir jedenfalls nicht vorstellen, daß Du ausgerechnet diese drei vermißt. Ist es nicht vielmehr die Gegenwart eines anderen, die Du vermißt, eines Menschen, mit dem Du ab und zu reden kannst? Dies ist, nebenbei gesagt, keine unwichtige Frage, und ich stelle sie keineswegs rein rhetorisch. Denn es fiel mir ein, daß Sue Choate, die Urgroßenkelin der Schwester meines Vaters, eine Schulfreundin in Honolulu besuchen wird und Dich vielleicht besuchen könnte. (Ich glaube, ich habe Dir geschrieben, daß ich ihre Ausbildung finanziere; daher ist es von großem Interesse für mich, zu wissen, wo sie ihre Ferien verbringt.) Als sie das letzte Mal außerhalb der Vereinigten Staaten war, fuhr sie nach Haiti und holte sich eine Hepatitis. Natürlich kann man von einer Siebzehnjährigen nicht erwarten, daß sie sich in solchen Dingen vorsieht. Haiti winkte, sie war eingeladen, und es klang aufregend, also fuhr sie.

Laß mich wissen, was Du von meiner Idee hältst. Ich denke, es könnte für Euch beide angenehm sein. Sie ist charmant, lebendig und sehr anziehend. Gesprächig, aber auf intelligente Art, und läßt sich überdies leicht stoppen. (Ich beschreibe sie so, wie sie mit fünfzehn war; seitdem habe ich sie nicht mehr gesehen.)

Wenn Du mit Horden von Besuchern rechnest und Suky Dir im Weg wäre, sieht die Sache natürlich anders aus. Doch schreib mir, sobald Du kannst, damit ich ihren Sommer planen kann.

Was ist aus den Leuten aus Kalifornien geworden, die nur sechs Meilen von Dir entfernt wohnten? Mögen sie keine Picknicks?

Ich lege Dir einen Zettel mit Sues Adresse und Telefonnummer in Holyoke bei, für alle Fälle.

an Susan Choate

Es war nett von Dir, so schnell zu antworten, wenn ich auch nicht gerade erfreut darüber war, daß Du den Kaftan verkauft hast. Ohne ihn auch nur einmal zu tragen! Andererseits muß ich zugeben, daß Du einen unglaublichen Preis dafür erzielt hast. Deine Freundin Myra muß ja im Geld schwimmen. Aber dazu habe ich ihn Dir nicht geschickt: daß Du ihn verkaufst, nur um mehr Taschengeld zu haben. Ich hatte gehofft, daß es ein ganz besonderes Stück Deiner Garderobe sein würde. Du sagst, daß man sich daran gewöhnen muß, ohne alles auszukommen, wenn man arm wird, und daß Du es nicht über Dich gebracht hast, mich um Geld zu bitten, da ich Deine Krankenhausrechnung bezahlte. All das weiß ich durchaus zu schätzen. Trotzdem tut es mir leid, daß Du das Thema nicht angesprochen hast, bevor Du das Kleidungsstück verkauft hast. Ich hätte versucht, Dich davon abzubringen, selbst wenn ich die zwölfhundert, die Du dafür bekommen hast, nicht hätte aufbringen können – zumindest nicht auf einmal, wie Du es offensichtlich gewollt hättest.

Hast Du schon darüber nachgedacht, wie Du den Sommer verbringen willst? So gern ich Dich sehen möchte, ich rate Dir davon ab, herzukommen. Es gibt nichts, was Dich interessieren würde, fürchte ich. Hotels sind relativ preiswert, ja, aber nicht erschwinglich genug für mein Portemonnaie. Und meine Freunde mit Gästehäusern, wo Du umsonst hättest wohnen können, sind entweder gestorben oder weggezogen.

Da bin ich auf die Idee gekommen, daß Du vielleicht gern nach Hawaii fahren würdest. Ich weiß, der Vorschlag klingt absurd, zumal er unmittelbar auf die Ermahnung zur Sparsamkeit folgt. Doch ich habe dort eine alte Freundin, die Dich aufnehmen könnte und es möglicherweise sogar mit Freuden tun würde. Du hast sie nie getroffen, aber vielleicht hast Du mich von ihr erzählen hören, als Du ein Kind warst. Das ist allerdings unwahrscheinlich. So würde Dein Sommer mich nur das Rückflugticket kosten, und was noch besser ist, ich bräuchte mir keine Sorgen darüber zu machen, ob Du heimlich nach Mexiko oder Jamaika, oder Gott behüte, nach Haiti ausgebüchst bist. Aber Du weißt wahrscheinlich selbst am besten, was Du willst und wie Du Dir Deine Ferien vorstellst. Es war nur ein Vorschlag; vielleicht tauchen im Lauf der Zeit noch andere auf.

Ich sollte hinzufügen, daß ich Deine Sorgen ums Geld zu schätzen weiß und verstehe, daß Du den Kaftan verkauft hast, um mir zu helfen; deshalb bin ich nicht allzu traurig, daß Du ihn nie getragen hast und ich kein Foto von Dir mit ihm habe. Übrigens funktioniert die Post schlechter als je zuvor.

an Susan Choate

Ich frage mich ständig, warum Du unbedingt wissen willst, wieviel ich für den Kaftan bezahlt habe. Mir ist klar, Du hoffst, daß es sehr wenig war, als könnte dies den Verkauf rechtfertigen. Aber Deine Logik steht auf wackeligen Beinen. Es geht nicht um die Frage, wieviel *ich* dafür bezahlt habe; der Punkt ist vielmehr, wieviel *Du* dafür bezahlt hast, und die Antwort lautet, nichts. Daher kannst Du Deine zwölfhundert einstreichen, ohne Dir den Kopf darüber zu zerbrechen, wieviel er mich gekostet hat. Ich verstehe Deine Denkweise, und vermutlich zeigt es so etwas wie Familiensolidarität: Was Dein ist, soll auch mein sein. Da Du in Deinem kurzen Brief praktisch über nichts anderes sprichst, muß ich davon ausgehen, daß es wichtig für Dich ist, zu wissen, um wieviel Dein Verkaufspreis über meinem Einkaufspreis lag. Du möchtest wissen, wieviel »wir« an dem Handel verdient haben. Ich denke also, daß Du trotz der Tatsache, daß Du nicht zu merken scheinst, wie unerhört es ist, sich nach dem Preis eines Geschenkes zu erkundigen, eine Antwort verdienst, da Du »uns« einen Profit von einem glatten Tausender, abzüglich Portokosten, verschafft hast. Bist du nun zufrieden?

Du scheinst meinen Vorschlag mit Hawaii nicht sehr ernst zu nehmen. Ich kann verstehen, warum, bei all unserem Gerede über Geldmangel. Trotzdem meinte ich das in vollem Ernst, als eine Art, das Ferienproblem zu lösen. Ich verstehe, daß Du vielleicht nicht allzugern zu Gast bei einer Frau bist, die Du gar nicht kennst, oder auch bei irgend jemand anderem. Aber Pamela ist das, was man heutzutage als »locker« bezeichnet – tolerant und gesellig. Sie erweckt den Eindruck, zwanzig Jahre jünger zu sein, als sie tatsächlich ist. (Sie ist Ende Fünfzig und hat sich möglicherweise einer kosmetischen Operation unterzogen, aber irgendwie bezweifle ich es. Dinge dieser Art würde sie wahrscheinlich für sich behalten.) Zeichne ich sie als einen Menschen, mit dem Du lieber nichts zu tun hättest? Ich hoffe nicht, denn ich wäre froh, Dich für den Sommer versorgt zu wissen. Abgesehen davon, daß das Ferienproblem damit gelöst wäre, könnte sich Dein Aufenthalt dort auch in anderer Hinsicht als vorteilhaft erweisen.

Vielleicht bin ich aber auch einfach verrückt, und in diesem Fall ergibt keiner meiner Vorschläge einen Sinn.

Wie auch immer, laß von Dir hören.

an Susan Choate

Dein Freund McCall scheint ein echter Trottel zu sein. Warum fährt er Dich nach Hartford, wenn er genau weiß, daß Du den Bus zurück nehmen mußt, und sagt vorher keinen Ton? Du findest es offenbar nicht ungewöhnlich; diese Art von unverantwortlicher Grobheit scheint heutzutage zum guten Ton zu gehören. Ich finde es nicht sehr passend, andererseits tun junge Leute bekanntlich alles, um so unattraktiv wie möglich zu sein, sowohl in ihrem Charakter wie in ihrem Verhalten. Insofern ist Dein Freund aus Amherst wahrscheinlich gar nicht schlimmer als die anderen.

Ich sehe, daß Du anfängst, über die Hawaii-Idee nachzudenken. Ich finde es jedoch nicht richtig, daß Du den Begriff »befehlen« verwendest oder andeutest, daß ich Dich »gedrängt« habe, wie Du es ausdrückst. Einen Befehl zu geben, ist eine Sache, um einen Gefallen zu bitten, eine andere. Vielleicht habe ich mich in meinem letzten Brief nicht besonders klar ausgedrückt. Wenn Du Pamela besuchst, könntest Du, wenn Du es geschickt anstellst, möglicherweise finanzielle Unterstützung für das nächste Jahr erhalten. Dir in Deiner kindlichen Unschuld wäre das sicher nie in den Sinn gekommen. Ich aber habe darüber nachgedacht und sehe es als vage Möglichkeit. Pamela hat mehr Geld, als sie ausgeben kann, und sie ist großzügig. Sie und ich sind alte Freunde, wie Du weißt, und wenn sie Dich ins Herz schlösse und ihre Hilfe anböte, wüßte sie, daß sie damit auch mir hilft. Natürlich läge es bei Dir, wenn Du erst mal dort wärest, wie Du vorgehen würdest. Es ginge darum, den richtigen Moment zu finden und dann vollkommen ehrlich zu sein. Es liegt also auf der Hand, daß es in meinem Interesse ist (und mehr noch in Deinem, vermute ich), daß Du fährst.

Denk noch ein wenig weiter darüber nach, und wenn Du eine Lösung gefunden hast, laß sie mich wissen. Aber warte nicht zu lange.

an Susan Choate

Pamela hat positiv reagiert und mich gebeten, Dir auszurichten, sie wäre froh, Dich bei sich zu haben, solange es Dir gefällt – den ganzen Sommer, wenn Du magst. Sobald sie weiß, wie Du Dich entschieden hast, wird sie direkten Kontakt mit Dir aufnehmen. Doch wenn Du Dich entschließt, zu fahren, schick ihr sofort ein Telegramm oder ruf sie an, noch bevor Du mich verständigst. Denn wenn Du ihre Einladung über mich annimmst, wird der Rest des Frühlings damit draufgehen. Massachusetts – Marokko, Marokko – Hawaii.

Hätte ich Zugang zu einem Telefon, würde ich Dich anrufen. Und wenn man, um ein Telegramm loszuschicken, nicht eine Stunde lang in der Schlange stehen müßte, würde ich Dir kabeln und eine Menge Zeit sparen. Aber dazu kann ich mich nicht durchringen.

Auf alle Fälle ist die Maschinerie jetzt in Gang gekommen. Laß von Dir hören.

an Susan Choate

Dein Brief enthielt die schönste Nachricht, die Du mir schicken konntest. Gott sei Dank für Lucy Piper! Da ich wußte, daß Du eine Freundin auf Hawaii hast, habe ich zu einer Notlüge gegriffen und Pamela erzählt, daß die Familie des Mädchens Dich eingeladen hätte. Ich brauchte einen Vorwand, an dem ich meinen Vorschlag, daß Pamela Dich nach Maui einladen solle, aufhängen konnte. (Da Du ohnehin in Hawaii wärest, usw.) Nun stellt sich heraus, daß es letztlich gar keine Lüge war. Die zwei Wochen in Honolulu werden Dir Spaß machen, besonders wenn ihre Eltern nicht da sind. Die Pipers mögen die charmantesten Leute der Welt sein, trotzdem ist es im allgemeinen besser, wenn die Familie nicht in der Nähe ist.

Ich schreibe meiner New Yorker Bank, daß sie Dir fünfzehnhundert schicken soll. Mit dem, was Du schon hast, müßte es für den Hin- und Rückweg reichen. Schick mir ein Telegramm, wenn Du in San Francisco ankommst und bevor Du nach Hawaii weiterfliegst. Ich werde jetzt nicht mehr schreiben. Ich wollte Dich nur schnell wissen lassen, wie froh ich über Deine Entscheidung bin.

an Susan Choate

Das Telegramm, das Pamela Dir geschickt hat, hat im wesentlichen denselben Wortlaut wie das an mich. Sie wird Dich am 20. Juni bei Pipers abholen und mit Dir nach Maui fliegen. Das ist eine ideale Lösung. Ein glücklicher Zufall. Sie wollte in dieser Woche sowieso nach Honolulu, es ist also nicht so, daß sie extra deinetwegen kommt. Es ergab sich einfach.

Trotz Deiner Befürchtungen glaube ich, daß die Möglichkeit, Pamela könne sich in Deiner Gesellschaft langweilen, gleich Null ist. Du in ihrer, wer weiß? Ist aber eher unwahrscheinlich.

Was meinst Du mit »Vorgehensweise« bei Pamela? Natürlich gibt es keine. Du mußt eben improvisieren. Wie kann ich Dir von hier aus raten oder gar ein Verhaltensmuster vorgeben? Oder die komplexe Choreographie von Tricks und Täuschungsmanövern voraussehen, die Eure Konversation ausmachen wird? Frauen wissen selbst am besten, wie sie miteinander umgehen müssen, und brauchen den Rat eines Mannes nicht.

Zerbrich Dir jetzt nicht den Kopf darüber; das hält Dich nur vom Lernen ab. Dafür hast Du später noch Zeit genug. Bring Deine Arbeit zu Ende und mach Dich mit Lucy Piper auf den Weg. Ich hoffe, sie ist eine gute Reisegefährtin.

Postskriptum: Vernichte meine Briefe, sobald Du sie gelesen hast. Es werden ohnehin nicht viele sein. Der Sommer ist zu kurz.

an Pamela Loeffler

So ist alles gutgegangen, *grace à Dieu*. Und jetzt ist Suky bei Dir. Wie würdest Du ihre spontane Reaktion auf die neue Umgebung einschätzen? Ich frage Dich, weil ich nicht erwarte, daß sie mir in ihren Briefen eingehenden Bericht erstattet, falls sie sich überhaupt entscheidet, mir zu schreiben. Ich bin ein wenig überrascht, daß sie mir nicht einmal ein paar Zeilen geschickt hat. Wahrscheinlich hat sie geglaubt, ein Brief von Dir reiche aus.

Ich bin froh, daß Du sie umgänglich findest. Bei den ganz Jungen weiß man das nie; ihre Stimmungen sind wie Quecksilber. Sie ist viel zuviel allein gewesen. Ihre Eltern kamen ums Leben, als sie zwölf war, und ich habe sie seitdem erst einmal – kurz – gesehen. Sicher hat sie sich verändert.

So etwas wie Haschisch hat es in Marokko nie gegeben; erst die Amerikaner haben es hier eingeführt. Kif verflüchtigt sich, und sie suchten nach einer kompakteren und haltbareren Form, daher arbeiteten die Amerikaner mit einer Presse. So erzielten sie eine Art Ersatzhaschisch. Die Marokkaner, die kein Haschisch kannten, weder gutes noch schlechtes, folgten ihrem Beispiel und merkten, daß sie ihr Produkt im Ausland absetzen konnten. Seitdem bringen sie ihre minderwertige Ware an den Mann und machen bis heute große Gewinne mit dem Export. Es gibt eine direkte Verbindung zwischen dem Haschischhandel und der allgegenwärtigen Korruption. Mit einer großen Summe bringt man hier jeden zum Schweigen. Vermutlich ist da, wo Du jetzt bist, alles ganz anders; weißt Du etwas darüber? Das heißt, mehr als das, was in der Zeitung steht?

Sprich mit Sue, daß sie mir zumindest ein paar Zeilen schickt, wenn sie zwischen all ihren Verabredungen Zeit dafür findet. Zwei Freunde? Wer sind sie? Ich hatte geglaubt, Du lebtest ziemlich isoliert. Offenbar war das ein Irrtum.

Wie kommst Du darauf, ich sei »besessen« von dem Mädchen? Wenn Du eine solche Theorie vor ihr auch nur angedeutet hast, wird sie sie unweigerlich in einem Freudschen Licht sehen. Dies würde ihr einen perfekten Vorwand liefern, um nicht zu schreiben. Wie könnte sie es sonst auffassen? Und wie hast Du es eigentlich gemeint? »Besessen« ist ein Begriff, der viel zu gedankenlos verwendet wird.

an Pamela Loeffler

Ich kann nicht anders, aber ich mache mir große Sorgen, daß ich immer noch keine Nachricht von Sue habe. Ich weiß, Du sagst, es geht ihr gut, aber ich bin nicht überzeugt. Ginge es ihr wirklich gut, würde sie mir schreiben. Es liegt auf der Hand, daß irgend etwas sie beunruhigt, sonst würde sie nicht davor zurückschrecken, es mir zu erzählen, und es ist mehr als dieser Unsinn, den sie Dir eingeredet hat, daß ich ihr »entsetzliche Angst« einjage. Sie weiß selbst, wie absurd das ist. Wie kann sie mich als »autoritär« bezeichnen? Wir haben einander seit mehreren Jahren nicht gesehen, und man läßt sich schließlich nicht durch Briefe »entsetzliche Angst« einjagen.

Was ist bloß in sie gefahren? Das Problem ist, Du kennst sie nicht, deshalb würden Dir kleine Veränderungen, die sie in letzter Zeit durchgemacht haben könnte, gar nicht auffallen. Hast Du versucht, sie zu überreden, daß sie sich hinsetzt und mir ein paar Worte schreibt?

Eines versteht sich wohl von selbst: Ich erwarte nicht, daß Du ihre Freunde für sie aussuchst. Ich habe nicht das geringste dagegen, daß sie sich dreimal in der Woche oder auch jeden Tag, wenn es sein muß, mit einem japanischen Automechaniker trifft, also brauchst Du Dir meinetwegen keine Gedanken zu machen. Bitte, verstehe, daß ich Dich in keinster Weise verantwortlich für ihr Verhalten mache. Sie ist alt genug, um selbst auf sich aufzupassen. Wie sie Dir sicher erzählt hat, ist sie eine Anhängerin der »Frauenbewegung«.

an Susan Choate

Heute morgen habe ich etwas gesehen, das mich amüsiert hat. Zwei kleine, etwa fünfjährige Jungen spielten Stierkampf. Der Stier war ein Kinderwagen, in dem ein Baby festgeschnallt war, und der Kleine, der den Kinderwagen schob, tat sein Bestes, um den Torero auf die Hörner zu nehmen, der ihm auswich und zur Seite sprang. Irgendwann machte der Stier einen letzten, verzweifelten Versuch und stieß mit solcher Wucht zu, daß er gegen einen Telefonmast rannte. Torero entzückt. Baby unter seiner Decke wachgerüttelt, ansonsten ungerührt.

Schreib mir doch ein paar Zeilen über das Haus und wie es dort zugeht. Vergiß nicht, ich war noch nie da und bin neugierig. Ein paar Sätze mit persönlichen Eindrücken bedeuten mehr als viele Seiten eines Reiseberichts. Ich bitte nicht um einen Aufsatz, Du kannst alles in zwei Absätzen unterbringen. Einen über den Ort, und den anderen über Pamela. *Finis.*

an Susan Choate

Und jetzt endlich bequemst Du Dich zum Schreiben, so knapp vor Deiner Abreise, daß ich nicht einmal sicher sein kann, daß dieser Brief Dich noch rechtzeitig erreicht. Wenigstens gibst Du einen wahrscheinlich ehrlichen Grund für Dein Schweigen an: daß Du einfach zu viel Spaß hattest. Das ist natürlich das Allerbeste, und ich bin froh, daß es so gekommen ist. Es wäre schrecklich gewesen, wenn Du das Haus verabscheut und Dich mit Pamela gelangweilt hättest. Aber was bist Du doch für ein merkwürdiges Geschöpf, mich den ganzen Sommer lang auf eine Seite warten zu lassen, die Dich nicht mehr als fünf Minuten gekostet hätte.

Die letzte Nachricht, die ich von Dir erhielt, war das Telegramm, das Du mir aus San Francisco geschickt hast, daher habe ich keine Ahnung, wie es mittlerweile um Deine Finanzen bestellt ist oder ob Du ein Rückflugticket hast. Doch nach einer Weile hört man auf, sich Sorgen zu machen, und wird zum Philosophen. Ich glaube, daß Philosophie nichts anderes ist als sublimierte Sorge. Wäre dies ein Telefongespräch, könnte ich sagen: Gib mir Pamela. Doch ich werde ihr schreiben, sobald ich diesen Brief in einen Umschlag gesteckt habe. Ich bin sehr glücklich, daß Dir Deine Ferien gefallen haben.

an Pamela Loeffler

Habe gerade einen Brief an die Missetäterin beendet. Wie Du wahrscheinlich weißt, hat sie sich schließlich doch noch entschieden, mir zu schreiben, bevor sie ins College zurückkehrt. Sie schildert alles in den glühendsten Farben – besonders Dich, über die sie ein paar äußerst scharfsinnige und durchweg positive Bemerkungen macht. Ich glaube, sie hat das Spektrum Deiner Persönlichkeit in all seiner Komplexität durchschaut, und dafür gebe ich ihr gute Noten. Aus Deinem letzten Brief schließe ich, daß Du sie ebenfalls gern um Dich hattest.

Hast Du den Eindruck, daß sie sich irgendwelche Gedanken über Geld macht? Wenn sie vernünftig war, müßte sie mehr als genug haben, um wieder nach Massachusetts zurückzukommen. Trotzdem möchte ich Dich bitten, falls Du diesen Brief rechtzeitig bekommst und glaubst, daß sie noch etwas braucht, es ihr zu geben. Ich werde es Dir umgehend erstatten.

Ich versuche, bald einen richtigen Brief zu schreiben, was dieser hier nicht ist. Was ich als echten Brief bezeichne, sollte eine Mischung sein aus persönlicher Konversation, Tagebuch (was ist passiert) und Journal (was denkt man über das, was passiert ist). Sei's drum.

an Pamela Loeffler

Dein Brief enthielt in der Tat schlechte Neuigkeiten. Bist Du wirklich überzeugt von dem Arzt? Ich frage, weil es mich wundert, daß er offenbar nicht sicher war, ob es sich um einen Rückfall der Hepatitis handelte, die sie sich in Haiti eingehandelt hat, oder um einfache Dysenterie (ohne Amöben, meine ich).

Arme Suky! Sag ihr, sie soll sich ausruhen und sich keine Sorgen darüber machen, daß sie zu spät zum Unterrichtsbeginn kommt. Sie kann die Stunden leicht nachholen.

Ich frage mich, ob Dein Arzt auf die Idee gekommen ist, daß sie einen Sonnenstich haben könnte. Du hast erwähnt, daß sie stundenlang am Strand war. Die Symptome klingen ein bißchen nach dem, was ich selbst erlebt habe, als mir die kubanische Sonne allzusehr zugesetzt hat. In solchen Situationen wünsche ich mir, ich hätte ein Telefon. Schick mir ein Telegramm, wenn sich ihr Zustand plötzlich zum Schlechten verändert.

Letzte Woche habe ich in einer französischen Zeitung etwas Unglaubliches gelesen. Es ging um ein Interview mit einem Freund von de Gaulle. Frage: »Dann war de Gaulle kein Antisemit?« Antwort: »Nun, ich erinnere mich, daß 1940 André Maurois kam und bat, unter vier Augen mit de Gaulle sprechen zu dürfen. Der General wandte sich an einen seiner Begleiter und fragte: ›Was macht denn der Itzig hier?‹ Aber das war nur seine Art, sich auszudrücken. De Gaulle war nie ein Antisemit.« Kleine Dinge wie dieses machen das Leben erst lebenswert.

Mag sein, daß der Hund der beste Freund des Menschen ist, aber nur, wenn er einen Herrn hat, der ihn füttert. Hier sind herrenlose Hunde eine echte Bedrohung. Sie jagen in Rudeln von fünfzehn bis zwanzig und haben die Gewohnheit angenommen, bei Einbruch der Dämmerung die Esel auf den Feldern anzugreifen. Sie rotten sich am Kopf des Esels zusammen und versuchen, nach seiner Kehle zu schnappen. Er weicht zurück und wickelt dabei das Seil, mit dem er angebunden ist, langsam um den Baum. Wenn er nicht mehr vorwärts noch rückwärts kann, gehört er den Hunden, die ihn verschlingen. In Tanger gab es früher einen Hundefänger, der alle streunenden Hunde auf seinen Lastwagen geladen und ins Tierheim gebracht hat. Heute gibt es weder Hundefänger noch Tierheime. Die Hunde werden als natürliche Gefahr angesehen, so wie wilde Eber oder Schlangen.

Hoffentlich hast Du nicht zu viel zusätzliche Arbeit damit, daß Suky ans Bett gefesselt ist. Es tut mir leid, daß das Ganze mein Vorschlag war. Du bist ein Engel, wie immer. Schreib mir bald.

an Pamela Loeffler

Du klingst nicht sehr zuversichtlich, was Sues Besserung angeht. Natürlich hat sie mir nicht geschrieben, aber das kann ich wohl auch nicht erwarten, wenn sie sich so elend fühlt. Sie weiß, daß Du Kontakt hältst.

Florence ist also gekommen, unangemeldet. Und natürlich verteidigt sie sich mit der Geschichte von dem Brief, den sie aus Santa Barbara geschickt hat, obwohl sie selbst gesehen hat, daß er erst drei Tage nach ihrer Ankunft ankam. Obendrein muß sie ausgerechnet zu dem Zeitpunkt auftauchen, da Du die kranke Suky im Haus hast. Ich weiß, Du sagst, Deine Gäste stören Dich nie, aber es kostet immer eine Menge Zeit, sich um einen Kranken zu kümmern. Hoffentlich ist unsere Kranke mittlerweile wieder auf den Beinen. Es ist schon fast einen Monat her, daß es sie erwischt hat – was immer es auch war.

Und der Arzt will noch immer nicht mit der Sprache herausrücken und Dir sagen, was ihr fehlt? Nach all den

Laboruntersuchungen? Ich finde so etwas unerhört, Du jedoch offenbar nicht, da Du ihn so gelassen zitierst, als sei er Pasteur persönlich. Derartige Umstände gehören meiner Ansicht nach zu den Nachteilen eines Lebens in Kahului. Du siehst, ich stehe auf Kriegsfuß mit Krankheiten. Im übrigen wäre ich viel lieber selber krank, als mich um einen Leidenden kümmern zu müssen.

Und Du – geht es Dir gut? Es tut mir leid, daß Sues Ferien so enden mußten. Ich hoffe aber, daß sie längst auf dem Weg nach Mount Holyoke ist.

Auf alle Fälle warte ich auf Nachricht von Dir. Und erzähl mir mehr über Florence; sie hat mich schon immer amüsiert. (Aus der Ferne.)

an Pamela Loeffler

Du bist genauso schlimm wie Suky, wenn nicht schlimmer, denn soweit ich weiß, erfreust Du Dich bester Gesundheit, während ich annehmen muß, daß sie noch immer im Bett liegt, da ich nichts Gegenteiliges gehört habe. Wie kannst Du einen ganzen Monat verstreichen lassen, ohne mir die kleinste Nachricht zukommen zu lassen? Ich schimpfe nicht, aber ich bin neugierig und *blessé* zugleich. Ich habe allmählich den vagen Eindruck, daß Du trotz Deiner Überzeugung, ich sei von Suky »besessen«, ganz und gar nicht glaubst, daß ich mir viel aus ihr mache.

Es stimmt, daß ich sie eigentlich gar nicht kenne; ich hatte nie Gelegenheit, sie kennenzulernen. Aber das spielt hier auch keine Rolle. Ich habe die Verantwortung für ihre Ausbildung übernommen und wünsche mir, daß alles gutgeht. Das kannst Du doch sicher verstehen.

Als ich heute morgen aufwachte (ein Augenblick, wo man Dinge aus ferner Vergangenheit plötzlich in allen Einzelheiten vor Augen hat), fielen mir die Anfangszeilen von zwei Liedchen ein, die meine Mutter mir vorsang, als ich noch sehr klein war. Beide handelten von einer Abfuhr, wie mir jetzt klar wird. Eins ging so: »Nimm dein Gold zurück, denn mit Gold kannst du mich niemals kaufen«, und das andere, noch absurder: »Ich will nicht in deinem Garten spielen; ich liebe dich nicht mehr.« Ihrer Aussage nach waren sie ziemlich populär. Hast Du je von einem der beiden gehört?

Ich will dies möglichst schnell zur Post bringen, denn ich habe trotz allem die verzweifelte Hoffnung, daß Ihr Euch, falls Ihr bisher noch nicht geschrieben habt, durch mein Flehen doch noch erweichen laßt. Betrachte also diese Zeilen als ausdrückliche Bitte. Gib mir Nachricht über Sue!

an Pamela Loeffler

Deine Postkarte von den Fidschiinseln war ein Schlag ins Gesicht. Du glaubst vielleicht, es würde mich »amüsieren« zu erfahren, wo Ihr seid, aber das Gegenteil ist der Fall. Ich bin überrascht und fassungslos, daß Du Sue auf eine Reise durch den Südpazifik schleppst, während sie eigentlich längst im College sein sollte. Und ich halte überhaupt nichts von Deiner Theorie, daß eine solche Reise ihre Genesung beschleunigen könnte. Tatsächlich nehme ich Dir nicht einmal ab, daß Du selbst daran glaubst. Offenbar bildest Du Dir ein, daß das Alter die Menschen dumm macht. Oder war das nur das Erstbeste, das Dir einfiel? Findest Du meinen Wunsch, daß sie ihre Ausbildung beendet, wirklich unglaublich, nachdem ich so viel Energie, Zeit und Geld hineingesteckt habe?

Es versteht sich von selbst, daß dieses Jahr verloren ist.

Ich finde es unverantwortlich von Dir, das Mädchen unter Deine Fittiche zu nehmen und mit ihr weiß Gott wie lange weiß Gott wohin zu fliegen.

Dieser Brief wird Dich wohl erst in vielen Wochen erreichen. Richte S. aus, daß ich sehr enttäuscht darüber bin, wie sehr ihr eigenes Wohlergehen ihr im Grunde gleichgültig ist. Sag ihr, ich sei froh, daß es ihr gutgeht (wenn sie tatsächlich je krank war, wie Du mir zu verstehen gegeben hast) und daß ich antworten werde, sobald ich ein Lebenszeichen von ihr erhalte. Aber vermutlich hat sie ein schlechtes Gewissen und will deshalb nichts mit mir zu tun haben.

Ich werde meinen Schock und meine Empörung überwinden, aber das dauert seine Zeit.

an Pamela Loeffler

Ich habe in den letzten zehn Wochen drei Postkarten von Dir erhalten, von den Fidschiinseln, aus Apia und Papeete, außerdem Sues albernen Versuch, Humor zu zeigen: »Habe viel Spaß. Bin heilfroh, daß Du nicht hier bist.« Sag ihr, daß diese Karte nicht zählt. (Obgleich sie mir beweist, daß sie nur deshalb imstande war, ihre Aggressionen mir gegenüber auszudrücken, weil sie sich in Deiner Gegenwart sicher fühlte). Sie muß sich schon zu einem Brief aufraffen, wenn sie von mir hören will.

Falls Ihr Euch an den Plan gehalten habt, den Du mir auf Deiner Postkarte aus Papeete skizziert hast, müßtest Du jetzt wieder zu Hause sein. Ich erwarte dringend Deine Nachricht.

Ich verstehe immer noch nicht, warum Ihr diese sinnlose Reise unternehmen mußtet. Vielleicht hast Du das Bedürfnis, es zu erklären, wenn Du Dich wieder eingelebt hast.

Vielleicht aber auch nicht. Es spielt im Grunde keine Rolle. Ich denke, das Grundmuster ist klar.

an Pamela Loeffler

Wir scheinen in eine Sackgasse geraten zu sein: gegenseitige Mißverständnisse aufgrund von UVI (unzureichender Vorab-Information). Du nimmst Anstoß an allem, was ich sage. Du läßt nicht mit Dir reden. Ich kann mich des Eindrucks nicht erwehren, daß Ihr beide Euch gegen mich verbündet habt. Ich sehe nun auch, daß S. sich Dir völlig anvertraut hat, und das zu meinem Nachteil. Ich habe ihr erzählt, daß Du großzügig bist und es stets warst.

Der Fehler bestand, glaube ich, in dem Rat, meine Briefe zu vernichten. Das war dumm, denn es gab nichts Belastendes darin, wie Dir sicher klar ist, da Du sie gelesen hast. Aber es muß sie doch irgendwie nachdenklich gemacht haben, so daß sie jetzt glaubt, ich hätte sie als »Pfand« in meinem »Finanzplan« benutzt. Du müßtest eigentlich wissen, daß dieses Argument vollkommen unsinnig ist. Wenn nicht, kann ich auch nichts daran ändern, und dann ist es ohnehin nicht von Belang.

Ich habe ein paar Zeilen von Florence erhalten – zum ersten Mal nach mindestens fünfzehn Jahren. Sie wollte mich wissen lassen, wie schön es mit Dir war, und wie sehr sie Sue ins Herz geschlossen hat. Sie war ganz begeistert von Klima, Landschaft, Picknicks und Strand und erwähnte im übrigen mit keinem Wort, daß jemand krank im Bett gelegen hätte. Ihr zufolge seid Ihr überall zusammen hingegangen, und es war wunderbar. Dies weicht natürlich erheblich von der offiziellen Version ab.

an Pamela Loeffler

Noch ein paar nachträgliche Gedanken. Du kannst S. sagen, daß ich ihrer Tante Emily West (die nach dem Tod ihrer Eltern zu ihrem Vormund ernannt wurde) geschrieben und sie darüber in Kenntnis gesetzt habe, daß ihre Nichte das College verlassen hat und eine Adresse auf Hawaii hat, unter der man sie erreichen kann. Ich habe darüber hinaus Kontakt zu meinem Anwalt in New York aufgenommen, ihm erklärt, daß ich meine finanziellen Verpflichtungen gegenüber Susan Choate mit dem Abschluß ihrer akademischen Karriere als beendet ansehe, und ihn zugleich gebeten, alle weiteren Beschlüsse in bezug auf ihre Zukunft rückgängig zu machen.

Was einen Brief meinerseits an S. angeht, so sehe ich dafür keinen Grund. Sie hat sehr deutlich gemacht, daß sie es vorzieht, nichts von mir zu hören. Und was könnte ich in dieser Situation auch sagen? »Ich hoffe, daß Du Deine Entscheidung nicht bereuen wirst?« Wie Du mir schreibst, vermutet sie bereits, daß ich ihr Tun nicht billige, so daß alles, was ich sagen könnte, die Vermutung zu einer Gewißheit werden ließe. Es wäre schwer, sie davon zu überzeugen, daß ich nichts dagegen einzuwenden habe, was sie tut. In ihren Augen ist es wahrscheinlich besser, wenn ich von ihrem Verhalten erschüttert bin; ich glaube, so hat sie einfach mehr Spaß daran. Sie erwartet, daß ich ihr übelnehme, wenn nicht alles so gekommen ist, wie ich es mir für sie vorgestellt hatte. Aber das liegt nur daran, daß sie mich nicht kennt. Was sie vermutlich als meinen altmodischen Briefstil bezeichnet, hat sicher mit dazu beigetragen, daß sie mich für einen sturen alten Bock hält.

Trotzdem kannst Du mir glauben, wenn ich Dir sage, daß sie sich in einen japanischen Automechaniker verlieben, mit Dir ins Bett gehen und einen Orang-Utan heiraten könnte, und es wäre mir egal. Es gibt einfach zu wenig Zeit im Leben für gegenseitige Schuldzuweisungen.

(1958)

Biographie

Der erste Himmel, den er sah, war der Himmel über New York.

Im Winter schneite es. Die Schule war düster.

Es gab ein Lied, das ging so: »Wenn ihr zurückkommt, falls ihr überhaupt zurückkommt.«

Es richtete sich an die amerikanischen Soldaten in Frankreich.

Es gab einen Tag, an dem die Kinder durch die Straße marschierten.

Sie sangen *Marching Through Georgia*, ein Triumphlied aus dem Bürgerkrieg.

Nun galt es einem anderen Triumph.

Kaiser Wilhelm würde nicht länger durch die Träume der Kinder spuken.

Sommer bedeutete Sonne und Seen und Grillen.

Pfirsiche fielen zur Erde, und das Stoppelgras spießte sie auf.

Ein Tag war unteilbar, kannte keine Stunde.

Die Dunkelheit brachte die Stimmen der nächtlichen Insekten mit sich.

Doch die Schule ging viele Jahre weiter. Es herrschte strenge Disziplin.

Der Gedanke an Flucht schlug Wurzeln und wuchs.

In einer Nacht voller Donner am Himmel packte er seine Sachen und verschwand.

Die *S. S. Rijndam* war alt und langsam. Dies war ihre letzte Fahrt.

Die Passagiere, die nach Boulogne wollten, gingen in einem Beiboot an Land, schaukelten auf den Wellen.

Im Morgengrauen lagen die leeren Straßen von Paris sauber und glänzend da.

Das war vor siebenundfünfzig Jahren. Heute ist alles anders.

Die Wunder von Paris: Le Café du Dôme, La Mosquée, le Théâtre du Grand Guignol, le Bal Nègre de la Rue Blomet.

Er arbeitete für vierzig Francs die Woche, und manchmal hatte er Hunger.

Dann kam ein Mädchen, das er aus seiner Kindheit kannte, nach Paris und rettete ihn.

Er wanderte an der Côte d'Azur, in der Schweiz und die schmalen Wege des Schwarzwalds entlang.

Er war glücklich, und er schrieb Worte, die er für Gedichte hielt.

In diesem Winter in New York sagte Aaron Copland zu ihm: Du solltest Komponist werden.

Das wird schwierig, dachte er, aber warum nicht?

Bald war er wieder in Paris. Er bewunderte Gertrude Stein. Sie eröffnete ihm, er sei kein Dichter, also hörte er auf, einer sein zu wollen.

Das bedeutete, daß er sich nur noch der Musik widmete. Miss Stein mochte auch seine Musik nicht.

In Hannover besuchte er Kurt Schwitters.

Er ging mit ihm zur Müllhalde der Stadt, und sie sammelten Material für den Merzbau.

In Berlin schrieb er Musik, und die Leute schrien: *Fenster zu!* In Paris riefen sie: *Fermez la fenêtre!*

In Tanger hörten ihn nur Copland und die *cicadas*.

In der Sahara verliebte er sich in den Himmel und wußte, daß er immer wieder zurückkehren würde.

Im Frühling war er in Agadir, wo das Essen verunreinigt war. Die Ärzte in Paris sagten, er habe Typhus.

Einen Monat lag er im Krankenhaus. Seine Mutter kam aus New York.

Als er gesund war, fuhren sie nach Spanien und Monte Carlo.

Es wurde Winter. Er wollte die Wüste.

Er mietete ein Haus außerhalb der Oase von Ghardaia.

Auf dem Rücken eines Kamels ritt er nach Tunesien.

In Tunis erfuhr er, daß er kein Geld besaß.

Franklin D. Roosevelt hatte die Banken geschlossen. Der Dollar war nicht verkehrsfähig.

Französische Freunde schickten ihm Francs.

Er kam mit seiner Pythonhaut und siebzehn Schakalfellen in Tanger an.

Er wußte, daß er nach Amerika zurückkehren mußte, doch zuerst fuhr er nach Puerto Rico.

So wehrte er sich noch eine Weile gegen den Käfig.
In New York dachte er nur an Marokko.

Wie ein Gefangener, der seinen Ausbruch plant, bereitete er seine Flucht vor.

Und der Sommer fand ihn auf dem Weg nach Osten. Diesmal besuchte er Fez.

Zwar erwarteten seine Eltern ihn in New York, doch er fuhr nach Südamerika, um zu sehen, wie es dort war.

Die Wälder und Berge verzauberten ihn, aber er blieb nicht. Er war in Kalifornien und schrieb Musik. Er war in New York und schrieb Musik.

Orson Welles brauchte Musik für zwei Stücke, und er lieferte sie.

Kristians Tonny und seine Frau kamen nach New York.

Jane Auer erschien auf der Bildfläche, und die vier brachen zusammen nach Mexiko auf.

Einen Tag nachdem sie in Mexico City ankamen, verschwand Jane.

Viel später hörten sie, sie sei nach Arizona gegangen.

Nach ein paar Monaten fuhren sie weiter nach Guatemala. Es war sehr schön.

Er eilte nach New York, um sein erstes Ballett zu orchestrieren.

Er lud Jane Auer zu einer Aufführung mit dem Philadelphia Orchestra ein.

Bald wurde Jane Auer Jane Bowles.

Mit viel zuviel Gepäck gingen sie an Bord eines japanischen Schiffes und fuhren nach Süden.

Dann waren sie in Guanacaste, voller Affen und Papageien, und sie nahmen einen Papagei mit von Costa Rica nach Guatemala.

Sie waren an der Côte d'Azur, als Chamberlain München besuchte.

Sie waren in New York, als Hitler nach Osten marschierte.

Er schrieb Musik für Theater- und Filmregisseure. Und Jane schrieb einen Roman.

Sie beschlossen, nach Mexiko zu gehen. Die *hacienda* lag dreitausend Meter hoch.

Als er nach New York fliegen mußte, blieb Jane zurück.

Die Pension, in der sie diesen Winter verbrachten, stand unter Leitung des Dichters Auden.

Jeden Morgen um halb sieben traf Jane sich mit ihm im Eßzimmer.

Jane war eine Freundin von Thomas Manns Tochter Erika, und Auden hatte sie geheiratet. Sie hatten viel zu besprechen.

Bald waren sie wieder in Mexiko. Er komponierte eine *zarzuela.*

Und Jane schrieb einen Roman.

Eines Tages war sie damit fertig.

Am nächsten Tag bombardierten die Japaner Pearl Harbor.

Sie fuhren nach Tehuantepec und lauschten den *marimbas.*

Er arbeitete noch immer an der *zarzuela.* Außerdem schrieb er ein zweites Ballett.

Sie gingen nach New York, und er wurde Musikkritiker.

Janes Roman wurde veröffentlicht, und Leonard Bernstein führte die *zarzuela* auf.

Er ging nach Mexiko und staunte über den neuen Vulkan Paricutin.

Die belgische Exilregierung gab Musik für einen Film über den Kongo in Auftrag.

In Zusammenarbeit mit Salvador Dalí schrieb er ein drittes Ballett.

Dann begann er, Short stories zu schreiben, und hatte keine Lust mehr, Musik fürs Theater zu komponieren.

Er fuhr nach Kuba und El Salvador. Jane schrieb ein Theaterstück.

Er hörte auf, Musikkritiker zu sein, komponierte jedoch weiter für den Broadway.

Eines Nachts träumte er, er sei in Marokko. Der Traum machte ihn sehr glücklich.

Ein Verleger beauftragte ihn, einen Roman zu schreiben.

Er beschloß, New York zu verlassen, und nach Marokko zu gehen.

In Fez begann er mit *Himmel über der Wüste*.

Er schrieb und schrieb und zog von einem Ort in der Sahara zum anderen.

Er traf Jane in Tanger und brachte sie nach Fez.

Ein Fluß rauschte unter ihrem Fenster vorbei, wenn sie arbeiteten. Er beendete seinen Roman.

Er hatte bereits die Musik für Tennessee Williams ersten Broadway-Erfolg geschrieben.

Er war nicht überrascht, als Tennessee ihn für ein neues Stück haben wollte.

Er fuhr nach New York und schrieb die Partitur.

Nach der Premiere nahm er Tennessee mit nach Marokko. Das Wetter war schlecht; Tennessee blieb weniger als einen Monat.

Jane und er wohnten im Farhar in Tanger. Truman Capote kam zu Besuch.

Sechs Wochen lang unterhielt er sie bei den Mahlzeiten.

Es gab viele Parties und Picknicks.

Jane arbeitete in ihrem Bungalow, doch er wußte nicht, was sie schrieb.

Er war bekümmert, als er hörte, die Verleger hätten sein Buch abgelehnt.

Wir erwarteten einen Roman, sagten sie, und das ist kein Roman.

So erschien es zuerst in London.

Sie fuhren nach England und wohnten ein paar Wochen in Wiltshire.

Jane wollte den Winter in Paris verbringen. Er entschied sich für Sri Lanka.

Auf dem Schiff begann er einen Roman über Tanger.

Er richtete sich auf einer Teeplantage in den Bergen ein, wo Leoparden hinter Felsbrocken lauerten und die Hunde davonschleiften.

Er nahm ein Schiff und fuhr hinüber nach Dhanushkodi in Indien.

Indien war heißer als Sri Lanka. Er arbeitete an seinem Roman.

Als er in Paris ankam, wollte Jane nicht abreisen. Er verwandelte García Lorcas *Yerma* in eine Oper. Das war für Libby Holman. Sie verbrachten einen Monat zusammen in *Andalucía*.

Herbst in Fez. Winter und Frühling in der Sahara. Jane wollte zurück nach Marokko.

Er fuhr an die französische Grenze und holte sie ab.

Doch Spanien gefiel ihr so gut, daß sie einen Monat dort verbrachten.

Sie beendete ihr Stück und fuhr nach New York.

Er beendete seinen Roman und fuhr nach Bombay.

Die indischen Eisenbahnen hatten in den vergangenen zwei Jahren sehr gelitten.

In Südindien steckte man ihn in ein Gefangenenlager, zusammen mit zwanzigtausend Tamilen, die bei ihrem Fluchtversuch nach Sri Lanka gefaßt worden waren.

Sie waren schon seit Monaten und Jahren dort, er jedoch kam nach zwei Tagen frei und fuhr nach Sri Lanka.

Im Hochsommer war er in Venedig. Er war in Madrid, als ein Telegramm aus Ceylon kam.

Es war nun möglich, eine kleine Insel vor der Küste von Sri Lanka zu kaufen.

Er kaufte sie und fuhr nach New York, um die Musik für Janes Stück zu schreiben.

Im Sommer war er in Rom und arbeitete an einem Film für Visconti.

Er wußte nicht, was er tat, tat es aber trotzdem.

Als er in diesem Winter mit Paratyphus in Tanger lag, kam ihn William Burroughs besuchen.

Es dauerte ein Jahr, ehe sie sich kannten.

Im Sommer begann er, seinen dritten Roman zu schreiben, diesmal über Fez.

Er war halb fertig, als er und Jane sich einschifften, um den Winter auf Taprobane zu verbringen, jener Insel vor der Küste von Sri Lanka.

Jane ging es nicht gut. Sie war nicht glücklich.

Zwei Monate später kehrte sie nach Tanger zurück.

Er beendete seinen Roman und machte eine Kreuzfahrt nach Japan.

Dann fuhr er nach Tanger zurück und arbeitete weiter an der García-Lorca-Oper.

Seine Eltern kamen zu Besuch. Marokko gefiel ihnen. Er war überrascht.

Er dachte an seine Insel und beschloß, nach Sri Lanka zu fahren, um sie zu verkaufen.

Der Suezkanal war blockiert. Er reiste via Kapstadt.

Er verbrachte den Winter auf Taprobane und machte sich dann auf den Weg nach Mombasa.

Während er in Kenia war, erlitt Jane einen Schlaganfall. Er brachte sie zur Untersuchung nach England.

Die Ärzte konnten nichts tun; sie kehrten nach Tanger zurück.

Bald ging es ihr schlechter, und wieder mußte sie nach London. Es war eine schlimme Zeit.

In Madeira verschlechterte sich ihr Gesundheitszustand. Sie mußte nach New York.

Tennessee, der sie liebte, kam aus Florida, um sie vom Flughafen abzuholen.

Die García-Lorca-Oper wurde uraufgeführt. Sie war kein Erfolg.

Libby Holman hatte hart gearbeitet, aber es gab keinen Regisseur.

Jane und Er fuhren zurück nach Tanger. Doch dann kam ein Telegramm von Tennessee: Er brauchte Musik für ein neues Stück.

Er schickte ihm das Skript für *Sweet Bird of Youth*.

Die Musik entstand teilweise in Tanger, teilweise auf dem Schiff nach New York.

Die Rockefeller Foundation gab ihm ein Stipendium, damit er marokkanische Musik aufzeichnen konnte.

Er verbrachte sechs Monate in den Bergen, in der Wüste und in den Städten und zeichnete Musik auf.

Im folgenden Jahr begann er, Geschichten marokkanischer Erzähler aufzunehmen.

Jane schien es besserzugehen, doch sie war noch nicht imstande zu arbeiten.

Er fuhr mit Allen Ginsberg nach Marrakesch.

Sie erreichten es an dem Tag, an dem die Medina brannte.

Der Rauch aus Basaren und Souks hing schwer in der Luft.

Janes Gesundheitszustand wurde immer schlechter. Zweimal fuhren sie nach Amerika, besuchten ihre Eltern und konsultierten Ärzte, die möglicherweise helfen konnten. Doch keiner schaffte es.

Auf dem Monte Viejo in Tanger schrieb er seinen vierten Roman.

Er fing an zu übersetzen, was ihm Mohammed Mrabet erzählt hatte.

Ein Verleger bat ihn, ein Buch über Kairo zu schreiben.

Er hatte keine Lust dazu und schlug halb im Scherz Bangkok vor.

Der Verleger war einverstanden. Er fuhr via Panama nach Bangkok. Er war entsetzt.

Sie sind fünfzehn Jahre zu spät gekommen, sagten die Leute.

Die Bäume waren verschwunden. Die *klongs* waren aufgefüllt worden. Die Luft war faulig.

Nach vier Monaten zwangen die thailändischen Behörden ihn zur Ausreise.

In Tanger erfuhr er, daß Jane ins Krankenhaus eingeliefert werden mußte.

Er brachte sie nach Spanien.

Dann willigte er ein, nach Kalifornien zu gehen, um zu unterrichten.

Er sagte seinen Schülern, daß er kein Lehrer sei und nicht unterrichten könne.

Sie lachten und fanden ihn exzentrisch.

Nach dem ersten Semester kehrte er nach Marokko zurück.

Jane bettelte, er solle sie nach Tanger bringen. Die Ärzte waren dagegen.

Aber er nahm sie mit zurück, weil sie so unglücklich war.

Es war eine Katastrophe. Sie aß nicht, wurde schwach und dünn.

Er gab sich geschlagen und brachte sie wieder ins Krankenhaus nach Spanien.

Sie blieb dort. Sie starb dort. Ihr Grab ist nicht gekennzeichnet.

Danach schien es ihm, als ereigne sich nichts mehr.

Er lebte weiter in Tanger, übersetzte aus dem Arabischen, Französischen und Spanischen.

Er schrieb viele Short stories, doch keine Romane.

Es gab mehr und mehr Menschen auf der Welt.

Und es gab nichts, was er dagegen tun konnte.

(1986)

Die Originalausgabe von »Mitternachtsmesse« erschien 1981 unter dem Titel »Midnight Mass« bei Black Sparrow Press, Santa Barbara. Der vorliegende Band basiert auf einer zweiten, um eine Erzählung erweiterten Auflage der Originalausgabe, Black Sparrow Press, Santa Barbara 1983.
Die Originalausgabe von »Zeitstellen« erschien 1982 unter dem Titel »Points in Time« bei Peter Owen, London.
Die Originalausgabe von »New York – Tanger« erschien unter dem Titel »Unwelcome Words, Seven Stories« bei Tombouctou Books, Bolinas, California.
Die Originalausgabe der in »Der ferne Kontinent« versammelten Stories erschienen wie folgt: »Sekou« erschien 1993 unter dem Titel »Too far from Home« bei Ecco Press, Hopewell, NJ. »Ein ungelegener Besuch«, »Sylvie Ann, der Boogie-Mann«, »In Absentia« erschienen 1988 unter den Titeln »An Inopportune Visit«, »Sylvie Ann, the Boogie Man«, »In Absentia« in *Call at Corazón* bei Peter Owen, London. »Leuchtender Horizont« erschien 1981 unter dem Titel »A 1977 Dream (The New Continent)« in *Dreamworks, An Interdisciplinary Quarterly, Nr. 2, New York/London 1981/82*. »Schiffbruch« erschien unter dem Titel »Wreckage« in Frank, Paris 1985.

Die Übersetzung von »Zeitstellen« stammt von Wolfgang Astelbauer, alle anderen Texte wurden ins Deutsche übertragen von pociao.